财政部“十三五”规划教材
高等财经院校“十三五”精品系列教材

JINGPIN XILIE JIAOCAI

发展经济学

秦宪文 张 英 主编

Development Economics

中国财经出版传媒集团
经济科学出版社
Economic Science Press

图书在版编目（CIP）数据

发展经济学/秦宪文，张英主编．—北京：经济科学出版社，2020.5
高等财经院校“十三五”精品系列教材
ISBN 978－7－5218－1555 9

Ⅰ．①发…　Ⅱ．①秦…②张…　Ⅲ．①发展经济学－高等学校－教材　Ⅳ．①F061.3

中国版本图书馆CIP数据核字（2020）第077007号

责任编辑：于海汛　陈　晨
责任校对：隗立娜
责任印制：李　鹏　范　艳

发展经济学
秦宪文　张　英　主　编
经济科学出版社出版、发行　新华书店经销
社址：北京市海淀区阜成路甲28号　邮编：100142
总编部电话：010－88191217　发行部电话：010－88191522
网址：www.esp.com.cn
电子邮件：esp@esp.com.cn
天猫网店：经济科学出版社旗舰店
网址：http://jjkxcbs.tmall.com
北京季蜂印刷有限公司印装
787×1092　16开　23.5印张　430000字
2020年5月第1版　2020年5月第1次印刷
印数：0001—2000册
ISBN 978－7－5218－1555－9　定价：58.00元
（图书出现印装问题，本社负责调换。电话：010－88191510）

总　序

大学是研究和传授科学的殿堂，是教育新人成长的世界，是个体之间富有生命的交往，是学术勃发的世界。* 大学的本质在于把一群优秀的年轻人聚集一起，让他们的创新得以实现、才智得以施展、心灵得以涤荡，产生使他们终身受益的智慧。

大学要以人才培养和科学研究为已任，大学教育的意义在于它能够给人们一种精神资源，这一资源可以帮助学子们应对各种挑战，并发展和完善学子们的人格与才智，使他们经过大学的熏陶，学会思考、学会反省、学会做人。一所大学要培养出具有健全人格、自我发展能力、国际视野和竞争意识的人才，教材是实现培养目标的关键环节。没有优秀的教材，不可能有高质量的人才培养，不可能产生一流或特色鲜明的大学。大学教材应该是对学生学习的引领、探索的导向、心智的启迪。一本好的教材，既是教师的得力助手，又是学生的良师益友。

目前，中国的大学教育已从“精英型教育”走向“平民化教育”，上大学不再是少数人的专利。在这种情况下，如何保证教学质量的稳定与提升？教材建设的功能愈显重要。

为了全面提高教育教学质量，培养社会需要的、具有人文精神和科学素养的本科人才，山东财经大学启动了“十二五”精品教材建设工程。本工程以重点学科（专业）为基础，以精品课程教材建设为目标，集中全校优秀师资力量，编撰了高等财经院校“十二五”精品系列教材。

---

* 雅斯贝尔斯著，邹进译：《什么是教育》，生活·读书·新知三联书店 1991 年版，第 150 页。

本系列教材在编写中体现了以下特点：

1. 质量与特色并行。本系列教材从选题、立项，到编写、出版，每个环节都坚持“精品为先、质量第一、特色鲜明”的原则。严把质量关口，突出财经特色，树立品牌意识，建设精品教材。

2. 教学与科研相长。教材建设要充分体现科学研究的成果，科学研究要为教学实践服务，两者相得益彰，互为补充，共同提高。本系列教材汇集各领域最新教学与科研成果，对其进行提炼、吸收，体现了教学、科研相结合，有助于培养具有创新精神的大学生。

3. 借鉴与创新并举。任何一门学科都会随着时代的进步而不断发展。因此，本系列教材编写中始终坚持“借鉴与创新结合”的理念，舍其糟粕，取其精华。在中国经济改革实践基础上进行创新与探索，充分展示当今社会发展的新理论、新方法、新成果。

本系列教材是山东财经大学教学质量与教学改革建设的重要内容之一，适用于经济学、管理学及相关学科的本科教学。它凝聚了众多教授、专家多年教学的经验和心血，是大家共同合作的结晶。我们期望摆在读者面前的是一套优秀的精品教材。当然，由于我们的经验存在欠缺，教材中难免有不足之处，衷心期盼专家、学者及广大读者给予批评指正，以便再版时修改、完善。

山东财经大学教材建设委员会

2012 年 6 月

前 言

发展经济学是研究不发达条件下经济发展过程和规律的一门综合性应用经济学科。由于发展中国家所处的国际环境和历史背景与当年的发达国家截然不同，形成了比发达国家更为复杂的经济结构、市场状况和资源配置方式，使传统西方经济学理论应用于发展中国家往往失败。所以，需要有一门专门的经济学科研究发展中国家的经济发展问题，发展经济学应运而生。发展经济学的研究内容包括以下三个方面：

（1）对发展规律的研究与探索。世界各国经济发展水平高低悬殊，国家间发展水平高低的背后是对发展规律的把握不同。在发展规律的研究中主要采用历史的、动态的分析方法，总结各国经济发展的过程及经验，寻找适合于各国经济发展的一般规律，并把它应用于发展中国家的经济发展实践中。

（2）对发展理论及模型的研究。一些发展经济学家从发展中国家出发提出了各种发展理论及模型。比如刘易斯的二元结构模型，以发展中国家二元结构为出发点，提出通过工业扩张吸收农村剩余劳动力实现经济发展的思路。罗斯托的经济起飞理论则把各国经济发展归纳为6个阶段。发展模型还包括一些经济增长模型，如哈罗德－多马模型等。

（3）对影响发展的各种因素的研究。影响经济发展的因素很多，大致可分为国内和国际两部分。其中国内因素又可分为客观因素和主观因素。客观因素包括物质资本、人力资本、科学技术及资源与环境四大类，这是经济和社会发展的基础；主观因素包括制度、战略与政策，其选择的成败直接关系到经济发展水平的高低。国际因素是指通过贸易或非贸易手段获得的外部资源与市场，是一个国家能否参与国际分工，发挥好比较优势的前提。

近十年来国内外形势发生了巨大变化，新兴的工业化国家取得了长时期的快速发展，中国也已由低收入国家变成中高收入国家。虽然影响经济发展的基本要素没有太大变化，但经济发展不同水平条件下各个要素发挥作用的权重却大不一样了，需要结合新的情况，以求与时俱进，为此，本教材尽量使其可以和中国发展实践相结合，安排了相当多的中国案例，并增加了关于“收入分配与经济发展”的内容，弥补了重增长轻分配的不足，更能体现发展的内涵。

本教材由秦宪文、张英担任主编，主持教材的编纂修订工作，尹双明、初佳颖担任副主编，协助主编完成教材的编写。整个教材共分13章内容，秦宪文撰写第1、第8、第9、第10章，尹双明撰写第2、第5、第7章，初佳颖撰写第3、第4、第11章，张英撰写第6、第12、第13章。在教材的修订过程中参考了大量的相关教材和著作，在此一并深表谢意。

编者

2020年3月

目　录

第1章
发展经济学的产生与发展

学习目标

了解：发展中国家的特征与分类。
熟悉：经济增长与经济发展的联系与区别。
掌握："线性阶段模式"理论和"结构变动模式"理论。

引导案例

21世纪人类发展历程中的不平等问题

2019年12月9日，联合国开发计划署发布2019年《人类发展报告：超越收入、超越平均、超越当下：21世纪人类发展历程中的不平等问题》（以下简称《报告》）。《报告》指出，包括中国在内的亚太地区是全球人类发展进步最快的地区，在普及宽带互联网方面处于世界领先地位，并在提高预期寿命、教育和医疗保障等方面取得了进步。然而，亚太地区的多维贫困问题依旧普遍存在，该地区也容易受到高等教育和气候适应性等新兴不平等现象的影响。《报告》还指出，随着基本生活水平差距不断缩小，脱离贫困、饥饿和疾病的人数空前增长，新一代不平等问题正围绕教育、科技和气候变化涌现。人类发展水平高的国家相较于人类发展水平低的国家，固定宽带用户的增速快15倍，接受过高等教育的成年人比例的增速快6倍以上。预计到2030年，东亚地区和北美地区将占全球人工智能相关经济收益的70%。

联合国开发计划署署长阿希姆·施泰纳（Achim Steiner）强调："正如《报告》所述，不平等并不是无法解决的问题。"在亚太地区，数百万人摆脱了多维贫困，但各国的多维贫困发生率差异很大。在全球处于多维贫困的13亿人口中，亚太地区占了6.61亿人。2000～2018年，中国收入最底层40%的人口收入以263%的惊人速度增长，为快速减少和终结极端贫困做出了贡献。但是，《报告》指出，全国超过3%的人口仍处于多维贫困中，约17.1%的人较有可能重新陷入多维贫困。在全球范围内，受教育人数比以往任何时候都要多，但就高等教育而言，过去10年里，高人类发展水平国家比低人类发展水平国家的人数比例增速快6倍以上。在人类发展水平较低的国家，只有3.2%的人接受过高等教育，而在人类发展水平较高的国家，这一比例接近30%。

《报告》还提出警示，在亚洲一些国家，气温升高1.5℃以上。贫穷国家生活在农村的穷人面临双重风险：对生计的负面影响和全球产量下降导致的粮食价格飙升。《报告》指出，气候变化和技术变革将成为未来塑造人类发展成果的重要驱动力。

（资料来源：姚媛：《联合国最新报告：中国人类发展进步显著，但挑战尚存》，中国农网，2019年12月30日，http：//www.farmer.com.cn/2019/12/30/99846851.html。）

由于经济发展水平不同，世界上出现了发达国家与发展中国家。由欠发达国家变成发达国家是发展中国家经济发展的主题。本章首先从经济发展水平的比较中引出发展中国家的概念，并分析其特征与分类；然后介绍发展经济学的形成与发展及其经典发展模式。

1.1 经济发展与发展中国家

1.1.1 经济发展与发展水平的比较

经济增长是指一国或地区在一定时期内包括产品或劳务在内的产出的增加。

经济发展是指在经济增长的基础上，一个国家或地区经济结构和社会结构持续高级化的变化过程。

1. 经济增长与经济发展

经济增长（economic growth）是指一国或地区在一定时期内包括产品或劳务在内的产出的增加。通常以国民生产总值（GNP）、国内生产总值（GDP）及其人均产值的增长率来表示。

经济发展（economic development），就是在经济增长的基础上，一个国家或地区经济结构和社会结构持续高级化的变化过程。

经济增长是手段，经济发展是目的。经济增长是经济发展的基础，经济发展是经济增长的保证。一般而言，没有经济增长是不可能有经济发展的。但是，有时也会出现例外，如1960～1975年的古巴，实际经济增长率是-0.6%，但收入不平等程度逐渐缩小，教育更加普及，特别是医疗卫生条件有普遍的改善。但这是社会急剧变革的结果，不可能长期维持下去。实际上，1970～1975年古巴的经济增长率为 1%；20 世纪 80 年代以后，增长逐渐加快。

反之，有经济增长不一定有经济发展。第一，如果由于制度上的原因，增长的结果是长期两极分化，富者越富、贫者越贫；第二，产出有较快的增长，但产出中有相当大的部分并未用来补充国计民生，而是国民经济的虚耗；第三，为了片面追求快速的产出增长，不顾人民的福利，不考虑所付出的社会代价。这几种情况的出现，都表明增长和发展并非一致，出现了“无发展的增长”。

1994 年，联合国教科文组织在提交社会发展世界高峰会议的文件中指出：“发展是一个综合过程，目前这已被国际社会所承认。经济增长是一种动力，但其本身并不是目的。因此，除经济增长之外，发展首先是社会性的。发展还与和平、人权、民主管理、环境以及最后但并非最不重要的文化和人们的生活方式有着密切联系。”这说明，发展不只是经济的增长，更是社会在多方面、多领域的改善过程。社会领域多方面改善的过程，也就是经济持续增长与发展的过程。

2. 经济发展水平的比较

经济发展水平的比较

(1) 衡量经济增长的指标。衡量经济增长，一般用 GNP 或 GDP 总量及人均量作尺度。GNP 或 GDP 作为衡量经济增长的尺度有一个优点：它能够把国民经济的全部活动概括在一个极为简明的统计数字中，从而可以成为表明各国经济增长的通用指标。由于具有这一优点，GNP 或 GDP 指标成为衡量经济增长的基本尺度。但人们逐渐认识到 GNP 或 GDP 作为衡量经济发展的尺度有其不足之处：第一，GNP 或 GDP 不能说明产出的产品和劳务的种类，也不能说明由于使用这些产品和劳务而获取的福利的大小，更不能说明增长过程中由于环境污染、城市化和人口膨胀所付出的社会代价。第二，大量未通过市场的产品和劳务（自然经济部门产品和家庭妇女的劳务收入及福利等）在 GNP 或 GDP 中得不到反映。第三，GNP 或 GDP 不能反映收入分配情况。第四，按汇率以美元计算的各国的 GNP 或 GDP 难以做出真实的比较。各国的 GNP 或 GDP 一般是以各国货币按照汇率用美元计算的，固定汇率往往定值过高或过低；如汇率浮动，只好用一年的平均值计算。无论哪一种情况，各国的 GNP 或 GDP 都难以做出真实的比较。第五，发展中国家（甚至某些发达国家）或地区的统计资料不完全准确。

由于 GNP 或 GDP 作为衡量经济发展的尺度有种种缺点，因此，用 GNP 或 GDP 指标就难以反映各国的经济发展水平。

(2) 衡量经济发展的指标。衡量经济发展比衡量经济增长困难得多。因此，长期以来人们一直在设法创造出综合性衡量经济发展的社会指标体系。这方面做出成就的主要就是美国经济学家莫里斯（C. Morris）1977 年提出的“物质生活质量指数”（physical quality of

life index, PQLI)。

莫里斯的物质生活质量指数体系(PQLI)是由一些容易获得的、反映大多数人不同基本需要的指标——预期寿命、婴儿死亡率和识字率组成的简便的综合指数。每一种指数都用1~100的数字代表每个国家工作成绩的评价,1表示最坏的成绩,100表示最好的成绩。预期寿命的上限100定为77岁(瑞典1973年),下限1定为28岁(几内亚比绍1950年)。与此类似,婴儿死亡率的上限100为9‰(瑞典1973年),下限1定为279‰(加蓬1950年)。识字率按1~100的百分比直接划分等级。当一个国家(地区)在预期寿命、婴儿死亡率和识字率的成绩按1~100等级定出分来后,按同样权数加权平均,这个国家(地区)的综合指数就计算出来了,如表1-1所示。

表1-1 1981年部分欠发达国家或地区人均GNP与PQLI比较

国家或地区	人均GNP(美元)	PQLI	国家或地区	人均GNP(美元)	PQLI
1. 冈比亚	348	20	9. 坦桑尼亚	299	58
2. 安哥拉	790	21	10. 巴西	2 214	63
3. 苏丹	380	34	11. 中国大陆	304	72
4. 巴基斯坦	349	40	12. 斯里兰卡	302	75
5. 沙特阿拉伯	2 720	40	13. 新加坡	5 220	82
6. 印度	253	43	14. 中国台湾地区	2 503	86
7. 伊拉克	3 020	48	15. 哥斯达黎加	1 476	87
8. 卡特尔	27 790	56	16. 津巴布韦	815	89

资料来源:陶文达:《发展经济学》,四川人民出版社1995年版,第22页。

通过研究表明,人均GNP与PQLI的相关关系并不是很密切。一些国家人均GNP水平很高,但PQLI值却很低,如卡塔尔,1981年人均GNP 27 790美元,居世界首位,而PQLI值却排在世界56位。

相反,有些国家人均GNP水平很低,而PQLI值却较高,如1981年斯里兰卡人均GNP 302美元,而PQLI值却为75。一些国家人均GNP值很接近,但PQLI值的差异却很大,如安哥拉人均GNP 790美元,PQLI值为21;而津巴布韦人均GNP 815美元,PQLI值却高达89。通过上述数据比较,更进一步说明了人均GNP水平并不代表一个国家或地区人民的生活质量较高或较低。由于物质生活质量指数主要衡量人们的生活福利状况和大多数人的基本需要的满足程度,可以进行国际间的比较,还有资料容易找到,衡量简便的特点。

有人指出,物质生活质量指数也存在着一些缺陷,认为它没有反映生活质量方面的社会和心理因素，如安全感、正义、人权等；并且它对构成指数的每一个指标都给予同样的权数；同时收进预期寿命和婴儿死亡率这两个反映类似现象的衡量标准，也没有从理论上说明这样做的道理。然而，尽管 PQLI 具有局限性，但它弥补了 GNP 衡量标准的某些不足之处，仍是衡量经济发展的一种重要指标，可以与 GNP 指标互为补充。

联合国开发计划署 1990 年公布的“人类发展指数（human dvelopmet index，HDI）”对莫里斯的“物质生活质量指数”作了进一步的改进。“人类发展指数”按预期寿命、成人识字率、实际人均 GNP 三个变量指标计算。预期寿命代表物质生活水平，成人识字率代表文化生活水平，实际人均 GNP 经过了购买力调整，考虑到一个人购买商品以满足其需要的能力。这个指数不但估计了 GNP 的增长，而且估计了它的分配，颇能代表人类的发展程度，也反映了各国的发展水平。

人类发展指数是指联合国开发计划署 1990 年公布的用来反映各国经济发展水平指数的体系，按预期寿命、成人识字率、实际人均 GNP 三个变量指标加权平均计算。1991 年又增加了环境污染程度和人的自由程度的内容。

1991 年的人类发展指数增加了衡量环境污染程度和人的自由程度的内容。把环境污染程度包括在人类发展指数内，体现了国际社会对环境问题的重视；人的自由程度则属于意识形态的内容，完全取决于各自的价值判断标准。

人类发展指数从 2007 年开始已被作为划分发达国家和发展中国家的一个最重要标准，也被用来衡量一国经济政策对提高人民生活质量的作用的尺度。根据 2007 年人类发展指数统计（联合国开发计划署于 2009 年公布），被列入排名的 182 个国家或地区的发展水平被分为 4 个档次，第 1 ~ 38 名是发达国家或地区，其人类发展指数被列为“极高”级，均在 0.8 以上；第 39 名以后是发展中国家或地区，其人类发展指数被分别列为“高”级（第 39 ~ 83 名）、“中”级（第 84 ~ 158 名）、“低”级（第 159 ~ 182 名）三档。虽然人类发展指数在不断提高，但各类国家或地区的发展水平依然高低悬殊。

1.1.2 发展中国家或地区的特征与分类

发展中国家一般是指经济社会发展和人民生活水平相对较低，尚处于从传统农业社会向现代工业社会转变过程中的国家。

1. 发展中国家的定义

发展中国家一般是指经济社会发展和人民生活水平相对较低，尚处于从传统农业社会向现代工业社会转变过程中的国家。发展中国家（developing countries）和发达国家（developed countries）是相对而言的。最初这些国家被西方称为“落后国家”，与之相对的是“先进国家”或“现代国家”。后来，被称为“不发达国家”或“欠发达国家”（loss developed countries），以与较发达国家（more developed countries）相对。再往后，才被称作发展中国家。

20 世纪 70 年代，发展中国家的提法盛行一时，几乎为所有的不发达国家所接受。然而，这一概念与其说在准确性上有所改进，还不如说是出于外交上的考虑。每一个国家，不论其经济如何停滞不前，也都愿意在各种国际机构中或会议场合上将自己列入“发展中国家”行列，因为这一概念具有“乐观”的因素。

此外，新马克思主义者和激进派的经济学家，将发展中国家称作“边缘地区”，说明他们和“中心地区”（发达国家）之间的“依附”和“支配”关系。当然，最通俗的理解，是称之为“穷国”，以同“富国”相对立。由于发展中国家大都处于南半球，因此，也被称之为南方国家，与发达的北方国家相对应。有时国际上还将其称作为“第三世界”。

2. 发展中国家或地区的特征

发展中国家或地区共有 100 多个，它们的历史文化、资源条件、生态环境、社会制度、经济结构、政治体制都不一致，但也有共同的特点。

（1）劳动生产率低、经济增长质量差。劳动生产率的高低取决于许多因素。发展中国家一般来说劳动力并不短缺，但是严重缺乏资本和技术。在一些人口多的国家或地区，耕地面积也很少。由于投入要素资源配合中劳动投入比重大，加上劳动者技术水平低，管理手段差，并受生产结构等因素的影响，致使劳动生产力水平十分低下。

20 世纪 90 年代以来，发展中国家或地区的经济增长速度开始超过发达国家。但发展中国家或地区重要资源的产出效率不仅大大低于发达国家水平，也低于世界平均水平。以中国为例，2017 年中国 GDP 约占世界经济比重 15% 左右，稳居世界第二，但一次能源消耗占世界的比重（折标准煤）为 23.2%，高居世界第一。①

（2）人均收入低、贫富差距大。一般地说，无论是和发达国家相比，还是跟国内少数富裕阶层相比，发展中国家或地区大多数人民的收入水平都是低下的。据国际货币基金组织（IMF）的资料，2015 年人均 GDP 世界平均为 10 138 美元，其中 62 个国家或地区高于平均数，最高的国家（卢森堡）为 101 994 美元。有 127 个国家或地区低于平均数，最低的国家（南苏丹）仅 221 美元，最高收入国的人均 GDP 为最低收入国的 460 多倍。发展中国家或地区不仅人均收入低，

① 陈俊松：《2017 年中国 GDP 占世界经济比重 15% 左右　稳居世界第二》，新华网，2018 年 2 月 28 日，http：//www. xinhuanet. com/fortune/2018 - 02/28/c_1122467400. htm；《BP：2018 世界能源统计年鉴》，2018 年 09 月 3 日，199IT. COM，http：//www. 199it. com/archives/767423. html。

而且贫富差距大。例如，《2019年国民经济和社会发展统计公报》显示，中国2019年城乡居民人均可支配收入差别为2.64倍。

低下的收入水平的结果必然是低下的生活水平，例如，住房短缺、健康不良、教育落后、婴儿死亡率高、预期寿命和工作年限短等。目前，发展中国家或地区贫困人口约占总人口的1/3，其中90%以上的贫困人口集中在南亚、撒哈拉以南非洲地区、中美洲、巴西和中国。拉丁美洲有近2亿人生活在贫困线以下，非洲人口有一半挣扎在饥饿线上。

（3）人口出生率高、平均寿命低。世界上3/4以上的人口居住在发展中国家，不足1/4的人口居住在发达国家，两类国家的出生率差距悬殊。由于发展中国家过去较高的死亡率已经逐渐减少，结果，发展中国家人口增长率比发达国家高3倍多，前者为21‰，后者为5‰。

高人口增长率和高赡养负担比，阻碍了发展中国家的经济发展，加剧了其贫困程度。贫困的生活难以保障身体的健康，使发展中国家人均寿命明显低于发达国家。世界卫生组织《2016年世界卫生统计》报告显示发达国家人均寿命已达80岁，其中日本、新加坡、瑞士等国人均寿命达83岁。发展中国家平均寿命只有67岁，而非洲的塞拉利昂、安哥拉、中非等国，人均寿命只有50岁左右。

（4）文教水平低、卫生条件差。从教育方面看，发展中国家的教育文化水平普遍偏低。联合国教科文组织发布的《全民教育全球监测报告2013～2014》中显示，全球约有7.93亿成年人是文盲，其中大部分是女性。文盲人口的分布非常集中，其中超过七成（72%）的文盲人口集中分布在撒哈拉以南非洲地区和亚洲的10个发展中国家，这些国家的文盲人口达5.57亿。发展中国家受过高等教育的人很少，高等教育入学率发达国家超过65%，而发展中国家低于30%。从卫生条件看，2010年低收入国家平均每千人才有0.3名医生，中等收入国家每千人有1.24名医生，而高收入国家每千人就有2.76名医生。2013年5岁以下儿童死亡风险率在发达国家平均在5‰以下，其中日本为2.9‰，而发展中国家普遍在两位数以上，最高的国家（安哥拉）为167‰。

（5）社会、经济、文化的二元结构。所谓二元结构，是指发展中国家现代工业与传统农业并存，相对发达的城市与广大落后的农村并存。发展中国家的城市以工业为主，采用社会化大生产的方式，生产规模较大，技术先进，劳动生产率较高，产品主要在市场销售，城市居民的工资收入较高，生活条件较好；而农村则以农业为主，采取传统的小农经营生产方式，生产规模小，以传统的手工劳动为主，劳动生产率低下，生产的产品主要是自己消费，农村居民的收入水平较低。在这一经济二元结构的基础上，社会、文化、道德等都不同程度地存在着二元结构。处于由传统社会向现代化过渡的发展中国家，尖锐地表现在城乡二元结构的特征上。发展中国家的发展过程，从实质

二元结构是指发展中国家现代化工业与传统农业并存，相对发达的城市与广大落后的农村并存。

上说，正是城乡二元结构的对立统一运动。

3. 发展中国家的分类

发展中国家的分类是一个十分复杂困难的问题，因为各个发展中国家在具体情况方面千差万别，我们很难用一般性的指标来概括所有的国家。但是，对众多发展中国家进行科学分类是比较、分析，进行实证研究的前提，因此，发展中国家分类问题就应该受到重视。由于世界银行在协调各个国家关系中的权威性，因此，我们这里介绍世界银行的分类。

（1）按人均 GNP 的分类。世界银行首先将人口 100 万以上的各个国家按照人均 GNP 由低到高分为三大类：低收入国家；中等收入国家；高收入国家。其中，中等收入国家又细分为下中等收入国和上中等收入国两组。

（2）按地理位置分类。在《1995 年世界发展报告》中，世界银行把发展中国家按地理位置划分为六类：撒哈拉以南非洲地区；东亚和太平洋地区；南亚；欧洲和中亚；中东和北非；拉丁美洲和加勒比地区。

（3）按主要出口种类分类。制成品出口国；非燃料初级产品出口国；燃料（石油为主）出口国；劳务出口国；综合出口国。

（4）按债务分类。严重负债国家；中等负债国家；低负债国家。

发展经济学的
兴起与演变

1.2 发展经济学的兴起与演变

1.2.1 发展经济学的理论渊源

要了解发展经济学，特别是西方发展经济学的形成与发展，有必要追溯西方早期的经济发展理论和思想。早期西方经济学家研究的主题就是经济发展，主要是要理解收入和产品的长期增长过程，其理论渊源一直可以追溯到 15 世纪的重商主义。18 世纪的重农学派也含有经济增长理论。古典经济学的奠基人威廉·配第和布阿吉尔贝尔，都曾对经济增长与经济发展问题做过研究。但是，真正对经济增长问题做出全面系统分析的当从亚当·斯密开始。

1. 亚当·斯密（Adam Smith）

一些西方发展经济学家认为，亚当·斯密的巨著《国民财富的性质和原因的研究》（1776）所阐述的理论就是发展经济学。如萨缪尔森始终认为亚当·斯密的《国富论》是“一部可以题为《如何使GNP增长》的实用手册”。亚当·斯密对发展经济学有影响的经济理论主要包括增长理论、调节理论和外贸理论。

（1）亚当·斯密的经济增长理论。按亚当·斯密的定义，经济增长表现为国民财富的增长，所谓国民财富，即构成一国全部劳动年产物的一切商品。显然，这一定义具有现代经济学用的GNP或国民收入的含义。

国民收入的增长取决于两个条件，即劳动生产率的高低和从事生产性劳动人数的多寡。劳动生产率的高低取决于分工。分工之所以能提高劳动生产率，原因有三：一是劳动者的技巧因业专而日进，即俗话说的“熟能生巧”；二是由一种工作到另一种工作，通常须损失不少时间，有了分工，就可以免除这种损失；三是许多简化劳动和缩减劳动的技术的发明，使一个人能够做许多人的工作。

从事生产性劳动人数的多寡取决于人口的增加。此外，亚当·斯密指出，人口数量对分工也有影响，劳动分工的好处依赖于需求集中的程度，需求集中的程度受人口数量的制约。亚当·斯密同时也注意到了人口质量以及与此相关的教育对经济增长的促进作用。

无论是增加生产性劳动者的数量，还是提高劳动生产率，“都有增加资本的必要”。资本积累因此成为经济增长的重要条件。资本如何增加呢？亚当·斯密认为，资本增加，由于节俭；资本减少，由于奢侈和妄为。这样亚当·斯密就把经济增长和分工、人口数量以及资本积累联系了起来。

（2）经济调节理论。亚当·斯密强调自然法则，反对政府干预经济，特别强调市场机制的作用，认为市场机制能自然合理地分配劳动和资源，因此一切生产和消费活动都应该受市场调节。政府对市场或经济活动的干预会破坏市场机制，导致资源的浪费和降低利用的效率，归根到底不利于经济发展。

（3）外贸理论。亚当·斯密认为，经济发展一旦开始，便会持续进行。但是受自然资源，特别是土地稀缺的限制，资本和劳动投入到一定的限度，边际报酬从而利润会不断下降，资本积累减慢，最终会停止，经济发展也会停滞。利用对外贸易可以形成国际分工，促进各国劳动生产力的发展和经济增长。

2. 大卫·李嘉图（David Ricardo）

大卫·李嘉图对经济增长的观点与亚当·斯密基本一致，也认为经济剩余和资本积累是促使国民财富增长的根本原因。在《政治经济学及赋税原理》（1817）一书中，大卫·李嘉图和集中研究国内经济增长的亚当·斯密的不同之处，在于他更加关心收入分配和外贸问题。

对于收入分配问题，大卫·李嘉图认为，工资不能高于维持生活的水平，否则会刺激人口增长，使工资又恢复到原本的水平；工资也不能低于维持生活的水平，否则饥饿随之而来，人口就会减少，劳动力将供不应求。

对于对外贸易问题，大卫·李嘉图同亚当·斯密一样，看到一个国家土地面积有限，自然资源有限，报酬递减规律迟早会发生作用，除非可以从外国输入廉价粮食，否则收入增长的极限就会到来。因此，大卫·李嘉图主张自由贸易，他认为自由贸易可以扩大市场，有利于劳动分工和生产的专业化，因此可以促进经济发展。为此，他提出了著名的比较成本说。

3. 约翰·斯图亚特·穆勒（J. S. Mill）

约翰·斯图亚特·穆勒的代表作是《政治经济学原理》（1848），其对发展经济学的贡献就在于他把生产要素概括为人口增长、资本积累、技术进步和自然资源，逐个分析其与增长的关系，至今是发展经济学常用的方法。

此外，马尔萨斯（Malthus，R. T.）的人口论，熊彼特（J. A. Schumpeter）的创新理论，以及凯恩斯的宏观静态分析也是发展经济学的重要理论依据。

1.2.2 发展经济学的兴起

第二次世界大战尚在进行期间，发达国家就已开始考虑战后重建问题。而不发达国家的经济发展也日益引起发达国家政府和公众的关注。早在1939年，克拉克（Clark，C. G.）就出版了《经济进步的状况》一书，第一次用翔实的统计资料说明了世界富国与穷国生活水平的差距，对后来增长理论与模型的出现起到了很大的促进作用，而且对经济发展思想产生了重要的影响。20世纪40年代，三本关于经济发展问题的著作相继问世，即罗森斯坦－罗丹（Rosenstein－Rodan，P. N.）的《东南欧工业化问题》（1943年）、斯坦利（Staley，E.）的《世界经济发展》（1944年）、曼德尔鲍姆（Mandelbaum，K.）的《落后地区的工业化》（1947年）。通常认为，这三本著作的出版标志着发展经济学的诞生。

1948年，哈罗德（Harrod，R. F.）和多马（Domar，E. D.）两人差不多同时根据凯恩斯的经济理论推演出一种经济增长理论，即哈罗德－多马模型。这是100年来西方主流经济学第一次把经济增长纳入研究范畴。不少人认为，这个模型与其说适合于发达国家，不如说更适合于发展中国家，因为这个模型指出了阻碍发展中国家经济增长的要害——资本匮乏，并且显示出，只要有持续的资本形成，就会有持续的经济增长。不过，哈罗德－多马模型毕竟只是一个增长模型，还没有进入经济发展研究领域。

1950年前后，非殖民化运动达到高峰，前殖民地、半殖民地、附属国纷纷独立为民族国家，它们迫切要求发展本国经济，希望有一种切合实际的经济理论来指导本国的经济决策。西方发达国家面临这种新的政治形势，亟须与这些新独立的国家保留旧的经济联系，办法之一就是把各工业落后国的经济发展纳入西方经济发展的轨道。与此同时，西方发达国家内部的价值观也发生了变化，人们不能再接受殖民统治和国家之间的贫富悬殊。因此，关于落后国家如何实现经济发展的研究迅速成为西方经济学界的热门课题，各种有关经济发展的文献大量涌现并引起了激烈的讨论，发展经济学就此兴起。

1.2.3　发展经济学的演变

发展经济学从兴起至今，已有半个多世纪，其一般思路和具体的理论模式，经历了很大的变化。

1. 形成阶段

从20世纪40年代到60年代中期，是发展经济学演变的第一阶段，这一阶段的经济发展理论以结构主义为主，强调发展中国家的社会经济结构的特殊性，认为由于不发达国家的市场狭小和不完全性，主张通过国家干预来实现经济增长。其主要特征有三个：

（1）强调物质资本积累的重要性。许多发展经济学家认为，资本匮乏是制约发展中国家经济发展的最主要因素。如纳克斯（Nurkse，R.）的“贫困的恶性循环”理论，纳尔逊（Nurkse，R.）的“低水平均衡陷阱”理论，米尔达尔（Myrdal，G.）的“循环累积因果关系”等理论，都论证了资本匮乏对经济发展的阻碍。再加上第二次世界大战后美国援助欧洲重建的马歇尔计划，从实践上说明了资本形成能够有力地推动经济发展。因而发展经济学家所提出的发展策略，如罗森斯坦·罗丹的“大推进”、莱宾斯坦（Leibenstein，H.）的“临界最小努力”、罗斯托（Rostow，W. W.）的“起飞”等，都强调要提高储蓄率，加速资本形成。钱纳里（Chenery，H. B.）等人提出的“两缺口”模型，论证了对于国内储蓄不足的发展中国家，需要引入外国资本来弥补。不过，在20世纪60年代初，舒尔茨（Schultz，T. W.）等发展经济学家已经认识到，经济发展不能仅仅依靠物质资本积累，比物质财富更基本的是创造财富的能力，即人力资本（human capital）。

人力资本是指通过各种形式的生产性投资而提高了人的素质和劳动机能，与物质资本相对应。

工业化的实质是指经济结构的转化，是农业份额的下降和非农业份额的上升，这种转化的结果是一个国家从农业国转变为工业国。

贸易条件通常是指进出口商品的价格指数之比。若用 Px 和 Pm 分别表示出口商品和进口商品的价格指数，用 Tb 表示商品的贸易条件，则 Tb = Px/Pm。

（2）强调工业化的重要性。工业化是发达国家经济的主要特征。早期发展经济学家非常强调工业化对经济发展的巨大作用。他们认为，通过工业化，可以减少进口，减轻外汇约束，并积极地扩大外汇储备，增加进一步促进工业生产所需的生产资料，进而提高国内生活水平。工业化还被视为是吸收农业剩余劳动力并由此提高农业生产率的唯一途径。刘易斯（Lewis，W. A.）的“二元经济”模型，论证了发展中国家实现工业化的必要性和可能性。罗森斯坦·罗丹的“平衡增长”理论和赫希曼（Hirschman，A. O.）的“不平衡增长”理论，分别提出了不同的工业化战略。普雷维什（Prebisch，R.）的“贸易条件恶化论”，从反面论证了发展中国家工业化的必要性，并成为发展中国家实行进口替代工业化战略的理论基础之一。

（3）强调计划化的重要性。经济发展要有计划，这几乎是发展中国家领导人的共识。苏联在短时期内运用计划经济的力量实现工业化的先例支持了这种看法。凯恩斯经济学也为政府干预经济提供了理论依据。早期发展经济学家认为，发展中国家的市场无论在结构上还是功能上都不完善，价格不能正确地反映经济信息，市场体系不能起到有效地配置资源的作用。而且，即使是较为完善的市场体系，也只是在短期和静态条件下是有效率的。而经济发展是一个长期、动态的过程，其中包含着结构性的变化。为了更好地促进经济发展，需要牺牲一些短期利益，需要制定某种发展战略，这些都超出了市场的作用范围。罗森斯坦·罗丹、丁伯根（Tinbergen，J.）等学者强调了计划化的重要性，为发展中国家制定发展计划奠定了理论基础。

受第一阶段发展经济学的影响，第二次世界大战之后的 20 年，许多发展中国家走的是一条封闭式的、以物质资本积累为核心的、高度计划化的进口替代型工业化发展道路。其中有些国家经济发展取得了一定的成效，如初步建成了独立的民族工业体系，人民生活水平有所提高等。但总的来说并没有达到预期的经济发展目标，反而暴露出种种问题，如农业发展停滞，市场受到抑制，外汇短缺，部门差距和地区差距拉大等。计划管理体制也逐渐显出种种弊端。与此相对照，一些经济比较开放、注意发挥市场作用、实行出口促进政策的发展中国家却取得了更快的进步。面对这些情况，发展经济学的基本思路、研究重点、分析方法都发生了很大变化。

2. 新古典主义复兴时期

从 20 世纪 60 年代中期到 80 年代初，是发展经济学演变的第二个阶段，这一阶段被称为新古典主义复兴时期，市场机制的作用再次受到重视，其理论的主要特点可以归纳如下：

（1）对发展有了更宽泛的理解。发展经济学家逐渐认识到，发展是一个多维的概念，经济增长只是其中的一项内容，而非全部。在第二次世界大战后前 20 年的发展过程中，不少发展中国家出现了“有增长而无发展”的现象，人均收入虽然有所提高，大多数人实际生活水平却没有得到改善，分配不均、贫困、失业等问题日益突出。从 20 世纪 60 年代起，库兹涅茨（Kuznets，S.）、克拉维斯（Kravis，I. B.）、钱纳里等学者开始致力于研究发展中国家的收入分配问题。70 年代，辛格（Singer，H. W.）论证了发展中国家二元程度的扩大问题。特恩汉姆（Turnham，D.）首先研究了发展中国家就业问题。在国际劳工组织（International Labour Organization，ILO）、世界银行等机构的努力下，就业导向战略、增长中的再分配战略、满足基本需要战略等关注发展的多维层面的政策在发展中国家得以实施。

（2）纠正对农业的偏见。美国著名经济学家西奥多·舒尔茨（Theodore. W. Schults）论证了 20 世纪 50 年代轻视农业的政策对发展中国家农业的损害，提出必须增加对农民的人力资本投资，发挥农业的经济价值。以此为开端，第二阶段发展经济学家认为，传统农业的现代化是发展中国家的一个根本问题，农业不应仅仅是工业扩张的工具，农业本身的发展也应是经济发展的目标。促进农业进步，可以解决进口替代政策力图解决而未能成功的国际收支逆差问题。发展精耕细作的劳动密集型农业，可以尽可能地把劳动力保留在土地上，减小城市化过程中的就业压力。为了促进农业发展，应该对小农采取适当倾斜的租税政策和价格政策，并加强农业的基础设施建设。

（3）重新估价市场机制的作用。20 世纪 60 年代中期以后，发展经济学家改变了前一个阶段对国家计划管理的过度推崇，转而从不同角度重新论证市场机制对经济发展的作用。他们认为，市场能够有效地配置资源，完成政策目标，广泛提供信息，而且还能以各种方式为经济增长提供刺激：刺激物质资本的积累、刺激人力资本投资等。与易于产生低效率和腐败的计划机制相比，市场是一种更为可取的经济发展工具。但重视市场不等于取消计划。政府应当培育、增进、加强和利用市场机制。政府干预和市场机制两者应该互相配合，才能促使经济有效运行，并在长期中实现发展。

（4）强调对外开放的作用。20 世纪 60 年代后期，随着进口替代政策越来越缺乏效率，发展经济学家们对进口替代的批评也越来越尖锐。他们指出，这种政策造成价格体系的扭曲，不利于国际收支状况的改善。从长期看，也起不到扶植国内新兴工业的效果。比起进口替代，出口鼓励对经济的扭曲较小，可以吸引更多的外国投资，创造更多的就业机会，有利于增强企业的国际竞争力，还能够改善国际收支状况。普雷维什在 20 世纪 60 年代中期就指出，发展中国家的进口替代道路上已走到尽头，应当改弦更张，转向出口鼓励。哈伯勒

(Haberler, G.) 认为，市场—价格机制不仅能有效地调节国内经济，也能有效地调节国际经济，因此应当实行自由贸易。利特尔（Little, I. M. D.）、西托夫斯基（Scitovsty, T.）、斯科特（Scott, M. F. G.）提出，应当强调发展出口，更好地利用价格机制以替代行政管理。

（5）研究范围趋于国别化。发展中国家数目众多，彼此之间差别巨大，许多发展问题难以得出适用于所有发展中国家的统一结论。20 世纪 80 年代中期以来，越来越多的发展经济学家对发展中国家进行分类或个别研究。

3. 新制度主义时期

从 20 世纪 80 年代中期至今是发展经济学演变的第三阶段，这一阶段是新制度主义时期，强调影响经济发展的非经济因素，主张重视产权和公共政策。其理论特征具有以下几个特点：

（1）强调影响发展的制度因素。新制度主义者认为，经济上成功的国家都有一个好的制度，而经济上不成功的国家则缺少这种制度。一个繁荣的市场经济需要有政治、法律、文化制度来支撑，这对于发达国家是既定的前提，但对于发展中国家来说，则是促进发展的主要因素和条件。20 世纪 80 年代中期以后，一些西方学者开始用制度分析的方法，较系统地探讨发展中国家经济发展中的制度安排和制度选择的成败得失，研究经济发展所需要的制度条件和各种可选择的方案，从而成为发展经济学中的一个新的流派——发展经济学的制度学派。

（2）新古典政治经济学方法的运用。从 20 世纪 50 年代末开始，一些学者超出纯经济理论的范围，把经济学的研究对象拓展到政治学的领域，把人类的经济行为和政治行为作为统一的研究对象加以考察。他们用新古典经济学的观点和方法研究人们的政治行为，从实证的角度考察政府机构是如何组成和运转的，探讨政府行为的动机、方式及后果，从而出现了新古典政治经济学这一新的分支。70 年代以后，一些发展经济学家运用这种方法对发展中国家政府干预经济的弊端进行了分析，提出了“寻租”的观念。80 年代以后，将这一概念进一步扩充为“直接非生产性寻利”活动。他们指出，在发展中国家，当政府对进口物品实施数量控制或对投资发放许可证时，这种限制会产生各种形式的租金，人们往往为了这种不劳而获的利益而彼此展开竞争。结果不仅不能增加社会财富，反而浪费了大量的资源。

（3）新增长理论的兴起。20 世纪 80 年代中期以后，以罗默（P. Romer）和卢卡斯（R. Lucas）为代表的一批经济学家放松了新古典增长模型中的资本报酬递减假定，提出了各种各样的经济增长模型。这些增长模型把技术进步内生化了，因而被称为内生增长理论或新增长理论。新增长理论与新古典增长理论的一个根本区别是，后者把发达国家作为研究对象，而前者以所有的国家作为研究对象，研究经济增长的源泉是什么，为什么一些国家比另一些国家富裕等这样一些重大理论问题。对发展中国家来说，新增长理论的一个重要经济含义就是，实行对外开放对经济发展是有利的，因为可以从国际贸易和技术引进中获得知识溢出的好处；另一个含义是人力资本比物质资本更为重要，因为前者比后者更能促进经济长期增长。随着新增长理论的兴起，一些经济学家致力于用新增长理论的观点和方法分析发展中国家的发展问题，并取得了相应的成果。

（4）生态环境问题受到重视。进入 20 世纪 80 年代以后，世界各国尤其是发展中国家的资源耗减、环境退化问题越来越严重，不仅导致人们生活质量下降，而且直接影响经济的长期持续增长。在这种情况下，发展经济学开始重视对环境与可持续发展问题的研究。美国著名的发展经济学家托达罗在其所著的经典教材《经济发展》1994 年修订版中明确指出："在过去 10 年中，经济学家已日益认识到环境问题对发展努力成功的重要意义……因为对各种环境问题的解决涉及增加资源的生产率和改善穷人的生活条件，因此，在环境上获得可持续增长就与我们对经济发展的定义成为同一语了"。

（5）关注社会资本的作用。社会资本说到底就是个社会信任问题，社会信任度高，社会资本就高，反之亦然。社会资本对经济发展特别重要，因为它关系到市场经济中交易成本的高低，从而决定了市场经济制度的效率。发展中国家市场经济不完善、法制不健全是影响经济发展的重要因素，而人际交往缺乏互信也是重要原因。因此，在近几年，社会资本理论也成为发展经济学研究的一个新的领域。

1.3　现代经济发展的基本模式

第二次世界大战后经济发展的基本理论可以归纳为以下两种模式：

1.3.1　"结构变动模式"

结构变动模式注意的是发展中国家内部结构与国际经济社会结构的特点。他们研究的中心问题是，不发达国家利用什么样的经济机制才能使国民经济结构从仅能糊口的传统农业为主的社会转变为现代化、城市化、多样化的以制造业和劳务为主的经济。比较重要的结构变动模式有刘易斯提出的劳动无限供给下的发展模型，以及拉尼斯和费景汉对刘易斯模型进行修改和完善后提出的拉尼斯－费景汉模型。

1. 刘易斯的二元经济模型

刘易斯于1954年在《曼彻斯特学报》上发表了一篇题为《劳动无限供给下的经济发展》的论文，提出了他的二元经济模型。

刘易斯的二元经济模型由一个现代的资本主义部门和一个庞大的传统部门组成。前者以工业为代表，后者以农业为代表。按照刘易斯的观点，在传统的农业部门，大量使用的是土地等非再生性资源。因此，持续大量增加的人口势必对它们形成巨大的压力，使劳动力的边际生产力非常低下，甚至降低到0。如果从这一部门减少劳动力，对于总产量没有任何影响。在这种条件下，农业劳动者的收入很低，仅够维持最低的生活水平。而在现代工业部门，大量使用的是厂房、设备等再生性资源，雇佣劳动力为利润而生产，其规模随生产的发展和资本的积累而不断扩大，而扩大的速度又可以超过人口的增长，因此，它有可能吸收农业中的剩余劳动力。这种经济结构的二元性是发展中国普遍存在的共性，也是经济发展的出发点。所谓经济发展，就是通过工业部门的扩张，吸收农业中的过剩劳动力，从而达到消除经济中工农业之间结构失衡的目的。因此，这两个部门间劳动力的转移就构成了经济发展的模式。

在这样的二元经济结构中，工业部门的工人工资由什么来确定呢？很显然，它不是由工人的边际劳动生产力来确定，而是由传统农业部门农民的平均收入来决定。工人的工资当然略高于农民的收入，因为城市生活费用较高，由农村到城市工作还有心理上的成本等。这样，当工业部门以略高于农民平均收入的工资增雇工人时，就会有大量的劳动力流入工业部门。而这部分劳动力的边际劳动力接近于0，他们的流出，对于农业中的总产量并没有影响。这样，工业部门就能在现有的工资水平下得到源源不断的劳动力。正是在这个意义上，刘易斯把他的二元经济模型称作“劳动无限供给下的经济发展”。经济发展的过程，如图1－1所示。

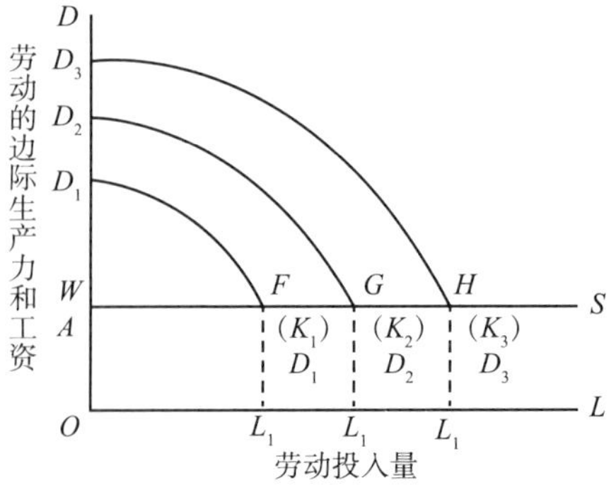

图1－1　经济发展的过程

工业部门的扩张和劳动力的转移过程如图 1－1 所示。在图 1－1 中，横轴 OL 表示劳动投入量，纵轴 OD 表示劳动的边际生产力和工资。OA 为传统农业部门劳动的平均收入水平，OW 为工业部门现行工资水平。在 OW 这一工资水平下，工业部门的劳动供给具有完全弹性，供给曲线 WS 为一条水平线。假设最初工业部门的资本量为 K_1，相应地劳动的边际生产力曲线（劳动的需求曲线）为 D_1D_1，根据要素投入的利润最大化原则——要素的边际生产力等于要素的边际成本，图中 F 点达到利润最大化条件，工业部门将雇用 OL_1 数量的劳动力，此时资本家的总收益为 OL_1FD_I，工资成本为 OL_1FW，利润为 WFD_I。当资本家把这些利润用于再投资时，工业部门的资本会增加，假设增加到 k_2，相应地劳动的边际生产力曲线为 D_2D_2，资本家会把劳动投入量增加到 OL_2，此时资本家的总收益为 OL_2GD_2，支付的工资总额为 OL_2GW，WGD_2 为利润，资本家把利润再用于投资，资本存量增加，假设增加到 K_3，劳动的边际生产力曲线为 D_3D_3，D_3D_3 和 WS 相交于 H，对应的劳动投入量为 OL_3，资本家的利润又将增加，资本家再把所获利润投资于工业部门，增加工业部门的资本存量，又会增加对劳动力的投入，引起农业劳动力向城市工业部门转移。

在这个劳动力转移的过程中，可以分为两个阶段。在第一个阶段中，由于工业资本不多，无力吸收全部剩余劳动，因而无论对劳动力的需求怎样扩大，总能在不变的低工资水平上源源不断地得到劳动供给。这样工业总产值中利润部分的增长速度将大大超过工资部分的增长速度。假定资本家的利润全部用于储蓄，于是进入第二阶段，出现一个资本加速积累和迅速吸收剩余劳动的增长的时期。这一过程反复进行，直到工业部门的扩张把剩余劳动力吸收干净，农业的边际劳动生产力就会提高，农业部门的收入也相应增加，工业部门要想获得更多的农业劳动力就必须提高工资水平。这样，整个经济就摆脱了低水平均衡的陷阱，而转变成为一个稳定增长的经济，二元经济也就成为一元经济。

刘易斯的经济发展模式提出后，受到发展经济学家的重视。首先是因为刘易斯的二元经济模式强调了现代部门与传统部门的结构差异，较为接近发展中国家的实际情况，为分析发展中国家经济开辟了新的思路；其次，因为刘易斯的二元经济模型把经济增长过程和劳动力转移过程有机地结合在一起，这与当今发达国家走过的道路有一致之处，因而对于发展中国家制定经济发展战略有一定的参考价值。

但刘易斯模型也存在一些缺陷：

第一，一些发展经济学家认为，刘易斯关于无限劳动供给的分析不符合实际情况。因为无限劳动供给就意味着存在大量边际劳动生产力为 0 或接近于 0 的隐蔽失业人口，同时城市中不存在失业。这样，剩余劳动才能全部转移到工业中去，而且农业产出也不会因此而减少；但实际情况是，传统农业部门劳动生产率虽低，但资源配置却是有效率的，减少了劳动力就必定要降低农业的产量，如果要靠剩下的农民延长劳动时间来弥补的活，则要有一定的经济刺激，这就会提高农民的收入，从而工人的工资也要随之提高，工业利润就要减少，工业扩张的速度就会放慢甚至停止。因此，劳动力的转移是要付出代价的。

第二，刘易斯的模型忽略了技术进步的因素。在他的分析中，工业中劳动与资本的比例不变，因此，工业吸收劳动力的能力随生产规模扩大而等比例扩大。但实际情况是，随着工业部门的扩大，资本也越来越多地投资于节约劳动型的机器设备，因而吸收劳动力的能力可能并未随生产规模的扩大而增加。

第三，刘易斯的二元经济模型虽然以传统农业劳动无限供给为前提，但主要还是一个工业化理论。他根据这一前提分析了资本积累如何在工业部门内产生，并推动这一部门的发展，而农业部门的发展却并未引起重视。

2. 拉尼斯和费景汉的二元经济模型

拉尼斯和费景汉认为，刘易斯的二元经济模型没有足够重视农业在促进工业增长中的作用，也没有注意到农业由于生产率提高而出现剩余产品是劳动力持续进入工业部门的先决条件，对此，他们对刘易斯的二元经济模型进行了补充和完善，阐明了工业部门和传统农业部门的发展关系，提出了拉尼斯－费景汉模型。

拉尼斯－费景汉模型分析的经济发展过程分为三个阶段：

第一阶段：类似于刘易斯的模型。他们假定：在这一阶段，农业中存在着隐蔽失业，即相当部分劳动者的边际劳动生产力接近于0，因而劳动是无限供给的。当隐蔽失业的劳动力向工业部门转移时，农业的总产量不受任何影响，这样就会产生农业剩余，它正好可以满足转入工业部门的劳动力对粮食的需求。当这部分剩余劳动力转移完毕，经济发展就进入了第二阶段。

第二阶段：在这一阶段，工业部门所吸收的劳动力，是些边际劳动生产力低于农业部门平均产量的剩余劳动力。由于这部分劳动力的边际劳动生产力为正值，当他们转移出去之后，农业总产量就会下降，而剩下的农业劳动力仍和以前一样消费，所以，提供给工业部门的农产品就不足以按平均水平来供养工业部门的劳动者。这样，经济中开始出现农产品，尤其是粮食的短缺，工农业产品间的贸易条件转而有利于农业部门，工业部门的工资水平开始上升。

第三阶段：当农业中全部的剩余劳动力都被吸收到工业部门就业

之后，经济发展就进入了第三阶段。在这一阶段，经济已进入商业化进程，农业已开始资本主义化了，农业中和工业中的工资水平都由其边际生产力水平来决定。

拉尼斯和费景汉认为，在这一发展过程中，关键的问题是如何把隐蔽失业人口全部转移到工业中去。因为在第一阶段，不会发生粮食短缺，劳动力的转移不会受到阻碍。因此，困难在于第二阶段。随着劳动力的转移，农业中的总产出减少，粮食短缺，工资上涨，工业贸易条件下降，阻碍了劳动力的转移，有可能使工业部门的扩张在全部剩余劳动力被吸收完毕之前就停止。要解决这一问题，就要在工业部门扩张的同时，推动农业生产率的提高，使农业发展与工业发展同步进行，这样才能在劳动力转移的同时，不减少农业中的剩余产品，从而保持工资水平不变，使经济发展顺利地从第二阶段过渡到第三阶段。

拉尼斯－费景汉模型的意义在于它发展了刘易斯二元经济模型，强调了农业对工业的贡献不仅在于它向工业部门提供所需的劳动力，而且还为工业部门提供剩余。如果农业剩余不能满足工业部门扩张后新增劳动力对农产品的需求，劳动力的转移就会受到阻碍，并由此分析了提高农业劳动生产率，发展农业的重要意义，使这一模型更为全面。

拉尼斯－费景汉模型的缺陷也是明显的。由于它仍以农村中存在剩余劳动力，而城市中不存在失业，以及工业部门工资水平取决于农村的平均收入作为分析的前提，因此，刘易斯模型中的一些问题并没有得到解决。如果考虑到一些发展中国家农村中实际没有剩余劳动力存在，而城市中有大量的失业人口，以及工人工资不断上升的实情，这一模型就需要做重大的修改。

1.3.2　“线性阶段模式”

美国经济学家 W. W. 罗斯托 1960 年出版的《经济增长阶段：非共产党宣言》是这一模式的代表性著作。罗斯托认为，根据历史事实，每个国家的经济发展都要经过传统社会、为起飞创造前提条件、起飞、向成熟推进，高额群众消费时代和追求生活质量阶段。以此来和马克思主义的原始社会、奴隶社会、封建社会、资本主义社会、社会主义社会和共产主义社会的各种社会形态相对抗，所以其副标题为《非共产党宣言》。这个理论，对新独立的国家具有最大的吸引力。

1. 经济增长的阶段

（1）传统社会。这是社会发展的最初形式，此时的经济是原始的，其主要特征有：第一，没有现代科学技术；第二，资源主要配置在农业中；第三，存在着一种阻碍经济发展的社会结构；第四，生产率低下，人均实际收入仅够维持生存。罗斯托认为，属于这一阶段的国家和地区有：中国历史上的各个朝代；中东地区和地中海地区的各种文明；以及欧洲中世纪的国家等。

（2）为起飞创造前提阶段。这是一个从传统社会向起飞阶段发展的过渡中的社会，这一阶段的主要特征有：第一，新的科学技术正在出现；第二，金融机构（银行）正在产生，它动员资本并为新投资提供资金；第三，运输和交通正在改进，使商业扩大；第四，正在产生一种根本政治变革，建立一个中央集权的民族国家；第五，生产力水平很低的方法仍在普通应用，人均收入增长缓慢。在历史上，这些条件产生在中世纪崩溃时期的西欧；今天大多数贫困国家正处在这个阶段。

（3）起飞阶段。这是经济增长的分水岭。当所有的障碍和阻力被最后克服时，它才最后出现。这一阶段的重要特征有：第一，农业和工业中正在采用现代科学技术和组织方法；第二，储蓄正在上升，通常达到国民收入 10% 的水平；第三，产生了一个日益扩大的企业家阶层，把储蓄导入新投资；第四，出现了一些新的工业部门，并激发了许多辅助性的工业部门的发展；第五，农业生产率显著提高，劳动力正在从农业中解脱出来到城市工作；第六，人均收入开始大大增长。这一阶段大约需 30 年。如英国发生在 1783 年后的 30 年；法国、美国发生在 1830 年后的 30 年；德国发生在 1850 年后的 20 多年；日本发生在 19 世纪末的最后 20 年；加拿大、苏联发生在第一次世界大战前的 20 多年。发展中国家或地区中的巴西、阿根廷、埃及、以色列、墨西哥、中国台湾地区等，在 20 世纪 50 年代也达到了起飞阶段。①

（4）向成熟推进阶段。这是起飞后的一个新阶段，它有几个重要特征有：第一，一系列现代技术已经广泛地应用于各个经济领域；第二，新厂房设备的投资已经占到国民收入的 10% ~20% 之间；第三，生产的增长超过了人口的增长；第四，世界贸易在经济中起很大的作用；第五，从事农业的劳动力占 20% 左右。历史上，经济先进国家用了 40 年完成了这一阶段。在发展中国家的土耳其、伊朗等，在 20 世纪 60 年代进入该阶段。②

（5）群众性高消费阶段。在这个阶段社会进入一个高度发达的

---

① W. W. 罗斯托（W. W. Rostow）《经济增长的阶段：非共产党宣言》，郭熙保、王松茂译，中国社会科学出版社 2001 年版，第 9 页；《发展经济学的先驱》，经济科学出版社 1988 年版，第 250 页。

② W. W. 罗斯托（W. W. Rostow）《经济增长的阶段：非共产党宣言》，郭熙保、王松茂译，中国社会科学出版社 2001 年版，第 9 ~10 页；《发展经济学概论》，北京经济学院出版社 1991 年版，第 59 页。

工业社会，它的主要特征有：第一，经济主导部门转移到耐用消费品和服务业方面。第二，技术工人在劳动力中所占的百分比及城市人口在总人口中的百分比上升；第三，有逐渐增大的一部分资源用来供社会福利和保障。群众性高消费阶段是一个富裕阶段。美国在第二次世界大战前进入这个阶段，欧洲、日本则是第二次世界大战后进入这个阶段。

(6) 追求生活质量阶段。这一阶段的主导部门已经不是以汽车为主的耐用消费品工业，而是以服务业为代表的提高居民生活质量的有关部门。于是，这一阶段所追求的已经由物质产品而转向环境的优美、生活的舒适、精神的满足等方面的享受。

在以上这六个阶段中，起飞阶段是关键的。

2. 经济起飞的条件

(1) 有较高的资本积累率。这是经济起飞的一个重要条件。实现经济起飞，必须有大量的资本投资，投资来自储蓄，根据哈罗德－多马模型，只有当资本积累率在国民收入中的比重达到10%以上，才能促进经济起飞。

$$g=\frac{s}{k}\text{ 即，经济增长率}=\frac{\text{平均储蓄率}}{\text{资本/产出}}$$

假定 k 为 3.5/1，g 为 3%，则 $s=gk=3\%\times3.5=10.5\%$。

储蓄大部分来自国内，也可以来自国外。当国内储蓄不足时，可以利用外资和外援来弥补。

(2) 形成一个或多个主导部门。以主导部门的迅速增长带动辅助性部门或派生部门的增长，从而促进整个经济的增长。形成主导部门的条件是：第一，这个部门必须在国民经济中居于举足轻重的地位。历史上，起飞前阶段的主导部门是食品饮料之类的部门；起飞阶段是纺织工业；向成熟推进阶段是重化工业和机械工业；群众性高消费阶段是汽车工业；追求生活质量阶段是包括教育、市政建设和环保、卫生、娱乐等在内的服务业。主导部门的不断更替，推动了经济增长和阶段的变迁。第二，有技术创新能力，罗斯托认为“现代经济增长实质上是部门的增长过程。”经济增长总是由某个部门采用新技术开始的，采用了先进技术的部门降低了成本，扩大了市场，增加了利润和积累，扩大了对其他一系列部门产品的需要，扩大了对各个地区的经济增长的影响，从而带动了整个国民经济的发展。但是，一旦它的先进技术及其影响已经扩散到各个有关部门和地区后，它的历史使命也就完成了，这时就有新的主导部门代替旧的主导部门的地位，新的主导部门采用新技术，再影响其他部门，带动国民经济持续增长。第三，有带动国民经济其他部门增长的能力。主导部门通过三种影响带动整个经济增长：一是回顾影响：指主导部门对某些供给生产资料部门的影响；二是旁侧影响，指主导部门对所在地区的影响；三是前瞻影响，指主导部门对新工艺、新技术、新原料、新能源出现的诱导作用。

（3）政治和社会制度的变革。政府必须保证采取一系列措施来创造经济起飞所需要的一切条件。

3. 发展中国家的“起飞”

罗斯托认为，发展中国家“起飞”的困难主要有两个：一是人口增长率高；二是由国内政治动荡引起的人才和资金的外流。有利条件也有两个：一是有现成的技术可以利用；二是“国际援助”可以加快“起飞”的进程。罗斯托由此推论，当前发展中国家在起飞阶段所应采取的基本政策，就是如何克服上述困难，利用其有利条件，应特别注意以下问题：

（1）防止出现“早熟消费”。

（2）着重进行“基础结构”建设。

（3）降低人口出生率。

（4）发展“创汇”部门。

（5）消除失业。

（6）国家干预经济。

（7）防止人才和资金外流。

（8）强化储蓄。

（9）引进外资，并有制度保证。

（10）加紧推广新技术。

罗斯托的这些政策建议的核心是要解决“资本问题”和“技术问题”，这一主张对发展中国家经济发展具有很大的启发意义。

本章重要术语

发展中国家、经济增长、经济发展、人类发展指数、二元经济、结构主义

本章小结

经济增长是指一国或地区在一定时期内包括产品或劳务在内的产出的增长。通常以 GNP、GDP 及其人均产值或增长率来表示；经济发展是在经济增长的基础上，一个国家或地区经济和社会结构持续高级化的变化过程。联合国开发计划署的“人类发展指数”对莫里斯的“物质生活质量指数”做了改进，成为国际上衡量发展的一种重要指标。经济增长是基础和手段，经济发展是目的和保障。

发展中国家一般是指经济社会发展和人民生活水平相对较低，尚处于从传统农业社会向现代工业社会转变过程中的国家。二元结构是发展中国家的基本特征。所谓二元结构，是指发展中国家现代化工业与传统农业并存，相对发达的城市与广大落后的农村并存。人均GNP和人类发展指数（HDI）是对发展中国家分类常用的方法。

西方很早就有关于经济发展的理论和思想，但真正对经济增长问题做出全面系统分析的当从亚当·斯密开始。通常认为，20世纪40年代，三本关于发展问题著作《东南欧工业化问题》（1943年）、《世界经济发展》（1944年）、《落后地区的工业化》（1947年）的相继问世，标志着发展经济学的诞生。从40年代到60年代中期，是发展经济学演变的第一阶段。这一阶段经济发展理论以结构主义为主，强调发展中国家的社会经济结构的特殊性，主要特征有以下三个：唯资本论、唯工业化论、唯计划化论；从60年代中期到80年代初，是发展经济学演变的第二个阶段，这一阶段被称为新古典主义复兴时期，其理论的主要特点是市场机制的作用再次受到重视，对发展有了更宽泛的理解，逐渐认识到发展是一个多维的概念。从80年代中期至今是发展经济学演变的第三阶段，这一阶段是新制度主义时期，这一时期的发展经济学特别强调影响发展的制度因素。第二次世界大战后经济发展的基本模式可归纳为两个："结构变动模式"（刘易斯）和"线性阶段模式"（罗斯托）。

延伸阅读

关于发展经济学的研究对象，可进一步参阅《新帕尔格雷夫经济学大辞典》（第 卷），经济科学出版社1996年版，"发展经济学"词条。

关于发展经济学的产生与发展，可进一步参阅发展经济学创始人张培刚的《发展经济学通论》第一卷，湖南出版社1991年版。——**农业国工业化问题**；詹姆斯·A. 道、史蒂夫·H. 汉斯、阿兰·A. 瓦尔特斯的《发展经济学的革命》，格致出版社、上海三联书店、上海人民出版社2014年版。——**市场经济才是发展中国家经济发展政策的正确选择**。

关于经济发展水平的测度，可进一步参阅联合国开发计划署历年的《人类发展报告》，中国财经出版社。——**共享美好未来**；阿马蒂亚·森的《以自由看待发展》，中国人民大学出版社2012年版。——**经济发展就其本质而论，在于自由的增进**。

关于结构主义，可进一步参阅刘易斯的《二元经济论》，北京经济学院出版社1989年版。——**经济发展的中心事实是迅速的资本积累**。

参考答案

复习与思考

1. 单选题

（1）（　　）是试图对发展中国家和发达国家在内的所有国家经济和社会发展水平的相对地位的分析。这一指数每年由联合国在其年度系列报告《人类发展报告》中逐年发布。

A. 物质生活质量指数　　B. 人类发展指数

C. 基尼系数　　D. 恩格尔系数

（2）以衡量经济发展水平的物质生活质量指数（PQLI）是由三个指标组成的一个综合指数，这三个指标是（　　）。

A. 平均寿命、婴儿死亡率和文盲率

B. 预期寿命、婴儿死亡率和文盲率

C. 预期寿命、婴儿死亡率和识字人数的比率

D. 预期寿命、人口死亡率和识字人数的比率

（3）近50年来，最令人印象深刻的经济增长发生于（　　）。

A. 西欧　　B. 北美

C. 东亚　　D. 拉丁美洲

E. 南美

（4）在发展经济学中，经济发展是指发展中国家（　　）。

A. GDP不断提高的过程

B. 经济增长的过程

C. 摆脱贫困落后状态，实现现代化的过程

D. 企业竞争力不断提升的过程

（5）当今发展中国家面临的经济发展问题（　　）。

A. 完全可以用解释发达国家经济问题的经济学理论方法研究

B. 根本不能用解释发达国家经济问题的经济学理论方法研究

C. 与发达国家在发展初期面临的经济问题基本相同

D. 具有不同于发达国家经济问题的独特性

（6）以衡量经济发展水平的人类发展指数（HDI）是由三个指标组成的一个综合指数，这三个指标是（　　）。

A. 预期寿命、教育程度和人均GNP

B. 预期寿命、婴儿死亡率和文盲率

C. 预期寿命、婴儿死亡率和成人识字率

D. 预期寿命、人口死亡率和识字人数的比率

（7）生活在欠发达国家的人口占世界人口的比重是（　　）。

A. 1/4　　B. 1/2

C. 3/4　　D. 1/3

E. 1/6

(8)“二元经济”之术语是指（　　）。

A. 发达国家与发展中国家经济的不一致

B. 在欠发达国家中，男人和女人收入之间的不一致

C. 在欠发达国家中，较高收入与较低收入的不一致

D. 在欠发达国家中，农村与城市生活之间的不一致

E. 在欠发达国家中，市场部门的高效率与政府的低效率之间的不一致

(9) 发展中国家的基本特征是（　　）。

A. 人口出生率高　　B. 二元结构

C. 劳动生产率低　　D. 经济增长速度慢

E. 贫富差距大

(10) 刘易斯的两部门模型理论和发展模式变化理论试图勾勒出一个典型的发展中国家实现成功迅速地（　　）所必需经历的结构变化的内生过程。

A. 经济发展　　B. 经济增长

C. 可持续开发　　D. 内生性变化

(11) 美国经济学家 W. W. 罗斯托提出的经济增长阶段论将经济发展的过程分为六个阶段，他认为其中最重要的阶段是（　　）。

A. 传统社会阶段　　B. 起飞阶段

C. 为起飞创造条件的阶段　　D. 向成熟推进的阶段

E. 追求生活质量阶段

(12) 提出经济增长阶段论的经济学家是（　　）。

A. 刘易斯　　B. 罗斯托

C. 纳克斯　　D. 舒尔茨

E. 罗森斯坦-罗丹

(13) 根据罗斯托的经济成长阶段论，经济“起飞”所需具备的条件不包括（　　）。

A. 社会政治制度变革

B. 较高的资本积累率

C. 人口增长率不高于3%

D. 经济中出现了新的重要的工业部门，而且能带动辅助部门发展

(14) 人类发展指数（　　）。

A. 把社会指标和经济指标结合在一起来评价一国的发展状况

B. 与人均产出有很强的负相关关系

C. 受到了经济学家的批评

D. 以上各项都对

E. 以上各项都不对

(15) 拉尼斯-费景汉模型对发展中国家的启示是（　　）。

A. 农业劳动生产率的不断提高是发展中国家工业化的前提

B. 发展中国家必须逐步缩小城乡之间就业机会的不平等

C. 发展中国家必须理顺扭曲的要素价格

D. 发展中国家应该限制农村人口进入城市

E. 要从根本上消灭城乡差距

2. 多选题

(1) 一个国家的经济发展包括以下几方面的变化（　　）。

A. 人民生活水平提高和收入分配状况改善

B. 国民生产总值的增长速度不低于10%

C. 文教卫生事业取得显著进步

D. 自然环境和生态系统失衡的状况有所改善

E. 产业结构发生变化

(2) 发展经济学形成阶段呈现出以下特点（　　）。

A. 强调资本积累的重要性

B. 制度成为研究热点

C. 强调工业化的重要性

D. 强调市场的重要性与必要性

E. 强调计划化的重要性

(3) 经济增长的原因包括（　　）。

A. 经济结构优化　　B. 劳动力素质的提高

C. 对资源更有效的配置　　D. 技术进步

E. 资本货物的积聚

(4) 在罗斯托的起飞理论中，发展中国家实现经济起飞的有利条件有（　　）。

A. 有10%以上的投资增长率

B. 有丰富的劳动力

C. 有制度上的保证

D. 有现成的技术可以利用

E. 国际援助可以加快起飞进程

(5)“人类发展指数”是按下述哪些变量指标衡量经济发展水平的（　　）。

A. 预期寿命　　B. 安全感

C. 实际人均GNP　　D. 受教育程度

E. 婴儿死亡率

(6) 经济增长与经济发展之间存在下述关系（　　）。

A. 经济发展包含经济增长

B. 增长是手段，发展是目的

C. 增长是发展的基础，发展是增长的保证

D. 经济增长是量，经济发展既是质也是量

(7) 发展中国家的特征有（　　）。

A. 低下的生活水平

B. 对农业生产和初级产品高度依赖

C. 高人口增长率和高赡养负担

D. 二元结构

E. 贫富差距大

(8) 发展中国家存在着严重的发展不平衡现象，除劳动生产率低下以外，发展中国家还存在下述问题（　　）。

A. 人口出生率高，人均寿命低

B. 劳动力利用不充分

C. 需求不充足，产品过剩

D. 国家对经济采取自由放任的政策

E. 生活水平低，收入差距大

(9) 发展中国家普遍存在的一些特征包括（　　）。

A. 人们的生活水平低下，收入差距较大

B. 劳动生产率较低下

C. 劳动力失业率高，利用不充分

D. 国内地区经济发展不平衡

E. 人口出生率高，平均寿命较短

(10) 在罗斯托的起飞理论中，一国实现经济起飞的条件有（　　）。

A. 要有较高的资本积累率　　B. 要建立主导产业部门

C. 要有制度上的保证　　D. 要有丰富的劳动力

(11) 发展经济学理论在20世纪60年代中期到80年代初的主要特点如下（　　）。

A. 对发展有了更宽泛的理解

B. 运用市场机制推动经济发展

C. 强调对外开放的作用

D. 纠正了对农业的偏见

E. 注重国别研究

(12) 亚当·斯密认为，国民财富增加的主要因素包括（　　）。

A. 资本存量的增加　　B. 土地的增加

C. 分工　　D. 劳动生产率水平的提高

E. 劳动力数量增加

3. 简答题

(1) 发展中国家有哪些共同点？基本特征是什么？

(2) 谈谈经济增长与经济发展的关系。

(3) 为什么用经济增长指标不能全面衡量经济发展水平?

(4) 结构主义理论的主要内容是什么?

(5) 二元结构模型理论的基本观点是什么?

4. 案例分析题

大数据“数说”脱贫攻坚重大成就

新中国成立70年来，党中央、国务院高度重视减贫扶贫，出台实施了一系列中长期扶贫规划，从救济式扶贫到开发式扶贫再到精准扶贫，探索出一条符合中国国情的农村扶贫开发道路，为全面建成小康社会奠定了坚实基础。特别是党的十八大以来，以习近平同志为核心的党中央把扶贫开发工作纳入“五位一体”总体布局和“四个全面”战略布局，全面打响了脱贫攻坚战，农村贫困人口大幅减少，区域性整体减贫成效明显，贫困群众生活水平大幅提高，贫困地区面貌明显改善，脱贫攻坚取得历史性重大成就，为全球减贫事业做出了重要贡献。

一、农村贫困人口大幅度减少，精准扶贫精准脱贫取得举世瞩目成就

新中国成立时，国家一穷二白，人民生活处于极端贫困状态。社会主义基本制度的确立，以及农村基础设施的建设、农业技术的推广、农村合作医疗体系的建立等为减缓贫困奠定了基础。改革开放以后，农村率先进行了经济制度改革，实行了家庭联产承包经营责任制，生产力得到极大解放，农民收入大幅提高，农民温饱问题逐步得以解决。以当时的农村贫困标准衡量，我国农村贫困人口从1978年末的2.5亿人减少到1985年末的1.25亿人；农村贫困发生率从1978年末的30.7%下降到1985年末的14.8%。若以现行农村贫困标准衡量，农村贫困人口从1978年末的7.7亿人减少到1985年末的6.6亿人，农村贫困发生率从1978年末的97.5%下降到1985年末的78.3%。

20世纪80年代中期开始，我国针对区域发展不均衡问题，确立以贫困地区为重点，实施有计划有针对性的扶贫开发政策，先后实施了“八七扶贫攻坚计划”和两个为期10年的“中国农村扶贫开发纲要”，农村贫困程度进一步减轻，贫困人口继续大幅减少。以现行农村贫困标准衡量，2012年末我国农村贫困人口9 899万人，比1985年末减少5.6亿多人，下降了85.0%；农村贫困发生率下降到10.2%，比1985年末下降了68.1个百分点。

党的十八大以来，我国实施精准扶贫精准脱贫，全面打响了脱贫攻坚战，扶贫工作取得了决定性进展。按现行农村贫困标准，2013～2018年我国农村减贫人数分别为1 650万人、1 232万人、1 442万人、

1 240 万人、1 289 万人、1 386 万人，每年减贫人数均保持在 1 000 万以上。6 年来，农村已累计减贫 8 239 万人，年均减贫 1 373 万人，6 年累计减贫幅度达到 83.2%，农村贫困发生率也从 2012 年末的 10.2% 下降到 2018 年末的 1.7%，其中，10 个省份的农村贫困发生率已降至 1.0% 以下，中华民族千百年来的绝对贫困问题有望得到历史性解决。

二、区域扶贫力度持续加大，整体减贫成效明显

新中国成立 70 年来，各地区社会经济不断发展，民生逐步改善。受自然、历史等诸多因素影响，我国的贫困问题具有区域性特征，中西部地区整体性贫困相对突出。20 世纪 80 年代中期，我国聚焦贫困区域，实施减贫战略，党的十八大以来，党中央、国务院加大对贫困地区尤其是深度贫困地区政策力度，推进东西部地区协作扶贫，区域性整体减贫成效明显。

从东中西地区看，东部地区已基本率先脱贫，中西部地区农村贫困人口明显减少。2018 年末，东部地区农村贫困人口 147 万人，比 2012 年末减少 1 220 万人，6 年累计下降 89.2%；农村贫困发生率由 2012 年末的 3.9% 下降到 2018 年末的 0.4%，累计下降 3.5 个百分点，已基本率先实现脱贫。中部地区农村贫困人口由 2012 年末的 3 446 万人减少到 2018 年末的 597 万人，累计减少 2 849 万人，下降幅度为 82.7%；农村贫困发生率由 2012 年末的 10.5% 下降到 2018 年末的 1.8%，累计下降 8.7 个百分点。西部地区农村贫困人口由 2012 年末的 5 086 万人减少到 2018 年末的 916 万人，累计减少 4 170 万人，下降幅度为 82.0%；农村贫困发生率由 2012 年末的 17.6% 下降到 2018 年末的 3.2%，累计下降 14.4 个百分点。

分贫困区域看，贫困地区、集中连片特困地区、国家扶贫开发工作重点县、民族八省区减贫成效明显。2018 年末，贫困地区农村贫困人口 1 115 万人，比 2012 年末减少了 4 924 万人，6 年累计减少 81.5%，减贫规模占全国农村减贫总规模的 59.8%；农村贫困发生率从 2012 年末的 23.2% 下降至 2018 年末的 4.2%，6 年累计下降 19.0 个百分点，年均下降 3.2 个百分点。集中连片特困地区农村贫困人口 935 万人，比 2012 年末减少 4 132 万人，6 年累计减少 81.5%；农村贫困发生率从 2012 年末的 24.4% 下降至 2018 年末的 4.5%，累计下降 19.9 个百分点，年均下降 3.3 个百分点。592 个国家扶贫开发工作重点县农村贫困人口 915 万人，比 2012 年末减少 4 190 万人，6 年累计减少 82.1%；农村贫困发生率从 2012 年末的 24.4% 下降到 2018 年末的 4.3%，累计下降 20.1 个百分点，年均下降 3.4 个百分点。民族八省区农村贫困人口 602 万人，比 2012 年末减少 2 519 万人，6 年累计减少 80.7%；农村贫困发生率从 2012 年末

的21.1%下降至2018年末的4.0%，累计下降17.1个百分点，年均下降2.8个百分点。

三、贫困地区农村居民收入保持快速增长，消费水平大幅提高

新中国成立初期，农村居民生活困苦，收入消费水平低下。改革开放以来，农村居民收入消费进入快速增长期，2012年全国农村居民人均收入和消费水平分别比1978年实际增长了11.5倍和9.3倍。党的十八大以来，农村居民收入消费继续保持较快增长，尤其是贫困地区农村居民收入消费实现快速增长，与全国农村平均水平差距缩小，贫困人口发展能力持续提升。

贫困地区农村居民收入实现快速增长。2018年，贫困地区农村居民人均可支配收入10 371元，是2012年的1.99倍，年均增长12.1%；扣除价格因素，年均实际增长10.0%，比全国农村平均增速快2.3个百分点。其中，集中连片特困地区2018年农村居民人均可支配收入10 260元，扣除价格因素，实际水平达到2012年的1.77倍，年均实际增长10.0%，比全国农村平均增速快2.3个百分点。扶贫开发工作重点县2018年农村居民人均可支配收入10 284元，扣除价格因素，实际水平是2012年的1.81倍，年均实际增长10.4%，比全国农村平均增速快2.7个百分点。2018年贫困地区农村居民人均可支配收入是全国农村平均水平的71.0%，比2012年提高了8.8个百分点，与全国农村平均水平的差距进一步缩小。

贫困地区农村居民消费水平不断提升。2018年贫困地区农村居民人均消费支出8 956元，与2012年相比，年均增长11.4%，扣除价格因素，年均实际增长9.3%。其中，集中连片特困地区农村居民人均消费支出8 854元，年均增长11.3%，扣除价格因素，年均实际增长9.3%；扶贫开发工作重点县农村居民人均消费支出8 935元，年均增长11.6%，扣除价格因素，年均实际增长9.5%。2018年贫困地区农村居民人均消费支出是全国农村平均水平的73.9%，比2012年提高了3.4个百分点。

四、贫困地区生活环境明显改善，生活质量全面提高

新中国是在战争的废墟和极度贫苦的环境中建立的，这70年来，党和政府始终致力于农村基础设施建设和农村公共服务改善。党的十八大以来，各级政府继续加大对农村尤其是贫困地区建设和投入力度，贫困地区农村居民生活条件和生活环境明显改善，享有的公共服务水平不断提高，生活质量得到全面提高。

贫困地区农村居民生活条件不断改善。从居住条件看，2018年贫困地区居住在钢筋混凝土房或砖混材料房的农户比重为67.4%，比2012年提高28.2个百分点；居住在竹草土坯房的农户比重为1.9%，比2012年下降了5.9个百分点；使用卫生厕所的农户比重为

46.1%，比2012年提高20.4个百分点；饮水无困难的农户比重为93.6%，比2013年提高12.6个百分点。从家庭耐用消费品情况看，贫困地区农村居民家庭耐用消费品从无到有，产品升级换代。2018年贫困地区农村每百户拥有电冰箱、洗衣机、彩色电视机等传统耐用消费品分别为87.1台、86.9台和106.6台，分别比2012年增加39.6台、34.6台和8.3台，拥有量持续增加，和全国农村平均水平的差距逐渐缩小；每百户拥有汽车、计算机等现代耐用消费品分别为19.9辆、17.1台，分别是2012年的7.4倍和3.2倍，实现快速增长。

贫困地区基础设施条件不断改善。截至2018年末，贫困地区通电的自然村接近全覆盖；通电话、通有线电视信号、通宽带的自然村比重分别达到99.2%、88.1%、81.9%，比2012年分别提高5.9个、19.1个、43.6个百分点。2018年，贫困地区村内主干道路面经过硬化处理的自然村比重为82.6%，比2013年提高22.7个百分点；通客运班车的自然村比重为54.7%，比2013年提高15.9个百分点。

贫困地区公共服务水平不断提高。2018年，贫困地区87.1%的农户所在自然村上幼儿园便利，89.8%的农户所在自然村上小学便利，分别比2013年提高15.7个和10.0个百分点；有文化活动室的行政村比重为90.7%，比2012年提高16.2个百分点；贫困地区农村拥有合法行医证医生或卫生员的行政村比重为92.4%，比2012年提高9.0个百分点；93.2%的农户所在自然村有卫生站，比2013年提高8.8个百分点；78.9%的农户所在自然村垃圾能集中处理，比2013年提高49.0个百分点。

五、中国减贫加速了世界减贫进程，为世界减贫做出卓绝贡献

新中国成立70年来，我国通过加快建设，深化改革和大规模扶贫开发，贫困人口大幅减少，成为全球最早实现联合国千年发展目标中减贫目标的发展中国家，加速了世界减贫进程，为全球减贫事业做出了巨大贡献。

一是我国减贫速度明显快于全球。世界银行发布数据显示，按照每人每天1.9美元的国际贫困标准，从1981年末到2015年末，我国贫困发生率累计下降了87.6个百分点，年均下降2.6个百分点，同期全球贫困发生率累计下降32.2个百分点，年均下降0.9个百分点，我国减贫速度明显快于全球，贫困发生率也大大低于全球。

二是为全球减贫提供中国经验。新中国成立70年来，我国以政府为主导的有计划有组织的扶贫开发，尤其是党的十八大以来精准脱贫方略的实施，取得了举世瞩目的成就，也为全球减贫提供了中国方案和中国经验。世界银行2018年发布的《中国系统性国别诊断》报告称“中国在快速经济增长和减少贫困方面取得了‘史无前例的成就’”。联合国秘书长古特雷斯在“2017减贫与发展高层论坛”时发

贺信盛赞中国减贫方略，称“精准减贫方略是帮助最贫困人口、实现2030年可持续发展议程宏伟目标的唯一途径。中国已实现数亿人脱贫，中国的经验可以为其他发展中国家提供有益借鉴”。

三是积极开展国际减贫合作，为世界减贫贡献中国力量。中国在实现自身减贫的同时也努力帮助其他发展中国家减贫。截至2015年10月，中国共向166个国家和国际组织提供了近4 000亿元人民币援助，派遣60多万援助人员，积极向69个国家提供医疗援助，并先后为120多个发展中国家落实联合国千年发展目标提供帮助。积极推进“一带一路”建设，让国际减贫合作成果惠及更多国家和人民。

（资料来源：《扶贫开发持续强力推进　脱贫攻坚取得历史性重大成就——新中国成立70周年经济社会发展成就系列报告之十五》，国家统计局网站，2019年8月12日，http://www.stats.gov.cn/tjsj/zxfb/201908/t20190812_1690526.html。）

问题：

（1）通过对本章的学习，你认为中国脱贫攻坚重大成就取得的原因是什么？

（2）讨论中国经济发展与刘易斯二元经济论之间的关系。

5. 讨论题

（1）你认为造成世界不同国家贫富差距悬殊的原因是什么？

（2）发展中国家如何才能迅速减小与发达国家的差距？

网络练习

同学们可通过互联网查找资料，对上述讨论题进行调查，并写出一篇小论文。

第2章 物质资本与经济发展

学习目标

了解：发展中国家的金融深化及其调动投资资源所存在的问题与解决对策。

熟悉：资本与资本形成的概念，资本形成在经济发展中的作用和资本匮乏对经济发展的障碍。

掌握：资本形成的国内来源和资本形成的相关理论。

引导案例

中国高储蓄之谜

自1978年以来中国经济的年均增长率高达9.7%，很高的储蓄率是支撑如此高增长速度的主要动力之一。在1978～2000年，国民储蓄占GDP的比例在30%～40%之间；2001年之后急剧地长到2010年达到52%。2001年之后也是中国经常项目盈余大规模增加的时期：在同一时期，美国的经常项目逆差也急剧增加，两个国家构成镜面对称关系，成为所谓的全球失衡问题的两个主导国家。经常项目盈余就是一个国家的净储蓄，因此许多人把全球失衡归结于中国等亚洲国家的过度储蓄。

我们知道，国民储蓄由居民储蓄、企业储蓄和政府储蓄三部分构成。第一，居民储蓄率在20世纪90年代经历了一个下降过程，由占GDP的21%下降到占GDP的16%，其主要原因在于，这一时期是体制改革推进最快的时期，下岗和失业比较普遍。第二，自2001年之后，居民储蓄占比稳步提高，至2008年恢复到1992年的水平。第三，在2003年之前，企业储蓄占比基本稳定在15%左右，但这之后快速增加，到2008年已经达到居民储蓄的规模。第四，政府储蓄占比在20世纪90年代维持在略高于5%的水平，但1999年之后开始增长，至2007年达到10%。根据这四个事实，我们看到，如果只看2000年之后的数据，则我们就会得到中国储蓄全面增长的结论；但是，如果我们把90年代也包括进去，就会看到2000年之后居民储蓄的增长可能是补偿性的，即恢复到90年代早期的水平。由于90年代初期中国的经常账户基本持平，因此我们很难把2000年之后中国经常账户的较大盈余归结为较高的居民储蓄。将2008年和1992年相比，居民储蓄占比没有差别，而企业和政府储蓄占比各增加了约5个百分点，而2008年中国的经常项目盈余约占GDP的10%，也就是说，企业和政府储蓄的增加可以完全解释我国经常项目结余的增加。

（资料来源：姚洋：《发展经济学》，北京大学出版社2012年版，第117～118页。）

经济发展是由多种要素推动的，是资本、劳动、技术、自然资源等要素投入和组合的过程。在20世纪五六十年代，发展经济学集中探讨发展中国家贫困的根源，探寻摆脱贫困的道路，这些理论得出的重要结论之一就是，资本稀缺是发展中国家贫困的主要原因，要实现经济的发展必须大量积累资本，提高资本积累率。因此，物质资本存量的多寡，资本形成的快慢，在许多发展经济家看来是促进或阻碍经济发展的基本因素，这种看法在发展经济学的第一阶段最为流行。本章将探讨资本形成与经济发展的关系。

2.1 资本形成与经济发展

2.1.1 资本与资本形成

不同研究层次的不同分析目的，有不同的资本定义。在马克思主义经济学中，资本是一种生产关系，是一个历史范畴，被定义为能够带来剩余价值的价值。资本虽然可以表现为货币或实物形态的生产资料，但货币或实物形式的生产资料本身并不等于资本，只有当其被用来生产剩余价值的时候，才成为资本，所以资本的本质是资本主义的生产关系。西方经济学是从经济运行的层次，把资本作为一种生产要素来考察的，认为资本是一种稀缺的生产性资源，是人们从事生产活动的投入要素之一，凡用于生产、扩大生产能力及提高生产效率的物资在经济学上都称为“资本”。

自20世纪60年代以来越来越多的经济学家对传统的资本定义感到不满意。他们认为把资本局限于有形的物质资本范围不能很好地阐释经济增长，资本应该是指在长期能够产生收入流的一切东西。它不仅包括那些投资于工厂的生产耐用品，而且应包括传统上被认为是用作消费的东西；它不仅包括有形之物，而且应包括一些无形之物。按照这种解释，经济学家把资本分为四种类型：

（1）物质资本（capital goods），是指在一定时间内用来生产其他消费品或资本品（即生产资料）的耐用品（至少一个会计年度），是长期存在的生产物质形式，如机器、设备、建筑物、交通运输设施等。

物质资本是指在一定时间内用来生产其他消费品或资本品（即生产资料）的耐用品（至少一个会计年度），是长期存在的生产物质形式，如机器、设备、建筑物、交通运输设施等。

（2）人力资本（human capital），它附着在单个人身体之中，它的使用为个人控制，不管对这种资本的投资来自个人还是来自政府。

（3）社会资本（social capital），也叫集体资本（collective capital），如公共基础设施属于此类。它的特点是免费为单个人提供生产与消费服务，其支出由税收弥补。

（4）知识资本（intellectual capital），其显著特点是一旦被创造出来就成为免费品，而且，一个人对它的使用并不减少其他人对它的可得性。

发展经济学所讲的资本，主要是前两种形式，而本章所讲的则是物质资本。物质资本具有以下特点：

（1）物质资本是投资过程的结果；

（2）物质资本代表着本期的生产能力，并同其他互补性生产要素结合，代表未来时期的生产能力；

（3）就大部分物质资本而言，它具有耐用性，即存在折旧问题；

（4）稀缺性。

储蓄是指一国在一定时期内的国民收入中扣除消费后的余额。

资本来源于储蓄，在西方经济学中，储蓄是指一国在一定时期内的国民收入中扣除消费后的余额。显然，没有储蓄就难以进行投资，也无法形成资本。从再生产的角度看，国民收入扣除消费后的储蓄又称为“资本积累”，根据经济学中国民收入核算的均衡公式 $S = I$，假定既有的储蓄全部转化为投资，那么储蓄就等于投资，投资过程就是资本积累的过程。

资本形成是指结合投资标准、投资效益和技术进步等因素对储蓄、投资和资本积累的过程进行综合考察，分析储蓄如何转化为投资，投资又如何转化为一定的资本形式，进而形成生产能力的过程。

研究发展中国家在经济发展的初期阶段如何筹措所需的资本，需要考察发展中国家的资本来源、储蓄转化为资本、资本转化为生产能力这一整个过程。所以，发展经济学中的“资本形成”（capital formation）是指结合投资标准、投资效益和技术进步等因素对储蓄、投资和资本积累的过程进行综合考察，分析储蓄如何转化为投资，投资又如何转化为一定的资本形式，进而形成生产能力的过程。

应当注意的是，只有净资本形成才对经济增长发生作用，这里的资本形成主要是指储蓄或资本积累中扣除旧资本的更新即折旧后的“净投资”或“净资本形成”。但是，由于资本更新可能引起“资本深化”（capital deepening），即新资本的生产率提高或资本—劳动配合比率增大（劳动投入减少），因而，人们在分析资本形成与经济增长的关系时，通常使用“总资本形成”（gross capital formation）的概念。鉴于此，资本形成与资本积累两个概念可以通用。

可以说，资本定义的拓展是经济学的一个进步，是对资本概念认识上的深化，有利于更为全面地理解资本的含义与作用。例如，传统上习惯于把教育归于消费范畴，实际上它既是消费也是投资。这样对教育的作用问题的认识就更为全面了。现在，通常把资本划分为两类：物质资本和人力资本。以上所说的资本品与社会资本可以归于物质资本范畴，而知识资本可以归到人力资本之中。近几年资本概念又扩展到包括信任、发展要素、人际网络和社会规范在内的社会资本。社会资本概念是从社会学中借鉴过来的，现在已为发展经济学家研究的一个重要课题，因为信任、人际网络和社会规范这些社会关系对经济发展至关重要，对社会关系的投资也能产生收益。下面我们将只讨论狭义的资本，即物质资本积累问题。

2.1.2 资本形成在经济发展中的作用

1. 资本形成作用的理论考察

在西方经济学中，对资本积累作用的强调由来已久，早在 18 世纪，以亚当·斯密理论为代表的古典经济增长理论就指出了资本积累是财富增长的主要源泉，资本积累与经济增长率成正比，资本积累量的大小是经济增长率高低的关键。

在哈罗德 - 多马模型中，这一思想得到进一步发挥，$G = S/K$ 中，资本 - 产出比率 K（代表投资效率）被假定为不变，因而储蓄率 S 是决定经济增长率高低的唯一决定因素，在这个模型中，因为储蓄可以全部转化为投资，所以，储蓄率就是投资率或资本积累率。由此可见，资本积累的作用被提到了十分突出的地位。哈罗德 - 多马模型是主要用来分析发达国家长期的、动态的经济增长过程的理论，但它所使用的分析方法（宏观的、动态的、长期的方法）、考察经济增长的因素（资本、劳动、人口等）以及结论和含义等内容，同样适用于研究发展中国家的经济发展问题。

罗斯托的经济增长阶段理论，作为一种独立的经济发展理论，是从经济史的角度来考察不发达国家如何发展成为发达国家的过程，涉及资本积累、人口增长、经济结构变化等多方面内容，尤其是“起飞”理论，以经济落后的不发达国家为考察对象，侧重研究不发达国家如何摆脱经济落后，实现经济“起飞”，进入初始的经济发展阶段。在“起飞”理论中，罗斯托认为，一国要实现经济“起飞”，即初始的经济发展，必须具备三个条件，其中投资率即资本积累率（或储蓄率）达到10%以上是基本的、先决的条件。由此可见，罗斯托把资本积累率的提高看作是经济发展的首要条件，并认为这是适用于一切国家的、具有历史必然性的普遍规律。

在发展经济学早期阶段，一些发展经济学家依据哈罗德－多马模型和罗斯托的“起飞”理论，认为资本形成是经济发展的决定性因素，从而形成了强调资本积累在经济发展中的作用和地位的“唯资本论”。这一阶段发展经济学的工业化、计划化理论中，也体现着“唯资本论”的思想。唯工业化论认为经济发展就是工业化，工业化是通过人口从传统农业部门向现代工业部门的转移和二元结构的消除来实现的，是以工业部门的扩张为基础的，而工业部门的扩张又是以资本投入的不断增加为动力的；唯计划论的核心内容也是如何迅速积累资本、分配资本或分布投资。可见，早期发展经济学说是围绕资本形成而展开的。

上述观点在刘易斯的著作中反映得最为明显。早在1954年，刘易斯就指出，经济发展的中心问题是资本形成率的提高，他说“经济发展的中心问题，是要理解一个社会由原先储蓄和投资还不到国民收入的4%～5%转变为自愿储蓄达到12%～15%以上这个过程。[①] 它之所以成为中心问题，是因为经济发展的中心事实是迅速的资本积累（包括运用资本的知识和技术）。如果不能说明储蓄相对于国民收入增长的原因，也就不能说明任何‘工业’革命。”可见资本形成的重要性。

2. 资本形成作用的实证分析

在20世纪，虽然在发达国家中资本积累对经济增长的重要性已趋于下降，但是对于发展中国家，资本积累却被视为经济发展的关键条件，被看作打破“贫困恶性循环”的唯一出路，为了进一步证实这些观点的正确性，许多发展经济学家进行了实证研究。其代表人物是麦迪逊（Maddison，A.）、纳迪里（Nadiri，M.）、布鲁顿（Bruton，H.）、哈根（Hagen，E.）等。他们利用索罗、丹尼森等人对发达国家经济增长因素的分析方法，对发展中国家的经济增长诸因素进行了类似的研究，测算了各种投入要素对经济增长的贡献大小，这一研究被称为“发展中国家的生产函数研究”。

麦迪逊在1970年出版的《发展中国家的经济进步和政策》一书中，考察了1950～1965年阿根廷、巴西、斯里兰卡等22个发展中国家或地区的经济增长情况。麦迪逊使用的是传统分析方法，不同的是

① 秦宪文：《发展经济学》，经济科学出版社2006年版，第25页。

他考虑了卫生和教育的改进对劳动力素质的提高，因而他把劳动投入看作是人力资源，并称之为“有效劳动供给”（effective labour supply）。据此，麦迪逊将影响经济增长的因素分为人力资源、资本和资源配置效率三大类。通过考察，结果发现：在1950～1965年，这22个发展中国家或地区的经济增长率平均为5.55%，其中人力资源（劳动力）平均增长率是1.94%，对经济增长的贡献为35%；资本投入的平均增长率是3.06%，对经济增长的贡献为55%；资源配置效率的平均增长率是0.55%，对经济增长的贡献为10%。[①] 将这一结论与丹尼森等人对发达国家的研究结果相比较，可以得到一个结论：资本投入增长对经济增长的贡献在发展中国家要大于发达国家，资源配置效率的增长对经济增长的贡献在发达国家要大于发展中国家。换句话讲，资本形成大小是发展中国家经济发展水平高低的关键。

1971年纳迪里在《要素投入和全要素生产率的国际研究》一书中，将影响经济增长的因素分为四大类：劳动投入、资本投入、全要素生产率以及资源流动对全要素生产率的贡献。其中劳动投入又分解为就业增长、卫生和营养的改善、教育状况三小类，表明劳动投入包含着人力资本的因素。在此分类基础上，纳迪里考察了1950～1965年阿根廷、巴西、印度等14个国家或地区的经济增长，研究结果表明：除日本和以色列外，对经济增长贡献最大的是要素（包括资本和劳动）投入量的增加，其中主要是劳动投入量的增加。这一结论与麦迪逊的结论有所不同，即纳迪里将资本和劳动合并为要素投入来同全部要素的生产率进行比较，并且明显降低了资本投入对经济增长的贡献。但是，两个研究都认为要素投入率（或资源配置效率）对经济增长的贡献在发展中国家要小于发达国家，而资本投入对经济增长的贡献在发展中国家要大于发达国家。这样，可以得出共同结论：资本形成是发展中国家经济发展的主要源泉，是影响经济发展的最重要的因素。

我国国务院经济发展研究中心利用柯布－道格拉斯生产函数，对我国1952～1982年工业总产值增长因素进行了分析，结果表明，资本增长的作用为50%～57%，劳动增长的作用约为27%～31%，技术进步的作用是16%～19%。[②] 由此可见，支撑中国1952～1982年工业发展的主要因素是资本增长。表2－1中列出了中国、苏联、美国、日本和韩国经济增长因素分析的有关数据，可以看出，资本增长对中国经济增长的贡献最大，技术进步的贡献最小，这与美国、日本等国的情况正好相反。

---

① 秦宪文：《发展经济学》，经济科学出版社2006年版，第26页。
② 秦宪文：《发展经济学》，经济科学出版社2006年版，第27页。

表 2－1 经济增长因素分析的国际比较

国别	劳动增长作用		资本增长作用		技术进步作用	
	百分点	百分比	百分点	百分比	百分点	百分比
中国（1952～1982 年）	3.08	30	5.22	51	1.87	19
苏联（1965～1975 年）	1.91	24	1.00	13	5.03	63
美国（1946～1956 年）	0.63	17	0.42	12	2.60	71
日本（1952～1966 年）	1.45	15	1.93	20	6.11	65
韩国（1966～1976 年）	2.52	24	5.65	54	2.24	22

资料来源：国务院经济发展研究中心：《中国经济的发展与模型》，中国财经出版社 1990 年版，第 89 页。

资本增加与经济增长的相关关系是毋庸置疑的，根据《2010 年世界发展指标》提供的数据，对 1990～2000 年和 2000～2008 年期间的资本形成年均增长率与 GDP 年均增长率，按低收入国家、下中等收入国家、上中等收入国家和高收入国家组别做出分析，结果显示，无论是 20 世纪 90 年代，还是 21 世纪头 8 年；无论是哪个收入组别，资本形成增长率与经济增长都呈正相关关系。低收入和中等收入国家的资本形成增长率都比高收入国家高，其 GDP 增长率也比后者高。在低收入和中等收入国家中，2000～2008 年这个阶段的资本形成增长率比 1990～2000 年这个阶段高，GDP 增长率前者也比后者高。而高收入国家后一个阶段资本积果率比前一个阶段下降了，其 GDP 增长率也在第二个阶段下降了。资本积累与经济增长之间的这种密切关系，证明了资本积累是推动经济增长非常重要的因素。此外，相对于发达国家，发展中国家的资本形成对经济增长的贡献更大。

2.2 资本匮乏对经济发展的障碍

资本稀缺是发展中国家经济发展的主要障碍，很多经济学家从理论上分析了资本稀缺对经济发展的障碍，我们主要介绍纳克斯的“贫困恶性循环”理论、纳尔逊的“低水平均衡陷阱”理论、莱宾斯坦的“临界最小努力”理论和米尔达尔的“循环积累因果关系”理论，这些理论，从揭示发展中国家贫困的根源方面，论证了资本形成是经济发展的决定因素的观点。

“贫困恶性循环”理论

2.2.1 纳克斯的“贫困恶性循环”理论

1953年，美国发展经济学家纳克斯（Nurkse）出版了《不发达国家的资本形成问题》一书，系统地考察了发展中国家的贫困问题，探讨了贫困的根源和摆脱贫困的途径，提出“贫困恶性循环”理论，后来，纳克斯在《市场规模和投资引诱》一文中进一步完善了这一理论。

该理论认为，发展中国家之所以存在着长期贫困，不是因为这些国家国内资源不足，而是因为这些国家的经济中存在着若干互相联系、互相作用的“恶性循环”系列，其中，最主要的一个恶性循环是“贫困的恶性循环”。这种“贫困的恶性循环”表现在供给和需求两方面。

从供给方面看，资本形成存在着一个恶性循环：由于发展中国家经济落后、人均收入水平过低，收入低意味着人们将绝大部分收入用于生活消费，能用于储蓄的部分就很少，从而导致储蓄水平低、储蓄能力小。储蓄能力低引起资本匮乏，资本形成不足，导致生产规模难以扩大，生产率难以提高。低生产能力导致低产出，低产出又造成新一轮的低收入。如此周而复始，形成一个“低收入—低储蓄能力—低资本形成—低生产率—低产出—低收入”的恶性循环。

从需求方面看，资本形成也存在一个恶性循环：由于发展中国家经济落后、人均收入水平过低，生活贫困。收入低意味着低消费和低购买力，低购买力又引起投资引诱不足，投资引诱不足导致资本形成不足，资本形成不足限制了生产规模的扩大和生产率的提高，低生产率又造成低产出和低收入水平。如此周而复始，形成一个“低收入—低购买力—投资引诱不足—低资本形成—低生产率—低产出—低收入”的恶性循环。

供给和需求两方面的“贫困的恶性循环”紧紧勾结在一起，构成一个死圈，很难打破。纳克斯认为，产生两个贫困恶性循环的原因是发展中国家人均收入水平过低，人均收入过低的原因是资本稀缺，而资本稀缺的根源又在于人均收入过低，低收入使一国贫穷，低收入和贫穷无法创造经济发展所需要的储蓄，而没有储蓄就没有投资和资本形成，由此，纳克斯得出一个著名的命题：“一国穷是因为它穷”（a country is poor because it is poor）。

“贫困恶性循环”理论是一种用结构主义方法来探讨发展中国家贫困根源的理论，这一理论的核心是要说明：资本缺乏是产生“贫困恶性循环”的根本原因，资本形成不足是经济发展的主要障碍。经济增长需要同时具备供给和需求两个方面的条件：既要有足够的储蓄，为资本形成提供来源；又要有足够的市场容量，为投资提供引诱。所以要打破“贫困恶性循环”，必须大规模地增加储蓄，扩大投资，促进资本形成。

由于贫困的恶性循环，可以看出资本形成在发展中国家经济发展中的核心地位，资本对经济增长具有双重作用。在供给方面，资本的增加是扩大生产规模、提高生产效率，从而提高生产能力的必要条件。在需求方面，只有促进资本形成、提高生产能力、从而提高收入水平，才能扩大需求，为经济增长提供动力。

但是，“贫困的恶性循环”理论过分强调了储蓄的作用和资本积累的重要性，因而受到一些学者的批评。他们认为：

（1）纳克斯混淆了具有绝对意义的储蓄水平（绝对储蓄量）和具有相对意义的储蓄率（储蓄在国民收入中的比率）这两个不同的概念。即使储蓄水平很高，而储蓄率很低，经济也无法增长，而在储蓄水平不很高，但是储蓄率很高的情况下，经济也有可能增长。

（2）认为穷国缺乏储蓄能力的观点不符合实际。实际上，一些低收入的发展中国家储蓄能力并不低，它们具有很大的储蓄能力。

（3）认为储蓄水平提高、投资增加就能促进经济增长、打破贫困恶性循环的观点过于简单、乐观。发展中国家的低收入阶层缺乏储蓄能力，而高收入阶层虽然具有储蓄能力，却会因为国内投资环境不良、政策不当等原因，而投资于国外。

（4）忽视了企业储蓄和政府储蓄的作用。纳克斯把个人储蓄视为储蓄的唯一来源，而事实上，企业储蓄和政府储蓄是构成储蓄的重要部分，从而忽视了这两部分储蓄的存在及其作用。

（5）所谓市场容量狭小的观点有很大片面性。

“低水平均衡陷阱”理论

2.2.2　纳尔逊的“低水平均衡陷阱”理论

纳克斯提出“贫困恶性循环”理论后，1956 年，纳尔逊（Nelson，R.）发表了《不发达国家的一种低水平均衡陷阱理论》，利用数学模型分别考察了不发达国家人均资本、人口增长、产出的增长与人均收入增长的关系，并综合研究了在人均收入和人口按不同速率增长的情况下人均资本的增长与资本形成问题，从而形成了“低水平均衡陷阱”（low-level equilibrium trap）理论。该理论的核心是，发展中国家人口的过快增长是阻碍人均收入迅速提高的“陷阱”，必须进行大规模投资，使投资和产出增长超过人口增长，实现人均收入的大幅度提高和经济增长。

一国的人口增长率是随着人均收入的增加而变化的。当人均收入水平很低的时候，生活极端贫困，卫生保健条件差，死亡率必然较高，从而抑制了人口的增长，因此人口增长率较低。随着人均收入的增长，营养、医疗卫生条件得到改善，死亡率会降低，出生率会提高，从而人口增长率提高。当人均收入提高到一定水平以后，死亡率基本上已经无法降得更低，由于人们生活方式和观念的变化，出生率也不再提高，人口增长率就稳定下来。这一变过程可以用图 2－1 来表示。

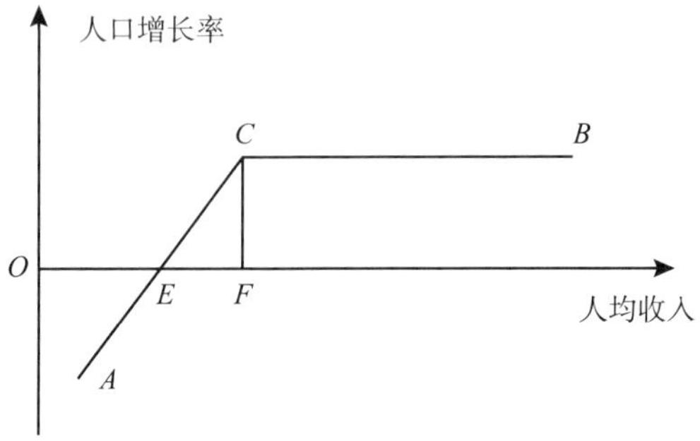

图 2－1　人口增长率与人均收入变动的关系

图中横轴代表人均收入，纵轴代表人口增长率，*ACB* 曲线表明了人口增长率随人均收入增加而变化的过程。当人均收入小于 *OE* 时，人口增长率为负数，表明由于生活极端贫困以致人口死亡率超过人口出生率。当人均收入等于 *OE* 时，人口增长率为零，即人口出生率恰好等于人口死亡率。当人均收入大于 *OE* 时，人口增长率为正数，并且随人均收入增加到 *OF* 时，人口增长率达到最高点，意味着人口死亡率已经下降到最低限度，此后，随人均收入的增加，人口增长率不再进一步上升。因此，*ACB* 曲线在 *A*、*C* 两点之间是向右上方倾斜的，而在 *C* 点之后则是水平的。

一国的经济增长率与收入水平之间也存在着依存关系。在经济发展的一定阶段，人均收入水平的增加将导致资本的增加，促进经济增长率的提高。但是，当人均收入达到较高水平以后，在技术、自然资源和土地不变的前提下，根据边际收益递减规律，随着人均收入的继续增加，经济增长率会下降。这一变化过程可用图 2－2 来表示。

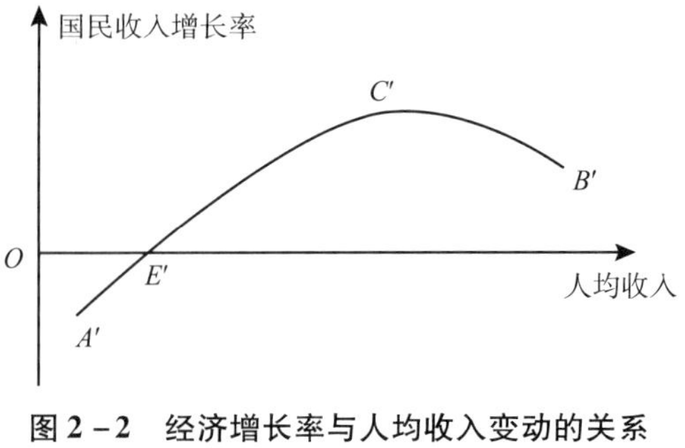

图 2－2　经济增长率与人均收入变动的关系

图中横轴代表人均收入，纵轴代表国民收入增长率，$A'C'B'$曲线表明了国民收入增长率随人均收入增加而变化的过程。当人均收入水平小于OE'时，国民收入增长率为负值。当人均收入达到OE'时，人口处于静止状态，国民收入增长率为零。当人均收入超过OE'以后，人口和资本都在增加，国民收入随之增长。在C'处，国民收入增长率达到最高水平。此后，国民收入还会增长，但增长率降低。因此，$A'C'B'$曲线的形状是先向右上方上升，然后向右上方下降。

把图2－1和图2－2合并在一起，就可以比较清楚地看到经济增长率、人口增长率与人均收入变动三者之间的关系，如图2－3所示。当人均收入低于OE时，国民收入增长率高于人口增长率，使人均收入提高。当人均收入超过OE、低于OF时，人口比国民收入增长得更快，使人均收入降低，又回到OE附近。在较低的人均收入水平上，一旦国民收入的增长快于人口的增长，人均收入水平便开始提高，生活得以改善，就会引起比国民收入增长更快的人口增长，从而使人均收入降低，回到原来的水平。E点是一个低水平均衡点，它就像一个陷阱，发展中国家很难从其中脱身。纳尔逊把这种状态称之为“低水平均衡陷阱”，其意义是：只要人均收入水平处在很低的水平上，国民收入的增长就会被更快的人口增长所抵消，使人均收入退回到维持生存的水平上，并且是固定不变的。当人均收入水平大于OF时，国民收入的增长将超过人口的增长，从而人均收入相应地增加，直到国民收入增长下降到等于人口的增长时为止，这时人均收入达到OG。在这一点上，人口增长和国民收入增长达到新的均衡，新的更高水平的静态均衡又形成了。

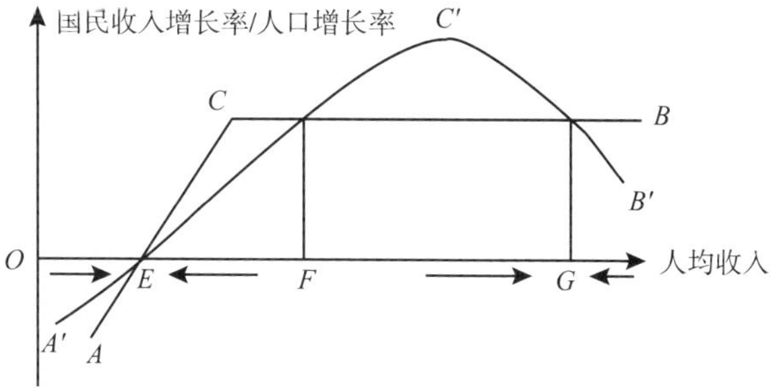

图2－3　低水平均衡陷阱

由上可见，“低水平均衡陷阱”是由低下的人均收入造成的，如果要冲出这个陷阱，人均收入就必须大幅度地、迅速地增加，只有通过大规模投资，才能迅速提高人均收入，进入国民收入增长快于人口增长的阶段，人均收入才能够顺利地越过F点，实现高水平均衡。

“低水平均衡陷阱”理论的意义在于：

（1）它说明了发展中国家经济贫困落后的主要原因是人均收入过低，导致投资量小和资本形成不足，而人均收入低的原因又在于资本形成不足。可见，资本稀缺是经济发展的主要障碍和关键所在。

（2）它提出了全面地、大规模地投资，以大幅度地提高资本形成率、实现经济增长的要求。所以，这一理论成为“大推进”和“临界最小努力”理论的重要依据。

（3）它意识到人口过快增长对经济增长的阻碍作用。

然而，该理论过分夸大了资本形成在经济发展中的地位和作用，因此受到了许多发展经济学家的批评。同时，这一理论忽视了技术进步对经济发展所起到的越来越重要的作用。

“临界最小努力”理论

2.2.3 莱宾斯坦的“临界最小努力”理论

基于“贫困恶性循环”或“低水平均衡陷阱”状况的存在，1957 年，美国经济学家莱宾斯坦提出“临界最小努力”理论，进一步扩展和概括了低水平均衡陷阱模型。

该理论认为，发展中国家贫困的根源是因为人均收入过低，资本形成不足，存在“贫困恶性循环”和“低水平均衡陷阱”。要摆脱这种困境，必须做出一个临界最小努力。莱宾斯坦认为发展中国家在经济增长的过程中，存在着两种对立的力量，即提高收入的力量和降低收入的力量，提高收入的力量由上一期的收入水平和投资水平决定，降低收入的力量由上一期的投资规模和人口增长速度决定，当降低收入的力量大于提高收入的力量时，人均收入的增长会被人口过快增长的作用所抵消，退回到原来的“低水平均衡陷阱”。所谓临界最小努力，就是通过大规模投资，使投资水平或投资率大到足以使国民收入的增长超过人口增长的水平，进入这一阶段后，降低收入的力量小于提高收入的力量，人均收入的增长不会被人口增长的副作用所抵消，从而形成一个“临界最小努力”，推动经济走出“低水平均衡陷阱”，实现长期、稳定地经济增长。

莱宾斯坦认为要实现“临界最小努力”，必须具备一定的条件，如激发群众的经济增长动机、创造适宜的投资盈利环境、形成有创新能力的企业家群体、鼓励人们敢于冒险和追求利润的精神等。“临界最小努力”理论强调资本形成对促进经济发展的重要性，指出了发展中国家摆脱贫困和经济长期不前的途径，对发展中国家制定经济发展战略和适宜的政策措施具有很大的启示作用。但是，该理论也存在诸多缺陷：

第一，它过分强调了资本形成促进经济增长的重要性，忽视了其他因素对经济增长的作用。实际上，除资本形成以外，许多经济方面和非经济方面的因素都对经济增长起作用，比如科学技术的进步、人力资本、管理水平的提高、教育的普及等，非经济因素如一个国家的社会制度、政治体制、历史传统等，这些因素都会影响经济增长的水平和速度。

第二，理论中所描述的人均收入、人口数量、储蓄和投资的增长之间的函数关系过于严格。哈根通过对西欧一些国家的历史资料进行分析后认为，并不是人均收入的提高导致了发展中国家人口的迅速增长，原因在于技术进步、医疗卫生条件的改善和人们健康水平的提高，使得死亡率下降，出生率上升。并且，现在世界上大多数发展中国家的人均收入增长速度都快于人口的增长速度。此外，投资也并非只是由储蓄来决定的，而是受到收入分配、经济和政治体制、投资状况等因素的影响。

第三，有些经济学家，如瑟尔瓦尔指出，经济增长并不一定需要有一个“临界最小努力”，较少量的资本投入也能够实现渐进的经济增长，如图 2 -4 所示。

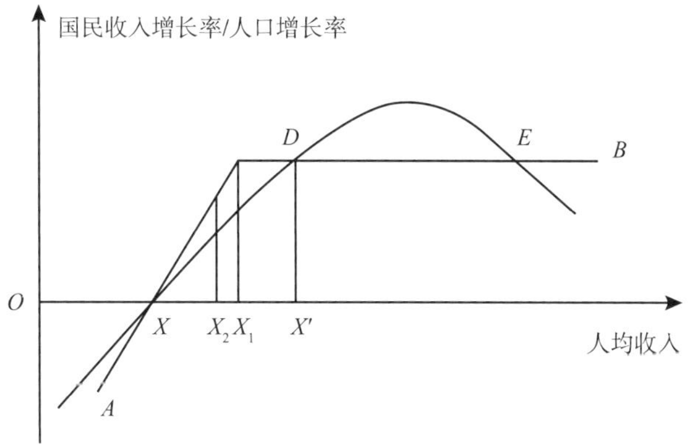

图 2 -4 扩展的“临界最小努力”

假设在经济发展的初期，进行较小数量的资本投入，使人均收入由维持生存水平的 OX 提高到 OX_1 水平，按莱宾斯坦的观点，此时，人均收入会退回到低水平均衡的水平，即 OX，在这里，考虑时间因素的作用，随着人均收入由 OX 提高到 OX_1 水平，劳动力的素质、资本的质量、劳动者的工作技能、管理水平等都会得到提高，所以，人均收入达到 OX_1 水平后虽然会被人口增长的副作用抵消掉一部分，但是不会完全退回到低水平均衡的水平，很可能是退到如 OX_2 的水平，于是 OX_2 成为新的增长均衡点。在此基础上，逐步扩大投资，人均收入就会渐进地达到 OX'的水平，从而走出低水平均衡陷阱，实现经济发展。

2.2.4　米尔达尔的“循环积累因果关系”理论

1957 年，米尔达尔出版了《富国与穷国》一书，后来，又于 1968 年出版了《亚洲的戏剧：一些国家的贫困问题研究》，在这两本书中，米尔达尔考察了亚洲的一些发展中国家经济贫困、制度落后等问题，提出了“循环积累因果关系”理论，以此来解释发展中国家经济增长缓慢的困境。

米尔达尔摒弃新古典主义的静态均衡方法，而采用制度的、整体的、动态的方法来研究经济发展问题。他认为，事物的发展是一个“循环累积”的过程：首先产生“初始变化”，其次产生“次级强化”运动，最后产生“上升或下降”的结果，反过来又影响初始变化。社会经济的变动并不是如新古典主义者所说的那样，是由单一的或少数的因素决定的，经济发展绝不只是单纯的产出增长，而是整个社会方方面面的变化，包括整个社会、经济、政治、文化和制度的发展，其中主要涉及产出与收入、生产条件、生活水平、对待工作与生活的态度、制度和政策六大因素。

在动态的社会经济发展过程中，各种因素是互相联系、互相影响、互为因果的，并呈现出一种“循环累积”的发展态势，即一个因素发生变化（初始变化），会引起另一个因素发生相应的变化，产生出“第二级变化”，并强化先前的因素（次级强化），使经济沿着原先因素的发展方向发展，所以这种发展关系是一种“累积性的循环”。

在发展中国家，由于人均收入水平很低，低收入导致贫困，生活水平低下，营养不良，医疗卫生状况恶化，文化教育落后，从而使人口质量下降，劳动力素质不高。结果是劳动生产率低下，产出增长停滞，低产出又造成低收入，低收入又进一步强化了经济贫困。就这样，发展中国家在低收入和贫困所构成的循环累积的困境中越陷越深。

米尔达尔认为发展中国家低收入的原因有社会、经济、政治和制度等诸多方面，其中最重要的因素是资本稀缺、资本形成不足和收入分配上的不平等。他主张应该通过权力关系、土地关系以及教育体制等方面的改革，实现收入平等，增加广大贫困群众的消费，从而提高投资引诱并增加储蓄，以促进资本形成，使产出水平和生产率得以提高，进而提高人均收入水平。人均收入增加后，人民群众的生活水平、医疗卫生条件、教育等状况得到改善，从而人口和劳动力的素质提高，进而劳动生产率和产出水平提高，最终人均收入水平进一步提高，人均收入水平的提高又会对下一期收入产生更大的积累性效应。这样，发展中国家将从低收入和贫困的循环累积的困境中摆脱出来，进入一个良性的循环累积因果运动过程。

2.3 资本形成的国内来源

由前面的分析知道，资本稀缺是发展中国家经济发展的最大障碍，资本积累是发展中国家实现经济起飞的关键因素。那么，为了谋求经济发展，发展中国家从何处获得发展的资金呢？又如何为资本形成开辟财源呢？从理论上讲，资本积累的直接途径来自储蓄，但是储蓄只是资本积累的前提条件，还必须有健全的金融体制将储蓄转化为有效的资本积累。

2.3.1 储蓄的一般理论

在发展经济学中，资本的来源是储蓄，储蓄是国民收入中不用于现期消费的部分，储蓄可以转化为投资，从而转变为机器设备、厂房、交通工具和基础设施等物质资本，产生资本形成。所以，探讨储蓄的发生，寻求资本来源的扩大，是资本形成理论的重要内容之一。

在一个开放的经济中，一国的总储蓄包括国内储蓄和国外资金两部分，这就涉及国内储蓄和国外资金流入两个方面的问题，利用国民收入核算的基本公式。可以对此做出解释。

$$Y = C + I + (X - M) \tag{2-1}$$

式（2－1）中 Y 代表国民生产总值或总支出，C 代表消费，I 代表投资，X 代表产品与劳务的出口加上来自国外的收入，M 代表产品与劳务的进口加上在国外支付的收入。政府和民间的消费与投资均包括在 $C+I$ 之内。

从总收入方面看：

$$Y = C + S \tag{2-2}$$

式（2－2）中 S 代表储蓄。政府和民间的消费与储蓄均包括在 $C+S$ 之内。由于总支出等于总收入，可得式（2－3）。

$$C + I + (X - M) = C + S \tag{2-3}$$

简化式（2－3），可得式（2－4）：

$$I = S + (M - X) \tag{2-4}$$

式（2－4）表明，一国的投资能力（即资本形成的能力）决定于国内储蓄水平加上国外的净资本流入量，即 $M-X$。

国外资金部分包括国际机构（如世界银行）的长期贷款、外国政府的官方发展援助，即“外援”、外国私人投资以及外国商业银行和国际货币基金组织的中期或短期贷款等，这部分内容将在后面章节中讨论。这里只分析国内储蓄的问题。

假定国民经济中有家庭、企业和政府三个部门，那么，一国的国内总储蓄来自家庭储蓄（S_h）、企业储蓄（S_b）和政府储蓄（S_g）三个方面，即：

$$S = S_h + S_b + S_g \tag{2-5}$$

所以，国内储蓄来源于家庭、企业和政府，家庭储蓄和企业储蓄合在一起称为私人储蓄。对于经济发展来说，最重要的不是储蓄的绝对量，而是其相对量，即储蓄在国民收入中的比重或储蓄率。

2.3.2 私人储蓄

私人储蓄包括家庭储蓄和企业储蓄两个部分。

1. 家庭储蓄

家庭储蓄是指家庭的可支配收入扣除用于现期消费支出后的余额。

家庭储蓄是指家庭的可支配收入扣除用于现期消费支出后的余额。它可以通过银行或其他金融中介机构汇集起来，贷放给企业或政府，转化为投资，发展中国家国内储蓄的60%～70%是包括个体企业储蓄在内的家庭储蓄。影响家庭储蓄有如下一些因素：

（1）收入水平。就家庭储蓄来说，储蓄水平主要取决于家庭收入水平的高低。人们通过观察发现，如表2－2所示，高收入家庭的储蓄率要高于低收入家庭，一般地讲，家庭收入水平高，用于消费后的收入剩余就多，从而储蓄就多。因此，要提高家庭储蓄就要首先提高家庭可支配收入。

表2－2　2000年按收入水平划分的中国城镇居民家庭储蓄率

项目	人均年收入（元）	人均可支配收入（元）	人均消费支出（元）	家庭储蓄率（%）
最低收入户（10%）	2678.32	2653.02	2540.13	4.26
低收入户（10%）	3 658.53	3 633.51	3 274.93	9.87
中等偏下户（20%）	4 651.72	4 623.54	3 947.91	14.61
中等收入户（20%）	5 930.82	5 897.92	4 794.56	18.71
中等偏上户（20%）	7 524.98	7 487.37	5 894.92	21.27
高收入户（10%）	9 484.67	9 434.21	7 102.33	24.72
最高收入户（10%）	13 390.49	13 311.02	9 250.63	30.50

注：城镇居民家庭可支配收入是指被调查的城镇居民家庭在支付个人所得税、财产税以及其他经常性转移支出后所余下的实际收入。家庭储蓄率是指人均可支配收入与人均消费性支出的差额占人均可支配收入的百分比。

资料来源：《中国统计年鉴》（2001年），中国统计出版社2001年版，第307～308页。

（2）收入分配的平均程度。根据凯恩斯的消费理论，低收入阶层消费倾向高，高收入阶层消费倾向低。所以，低收入的人储蓄少，高收入的人储蓄多，收入分配会影响储蓄率的高低，收入分配不均的程度与储蓄率越高，越有利于资本形成。一些西方学者如刘易斯和库兹涅茨等主张，在经济发展的初期，不必过分强调收入分配平均，可以采用扩大收入差别的方法来增加富人的收入和储蓄，这样有利于储蓄和资本形成。然而，统计数字表明，收入分配不均的程度与储蓄率的高低二者之间并无显著的相关性。例如，中国、刚果作为发展中国家，储蓄率都超过其 GDP 的 30%，同时，他们的收入分配都是第三世界中最为均等的。

（3）风俗习惯和宗教信仰。社会风俗习惯是崇尚俭朴或偏好奢侈浪费对国内储蓄率的高低有不小的影响。在一个阶层严格划分、偏好奢侈浪费的社会，底层人民由于贫困而缺少储蓄能力，高层人士则追求穷奢极欲的生活享受，如穿戴华丽服饰，收藏珠宝珍品，举办大排场的纪念活动等，这必然不利于增加储蓄以形成资本。相反，在一个崇尚俭朴的社会，人们非常注重节约，乐于储蓄，有利于储蓄和形成资本。如中国，人们收入从历史上看一向比较低，但人们以俭朴为荣，加上为儿女盖房子或准备嫁妆等习俗，人们乐于储蓄。

另外，宗教信仰也会影响储蓄。一些宗教的教义认为取得利息是不道德的，存钱收取利息是一种剥削行为，比如，信奉伊斯兰教的发展中国家就往往存在着这一种看法，这种情况直接影响了储蓄和资本形成。在一些宗教影响不大的发展中国家，由于有反高利贷法的规定和鄙薄食利行为的观念的流行，同样不利于储蓄和资本形成。

（4）金融机构。一方面，金融机构的完善与否会影响储蓄。金融机构比较发达，存取款手续简捷，会有助于增加储蓄；反之，存取款不方便，耗时费力，储蓄就会减少。另一方面，储蓄存款利率是调节储蓄量的杠杆。可以通过提高储蓄存款利率的方法，多争取储蓄来源，鼓励人们少消费、多储蓄。

（5）政治、经济环境。如果政治局势动荡，人们会担心政策不稳定，会减少储蓄和投资，可能导致资金外流。如果出现通货膨胀，国内商品价格不稳定，人们为了避免货币继续贬值就会去抢购并储蓄商品，或者买进不动产以及其他任何可以保值的东西，这自然也不利于储蓄。

企业储蓄是指企业缴税并支付股息后的未分配利润，这部分利润可以转化为投资。

2. 企业储蓄

企业储蓄是指企业缴税并支付股息后的未分配利润，这部分利润可以转化为投资。但是，投资可以分为总投资和净投资等形式，总投资中包含着资本折旧和重置资本（如购买新设备来替换旧设备的投资），余下的便是净投资，净投资是资本形成的来源。由此可见，扩大企业生产，提高企业获利能力，增加企业利润并将利润用来进行再投资，对经济发展具有重要意义。

目前，关于企业储蓄还没有出现被广泛接受的理论。发达国家的企业储蓄在国内私人储蓄中所占的份额从20%～80%不等，发展中国家的企业储蓄占国内私人储蓄的份额一般比较小。原因在于发展中国家经济发展水平低，法律环境和资本市场不健全，现代企业部门通常很小，从而企业储蓄也较少。而发展中国家的私营企业往往采取家庭所有的形式，其税后利润转化为家庭收入，成为家庭储蓄的来源。只有少数收入水平较高的国家，如韩国和巴西，现代企业的数量比较多、规模大，企业储蓄在全国总储蓄中所占有相当大的比重。

2.3.3 政府储蓄

政府储蓄是政府收入减去政府的经常性支出后的余额。

政府储蓄是政府收入减去政府的经常性支出后的余额。

1. 政府收入主要来自税收

从经济学的观点看，在法律允许的条件下，无论通过什么形式，强制性地把一部分资源从民间转移到政府手中的都是税。我们知道，税收是税基与税率的乘积，即税收=税基×税率，如果提高税率，可能会使诱因的作用下降，人们的生产积极性降低，储蓄和投资减少，结果会导致生产萎缩，收入减少，税基缩小；相反，降低税率，诱因的作用会上升，人们的生产积极性提高，储蓄和投资也随之增加，结果会导致生产扩张，收入提高，税基扩大。可见，税收是在税率和税基的相互变动中决定的，税率究竟应该定到什么样的水平？由于各国国情不同，很难有固定的标准。一般地讲，当现在税收负担已经过重或税率已经处于相当高的水平，降低税率，会增加税收。

在20世纪50年代和60年代，发展中国家的决策者倾向于通过增加税收来扩大政府储蓄，试图以此来促进投资，推动经济增长。原因是，发展中国家大部分居民的收入水平很低，私人储蓄率偏低，而少数高收入者偏好于奢侈性消费，储蓄率也比较低。由于政府部门的消费倾向小于私人部门，因而通过增加税收将更多的国民收入集中到政府手里，可以增加国内储蓄。

然而，增加税收不一定有利于增加国内储蓄。第一，发展中国家的低收入水平极大地限制了税率的提高。20世纪60年代以来，虽然发展中国家的税率已略有提高，但除了少数自然资源条件特别优越的国家，大部分发展中国家的税率仍远远低于发达国家。据调查，1997

年，24 个发达国家的中央政府税收收入占 GDP 的平均比率为 30.6%，而 76 个发展中国家的这一比率平均只有 16.8%。第二，增加税收对国内储蓄的影响是不确定的。有证据表明，发展中国家政府对税收收入的边际消费倾向高于私人的边际消费倾向，增加税收的实际效果是减少而不是增加了国内储蓄。第三，增加税收将改变收入分配格局以及储蓄和投资的回报率，税基有可能因此而缩小。私人储蓄行为也有可能因此受到抑制。因此，税收增加不一定能够促进储蓄增加和经济增长。除了经济发展早期的日本以外，很难找到通过税收来动员国内储蓄获得成功的实例。

另外，税收结构也会影响国内储蓄。税收结构不但直接影响政府储蓄的多少，而且会影响经济增长的绩效和居民的福利水平。

2. 政府的强制性储蓄政策

除了增加税收以外，政府还通过运用其他经济政策，强制性地将一部分可能用于消费的国民收入转化成储蓄。常见的强制性储蓄政策包括制造通货膨胀和对价格结构进行调控。

（1）通货膨胀。通货膨胀是发展中国家的普遍现象，是发展中国家强制储蓄的手段之一。通货膨胀能增加储蓄的主要原因在于：

第一，可以将原来用于生产消费品的资源转而用于生产资本品（生产资料），以促进资本形成。例如，原来每辆汽车的价格是 1 000 元，则 10 000 元可以购买 10 辆。现在物价上涨了，每辆汽车的价格上升到 1 250 元，此时用 10 000 元只能购买 8 辆，汽车的销路减少了两辆，因此，可以将生产这两辆汽车的原材料等生产要素用于生产其他生产用机器设备，这样，这部分资源从消费品生产领域转向投资品生产领域。

第二，使收入更加趋于集中。通货膨胀对取得固定收入和获得变动收入的人们的影响是不同的。只有固定收入的职工，在物价普遍上涨时，其工资的调整往往落后于物价水平的上升，这部分人成为通货膨胀的受害者。而通货膨胀实际上有利于获得变动收入的高收入阶层，会使收入更加集中到高收入阶层，有人认为这样可以提高储蓄倾向，能增加储蓄，促进资本形成。

第三，在实行累进所得税制的条件下，税收的弹性大于 1，即所得收入增加 1%，税收的增加往往大于 1%。出现通货膨胀时，物价普遍上升，名义收入提高，更大部分收入将通过课税方式转到政府手中，而政府再将增加的税收部分地转化为生产资金。

第四，出现通货膨胀时，产品成本的某些构成部分可能暂时维持原来的水平，如职工工资和租金，而物价水平上涨，这就使得企业的成本增加速度在一段时间内低于收益的增加速度，企业的利润就会增加，所增加的这部分利润大部分将用于再投资，促进资本形成。

通货膨胀是发展中国家为公共部门动员收入的课税方式之一，这种收入可以称为通货膨胀税。

但是，以通货膨胀来拓展国内的资本来源，在实际中是很难操作的，而且会产生很大的副作用。第一，经济中必须有闲置的资源，由货币增加而形成的额外购买力必须真正用于资本形成。只有这样，货币的增加才能被商品和劳务的增加所抵消。第二，通货膨胀率必须保持足够高，才有可能有效地增加储蓄。第三，通货膨胀一旦开始就很难结束，温和的通货膨胀往往演化为恶性通货膨胀，从而对经济增长产生很大的副作用，如扰乱价格信息，降低资源配置效率，改变人们的预期和行为，刺激进口并抑制出口等。

（2）价格管制。价格变化可以引起国民收入再分配的变化，政府通过对价格结构进行调节，就可以通过影响各种商品和要素的相对价格，使国民收入再分配向有利于增加国内储蓄的方面变化。最常用的做法是压低必需品的价格。

压低必需品的价格能够缩小消费规模，增加储蓄。一方面，由于发展中国家人们用于购买必需品的消费支出在全部收入中所占的比重较大，压低必需品价格可以降低全社会的消费水平。另一方面，压低必需品价格可以和压低居民的收入水平同时作用，把更多的国民收入转移到政府手中。由于必需品价格低，与之配套的工资水平也低，企业可以获得较高的利润，通过税收或上缴利润的方式转化成政府的财政收入，增加政府储蓄。但是，采取这种做法有很大的弊端。压低必需品价格不利于生产必需品部门的长期发展。由于食品是最基本的必需品，发展中国家实行这种强制性储蓄政策会人为压低农产品价格，往往造成农业部门得不到应有的发展。另外，价格结构的人为扭曲会扰乱市场信息，降低资源配置效率。中国在计划经济时期曾长期通过压低必需品价格的办法来进行强制储蓄，这些必需品包括食品、日用品、住房、教育、医疗、生活用能源以及各种生活服务等。与之相配套的是低工资制度，直至 1978 年，大多数年份的职工平均货币工资都在 600 元以下。这些政策固然有效地提高了储蓄率和经济增长速度，但是也付出了高昂的代价，人民生活长期得不到显著改善。如表 2－3 和表 2－4 所示。

表 2－3　　中国 1953～1978 年的经济增长率和储蓄率　　单位：%

时期	国民生产总值	国民收入	储蓄率
“一五”时期	9.1	8.9	24.2
“二五”时期	－2.2	－3.1	30.8

续表

时期	国民生产总值	国民收入	储蓄率
1963～1965 年	14.9	14.7	22.7
“三五”时期	6.9	8.3	26.3
“四五”时期	5.5	5.5	33.0
1976～1978 年	5.8	5.6	33.5
1953～1978 年	6.0	6.0	29.5

资料来源：林毅夫等：《中国的奇迹：发展战略与经济改革》，上海三联书店、上海人民出版社 1994 年版，第 63 页。

表 2－4　　中国 1952～1978 年城乡居民消费水平的变化

年份	国民收入指数	全国居民消费水平指数	农民消费水平指数	城镇居民消费水平指数
1952	100	100	100	100
1957	153.0	122.9	117.0	126.3
1978	453.4	177.0	157.6	212.6

资料来源：林毅夫等：《中国的奇迹：发展战略与经济改革》，上海三联书店、上海人民出版社 1994 年版，第 63 页。

2.3.4 发展中国家的金融深化

发展中国家调动投资资源方面存在较多问题，主要体现在两个方面：

第一，不注重私人储蓄的动员。过去的传统观点认为，发展中国家由于收入水平低，私人储蓄能力有限，国内储蓄主要依靠公共储蓄；此外，政府储蓄和外国储蓄因为更加容易被政府政策所调控，因此也存在着忽视家庭或企业部门同样是重要的储蓄来源的问题。这样，有许多发展中国家的储蓄一方面依赖外资，另一方面存在着大量的非自愿储蓄。很多非洲国家政府发行的债券占 GDP 比例居高不下，而且期限往往也非常短，这种做法显然也不利于本国经济的长期发展。

第二，强制性转移农业剩余。一般而言，低收入国家的生产剩余主要来自农业部门，或者说农业剩余成为发展中国家初始资本的主要来源。许多发展中国家主要偏好于采用行政干预型的转移方式，其基本做法是：实行城乡隔离，一方面利用工农产品价格的剪刀差，将农业部门的经济剩余由农民手中转移出来，为城市工业化提供原始资本积累；另一方面，由于城乡隔离，农村人口享受不到政府为城市人口提供的各种福利，政府的各种投资也很少能够直接投入到农村地区。虽然，这种方式可在较短时间内迅速积聚巨额的资本，建立起比较完整的工业体系，较快地增强一国的综合国力；但是，这种方式势必会抑制农业的发展，并最终影响整个国民经济的发展。因此，对于发展中国家来说，培育一种良好的储蓄转化为投资的机制变得异常重要。

储蓄仅仅是资本积累的源泉，要将储蓄转化为有效的投资、促进经济发展，必须具有完善的金融体制和发达的金融机构。在发展中国家，不仅普遍存在资本匮乏的问题，而且资本的配置和使用效率也很低。很多发展中国家之所以没有发展起来，关键原因并不是储蓄数量不足，而是有效的资本积累不能形成或形成的资本积累效率低下，没能有效地形成生产能力。

1973 年，美国斯坦福大学的两位教授肖（E. S. Shaw）和麦金农（R. I. Mckinnon）分别出版了《经济发展中的金融深化》和《经济发展中的货币与资本》两部著作，它们从不同的角度强调了金融在经济发展中的作用，第一次系统地论述了金融体系和金融政策与经济发展的密切关系，提出了“金融抑制”和“金融深化”理论，认为发展中国家经济落后的症结在于金融发展受到了抑制。

所谓“金融抑制”是指整个经济中非货币经济比重很大，金融关联比率小，货币数量、利率等货币机制和法定准备率、信贷等货币政策的作用很小，导致金融体系实际增长停顿甚至收缩、金融中介活动的职能难以扩大、资金利用率低、经济增长受到抑制，也称之为“金融浅化”。表现为以下一些现象：金融机构不发达、银行信用受到种种限制、进口采取许可证措施、政府财政赤字掠取银行放款资金以作抵补，以致一般经济单位只能从私人贷款者、典当行和合作社获取有限的资金等。而“金融深化”则是指针对金融抑制，加快金融资产积累速度，提高金融关联比率，增加货币经济比重，以充分发挥利率等货币机制对经济的调节作用。

金融问题并未受到传统经济学的重视，原因在于“经济分析中时常把金融部分地或全部地归并掉了或者抵消掉了”（格利、肖，1988），事实上，金融活动是储蓄和投资之间分工的结果，可以提高整个经济的效率。金融体系把储蓄集中起来，再把资本集中到投资能力强的投资者手中，这种中介作用既提高了储蓄和投资的总水平，又能够使资本得到有效的配置，从而促进了经济发展。经济的发展反过来又会提高各经济单位对金融服务的需求，刺激金融体系的进一步发展。

麦金农在其著作中提出了发展中国家的“金融抑制”问题，认为造成发展中国家金融抑制的原因除了历史因素外，主要是发展中国家政府为了刺激投资利用行政手段压低利率，人为扭曲了资本的价格。大多数发展中国家政府对存贷利率作了硬性规定，并且不允许自由浮动，实际利率（名义利率减去通货膨胀率）很低，在通货膨胀的情况下，实际利率甚至成了负数，这就打击了储蓄意愿，导致人们追求实物形式的积累，与此同时，贷款需求受到刺激，从而使资本的短缺进一步恶化。由于在金融市场上对资本的需求大大超过供给，政府只能以行政手段对资本进行分配，只有少数投资者主要是国有企业和政府扶植的私人企业能够通过金融市场获得资本，由于实际利率低于均衡利率，它不能反映资本的真实成本，导致这些企业的投资缺乏效率。与此同时，大多数私人投资者在正式金融市场上不能获得资金，只能转向非正式金融市场。由此可见，金融抑制加剧了金融体系的不平衡，极大地限制了金融机构的业务活动，束缚了金融市场的形成和发展，降低了国内储蓄水平，使得投资效益低下，制约了经济的发展，反过来又加剧了金融的落后。要消除这种"金融抑制"，麦金农认为只有通过金融自由化来使利率成为反映资本的稀缺程度和调节储蓄和投资的杠杆。发展中国家政府应该取消对存贷款利率的硬性规定，使利率随资本供求关系的变化而自由浮动，如实反映资本的匮乏程度。在发展中国家，由于资本缺乏，投资机会多并且收益率高，适当提高利率不会抑制投资，政府对金融业的干预应减少，同时允许多种性质的金融机构存在和发展，放宽对金融市场的管理和限制。

另外，要实现金融自由化必须有贸易自由化、税制合理化和改善政府支出等政策的配合，只有这样才能充分利用国内的资金，减少对外国资本的依赖，发展中国家的金融和经济发展之间才能呈现相互促进的良好循环的状态。

肖则从金融深化的角度分析了金融与经济发展的关系。金融浅化，即金融资产存量规模小、品种少、期限种类少，金融资产与国民收入的比率不合理，利率信号不准确等。金融浅化是金融抑制的结果，不利于一国经济的发展。肖认为，推行金融深化可以促进经济的发展，在金融深化的经济中，金融资产存量的品种、范围和规模不断扩大，金融资产与物质资产的比率不断上升；金融资产的积累将主要来自国内储蓄，从而减少了对国际资本的依赖；金融市场主体的多样化将增强投资者之间的竞争，进而优化投资结构。金融深化的结果将进一步有力地促进经济发展。

麦金农和肖提出金融抑制和金融深化理论以后，引起了理论界的高度重视，他们提出的理论分析和政策主张对于发展中国家制定经济发展战略具有重要的参考价值和启示意义，许多发展中国家和地区如阿根廷、马来西亚、印度尼西亚等，试图按金融深化的思路来进行金融改革，但发展中国家金融改革成功的例子还不多，这可能是因为该理论高估了利率变化对储蓄的影响，夸大了发展中国家的投资机会，同时发展中国家还不完全具备金融深化的条件，而1997年的东南亚金融危机说明，以金融自由化为主要内容的金融深化改革同时也会不可避免地加剧金融风险。

本章重要术语

物质资本、储蓄、资本形成、资本深化、净投资、总资本形成、净资本形成、贫困恶性循环、低水平均衡陷阱、临界最小努力、循环积累因果关系、私人储蓄、家庭储蓄、企业储蓄、政府储蓄、强制性储蓄、金融深化、金融浅化（金融抑制）

本章小结

资本概念最初都是指物质资本，即由人类生产出来的一种非用于目前消费而是用于扩大生产能力的耐用品。但后来它的外延扩宽了，它应包括在长期能够产生收入流的一切东西，既包括物质资本，也包括人力资本和社会资本。由于发展中国家资本匮乏，资本被认为是经济发展中一个关键要素。经典发展经济学家都强调物质资本在经济发展中的决定性作用，从不同的角度论证了资本匮乏是对经济发展的障碍并且着重探讨资本积累的各种途径。最近二三十年来，强调人力资本比物质资本更重要的观点越来越流行。不过，对于发展中国家来说，物质资本投资对经济增长比发达国家更为重要。

经济增长对投资量的要求取决于增量资本—产出比，各国之间的增量资本—产出比差别很大，发展中国家资本—产出比普遍要低于发达国家，这意味着同样的资本增加比发达国家会带来更大的产出。

如果以资本投资效率来衡量投资质量，发展中国家的投资效率是高的。此外，从资本边际报酬率来看，发展中国家资本边际报酬也普遍比发达国家更高。这些事实意味着资本边际报酬递减规律的存在。它是资本后发优势的基础。

资本形成的国内来源包括三个方面，即公共储蓄、私人储蓄和闲置资源的利用。其中居民储蓄最重要，居民储蓄的动机包括：预防动机、养老动机、遗赠动机和投资动机。发展中国家在调动可投资资源和把储蓄转化为投资方面存在不足，应该建立和完善以市场化为导向的投资资源调动机制及储蓄转化为投资的新机制。

延伸阅读

关于发展中国家的资本形成问题，可以进一步阅读纳克斯的《欠发达国家的资本形成问题》，牛津大学出版社1953年英文版。——A country is poor because it is poor。

关于低水平均衡陷阱理论，可以进一步深入参阅纳尔逊：《不发达国家的低水平均衡陷阱》，载于《美国经济评论》1956 年第 12 期。——发展中国家人口的过快增长是阻碍人均收入迅速提高的“陷阱”。

复习与思考

参考答案

1. 单选题

(1) 纳克斯提出的“贫困恶性循环论”属于（　　）。

A. 极端的平衡增长理论　　B. 温和的平衡增长理论

C. 完善的平衡增长理论　　D. 不平衡增长理论

(2) 国内储蓄包括（　　）。

A. 国家强制性储蓄和私人储蓄

B. 国家税收和私人储蓄

C. 国家税收、企业储蓄和家庭储蓄

D. 国家强制性储蓄、国家税收、企业储蓄和家庭储蓄

(3) 提出贫困恶性循环理论的发展经济学家是（　　）。

A. 纳克斯　　B. 纳尔逊

C. 莱宾斯坦　　D. 缪尔达尔

E. 钱纳里

(4) 一国的总储蓄包括（　　）。

A. 国家强制性储蓄和私人储蓄

B. 国家税收和私人储蓄

C. 国家税收、企业储蓄和家庭储蓄

D. 国家强制性储蓄、国家税收、企业储蓄和家庭储蓄

E. 国内储蓄和国外储蓄

(5) 国内私人储蓄的两个来源是（　　）。

A. 企业储蓄和家庭储蓄　　B. 外国援助和私人外国储蓄

C. 外国直接投资和债务性融资　　D. 公司储蓄和国外借款

(6) 为在紧急情况下使用而积聚的储蓄叫作（　　）。

A. 生命周期储蓄　　B. 目标储蓄

C. 预防性储蓄　　D. 遗赠储蓄

E. 永久性收入储蓄

2. 多选题

(1) 资本深化是指（　　）。

A. 每单位资本所增加的工人数目

B. 每一工人工作资本的增加

C. 每一工人工作资本的减少

D. 资本从生产率较低的部门向生产率较高的部门的重新配置

E. 政府对于基础设施的投资

(2) 现代经济发展理论中，资本被分为三种类型（ ）。

A. 技术资本　　B. 人力资本

C. 物质资本　　D. 金融资本

(3) 资本形成的来源包括（ ）。

A. 储蓄　　B. 吸引外资

C. 资本深化　　D. 通过国家征税筹集资金

E. 通过金融和信用机制集聚发展资金

(4) 影响家庭储蓄的因素有（ ）。

A. 收入水平　　B. 宗教信仰

C. 金融机构　　D. 风俗习惯

E. 收入分配的平均程度

(5) 属于“唯资本论”的发展经济学理论有（ ）。

A. 罗斯托的“经济成长阶段论”　　B. 哈罗德－多马模型

C. 纳克斯的贫穷恶性循环理论　　D. 舒尔茨的人力资本理论

E. 罗森斯坦－罗丹的“大推进”理论

(6) 金融浅化的表现（ ）。

A. 金融机构不发达　　B. 银行信用受到种种限制

C. 进口采取许可证措施　　D. 金融关联比例大

(7) 发展中国家的资本形成过程包括（ ）。

A. 通过金融和信用机制集聚发展资金

B. 吸引外资

C. 投资形成实物资本

D. 通过国家征税筹集资金

E. 增加实际储蓄数量

(8) 20世纪70年代初几乎同时提出金融深化和金融抑制理论的经济学家有（ ）。

A. 爱德华·肖　　B. 罗伯特·麦金农

C. 菲利普斯　　D. 罗斯托

(9) 关于私人储蓄的叙述，正确的有（ ）。

A. 发达国家的企业储蓄在国内私人储蓄中所占的份额比较小

B. 多数发展中国家的企业储蓄占国内私人储蓄的份额一般比较小

C. 发展中国家众多私营企业的税后利润通常转化为家庭储蓄

D. 发展中国家众多私营企业的税后利润通常转化为企业储蓄

3. 简答题

(1) 物质资本有哪些特征?

(2) “贫困恶性循环”理论的内容是什么?

(3) 为什么通货膨胀可以作为强制储蓄的手段?

(4) 哪些因素影响家庭储蓄?

4. 案例分析题

小额贷款给贫困农民带来希望

小额贷款，一般是指低于1 000美元的贷款。对于一些贫困者来说，可能只需一笔很少的贷款就可摆脱困境，出现生活改观；而对于投资者来说，小额贷款可使业务延伸，每笔量虽小但市场需求很大，相对风险小，有着相当高的回报率。

小额贷款的创意最早来自穆罕默德·尤努斯教授。1976年穆罕默德·尤努斯教授在孟加拉国创办了乡村银行，专门向那些一般银行所不愿意理睬的穷人进行贷款，向他们提供小额贷款，后来他本人也被誉为穷人的银行家。

20世纪80年代以后，小额贷款的概念逐渐被国际金融机构和一些国家的基金组织所采纳，一些基金组织在东南亚地区，如在越南向当地贫困妇女贷款100美元，后者通过购买家畜，进行饲养、繁殖，最终实现脱贫。

“9·11”事件以后，小额贷款重新受到欢迎，一些西方投资者甚至将这种投资看作是遏制恐怖主义的最好方法。例如，跨国商人亚历山大·德莱塞普从2001年开始介入小额信贷事业，他在瑞士银行家梅尔希奥·德穆拉尔的动员下，投资于布卢奥查德金融公司，成为该公司的老板之一。该公司管理着一个共同基金，截至2003年8月已向全世界20多个穷国的小额信贷机构提供了约为5 000万美元的短期贷款。当纽约的亿万富翁问德莱塞普为什么愿意借钱给穷人时，德莱塞普的回答是：在当今世界，解决贫困和恐怖主义的唯一方法就是投资。德莱塞普热衷于发展中国家的投资项目，他除了投资哈瓦那五星级酒店、仰光高档住宅等营利项目外，还投资泰国的医院、缅甸弹邦孤儿院和产科医院等不以营利为目的的项目。当然，德莱塞普所在公司管理的基金也向零星投资者开放，最低投资额为1万美元。2001年该基金回报率为6.8%，2002年为4.1%。

小额贷款有着很大的需求市场，根据布卢奥查德金融公司估计，全世界小额贷款需求可能接近30亿美元，但是投入小额贷款的基金不到5亿美元。绝大多数银行或金融机构对穷人仍是不屑一顾，一些进驻发展中国家的跨国大银行甚至在存款业务上都表现出对中小储户的歧视。显然，祈望发达国家的金融机构或基金会来经营小额贷款，以满足穷国对资金的需求是不现实的。一些发展中国家的基金会对接受小额贷款的理念进行创新，启动扶贫工程。

1995年初，中国人口福利基金会、中国计划生育协会和《中国人口报》以“治穷、治困、治病”为目标，在全国29个省、区、市开展“幸福工程——救助贫困母亲行动”项目，这是一个包括小额贷款在内的援助项目。年里投入资金2.4亿元，共有13万贫困母亲和她们的家庭得到救助，受惠人口近60万。贫困母亲利用“幸福工程”1 000～3 000元的启动资金以及各种配套服务，走出贫困，她们的孩子重新走进教室，她们的家庭焕发出活力，她们的命运发生了根本的改变。下面列举的是部分家庭的变化情况，从中可见一斑。

四川昭觉县北乡普提村的吉布依牛，全家7口人。1999年接受“幸福工程”资助款1 000元，购买两头母猪，到2004年上半年先后出栏21头，收入2 200多元，现存栏12头。3个子女也成了家。

四川黑水县扎窝乡克别村的罗叶妹，全家4口人，6亩地。救助前每亩产粮200千克，没有经济收入。2000年接受工程扶贫款1 000元，以入股方式和承包商合作，6亩地种植豌豆尖，承包商每年给1 800千克小麦，罗叶妹种地每天得10元工钱，丈夫在车间做包装加工，每天也有10元收入。四川重庆万州区分水镇双丰村的陈安珍，全家5口人。1997年接受扶贫款1 000元，发展养蚕业，2003年收入5 000多元。

四川重庆綦江区打通镇马颈村的李茂珍，1996年开始在扶贫工程的帮扶下承包荒山，发展种植业，经过数年奋斗，走向致富。

云南丘北县八道哨乡斗母村的杨卫梅，1999年利用幸福工程帮扶的18只小山羊，两年时间出栏17只，收入近6 000元，现存栏52只。

云南丘北县八道哨乡八道哨村的王秀梅，全家4口人。救助前，夫妻俩经营家中2亩5分地，一年下来还需丈夫打零工才能维持生活。1998年用工程帮扶资金2 000元，加上贷款6 000元，建了个小酿酒房，靠酒糟养猪。1999年底出栏42头猪，纯收入1.8万元，又贷款5万元建养鸡房，饲养三黄鸡，一年时间先后卖掉6 000多只，纯收入近4万元，现养鸡房存栏7 000余只。

甘肃陇西县福星乡鹿鹤村的康岁巧，全家5口人，1997年前人均收入不足400元，1998年接受扶贫款1 000元和扶贫资金4 300元后，开始养猪与种植药材。2003年人均收入1 700元。现有大家畜2头，猪13头，儿女都上了中学。

甘肃陇西县种和乡种和村的杨桂英，1998年开始靠扶贫款养猪，全家解决了温饱。2003年在家里办了个小小缝纫店，收入3 000多元。

甘肃礼县中坝乡新寨村的赵三妹，全家4口人。1995年扶贫工程捐助了两只小尾寒羊，平均每年出栏3～4只，现存栏7只。2003年人均收入1 500元，人均占有粮食450千克，两个女儿都在上学。

陕西咸阳永寿县渠子子乡八寨村的张翠霞，全家4口人。1997年得到帮扶款2 000元，买了一头母牛，现存栏4头。全家已搬出烂土窑，住进新砖瓦房。

宁夏灵武市东塔乡宋桥村的马桂莲，全家4口人。2000年接受工程扶贫款2 000元，饲养奶牛和山羊，三头奶牛每天可产65～70千克牛奶，纯收入50元，一年收入将近1.5万元。

宁夏灵武市郝家桥乡西渠村的杨志萍，全家4口人。1997年前人均收入480元。1997年3月用"幸福工程"扶贫款2 000元购买一台草帘机，当年收入近1万元。2000年再添置一台。2003年两台机器编织草帘子收入2万多元，人均收入达到5 000元。

内蒙古赤峰喀喇沁旗牛子镇水泉村的付莲琴，全家3口人。2003年4月用"幸福工程"扶贫款2 000元、政府无偿援助的钢筋及信用社的贷款，先后建起两座蔬菜棚；2004年"幸福工程"组委会又资助1 500元，蔬菜棚开始运转，卖黄瓜、辣椒收入达到1.6万多元。

内蒙古巴林右旗巴彦玻硕镇白音和硕村的曹金英，全家3口人，用"幸福工程"帮扶的2 000元加上自筹资金买了15只绒山羊，一年多时间卖羊收入达1 900多元。

山西湍水头镇的王琳秀，全家4口人。救助前，全家只靠土豆和玉米过活。2001年获得扶贫贷款2 000元，加上自筹资金，买了一辆农用三轮汽车，从事运输业。每天一早将收购来的马铃薯运到40公里以外，卖给几家货栈。短短两年时间，不仅还清了贷款，还购买了大屏幕电视机和洗衣机，装上了电话。

当然，受援助的不只是妇女。1994年中国开始实施扶贫贴息贷款计划，不少贫困地区的农户从中受益。例如，上述所提到的山西湍水头镇，全镇有农民1 800人，从2001年以来已发放了近400笔小额贷款，不少农户出现王琳秀家庭那样的变化。

小额贷款解决了中国面临的一个重大挑战，即如何帮助大批农民摆脱贫困。由于农村信用社坏账累累，已经无法向贫困农民提供贷款，在中国设法改革农村信用社之际，大约有300个小额信贷计划填补了这一缺口。

当然，小额信贷不是没有风险。由于没有抵押担保，因此借款者如果无法偿还贷款，放款人就得不到任何经济补偿。自实施扶贫贴息小额贷款计划以来，基金会也面临着各种问题的困扰。比如确定哪个机构最适合发放贷款，用何种标准选择贷款接受者，如何保证一定的偿还率等。目前的贷款计划是由中国农业银行和扶贫办公室共同负责的，但到县一级，当地的分行往往在很大程度上受到地方当局的行政影响，由此出现一些分行将贷款贷给了官员的关系户，而广大农户则根本贷不到款或根本就不知道有这样的贷款，有的地区甚至将贷款贷给了当地企业。比如，四川某县农行将每年总额为1亿元的扶贫贷款贷给一家电厂，理由是该电厂是县委的一个重大项目，该项目一完工，就能产生效益，向县政府缴纳大量的税款。另外，贷款的偿还也存在问题，借款人没有偿还贷款的动力，因为他们不会因为不还款而承担法律责任，他们的不良记录不会影响他们今后从其他地方获得贷款；而负责发放贷款的银行官员也没有任何动力来确保贷款及时得到偿还。因此，贷款的偿还率较低，官方估计偿还率为50%，而一些媒体认为可能只有20%～30%。可见，在贷款方面严格监管机制十分必要。

从国外基金经营的情况看，乡村银行和其他主要的小额贷款机构的实际放款损失率还不到5%；次优消费者信贷行业（即专门为有收入或有不良记录的借款人提供信贷）放款损失率也只有5%～10%。由于发展中国家的妇女勤劳节俭、任劳任怨，很少会将贷款用于赌博、酗酒或投资于风险行业，因此不少基金更青睐于向这一群体贷款。为了规避投资风险，中国某家银行分行推出了“公司＋农户”的贷款模式，即银行将贷款拨给公司，由公司组织农户进行生产，最后偿还贷款。比如，银行将款项贷给乳品公司，乳品公司拨款给农户养牛，农户将牛奶卖给公司，偿还贷款。

不管怎么说，小额贷款崇尚的不是建立一种输血机制，而是要建立一种造血机能。小额贷款的成效已在一些国家或地区显现出来，并吸引更多的国家采用这一做法。2003年9月，巴西总统卢拉号召在国内建立一家为穷人服务的银行，专门向低收入人群发放小额贷款，以此作为对原有银行的有益补充。2004年2月这家专门面向4 000万贫困人口的银行——巴西人民银行在首都巴西利亚开业，该银行总资产为40亿雷亚尔，相当于13.6亿美元。银行发放从15美元到200美元不等的小额贷款，贷款期限为4个月，利息只有2%，而一般银行的利率都在5%以上。巴西人民银行不设分行，没有固定的员工，它实际上是一个银行代理网络，在药店、面包店、集贸市场、建材市场等地为顾客办理业务。小额贷款将为巴西贫困农民带来希望。

（资料来源：林珏：《发展经济学案例集》，中国社会科学出版社2005年版，第2～6页。）

问题：

（1）一般金融机构为什么不愿向贫困农户提供贷款？

（2）小额贷款中出现的风险问题应该如何解决？

5. 讨论题

我国精准扶贫政策中，小额信贷的具体用途是什么？在实践中是怎么具体操作的？扶贫效果如何？

网络练习

建议同学们针对上述讨论题，通过网上查找资料，并进行实地调研，进行量化分析。

第3章

人口、就业与经济发展

学习目标

了解：发展中国家人口增长的原因。
理解：发展中国家的就业问题。
掌握：人口流动理论模型。

引导案例

埃及的人口政策

埃及是具有悠久历史的文明古国，面积100.2万平方公里，沙漠占96%，人口从20世纪50年代初的2 000万增长到1992年的5 570.8万人，40年内增长了278.54%。过快的人口增长造成了埃及粮食及住房短缺，穆巴拉克总统在1984年3月的一次会议上指出如不认真实行节育，埃及就会发生饥荒、失业和恐怖主义。面时人口爆炸的巨大压力，埃及成立了由总理直接领导的全国人口发展委员会，负责全国的计划生育工作，政府每年用于计划生育方面的资金达900万美元。几年前开展的一个为期15年，耗资7.65亿美元的计划生育宣传计划包括向人们解释避孕并不违反伊斯兰教义，节育的重要性等，并通过各种途径向人们提供避孕咨询服务与避孕工具。这项工作已初见成效，出生率逐年下降，人口增长率已由1985年的3%下降到1993年的1.9%。

（资料来源：常启明：《埃及、突尼斯控制人口成效显著》，载于《阿拉伯世界》1995年第3期，第79页。）

早期西方经济发展理论十分重视资本形成在经济发展中的作用，把物质资本的匮乏视为广大发展中国家经济发展的首要约束条件。但是，众多发展中国家谋求经济发展的实践却显示出，当通过种种途径使发展资金的稀缺得到缓解之后，在许多场合，却并没有出现经济发展的奇迹。目前，几乎所有的发展经济学家都认识到人力资源对经济发展的战略意义。人既是经济发展的最终受益者，也是经济发展过程中最重要的一种资源。人是产品、服务和自然资源的消费者，是经济发展中需要就业的劳动者，人口增长和就业需要与经济发展相互协调。在大多数发展中国家，人口基数大，增长率过快，使大量的人力资源闲置或不得其用（underutilization），同时，大量的劳动者素质低下导致人力资本的高度匮乏。本章的任务在于分析发展中国家人口增长的原因，讨论人口增长与经济发展的关系，探讨发展中国家的就业问题，研究人口流动理论模型。

3.1 人口的规模

第二次世界大战以后，发展中国家的人口以前所未有的速度增长着。人口的过快增长对人力资源数量的利用和质量的改进都产生了巨大的压力。

3.1.1 世界人口状况及其发展趋势

人口的迅猛增长已经给人类的生存和发展造成威胁。世界人口增长率和人口数量都以惊人的速度递增。公元初年到1750年，世界人口年平均增长率还不到0.05%，1750～1850年，人口增长率为0.5%，甚至在1890～1950年，世界人口年增长率平均也只有0.8%。而从1950年以来的几十年间，人口年平均增长率猛增到接近2%。世界人口在公元初年只有2.5亿，到1750年增长到7.28亿，1900年增长到16亿。1950年上升为25亿，到了1999年，世界人口达到了60亿。预计到2050年，全球总人口将达到91亿。在世界人口的增长中，发达国家人口增长率不到0.5%，而发展中国家人口增长率为2.1%。1950年世界人口的33%生活在工业化国家，当前这一比例已降为20%，预计到2050年时将进一步降为12%，届时有77.54亿人生活在发展中国家。世界人口的增长是发展中国家人口爆炸性增长的结果。

3.1.2 发展中国家人口增长的原因

大多数发展中国家面临人口增长过度问题的原因又是什么呢？发展经济学家认为，一个国家的人口增长率取决于出生率和死亡率，发展中国家之所以人口增长过快，主要是由于死亡率得到了有效控制，而出生率却长期居高不下造成的。经济学家们是通过比较西欧与发展中国家人口的转折模型来说明这一问题的。

人口转折模型

1. 人口转折模型

人口转折模型（demographic transition）是指从高出生率和高死亡率的稳定人口转向低出生率和低死亡率的稳定人口模型。用公式表达为：$Gp = B - D$。其中 D 为死亡率，B 为出生率，Gp 为人口增长率。人口增长率的增加主要是由于 D 的降低。随着经济发展，人口的死亡率会随之降低，人口基数必然越来越大。

人口转折模型是指从高出生率和高死亡率的稳定人口转向低出生率和低死亡率的稳定人口模型。

（1）欧洲的人口转折。一些西方发展经济学家根据欧洲国家的历史资料将人口的增长分为四个阶段，如图 3－1 所示。

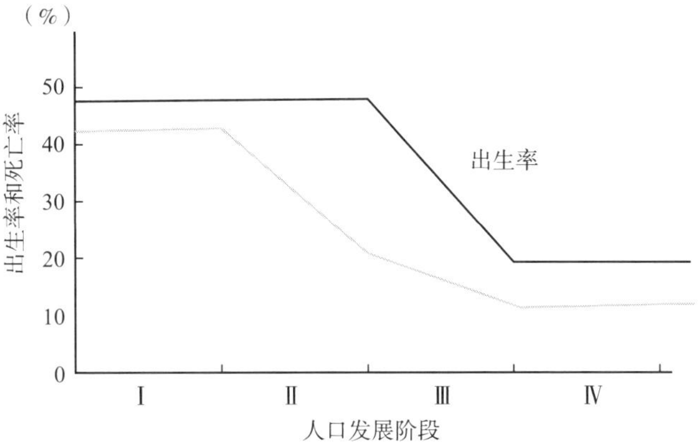

图 3－1　人口转变阶段

资料来源：郭熙保：《发展经济学》，高等教育出版社 2019 年版，第 258 页。

第一阶段：社会处于高出生率和高死亡率的阶段，人口增长率非常低。人类自有史以来直至近代，由于经济发展水平很低，食物来源没有保障，加上自然灾害、战争、疾病的发生，死亡率都很高，人类的平均寿命很短。为了延续后代，人类的出生率处于生理上的极限。由于出生率和死亡率都很高，人口数量相对稳定或缓慢增长。西欧发达国家直到 18、19 世纪之交，出生率为 3.5%，死亡率为 3%，人口增长幅度很小。

第二阶段：出生率高，死亡率开始下降，人口增长率急剧上升。在这一时期，由于经济迅速发展和医疗科学技术的巨大进步，人民的健康和营养状况大大改善，这就使人口死亡率大幅度地下降，与此同时，人的预期寿命也延长了 1/3。但是，出生率的下降开始较晚，且速度更为缓慢。这是因为在发展的相当一段时间内，落后的生育观念和不健全的社会保障制度使得出生率很高。

第三阶段：出生率开始下降，死亡率仍在下降，但下降速度减慢，人口增长率逐渐下降。这一阶段大致反映了20世纪初到50年代期间的人口增长情况。随着经济发展到高度工业化阶段，大家庭制度逐渐解体，社会保障制度日臻完善，妇女文化水准提高，参与社会活动的机会增加了，出生率开始下降，并且出生率的下降幅度大于死亡率的下降幅度，人口增长率下降。

第四阶段：低出生率和低死亡率，人口增长率低。20世纪50年代以后，出生率和死亡率的下降都基本接近极限，低出生率伴随低死亡率，人口变动逐渐趋于稳定，且增长率趋向于零。

也有的发展经济学家只将人口的转折模型分为三个阶段，即：高出生率和高死亡率阶段；高出生率和降低的死亡率阶段；降低的出生率和降低的死亡率阶段，如图3－2所示。

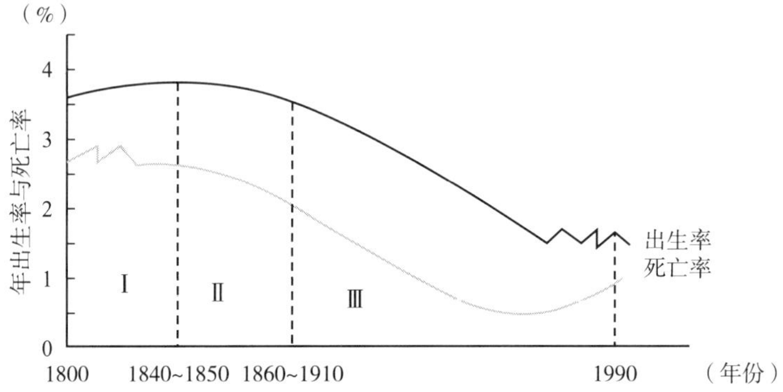

图3－2　西欧人口转折

资料来源：陶文达：《发展经济学》，四川人民出版社1995年版，第104页。

（2）发展中国家或地区的人口转折。当今发达国家已经完成了人口转折，即开始进入了人口转变的最后一个阶段。而很多人认为，大多数发展中国家或地区目前已经进入了第三阶段。由于发展中国家或地区众多，且发展水平不平衡，第三世界人口转折的第三阶段可以分化为A、B两大类型。A类国家或地区中，现代化控制死亡的方法与生活水平提高结合在一起，导致出生率与死亡率同时下降（死亡率下降到1%，而出生率下降到2%～3%）。如韩国、中国台湾、哥斯达黎加、古巴、斯里兰卡、多米尼加、泰国等国家或地区似乎已进入A类出生率持续下降的时期，如图3－3所示。

第三世界大多数国家属于B类。由于长期贫困，生活水平低，死亡率除了初期下降外，以后并未进一步降低。低生活水平导致高出生率长期持久存在，从而使人口增长率停留在较高水平上。如撒哈拉以南非洲地区和中东地区仍停留在第二阶段。

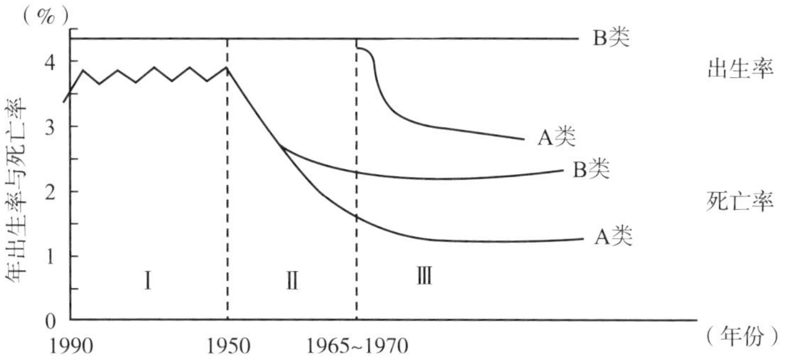

图 3-3 第三世界国家人口转折的开始

资料来源：陶文达：《发展经济学》，四川人民出版社 1995 年版，第 106 页。

人口转折模型从现象上描述了在经济发展的不同阶段，人口发展的趋势变化，并指明人口增长率在发展中国家的不断提高主要是由于死亡率得到了有效控制，而出生率仍然居高不下造成的。但这一模型并没有从本质上阐明发展中国家的出生率为什么居高不下，以及人们应采取何种措施才能从根本上抑制人口的过度增长。

2. 人口出生率的微观理论模型

为了弥补上述不足，近些年来，经济学家们更倾向于从家庭人口出生率的微观决策角度，来试图为人口转折第三阶段人口出生率下降寻求一种较为圆满的理论解释和经验说明。他们用微观经济学的家庭和消费者行为理论来分析家庭的生育决策。

传统的消费者行为理论假定，对于一个根据个人偏好程度而构成的商品系列（效用函数），每个合乎理性的人都试图根据自己的收入状况和商品的相关价格去最大限度地满足自己的需求。当把这一理论用于人口出生率分析时，孩子被视为是一种特殊的消费品（在发展中国家，被视为是一种特殊的投资），从而使消费者（家庭）对于孩子的需求，就像对其他消费品的需求一样，取决于其效用和成本。社会经济发展就是通过影响孩子的效用和成本来影响家庭生育决策，进而影响生育率的。

概括地说，孩子对父母的效益主要有六个方面：第一，劳动—经济效益。孩子成长到一定的年龄，可为家庭提供劳务或从事一定的职业劳动，为家庭提供经济收入。第二，养老—保险效益。特别是在发展中国家，由于社会保障事业不发达，子女通常在父母年老后支付赡养费用。第三，消费—享乐效益。孩子作为“消费品”，能够满足父母感情和精神上的需要，给父母带来天伦之乐。第四，维系家庭地位的效益。继承家产，将家庭地位一代一代维持下去。第五，承担家业兴衰的风险效益。子女的素质和技能可为家业兴衰的风险提供保障。

第六，扩展家庭效益。一般在发展中国家，子女多意味着家庭的昌隆。

与其他家庭消费行为一样，生育行为的目的也是效用最大化，更确切地说是预算约束下的效用最大化。因为生育行为也像其他经济活动一样，要付出成本。孩子的成本可以分为直接成本和间接成本。直接成本，主要包括抚养子女所花费的一切开支，包括衣食、上学等支出。间接成本主要指父母亲在抚养和照料子女时所放弃的挣钱机会。如果母亲不抚养子女而把这些照顾时间用来工作，她将会得到一笔额外的收入。

人口出生率的微观理论模型用公式表示如下：

$$C_d = f(Y,\ P_c,\ P_x,\ t_x)\,(x=1,\ \cdots,\ n) \qquad (3-1)$$

式（3-1）中 C_d 是对存活儿童的需求（在低收入社会，必须要考虑到婴儿死亡率很高）；Y 是既定的家庭收入水平；P_c 是孩子的净价格，即培养孩子的预期成本减去孩子的预期收益；P_x 是相对于养孩子而言，所有其他商品和服务的价格；T_x 是相对于孩子而言，对其他商品或服务的偏好程度。

$\frac{\partial C_d}{\partial P_c}>0$，$C_d$ 对 Y 的偏好导数为正相关，即家庭收入越高，对孩子的需求就越大。

$\frac{\partial C_d}{\partial P_c}<0$，二者关系为负相关，即养育孩子的净价格越高，对于孩子的需求就越小。

$\frac{\partial C_d}{\partial P_x}>0$，二者的关系为正相关，即相对于养育孩子的价格而言，其他商品的价格越高，对孩子的需求就越大；即对其他消费品支付不起，养育孩子就成为一种需求。

$\frac{\partial C_d}{\partial P_x}<0$，二者关系为负相关，即对其他商品的偏好程度越高，对养育孩子的偏好就越低。

对人口出生率的微观理论模型的分析，可以用来解释发达国家和发展中国家生育率差别问题。

发达国家出生率低是由于这些国家中养育孩子的成本很大。第一，发达国家高度竞争的环境，使得孩子本身的抚养费、教育费直线上升。第二，在发达国家中，妇女教育水平和就业机会很高，这样，生育、抚养孩子的机会成本不断提高。第三，在发达国家，伴随着工业化、现代化进程，传统的大家庭纷纷解体，社会保障制度日渐完善，养儿防老的后顾之忧不再存在，同时子女一般在上学年龄是没有为家庭挣钱的机会的，这就增加了养育子女的净成本。除了成本高以外，发达国家的生育观也随经济进步而发生了变化，反映在图形上是无差异曲线形状发生变化。发达国家医疗卫生条件发达，儿童死亡率低，父母不必因为担心孩子的夭折而生育很多的子女。此外，在发达国家中，“多子多福”“传宗接代”的传统观念已不存在，父母亲不愿为哺养孩子而劳神费时，从而减少对孩子的偏好和需求。所有这些因素都导致了发达国家出生率的迅速下降。

但是在发展中国家，情形完全不同。第一，孩子成为资本品，预期收益过高。在发展中国家，孩子成为家庭劳动力的来源，他们从小就帮助家庭创造收入，父母年老后因无养老金不得不依靠成年子女赡养。第二，培养孩子的成本非常低。在发展中国家，妇女受教育的机会少，文化水平低，就业困难，也就是说，母亲时间的机会成本很低。同时，在落后的社会经济发展状况和低下的生活水平条件下，孩子的抚养和教育费用很低，很多家庭甚至不打算让自己的孩子上学读书。这种高收益、低成本导致孩子的净价格很低，甚至是负数，这些因素造就了广大第三世界国家人口出生率长时期居高不下。

人口出生率的微观理论模型表明：广大发展中国家出生率过高长期居高不下，是人口过度增长的主要原因。而出生率过高除了传统习俗等原因外，发展中国家经济水平低下，经济停滞不前是最根本的原因。国家越穷，人口越多；人口越多，国家越穷。因此，必须迅速扭转经济落后的状况，才能从根本上改变人口过度增长的境况。

3. 传统的婚姻观念

造成第三世界大多数发展中国家人口出生率迅速增长的不仅有经济上的因素，也有历史、文化方面的原因。

人类婚姻在很大程度上是文化的产物。各种婚俗包含的对生育率影响最大的内容之一就是妇女婚姻的年龄。例如，如果女性 20 岁就结婚生育，100 年内就可以出生五代人，而如果 25 岁结婚生育，100 年内就只能繁衍四代人。在发达国家，人们由于各种原因往往晚婚。相反，许多发展中国家的妇女由于历史、文化、习俗等方面的原因却更倾向于早婚。

此外，在广大的发展中国家，尤其在这些国家落后的农村和山区，医疗卫生事业的发展使婴儿死亡率明显下降；但落后的经济发展水平，传统的思想观念，例如认为“多子多福”“无后为大”“养儿防老”等，都使人们依然保持着强烈的生育愿望。又如，对子女的性别偏好也导致对子女的总需求的增加。在许多发展中国家，男孩能比女孩给父母带来更大的效益，为了保证有足够数量的男性后代，父母希望多生孩子。当然，短期内不可能根本改变落后的传统思想观念，也不可能迅速取得经济的高速发展，因此，要以法律的形式强制推迟结婚年龄来抑制人口增长。

3.1.3 人口迅速增长对经济发展的影响

许多经济学家从发展中国家的实际情况出发，研究人口增长与经济发展之间的关系。他们一致认为，在经济发展过程中，人一方面是经济发展的最终受益者，另一方面也为经济发展过程提供最重要的投入要素。人的这种双重作用使得人口增长对经济发展既有促进作用，也会成为经济发展的障碍。

1. 人口增长对经济发展的促进作用

（1）可以利用规模经济效应。因为人口增长产生了总需求增加的可能性，市场容量的扩大可以激励厂商扩大生产规模。

（2）人口增长会降低或消除劳动力供给不足对经济发展的制约。早在18世纪，英国古典经济学家亚当·斯密就把人口增长看作是经济增长两个主要因素之一。亚当·斯密认为，人口增加使劳动力数量增加，而劳动力增加使劳动分工变得越来越细，从而导致劳动生产率不断提高。

当然，积极作用的发挥是有条件的，一是人口增长只增加了需要，而要形成需求，还必须有收入水平的提高。二是进入劳动力队伍的人口要充分发挥作用，还必须有其他要素相配合。

2. 人口增长过快对经济发展的不利影响

（1）人口过快增长引起人均收入水平降低。最早研究人口增长与经济发展问题并做出突出贡献的是英国人口学家和经济学家马尔萨斯。他认为，由于边际报酬递减规律的作用，人口增长将会导致人均粮食生产量下降。人口增长会受到生活资料增长的限制，只要有生活资料的增长，必然有人口增长，人口增长限制了人均收入水平的提高，使人均收入只能处于维持生存的低水平均衡。马尔萨斯这种仅给维持生存的收入水平客观地制约着人口数量的思想命名为“低水平均衡人口陷阱”，或者简称马尔萨斯“人口陷阱”。他揭示了人口过度增长对经济发展的约束，也从反面阐明了通过有效控制人口保证经济持续稳定发展的道理。

（2）加剧了人力资源问题的严重性。发展中国家的人力资源问题主要在于非熟练劳动力的大量过剩和熟练劳动力的短缺，这两个问题主要是由于人口过快增长造成的。人口的过快增长导致发展中国家严重的失业。发展中国家的农村生育率特别高，这就导致了农村劳动力增长迅速。由于农村经济停滞不前，土地资源有限，这些迅速增加的劳动力变成了越来越多的剩余劳动力。这些剩余劳动力为了寻找新的就业机会纷纷流入城市。但城市工业部门在整个经济中占的比重很小，并且大都采用西方先进技术，因而创造就业机会的能力相当有限。于是流入城市的农村剩余劳动力最终大都变成了城市的公开失业者和就业不足者。

人口的过快增长还会使人力资源的质量降低。由于人口增长迅速，使发展中国家的年龄结构变得年轻化，15 岁以下的儿童占总人口的一半左右，而在发达国家只占 1/4，这就增加了提高抚养和教育费的压力，而家庭和国家的财力都是有限的，甚至是很低的，因而导致了许多儿童营养不良、体弱多病，没有受教育的机会，阻碍了体力和智力的提高。从整个国家来说，由于财力有限，教育投资很少，很难为适龄儿童提供很多的教育机会。而且为了满足更多人的教育需求，有限的经费摊到每个学生头上就更少了，这就必然导致教育质量的下降。教育数量的不足和教育质量的下降将会导致发展中国家劳动力素质很差，从而对发展中国家的经济发展造成巨大的障碍。

（3）不利于环境保护。在许多发展中国家已经形成了人口压力和生态退化的恶性循环。人口急剧增加，使得人均占有耕地面积和自然资源迅速减少，同时，随着世界人口密度越来越大，地球不可再生资源变得越来越少，人类居住环境越来越恶劣，人口增长对经济造成的压力越来越严重。一些发展中国家的人们既没有足够数量的物质资本，也没有高质量的人力资本，只能依赖仅有的自然资源，加速了对不可再生资源的耗费，破坏了自然生态平衡。

3.1.4 发展中国家控制人口的对策

针对人口过快增长的原因，发展中国家必须采取相应的控制对策：

（1）充分做好宣传教育工作。

（2）提高妇女教育与就业水平。

（3）提高儿童健康水平，降低儿童死亡率，减低生育的愿望。

（4）完善社会保障制度，特别是农村的社会保障制度，改变养儿防老的落后观念。

（5）利用经济措施奖励实行计划生育的家庭。

从 20 世纪 70 年代以来，中国政府坚持不懈地在全国范围推行计划生育基本国策，鼓励晚婚晚育，提倡一对夫妻生育一个孩子，依照法律规定合理安排生育第二个子女。政府还实行奖惩制度，对遵守政策的人给以奖励。比如，领取独生子女证的夫妇得到经济上的好处，包括产假、独生子女补助等。对违反政策的人加以处罚，比如减少分房机会、放慢晋级等。经过 30 多年的艰苦努力，中国在经济还不发达的情况下，有效地控制了人口过快增长。1978 年中国总人口 9.6 亿，2017 年达到 13.9 亿，增加 4.3 亿人，平均每年增加 1 000 多万人。40年间，中国人口年均增长率为0.9%，低于同期世界人口年均增长率。分年代看，中国人口增长经历了速度由快变慢，增量由大到小的渐变过程。20世纪80年代人口年均增长1 555万人，90年代年均增长量降至1 273万人，而进入21世纪以来的00年代与10年代，人口年均增长量分别降至745万人和702万人。人口年均增速从70年代的1.9%，降至21世纪以来的0.6%，人口增速快速下降。① 中国人口增长形势的变化既是生育政策调节作用的体现，也是经济发展、社会变革背景下人口自身发展规律的结果。

经过几十年计划生育政策的实施以及伴随经济发展水平提升、社会转型而来的生育观念转变，长期以来的高生育率水平得到有效控制，人口增长速度迅速回落，进入缓慢低增长期。当前中国人口发展的内在动力和外部条件均发生转折性变化，人口发展的主要矛盾由数量压力转变为结构性挑战。新时期党中央科学把握人口发展规律，站在中华民族长远发展的战略高度，因时而动，顺势而为，适时调整生育政策，促进人口均衡发展。2013年，党的十八届三中全会决定启动实施单独二孩政策。2015年底，党的十八届五中全会会议公报提出，促进人口均衡发展，完善人口发展战略，全面实施一对夫妇可生育两个孩子政策。从全面两孩政策的实施效果看，2016年和2017年，中国出生人口分别为1 786万人和1 723万人，明显高于“十二五”时期年均出生1 644万人的水平，二孩比重也由“十二五”时期的40%增加到50%以上，显示生育政策的调整取得了成效，对优化人口结构起到积极促进作用。②

实际上，人口增长与发展过程是对立统一的，可以促进也可以阻碍经济的发展。人口增长是有利于还是有害于经济增长，要视具体情况和环境而定。所以，人口增长过快的国家应鼓励计划生育，人口增长过慢的国家则应采取鼓励生育，接纳海外移民等措施。

3.2 就业问题

广大发展中国家的人口过度增长，必然导致就业负担严重。目前，几乎所有发展中国家失业和劳动力的不得其用都是人口迅猛增长的必然结果。劳动者是生产力中最重要的要素，劳动力的大量闲置或不得其用不仅是对生产力的巨大浪费，而且还会导致政治问题和社会

①② 国家统计局人口司：《统筹人口发展战略，实现人口均衡发展》，国家统计局网站，2018年9月19日，www. stats. gov. cn。

问题。因此，发展经济学家一般把就业问题作为经济发展的中心论题之一来研究。

3.2.1 发展中国家劳动力市场的特点

发展中国家劳动力市场与当今工业化国家相比呈现出如下一些明显的特征。

1. 劳动力供给增长迅速

20 世纪 50 年代以来，发展中国家劳动力数量增长迅速，这主要是由于他们的高出生率和低死亡率造成的。低死亡率使得人均寿命延长，这就扩大了现有劳动力规模。而高出生率扩大了未来的劳动力队伍。50 年代的高出生率必然导致 70 年代的劳动力高增长率，而 70 年代的高出生率必然引起 90 年代劳动力的迅猛增长。

发展中国家劳动力的大规模增加已经远远超过了经济所创造就业机会的能力，从而引起了人力资源的大量闲置。首先，发展中国家的失业率呈现出持续上升的趋势。其次，发展中国家的就业和失业都在增加，但失业增加速度快于就业的增加。最后，就业不足现象特别严重。

2. 农业劳动力所占比重大

1990 年，49 个低收入国家从事农业生产的劳动力占总劳动力比重为 69%，57 个中等收入国家从事农业生产的劳动力比重为 27%，低收入和中等收入国家平均是 58%；与此同时，26 个高收入国家和地区只有 5%。[①] 由此可见，对于发展中国家来说，农业劳动力规模最大。当然，随着经济发展，农业劳动力逐渐向非农业部门转移，农村人口向城市流动，使农业劳动力和农村人口的相对规模和绝对规模趋于下降。大量农村人口涌入城市，使公开失业增加，主要是因为城乡收入差距悬殊，城市就业或升迁机会较多，生活条件较农村优越。因此，农业劳动力的非农业转移和乡村人口的城市迁移是发展中国家劳动力市场的一大特征。

知识失业一般又叫作知识性劳动力失业，是指一部分受过相当教育的知识劳动者找不到工作或屈身做原来较低文化程度的人所从事的工作。知识失业的主体是具备一定的知识和专业技能的知识劳动者。

3. 知识失业问题较为严重

受教育程度会影响人们就业的难易程度，一般来说，受教育程度越高，工作能力就越强，可选择的职业也就越多，失业的可能性越小；反之，受教育程度低的人，职业选择的范围较小，失业的可能性较大。发达国家的劳动力就业和失业确实符合这种情况。而在发展中

① 秦宪文：《发展经济学》，经济科学出版社 2006 年版，第 55 页。

国家，教育水平和失业率之间却存在着相反的关系。在许多发展中国家，受教育程度越高，失业率越高，如表 3 - 1 所示。例如，印度 1989 年文盲的失业率是 2%，受过小学教育的劳动者的失业率是 3%，而具有中学文化程度的劳动者失业率高达 9%。

表 3 - 1　　一些发展中国家不同文化程度的失业率统计　　单位：%

国家	年份	文盲	小学	中学	中学以上
阿尔及利亚	1989	9.2	24.2	28.9	5.8
突尼斯	1989	11.2	20.4	17.4	5.2
加纳	1988	3.4	7.6	13.5	14.7
肯尼亚	1986	13.5	15.6	22.2	5.4
津巴布韦	1987	1.6	6.8	11.6	不详
马来西亚	1985	4.7	22.9	30.6	3.9
印度	1989	2.0	3.0	9.0	12.0
印度尼西亚	1985	0.6	1.5	7.5	5.3
斯里兰卡	1981	4.5	14.5	15.1	4.2
科特迪瓦	1985	1.0	5.2	21.7	13.7

资料来源：联合国计划开发署：《1993 年人类发展报告》，中国财政经济出版社 1994 年版，第 38 页。

究竟是什么原因造成这种奇怪的现象呢？一些学者通过观察发现，那些文化程度最低的劳动者（往往是农村来的迁移者）因为经济条件很差，承受不起长期不工作所带来的饥饿，一来到城市就开始工作，以便挣钱养家糊口，不管报酬是如何低下，工作性质是如何的恶劣，他们都不得不接受。当然，这些工作大多数是非正规部门工作，而且常常是临时性的，就业不足的。反观中学和大学毕业的劳动者，他们期望找到一份体面的、报酬高的工作，而对非正规部门的工作根本不考虑，加上家庭经济状况较好，他们通常经受得住在较长时间内寻找工作，因此，他们更容易加入公开失业者的行列。例如，在孟加拉国，40% 有硕士学位的人处于失业状态，而在泰国，20 世纪 70 年代和 80 年代初期大学毕业生的失业率在 20% ~35% 之间。另外，发展中国家大都盲目地照搬西方的教育体制，教育的结构与速度不适合本国国情，专业训练与本国需要脱节。结果，受教育越多的人，越不容易找到适合的工作；即使找到工作，大多也是学非所用。

4. 自营职业所占比重较大

在许多发展中国家，很大一部分劳动者，特别是农村来的劳动者，很难在正规部门（现代部门）中找到拿薪水的工作，他们不得不在农村和城市非正规部门（传统部门）自谋职业。据世界银行提供的数据，自营职业的男劳动力占全部男性劳动力人数的比率，发展中国家比发达国家要高得多。2008 年，拉美和加勒比地区自营职业的男劳动力比重为 32%，中东和北非地区是 33%，而欧元区国家只有 12%。发达国家自谋职业者包括很大一部分报酬很高的专业人士（比如律师、医生、会计师等）和有限合伙人；但在发展中国家，大多数自营职业者是街头小贩、个体商店、个体运输者、出租车司机及家政服务等非专业性的工作。这些劳动者没有计算在失业范围内，但是他们的工作和收入没有保障，生活朝不保夕，大多数人处于半失业状态。

5. 儿童参加工作的比例较高

在发展中国家，童工比较普遍，而发达国家则几乎不存在。表 3－2 提供了发展中国家童工就业的一些基本情况。从表 3－2 中看到，发展中国家 7～14 岁少年儿童参加工作的情况非常普遍。收入水平越低，童工比率越高，低收入国家 7～14 岁工作儿童占该年龄段儿童数的比率平均是 40.8%，下中等收入国家平均是 27.2%，上中等收入国家较低，只有 7%。从表 3－2 中看到，在低收入国家，7～14 岁工作儿童占该年龄组儿童总数的比重高达 50% 以上的有 4 个国家，40% 以上的有 11 个国家。这表明在不少低收入国家大约有一半儿童参加工作。

表 3－2　　发展中国家童工基本情况

国名	调查年份	工作的儿童占 7～14 岁儿童的百分比（%）			自雇和他雇的儿童占 7～14 岁工作儿童的百分比（%）		
		总数	只工作不读书	读书兼工作	自我雇用	挣工资	无报酬家庭劳动
低收入国家		40.8					
孟加拉国	2006	16.2	37.8	62.2	—	17.0	77.8
布基拉法索	2006	42.1	67.7	32.3	1.9	2.2	95.8
柬埔寨	2003～2004	48.9	13.8	86.2	6.0	4.1	89.4
中非共和国	2000	67.0	54.9	45.1	—	2.0	56.4
乍得	2004	60.4	49.1	50.9	—	1.8	77.2
刚果民主共和国	2000	39.8	35.7	64.3	—	6.6	76.7
冈比亚	2005	43.5	32.1	67.9	—	1.1	87.3
加纳	2006	48.9	18.7	81.3	—	6.1	76.2
海地	2005	33.4	36.4	63.6	—	4.0	87.7

续表

国名	调查年份	工作的儿童占7~14岁儿童的百分比（%）			自雇和他雇的儿童占7~14岁工作儿童的百分比（%）		
		总数	只工作不读书	读书兼工作	自我雇用	挣工资	无报酬家庭劳动
利比里亚	2007	37.4	45.0	55.0	—	1.7	79.3
马达加斯加	2007	26.1	40.6	59.4	0.0	10.4	89.6
埃塞俄比亚	2005	56.0	69.4	30.6	1.7	2.4	95.8
马拉维	2006	40.3	10.5	89.5	—	6.7	75.5
马里	2006	49.5	59.5	40.5	—	1.6	80.4
尼日尔	2006	47.1	66.5	33.5	4.8	74.5	—
塞内加尔	2005	18.5	61.9	38.1	6.3	4.4	84.1
塞拉利昂	2005	62.7	29.9	70.1	—	1.0	71.1
索马里	2006	43.5	53.5	46.5	—	1.6	94.8
坦桑尼亚	2006	31.1	28.2	71.8	56.3	0.9	42.8
多哥	2006	38.7	29.8	70.2	5.0	1.6	93.4
越南	2006	21.3	11.9	88.1	—	5.9	91.2
赞比亚	2005	47.9	25.9	74.1	2.6	0.7	96.5
也门	2006	18.3	30.9	69.1	—	6.1	86.1
下中等收入国家		27.2					
安哥拉	2001	30.1	26.6	73.4	—	6.2	80.1
玻利维亚	2008	32.1	5.0	95.0	1.4	8.7	89.9
刚果共和国	2005	30.1	9.9	90.1	—	4.2	84.5
厄瓜多尔	2006	14.3	21.0	79.0	3.6	15.2	81.2
萨尔瓦多	2007	7.1	24.9	75.1	2.2	23.6	74.2
危地马拉	2006	18.2	30.5	69.5	2.0	18.8	79.2
印度尼西亚	2000	8.9	24.9	75.1	—	17.8	75.8
伊拉克	2006	14.7	32.4	67.6	—	7.0	85.3
摩尔多瓦	2000	33.5	3.8	96.2	—	2.9	82.0
蒙古国	2006~2007	10.1	16.4	83.6	5.4	0.02	94.5
尼加拉瓜	2005	10.1	30.8	69.2	1.2	13.8	85.0
菲律宾	2001	13.3	14.8	85.2	4.1	22.8	73.1
巴拉圭	2005	15.3	24.2	75.7	9.3	24.8	65.8
泰国	2005	15.1	4.2	95.8	—	13.5	80.0
上中等收入国家		7.0					
阿根廷	2004	12.9	4.8	95.2	34.2	8.1	56.2

续表

国名	调查年份	工作的儿童占7~14岁儿童的百分比（%）			自雇和他雇的儿童占7~14岁工作儿童的百分比（%）		
		总数	只工作不读书	读书兼工作	自我雇用	挣工资	无报酬家庭劳动
巴西	2007	6.1	6.6	93.4	6.8	23.1	70.1
哥伦比亚	2007	3.9	24.8	75.2	22.7	29.1	45.6
哥斯达黎加	2004	5.7	44.6	55.4	15.8	57.7	26.6
多米尼加共和国	2005	5.8	6.2	93.8	23.8	19.5	56.2
牙买加	2005	9.8	2.5	97.5	—	16.3	74.9
哈萨克斯坦	2006	3.6	1.6	98.4	—	4.0	75.0
墨西哥	2007	8.3	17.2	82.8	3.4	33.7	62.9
巴拿马	2008	8.9	14.6	85.4	12.6	11.3	76.1
委内瑞拉	2006	5.1	19.8	80.2	31.6	33.1	35.3

资料来源：郭熙保：《发展经济学》，高等教育出版社2011年版，第168页。

从表3-2中还可以看到，参加工作的儿童中只工作不读书的全职劳动者占工作儿童的比重也很高，越是收入低的国家，这个比重就越高，例如，布基拉法索、埃塞俄比亚、尼日尔等的全职工作儿童所占比重高达60%以上。下中等收入国家这个比重低一些，上中等收入国家的这个比重更低，大部分不到20%。反过来说，低收入国家边工作边读书的儿童所占比重较低，而中等收入国家这个比重就要高得多。

再从雇用性质分类，我们看到，低收入国家的工作儿童在自己家里从事非家务性质的生产劳动比率较高，为其他企业和雇主从事有工资收入的工作的比例较低。相反，中等收入国家，尤其是上中等收入国家的工作儿童很大一部分是被家庭以外的雇主所雇用，从事有工资报酬的工作。但是，无论是低收入国家，还是中等收入国家，大部分工作儿童是在自己家庭里从事无报酬的经济活动。

3.2.2 发展中国家的失业范围

发展中国家的失业情况与发达国家有很不相同。在发达国家中，失业一般是指劳动者完全处于闲置状态，这种失业常被称为公开的失业，但是，除了公开的失业外，发展中国家中还存在着大量的非公开的失业，而且非公开失业比公开失业更为严重，就业不足就是一种非公开失业形式；发达国家的失业一般局限于城市，农村基本上不存在失业问题，但发展中国家不仅城市失业问题严重，而且农村存在着大量的剩余劳动力；发达国家的失业类型比较单一，而发展中国家的失业则呈现出多样性。

把公开失业和非公开失业加在一起统称为劳动不得其用。如果把公开的失业叫作狭义的失业，那么可以把劳动不得其用叫作广义的失业。研究发展中国家失业问题的学者对发展中国家的广义失业进行了分类。在这方面，有这两种分类值得注意。

一种分类是由克里希纳（Krishna，R.）做出的。他把公开失业定义为零工时零收入，而对非公开失业提出了四种计量标准，即时间标准、收入标准、意愿标准和生产率标准。时间标准，指劳动者在一年中劳动的天数或时数低于被定义为充分就业的天数或时数；收入标准，指劳动者在一年中获得的收入低于某种必要的最低额；意愿标准，指劳动者愿意工作的时间大于他目前工作的时间；生产率标准，指劳动者从目前就业中撤出来而不减少产出。总之，如果符合这四条标准中的任何一条，那么，这个劳动者就可以被归于非公开失业范畴。

另一种分类是由爱德华兹（Edwards，E. O.）做出的。他对劳动不得其用即广义的失业作了具体的划分：

1. 公开的失业（open unemployment）

公开的失业包括自愿失业和非自愿失业。自愿失业是指能够胜任某项工作的人拒绝考虑这种工作而暂时处在闲置状态。非自愿失业者是指积极寻找工作但又无工可做的人。非自愿失业是由以下四种原因造成的：

摩擦性失业是指由于劳动力的正常流动而造成的失业。

结构性失业是指劳动力的供给结构和需求结构不协调而造成的失业。

季节性失业是指由于季节性生产而带来的失业。

周期性失业是指由于经济周期波动而造成的失业。

（1）摩擦性失业。人们在工作转换过程中需要花费一定的时间寻找新的工作，在这一过程中，劳动者处于摩擦性失业状态。摩擦性失业的大小取决于劳动力流动性的大小和寻找工作所需要的时间长短。

（2）结构性失业。在经济发展过程中，经济结构包括部门结构和地区结构不断变化，使得对劳动力的需求结构发生变化，而劳动力的供给结构的调整往往滞后于需求结构的变化，因而导致结构性失业。例如，三轮车被汽车淘汰造成三轮车工人失业。

（3）季节性失业。有些行业的生产和经营是季节性的，在生产和经营的淡季需要减少劳动力雇用量，从而导致季节性失业。

（4）周期性失业。在经济周期的衰退阶段，对劳动力的需求减少，一部分工人被辞退而处于失业状态。经济复苏后，周期性失业就会消失。

2. 就业不足（underemployment）

就业不足是指劳动者的实际工作时间少于他们愿意并且能够工作的时间。例如，一个劳动者一天能够并愿意工作 8 小时，但由于工作机会的缺乏，实际上只工作6小时。

3. 形式上有工作而实际上不得其用（visibly active but underutilized）

（1）伪装的就业不足（disguised underemployment），指劳动者全天都在工作，但他们所做的工作只需要更少的时间就能完成。在这种情况下，劳动者的边际生产率小于其工资率。

（2）隐蔽性失业（hidden underemployment），指有些人因无工可做而选择非就业的活动。比如，有些人受过一定教育后本来想参加工作，但因就业机会缺乏而被迫继续上学；有些妇女本来愿意参加社会和经济活动，但因传统风俗习惯和道德因素，她们找不到工作机会而不得不只从事家务劳动。

（3）提前退休（prematurely retired），指劳动者还未到退休年龄就提前退休，赋闲在家。这种现象在政府部门十分明显，并且有上升的趋势。在不少国家，尽管寿命在延长但退休年龄逐渐下降，这主要是为更多的年轻人创造就业和提升的机会。提前退休从表面看来可以增加就业，实际上却是一部分经验丰富、有工作能力的人提前退休，是一大浪费。

4. 健康受损（the impaired）

健康受损是指在正常情况下本来可以做全日工作的劳动者，但因营养不良和卫生保健差而四肢乏力，以至于不能做全日工作。

5. 无生产性（the unproductive）

无生产性是指本来是有生产性的劳动者，但因补充性的物质资源不充分，生产率极低，生产出来的成果甚至还不能补偿他们的生活必需品。

以上五种失业形式中后四种可以全部归于非公开失业的范畴。与克里希纳相比，爱德华兹对非公开失业的分析更为具体，更为全面。

随着发展中国家的经济转型，失业与就业不足有新的表现，即爱德华兹分析的自愿失业现象增多，特别是在发展中国家的城市里这种自愿失业现象特别明显，对城市中的某些劳动工种，例如，建筑工、清洁工、保姆等职业不愿就业。造成这种现象的原因在于，市场经济条件下，人们选择工作的机会比之以前更加宽松，农村流入城市的非知识性的劳动大军越来越多；这类工作一般较为劳累，而工资低廉；随着经济的发展，养育孩子的目的不再单纯是为了赚取收入，因此并不急于就业。尽管自愿失业现象在增加，在发展中国家非自愿失业依然是主要的失业现象。

3.2.3 伪装的失业

非公开失业中最重要的失业形式是伪装失业，通常也被叫作剩余劳动，它是指劳动边际生产率等于或接近于零时的就业。也就是说，如果从总就业中撤出一部分劳动者而不会使总产量减少，那么，被撤出来的劳动者就是伪装失业。

发展经济学家认为，伪装失业或剩余劳动在发展中国家城市部门和农村部门都存在，但以农村部门最为普遍。发展中国家大部分人口生活在农村，农村人口和劳动力的自然增长比城市要快得多；这些增加的农业人口中一部分转移到非农业部门和迁移到城市地区，但在相当长一段时间内，由于城市部门较小，吸纳劳动力就业的能力有限，相当大一部分新增人口则必须留在农村从事农业生产，而在耕地面积难以扩展的情况下，这部分劳动力累计起来，变成了数量越来越大的剩余劳动。所以，农村既是剩余劳动的发源地，同时也是剩余劳动的吸收器。

在发展经济学的理论中，对于农村中是否存在着伪装失业或剩余劳动也有两种学派的争论：一派是以刘易斯为代表的古典学派或结构学派，另一派是以舒尔茨为代表的新古典学派。刘易斯坚持认为农村存在着无限丰富的剩余劳动，把他们转移到城市工业部门中去不会使农业总产量减少，因为这些剩余劳动的边际生产力率实际上很小，几乎接近于零。相反，舒尔茨认为农村不存在伪装失业，即认为在现有条件下，从农村撤出劳动力，农业总产量就会减少。事实上，两个学派分歧的原因在于：没有区分劳动者的边际生产率和劳动时间的边际生产率。

3.2.4 公开的失业

在发展中国家，如果说伪装失业并不限于农村，那么，公开的失业就只能在城市里发生，城市当然也有大量的非公开失业存在，但相比之下，城市的公开失业更为严重。城市公开失业是由于劳动力供需不平衡造成的。从供给方面看：城市劳动力的增长来自两个方面：一方面是城市劳动力的自然增长，这是随着人口的自然增长而增长的；另一方面是乡村流入城市的劳动力的增加。造成乡村劳动力流入城市的原因主要有农村的推力因素和城市的拉力因素。推力因素与乡村有限的工作机会和教育、交通运输及通讯的发展有关。拉力因素与城市中的预期收益和优裕的生活水平与环境有关系。从需求方面说，城市的严重失业是由于城市工业部门创造就业机会的能力较低。西方发展经济学家对此提出了许多解释，其中有两派观点特别值得提及，一是古典学派的“要素比例固定说”，二是新古典学派的“要素价格扭曲说”。

古典学派认为，工业部门使用的是现代的资本密集型技术，这种技术的特点是刚性要素比例，不管要素价格如何变动，这种比例不会发生变化。因此，要增加劳动就业，不能靠调整要素价格，而只能依靠更大的资本投资。

要素比例固定说遭到新古典学派的批评。他们认为现代工业技术不是刚性的，要素比例是可以改变的。失业问题主要是要素价格扭曲的缘故。新古典学派的中心论点是：在要素市场上，存在着一套均衡价格，这套价格反映了各种要素的真正机会成本，从而能保证所有要素达到充分就业。因此，劳动者失业是由于要素市场的不完全性扭曲了要素价格，阻碍了要素的充分就业。例如，工会的压力，最低工资法，雇员的各种津贴，跨国公司的高工资政策等，都倾向于把工人的实际工资推到市场决定的均衡工资以上。而放宽折旧范围，低利率贷款，税收减免，汇率定值过高，负有效保护率等一系列鼓励投资的政策，却导致了资本的价格低于市场供求决定的均衡价格。

在实践中，要素价格扭曲的一个重要结果是鼓励现代工业部门使用资本密集型生产技术，因为资本相对于劳动更便宜。这样，随着投资的增加，资本比劳动以更快的比例增加，从而使得城市工业部门创造就业机会的能力不断变小。

古典学派坚持要素比例固定说实际上是把要素替代看成是全无弹性的，即要素价格变化对要素比例毫无影响。而新古典学派坚持要素价格扭曲说是暗含假定要素替代弹性很大。这两种观点都有些趋于极端，有关要素替代弹性的经验研究表明，发展中国家制造业部门的要素替代弹性既不是零也不很大，而是在0.5和1之间。这就说明，如果工资相对于资本价格降低10%，或者相对于工资，资本成本增加10%，那么，就业将增加5%～10%。

3.2.5 发展中国家全面城乡就业战略

失业问题是由于劳动力的供给过多或需求不足造成的，因此，解决就业问题就应主要从减少劳动力供给和增加劳动力需求两方面入手，必须制定全面城乡就业战略。全面城乡就业战略是一种制度创新，是实现劳动力资源优化配置的方式之一。全面城乡就业战略的本质是劳动力在城乡间、区域间有序流动和城乡劳动力统一有效的市场化配置。按照市场经济的要求，承认和实现劳动力择业自由和选择工作地点的自由，让劳动力受经济规律调节在城乡间、区域间、行业间流动，实现劳动力市场的自由公平竞争和社会保障制度的完善。全面的城乡就业战略的内容主要有以下几个方面：

第一，应控制人口增长。人口的过度增长是造成劳动力闲置和不得其用的根本原因之一，因此要采取措施抑制人口迅猛增长的势头，尤其在各发展中国家人口构成普通年轻化的今天，这更是一项带有深远传略意义的战略。

第二，大力促进农村经济的发展。这是解决农村剩余劳动力的出路和阻止农村人口向城市流动的根本大计。在经济发展进程中，要把农村和农业的发展放在一个重要的位置，通过政策倾斜和资金注入对农村进行综合开发，要使农民的收入水平在经济发展的基础上有一个明显提高，逐步缩小城乡之间在经济发展水平和收入水平上的悬殊差距，改变二元经济结构。发展农村经济可从以下几个方面着手进行：加大在农村的投资，大力发展农村中的乡村企业，主要是发展能吸收大量劳动力的劳动密集型工业，如初级产品加工业；改变不利于农业部门的贸易条件，缩小工农业产品的价格剪刀差；把城市地区享有的公共服务和舒适的生活条件逐步向农村地区扩散。这些措施可以使农村大量潜在失业人口得以就地消化，阻断农村人口盲目流入城市的通路，缓解大城市的就业压力。

第三，提高农民的收入水平，缩小城乡收入差距。城市的高工资收入水平是吸引农村剩余劳动力流入城市的主要因素。因此在发展中国家，缩小城乡收入水平差距的所有经济政策都有缓和人口从乡村向城市流动的作用。

第四，在大力发展经济的同时，注意经济结构调整和新兴产业、行业的开发和建立，提供更多的就业岗位。经济的不断成长，国民收入的逐渐提高以及由此而引致的现代化生活方式的推广普及和传统观念的深刻变革是降低人口增长率、缓解就业紧张局面的经济前提和社会前提。没有经济的振兴发展，就不可能从根本上解决失业这个问题。

第五，在对劳动力的运用过程中，注重消除投入要素价格扭曲现象。在发展中国家，由于政府的最低工资法、工会的压力和跨国公司的高工资政策的示范效应，现代工业部门工人工资的平均水平往往要高于市场中的均衡工资。与此相适应，由于政府为了鼓励投资而实行的低利率和低估汇价政策，现代工业部门投入资本的成本价格也往往低于市场中的均衡水平。这样一来，高工资水平增加了厂商的成本支出，便宜的资本降低了资本的使用成本，从而人为地扭曲了劳动与资本要素的价格。这就促进了资本密集型技术的采用，削弱了城市工业部门吸收劳动就业的能力。因此，应采取措施，改变这种不合理的要素价格扭曲现象。

第六，在进行引入技术选择时，应考虑采用适合于发展中国家的技术，优先采用劳动密集型技术，而不是发达国家的先进的、节约劳动型的技术，以增加更多的就业岗位。发展中国家应该努力发展本国的科学研究，特别是研究和推广为适应本国条件而设计的技术，同时提高对进口技术的吸收改造能力，逐渐减少对发达国家以资本密集型技术为特征的进口资本品的依赖，以增加就业为基本目标，因地制宜地创建带有本国特色的适用技术体系。

第七，改变发展中国家不合理的教育结构，调整教育与就业的关系。很多发展中国家过分注重中、高等教育，盲目照搬发达国家的教育体制和教育结构，把正规教育变成了所有求职者必须经过的阶梯，而现代化部门所增加的就业机会总是大大小于通过正规渠道所输送的求职人数。应该根据发展中国家的实际需要，适当缩小正规教育的比重，加强职业教育、技术培训、识字脱盲，提高全体国民的就业能力，从根本上改变毕业即失业和即使就业也难免学非所用、学用脱节的现象。

第八，劳务出口。劳动力在国际间的流动可以调剂劳动力余缺，发展中国家非熟练劳动力有剩余，应鼓励他们到国外工作，既可以增加收入，又可以解决就业问题。

每个国家的经济规模和经济结构等情况不尽相同，应根据本国的资源禀赋等条件实行不同类型的就业创造战略。韩国和新加坡主要依靠出口市场的工业化模式来解决他们的就业问题。中国在改革开放初期就大力发展乡镇企业，吸收了大量的农村剩余劳动力，从而也避免了这些人流入城市所带来的城市化问题。中国的做法为发展中国家解决剩余劳动力问题树立了一个成功的典范。

3.3 人口流动

托达罗人口流动模型

人口从农村流入城市是经济发展的共生现象，几乎所有的发展经济学家都十分重视发展中国家的人口流动问题，纷纷著书立说、建立模型，试图阐明人口流动的形成原因、具体形式、作用后果、发展趋势以及应采取的措施等。发展经济学中关于人口流动的文献很多，其中最具有代表性的是刘易斯模式、拉尼斯－费景汉模式，乔根森模式以及托达罗人口流动模式。前三个模式是建立在充分就业假定上的，但20世纪六七十年代发展中国家城市失业问题越来越严重，同时人口从农村以持续增长的速度流入城市。这一事实使得建立在充分就业假定上的人口流动模式丧失了有效性。而托达罗人口流动模式是建立在发展中国家普遍存在失业这一事实基础上的，目的在于解释发展中国家城市失业与劳动力乡—城流动同时增长的现象，并讨论怎样放慢劳动力从农村流入城市的速度。比较之下，托达罗的人口流动模式对发展中国家的实用性较大，因此，我们在这一节中将主要讨论托达罗人口流动模式。

3.3.1 托达罗人口流动模式（the todaro migration model）的基本内涵

美国发展经济学家托达罗（Todaro，M. P.）认为，从西欧和美国的经验看来，劳动力从农村流向城市，是经济发展的一个重要标志。劳动力从传统农业中释放出来，重新配置到城市生产部门，使城乡生产有明显的分工，促进了工业化，也促进了城市化。然而，在20世纪60年代至70年代，许多发展中国家城市中的失业和就业不足现象不断加剧，同时仍有大量的农村人口不断涌入城市。托达罗正是从发展中国家农村人口流入城市和城市失业同步增长的矛盾现象出发，提出了自己的人口流动模式。

托达罗认为，由于城市中失业的存在，农村劳动者在决定是否迁往城市工业部门工作时，就不能仅仅考虑城乡的实际收入差异，而且同时也要考虑城市的就业率或失业率，即他在城市找到工作的概率有多大。托达罗指出，当城市失业率很高时，即使城乡实际收入差异很大，一个农业劳动者也不会简单地做出迁移到城市的决定，他还必须考虑其他因素。总之，影响迁移决策的因素有两个：一是预期的城市实际收入差异；二是预期在城市找到工作的可能性。

强调预期，正是托达罗模式不同于传统人口流动模式的差别所在。这是因为，在发展中国家的城市中，还远未实现充分就业。农村劳动者如果只从现实的城乡收入差异出发，贸然决定向城市迁移，进入城市劳动力市场，结果可能是，他们或者根本找不到工作而沦为失业者，或者只能在城市中传统的、非正式的部门谋求临时的或非全日的工作。因此，他们在比较城市现实工资的同时，还须考虑进入城市后有多大风险会在相当长的时期内处于失业或就业不足的状态。

假设在未来某一时期，一个农村劳动者做农业劳动的实际收入为500货币单位，而与此同时，他如果迁入城市在现代工业部门工作，凭借他的文化水平和劳动熟练程度，就可以获得1 000元的实际收入。按照刘易斯、拉尼斯－费景汉和乔根森模式的假定，这个农民为了获得更高的收入将会选择迁入城市。但是，在托达罗看来，在失业存在的情况下，潜在的迁移者不只考虑两种工作的实际收入差异，还必须考虑在一定时期里在城市现代工业部门找到高报酬工作的就业机会或就业概率（employment probability）的大小。因此，在他做出迁移决策时，这个劳动者必须在一定时期内遭受失业风险和获得高收入之间进行权衡。如果这一时期城市失业率很高，他获得高收入工作的机会或概率只有 20%，则这个农村劳动者预期 1 年内的城市实际工资就只有 200 元。这样，以 1 年预期而言，他移居城市就不是理性的行为。相反，如果在城市获得高收入工作的概率为 60%，则 1 年内预期的城市实际工资是 600 元，这比他在农村所得的实际收入要多出 100 元。在较高的收入的吸引下，即使城市中的失业现象已经相当严重，这个农村劳动者也仍然会做出流入城市的决策。总之，只要未来的预期城市收入的“现值”看上去要大于未来的预期乡村收入的“现值”，人们从农村向城市的流动就会继续下去。

托达罗假定农业劳动者迁入城市的动机主要决定于城乡预期收入差异，差异越大，流入城市的人口越多。这种关系可以表示如下：

$$M = f(d) \quad f' > 0 \qquad (3-2)$$

式（3－2）中，M 表示人口从农村迁入城市的数目，d 表示城乡预期收入差异，$f' > 0$ 表示人口流动是预期收入差异的增函数。若 $d > 0$，则迁移者愿意流入城市，城市净流入人口就增加；若 $d < 0$，则迁移者不愿意流入城市甚至或从城市倒流入乡村，于是，城市净流入人口就不会增加，甚至减少。托达罗认为，当前发展中国家城市移民人数猛增，这主要是城乡预期收入差异扩大的结果。城市就业机会越多，城乡预期收入差异越大，迁移到城市的人口越多，城市失业水平越高，所以开创城市就业机会无助于解决城市就业问题。

托达罗的人口流动模式可以概括为以下四个基本特征：

第一，人口迁移主要是由相对收益和成本的经济考虑（主要是经济因素但也有心理因素）所促进的。

第二，迁移决策是依赖于“预期的”，而不是现实的城市与农村的实际工资差额。预期包含两个因素：一是工资水平；二是就业概率。如果城市工资超出农村工资的一倍，只要城市失业率不超过 50%，农村劳动力就会不断向城市流动。

第三，农村劳动力得到城市工作的概率，与城市失业率成反比。

第四，超过城市就业机会增长率的人口迁移不仅是可能的，而且是合理的，甚至可能扩大城市与农村预期收入的差额。因此，城市失业率高是大部分发展中国家城乡之间经济比例严重失衡的不可避免的结果。

3.3.2　托达罗模式的政策含义

托达罗人口流动模式不仅有理论上的意义，而且有政策上的含义。发展中国家关于人口流动的政策，牵扯到工资、收入、工业化和农村发展各个方面的政策和战略，并包括下述的内容：

第一，应该尽量减轻城乡经济机会不均等现象。如果听任城市工资的增长率一直快于农村平均收入的增长率，尽管城市失业情况不断加剧，但由农村流入城市的劳动力仍将源源不断。过量的农村劳动力流入城市，不仅会引起城市的许多社会经济问题，还会造成农村劳动力的不足，在农忙时节更是如此。

第二，如果按照传统的解决城市失业问题的办法，在创造城市就业机会的同时，不努力提高农村收入和增进农村就业机会，那就会出现一种离奇现象：更多的城市就业带来更高水平的城乡失业和就业不足。

第三，不宜不恰当地、过分地扩大对教育事业，特别是对中、高等教育事业的投资。大量的农村劳动力涌入城市，城市中的雇主必然以所受教育水平的高低去遴选人员，本来小学或中学水平就可胜任的工作，却录用具有中等或高等教育水平的人。于是，农村中受教育程度越高的人，他们所预期的城乡收入差异越大，就越向往城市的高收入而更想进入城市，而结果并不一定能如愿找到工作，却在城市中加入了知识失业的行列，政府对中等和高等教育事业的过分投资，变成了对闲置人力资源的投资。

第四，应适当控制工资补贴与政府直接雇用人员的数量。如果政府只考虑增加就业机会，而随意给雇用单位以工资补贴或增加自己的录用人员，其结果将扩大预期的城乡收入差距，助长了农村人口流入城市的盲目性。

第五，要从城市就业的需求和供给两个方面制定综合性的政策，关键在于摆脱只重城市的偏见，转而注意农村发展。

总之，托达罗认为，在人口流动问题上，发展中国家应当采取一揽子政策，不要人为地加剧城市经济机会不平衡，使农村人口流入城市这个不可避免的历史趋势得到顺利的发展。

显然，托达罗人口流动模式比刘易斯、拉尼斯－费景汉和乔根森模式更贴近发展中国家的现实，它纠正了刘易斯只注重农村劳动力流入城市对经济发展的积极作用，而忽视了人口的盲目流动不仅加剧了城市已有的失业现象，还会造成其他一系列经济、社会问题的偏向，提出了诸如缩小城乡差距，减少城乡发展失衡，注重农村发展，从根本上转变人们流向城市的愿望，缓解城市就业压力的一系列重大理论问题和政策措施。但同时，托达罗模式也存在一些缺陷，主要有两点：

第一，托达罗模式假定发展中国家农村部门不存在剩余劳动力，认为农业劳动边际生产力始终是正数，这是不符合大多数发展中国家实际情况的。就许多发展中国家而言，由于人口快速增长，特别是农村人口增长又快于城市人口增长，在有限的土地上必然存在着相当多生产率很低的剩余劳动。

第二，托达罗模式假定流入城市的农村劳动者如果找不到工作，就宁愿留在城市的非正式部门中做临时工或完全闲置，这也不完全符合实际情况。流入城市的农村劳动者，如果感到城市就业的机会渺茫，他们当中一部分可能返回农村。还有一部分人在做了一段时期临时工并赚得一些钱后，感到城市生活不稳定，又回到农村，再参加农业劳动，并把储蓄作为农业投入以提高农业生产率。

3.3.3 中国人口流动模型

改革开放以后的中国劳动力流动呈现出了下列特点。首先，随着农村土地承包制政策的贯彻和人民公社的解体，农村释放出了大量"剩余劳动力"，计划经济时期被严格地束缚在人民公社和生产队的农民有了外出打工和自谋出路的机会。这样，在城市里开始看到越来越多的手艺人，如修鞋匠、搓澡工、保姆、木瓦匠、裁缝、弹棉花的、爆米花的。一是因为20世纪80年代城市改革还没有大举展开，就业机会不是太多。因此，最先出来"闯天下"的是那些有一定手艺的匠人，当然也有一些打零工的和做生意的。二是随着城市改革的进展和城市建设的扩大，大批农村劳动力进入城市参加城市建设，特别是建筑、餐饮、清扫、保安、家政、小商业等领域。在大城市和沿海地区新崛起的中小城市，农民工这个群体逐渐成为不可缺少的力量。三是除了农民工这个最庞大的移民群体之外，还有很多由城市到城市的迁移者。他们大多数来自相对落后的地区，如从西北到东南，从北方到南方。最具代表性的是经济特区，这些地区本来并不是很大的城市，特别是深圳从原来一个名不见经传的小县城摇身一变成为当今与北京、上海、广州并驾齐驱的"一线城市"，人口超过1 000万，都是外来人口。

当今中国最大的移民和劳动力流动的群体就是进城务工人员，也就是俗称的"农民工"，这是一个十分庞大的群体，据官方公布已经超过2.5亿人。这种局面在中国已经引发了很多关注，因为涉及太多的问题，值得我们高度关注。第一，这些进城务工人员能够离开农村来到城市，就意味着农业生产可以没有他们，这是一个十分重要的情况。也就是说，他们离开之后并不影响农业生产，这些人被刘易斯称之为"边际生产力为零"的人。换句话说，农村存在"剩余劳动力"，他们可以选择其他职业或工作。第二，进城务工人员的存在并没有给城市带来就业压力，因为中国的城市失业率很低。按照经济学理论和市场原理，劳动力市场本来就是供求平衡的，既然城市缺少劳动力，进城务工人员就可以充当这个角色。某种意义上可以说，进城务工人员成为中国城市建设和工业服务业生产的主力军。第三，之所以有“农民工”这个词，就是因为他们并不能成为城市居民，而只是“候鸟”，到了一定年龄或者由于其他原因，他们就会回到原来的乡村，这是中国的一大特色，在这个现象背后存在着户籍制度这个樊篱。第四，由于上面的情况，导致了交通、住宿、教育、医疗等一系列问题。进城务工人员每年都要回家过年，平时需要解决医疗问题，子女需要解决接受教育的问题，在家的父母、妻儿需要有人关照的问题。第五，虽然前面说农业生产不受影响，但实际上在很多农村只剩下了老人和妇女、儿童，即使能够从事农业生产也存在着青社劳力不足和技术创新能力不够的问题，如果加上这些人属于容易受到伤害的弱者这一点，农村和农业生产存在着巨大危机。

国家卫生计生委流动人口司发布的《中国流动人口发展报告2017》数据显示，中国流动人口总量在2011～2014年间持续增长，由2011年的2.30亿人增长至2014年的2.53亿人。自2015年流动人口总量开始下降，2015年、2016年中国流动人口总量为2.47亿人和2.45亿人，分别较上一年减少568万人和171万人。这一情况的出现，主要是由于户籍制度改革，部分流动人口在流入地落户转化为新市民。尽管6年来流动人口在总人口中的占比有升有降，但仍保持较大比重。可以预见，今后较长一段时期，大规模的人口流动迁徙仍将是中国人口发展及经济社会发展中的重要现象。

本章重要术语

出生率、死亡率、人口转折、知识失业、摩擦性失业、季节性失业、结构性失业、周期性失业、伪装失业、就业不足、隐蔽性失业、托达罗模型

本章小结

通过比较西欧与发展中国家人口的转折模型，发展经济学家认为，一个国家的人口增长率取决于出生率和死亡率。发展中国家之所以人口增长过快，主要是由于死亡率得到了有效控制，而出生率却长期居高不下造成的。生育的微观经济理论较好地解释了经济发展对生育率变化的原因。各种经济因素和社会因素影响了孩子的效用和成本，进而影响了家庭对子女的需求。

由于劳动力的供给过多或需求不足，发展中国家在过去几十年中公开失业率不断上升，还存在大量的非公开失业。失业是劳动力资源的浪费，同时也引发了不少社会问题。因此，解决就业问题就主要从减少劳动力供给和增加劳动力需求两方面入手：一方面采取一定措施

控制人口，避免人口过快增长成为经济发展的障碍；另一方面制定全面城乡就业战略，形成劳动力在城乡间、区域间有序流动和城乡劳动力统一有效的市场化配置。

许多发展中国家城市中的失业和就业不足现象不断加剧，同时仍有大量的农村人口不断涌入城市。托达罗正是从发展中国家农村人口流向城市和城市失业同步增长的矛盾现象出发，提出了自己的人口流动模式。托达罗认为，影响迁移决策的因素有二：一是预期的城乡实际收入差异；二是预期在城市找到工作的可能性。

延伸阅读

关于人口与经济发展的关系可参阅梁建章、黄文政的《人口创新力》，机械工业出版社2018年版。——**一个国家的经济发展到一定阶段以后，人口成为影响创新力的根本因素。**

关于就业问题可参阅赖德胜的《中国劳动力市场报告2019》，北京师范大学出版社2019年版。——**大学生就业结构性矛盾突出。**

复习与思考

参考答案

1. 单选题

(1) 根据人口转折模型，中国已经进入人口转折的（　　）。

A. 第一阶段　　B. 第二阶段

C. 第三阶段　　D. 第二、三阶段之间

(2) 由于劳动者的正常流动造成的失业属于（　　）。

A. 公开失业　　B. 就业不足

C. 摩擦性失业　　D. 隐蔽失业

E. 自愿失业

(3) 发展中国家人口增长的特点是（　　）。

A. 人口出生率高，死亡率高　　B. 人口出生率高，死亡率低

C. 人口出生率低，死亡率高　　D. 人口出生率低，死亡率低

(4) 劳动者实际工作的时间少于其愿意且能够工作的时间，属于（　　）。

A. 狭义的失业　　B. 就业不足

C. 非生产性劳动　　D. 隐蔽失业

2. 多选题

(1) 托达罗人口流动模型认为，人口由农村迁入城市的前提有（　　）。

A. 发展中国家农村和城市的收入差距有多大

B. 农村部门人口众多

C. 城市不存在失业

D. 城市存在失业

E. 农民在城市找到工作的可能性

(2) 发展中国家劳动力市场的特点有（　　）。

A. 劳动力供给增长迅速　　B. 农业劳动力所占比重大

C. 知识失业问题较为严重　　D. 公开失业大于非公开失业

E. 自营职业所占比重较大

(3) 发展中国家控制人口应采取的对策有（　　）。

A. 开展计划生育运动　　B. 奖惩结合

C. 降低儿童死亡率　　D. 完善社会保障制度

E. 提高妇女的教育和就业水平

(4) 发展中国家的就业问题主要有（　　）。

A. 受过教育的人的失业似乎更严重

B. 青年失业率高

C. 存在很多的隐蔽性失业

D. 失业者从此再也找不到工作

E. 有些国家存在童工问题

3. 简答题

(1) 比较发展中国家与西欧人口转折的特点。

(2) 运用人口出生的微观理论模型，说明发达国家和发展中国家人口出生率不同的原因。

(3) 结合发展中国家实际，阐明人口过度增长对经济发展的制约作用。

(4) 发展中国家的失业有哪些类型？

(5) 简述托达罗人口流动模型。

4. 案例分析题

印度尼西亚的人口问题

印度尼西亚人民福利统筹部部长阿贡·拉索诺近日表示，总统苏西洛有意恢复计划生育政策，希望每个家庭最多生育两个孩子，以改善印度尼西亚家庭生活质量、控制人口。

印度尼西亚是继中国、印度、美国之后的世界第四人口大国，总人口约 2.4 亿。据该国第六次人口普查统计，2000～2010 年印度尼西亚人口增加 3 550 万，每年新诞生婴儿 400 余万，平均每名妇女育有 2.7 个子女。

20 世纪 60 年代，印度尼西亚人口迅速膨胀，人口增长率一度超过经济增速，成为困扰当时政府的一大问题。当时的苏哈托政府成立了全国家庭计划生育协会，规定每个家庭最多生育两个孩子，并采取多种手段传播节育知识、免费提供节育工具，还使用经济手段奖励少育家庭、处罚超生家庭。这一政策令当时印度尼西亚的人口膨胀得到有效控制，人口年增长率从20世纪70年代的2.3%降至90年代的1.6%。但随着1998年苏哈托下台，国家计划生育项目被视为“旧时代的象征”而受到冷遇，各地计生部门工作人员锐减，公共宣传力度大不如前。许多民众认为多生多育是基本权利，一些贫困家庭则无法负担节育费用，计划生育的执行因而遭到严重削弱。据世界银行统计，印度尼西亚人口2011年增长率约1.07%。虽然出生率有所降低，但由于人口基数大，每年增长依旧可观。印度尼西亚政府预计，若不对目前的人口增长加以控制，2045年前印度尼西亚人口将增至4.5亿。

印度尼西亚社会正逐渐意识到人口过量的负面影响。印度尼西亚国家家庭计划和人口局局长苏基利·沙里夫指出，持续增长的人口正对资源和环境造成前所未有的压力，不仅令贫困问题日渐突出，还引发就业、居住、教育、医疗等一系列社会问题。印度尼西亚大学人口研究所所长桑尼·哈尔马蒂也表示，印度尼西亚面临的许多问题都源于过快增长的人口。在这一背景下，印度尼西亚开始重新重视计划生育项目。印度尼西亚国家家庭计划和人口局近期加大力度宣传计划生育项目、争取民众理解，通过开设讲座等方式在全国推广计生知识，并赴偏远地区分发计生用品。2013年该局获得财政拨款2.6万亿印尼盾（约2.7亿美元），数额较往年显著提升。

（资料来源：庄雪雅：《如不加控制，32年内人口将增加近一倍 印尼打算恢复计划生育》，人民日报，2013年3月18日。）

问题：

发展中国家高生育率的原因是什么？后果又是什么？

5. 讨论题

如何解决就业问题？

网络练习

同学们可通过互联网查找资料，对上述讨论题进行调查，并写出一篇小论文。

第4章
人力资源与经济发展

学习目标

了解：人口质量与经济发展的关系。
理解：发展中国家的教育问题。
掌握：教育的成本—收益分析。

引导案例

印度的教育问题

从2001年以来，印度接受初等教育的学生人数屡创新高。在过去6年中，接受中等教育的学生人数增加了1 000万。同时，初等和中等教育阶段基本实现了性别平等。但是，目前印度仅有44%的15岁学生能够完成10年级的学习。鲁尔和林登认为，如果印度要打造具备全球竞争力的劳动力资源，必须让更多学生接受中等教育。

到2017年，印度初等教育适龄学生人数将从1.97亿下降至1.88亿，这意味着部分教育资源将逐步转移到中等教育。尽管资金支持能够快速改善基础设施，但要提高教育质量仍然需要长期的投入与努力。鲁尔和林登认为，印度要提高中等教育质量，必须对教师进行培训，让他们能够适应21世纪的教育需求。印度教师需要更新教学方法，同时采用多媒体辅助手段促进课堂教学。此外，学生考试和学校评价需要突破目前过于强调课程知识考核的局面，更多地考虑如何评价学生解决问题的能力。目前，拥有能够教授语言、数学、科学、社会科学等核心科目教师的中学，在印度全部中学中不足20%。鲁尔和林登还特别强调，要提高中等教育质量，需要对教育资源不足的地区提供更多支持。

（资料来源：王俊：《世界银行：印度发展中等教育刻不容缓》，载于《世界教育信息》2016 年第 11 期，第 72 页。）

早期西方经济发展理论十分强调物质资本在经济发展中的关键作用，而忽视了人力资源的重要性。20 世纪 60 年代中期以来，越来越多的发展经济学家转而注意人力资源对经济发展的战略意义，甚至有人把它看作是经济发展的决定性因素。上章主要讲述了影响经济发展的其中一个因素——人口数量，其实，影响经济发展的关键因素还是人口质量。作为社会经济活动的主体，人的素质直接决定着经济发展的成败。如果不能卓有成效地开发利用本国的人力资源，任何一个民族都无法跨入世界经济强国的行列。与物质资本相比，人力资源正成为影响一国经济增长与发展更为关键的因素。高素质劳动力的短缺越来越成为制约发展中国家的“资源瓶颈”，如何实现人力资源由数量优势转变为质量优势，是发展中国家要解决的迫切问题。本章的任务旨在阐明人口质量与经济发展的关系，说明什么是人力资本，人力资本的形成途径，人力资本对经济发展的效用，并在此基础上讨论发展中国家的教育经济学。

4.1 人力资本对经济发展的贡献

4.1.1 人力资本的概念

人力资本（human capital）是通过各种形式的生产性投资而提高了的人的素质和劳动机能，与物质资本相对应。各国之间人力资本供给的差异在事实上被证明比物质资本的差异更具有解释的空间。

从广义而言，人力资本既包括劳动人口的增加，即数量的变化，又包括劳动力质量的提高。劳动力质量的变化既包括劳动者的体质，即其生产和发挥劳动力的生理基础，也是其智能不断提高的生理基础，还包括劳动者的职能、文化科学知识、思想觉悟和道德水平的提高。

人力资本理论（the theory of human capital）是 20 世纪 60 年代在西方经济学中迅速发展起来的一种理论，主要探讨人力资本的基础特征、形成过程，人力资本的成本效益分析以及人力资本对经济发展的影响。60 年代之前，对国家和地区之间人口资源的差别，经济学界有不同的看法：古典学派和第一代发展经济学家认为，发展中国家的人口资源同质，指劳动的先天能力大致相同，无差别，而且无限丰富，因此研究经济发展的注意力集中放在物质资本的积累上。60 年代以后的经济学家则认为：人口资源是有差别的，这种差别是后天造成的，从而对经济发展的注意力转向对人力资本的投入积累上。

具有代表性的人力资本理论是由美国著名经济学家舒尔茨提出的。1960 年，舒尔茨在美国经济学年会上的演讲中提出了人力资本投资的概念，1961 年发表《人力资本投资》一文，这标志着人力资本理论的确立。在西方经济学界舒尔茨被公认为人力资本理论的奠基人和创始人之一。舒尔茨从长期的农业经济问题研究中发现，从 20 世纪初到 50 年代，促使美国农业生产产量迅速增加和农业生产率提高的重要原因已不是土地、人口数量或资本存量的增加，而是人的能力和技术水平的提高。舒尔茨指出：传统的经济理论认为经济增长必须依赖于物资资本和劳动力的增加已不再符合今天的事实，对于现代经济来说，人的知识、能力、健康等人力资本的提高，对经济增长的贡献远比物资资本、劳动力数量的增加重要。正是基于这一思想，舒尔茨提出了人力资本的概念。舒尔茨认为：在传统的西方经济理论中，资本实际上仅仅是指处于生产过程中的厂房、机械设备、原材料和燃料等各种物质生产要素的数量和质量，这样的资本概念是不完整的。资本实际上存在两种形式：一种是物质资本，体现在物质产品和生产资料上的资本；另一种形式是人力资本，体现在劳动者本身上的资本。在当代经济的众多场合中人力资本发挥着比物质资本更重要的作用。和物质资本一样，人力资本也有着数量和质量上的规定。从数量上看，一个社会中劳动力人数的多少，在一定程度上表示该社会人力资本的规模。从质量上看，每个劳动者的素质或工作能力、技术水平、熟练程度因接受教育或培训不同而存在差别；同一个劳动者在接受某种教育或培训前后，他的劳动质量或工作能力，技术水准与熟练程度也存在着差别。因此，人力资本大小的准确表述，应当同劳动者受教育和培训的情况联系在一起，同劳动者在接受教育和培训后工作能力的提高、熟练程度的增长结合在一起。舒尔茨还认为，国民产量的增长比土地、劳动以及物质资本量的增长更快，其中的差额是由人力资本的投资来说明的。舒尔茨断言：“改善穷人福利的决定性生产要素不是空间、能源和耕地，决定性要素是人口质量的改善和知识的增进。”

另一个对人力资本做出重要理论贡献的代表人物是 1992 年获得诺贝尔经济科学奖的美国经济学家贝克尔（Becher，G. S.），他是美国芝加哥大学经济系的教授。贝克尔的主要理论贡献在于把微观经济分析的领域扩大到包括非市场行为的人类行为和相互作用的广阔领域。其中很重要的一部分是对人力资本的研究。1964 年他发表了《人力资本》一书。该书被西方学术界认为是“经济思想中人力资本投资革命”的起点。他的理论最大贡献在于对已经存在的人力资本理论构造了该理论的微观经济基础，并使之数学化；把人力资本观点发展为确定劳动收入分配的一般理论。贝克尔曾说：“在1950年前经济学家们一般假设劳动力是给定的和不能增加的。”他对人力资本的成本和效益提出的概念是：效益包括文化、其他非货币利益，以及收入和职业的改善；成本是花在这些方面的投入和因投入而被放弃的时间价值。他说：人力资本的概念被人们认为是堕落性的，因为它把人作为机器处理；把上学学习看成是一项投资，而不是一种文化体验，被认为缺乏感情，而且显得极为狭隘。由此可以理解：在20世纪五六十年代人们对这个词怀有敌意。就连经济学家也是逐渐接受人力资本这个概念，并作为分析各项经济和社会问题的一个宝贵工具的。

4.1.2 人力资本对经济发展的效用

20世纪60年代以来，一些西方发展经济学家从各个不同侧面考察了人力资本对经济发展的重要作用。

1. 物质投资和人力投资方面

20世纪40年代至50年代，第二次世界大战以后遭受严重破坏的西欧和日本，利用外国资本获得了经济的迅速发展。与此相对照，一些发展中国家也大量吸收外国资本以求经济迅速发展，但却没有得到预想的效果。为何同样利用外资在不同的地方却产生如此不同的效果？根据一些发展经济学家的看法，主要原因在于人力资源存在巨大差异。

西欧和日本在战争中虽然物质资本损失严重，具有较高文化教育水平和生产技能的人民也遭受严重伤亡，但却未被消灭。因此，这些国家的资本吸收能力很高，一旦有大量的物质资本可以利用，经济就很快被推向前进。

发展中国家教育普遍十分落后，识字率低，劳动者的生产技术水平和管理水平也极为低下，因此，人力资源质量差。发展中国家在发展进程中也往往忽视了人力资本投资。它们从国外引进的资源主要也是物质资本。由于人力资本投资的不足，降低了对物质资本的吸收能力，最终也就制约了发展中国家经济的发展。换句话说，在这种人力资源的约束下，大量地引进外国资本，并不能较快地提高经济效率。

20世纪40年代至50年代利用外资的经验和教训使西方发展经济学家日益认识到人力资本在经济发展中的重要作用。人力资本可帮助提高吸收和利用外资的效率，特别是注意提高利用外资的边际效率。因此，要促进经济更快地增长，必须要在增加物质资本投资的同时扩大人力资源的投资。人力资本对经济增长作用也解释了随之而来的这样一种现象——国民经济增长的同时，物质资本的使用却越来越少。从资本—收入比率的长期变动来看，随着经济的不断增长，相对收入而言，再生产物质资本的使用越来越少了。其原因就在于人力资本比再生产物质资本增长得更快。在其他条件不变的情况下，产出与投入一般是同比例地增长；如果考虑到报酬递减的规律，产出的增长应慢于投入的增长。但现实中，为何出现相反的结果呢，即产出的增长快于投入的增长。经济学家认为，主要有两个原因：一是规模报酬递增规律的作用，二是劳动力素质的提高，这也被认为是最主要的因素。

2. 余值增长率方面

余值增长率是指国民收入增长率与国民资源投入增长率两者之间的差额。

国民收入增长率大于国民资源投入增长率，这两者之间的差额被称为余值增长率。国民资源指的是用于生产收入的土地、实际劳动量和再生产性资本的数量，随着经济的增长，这两种增长速度之间的差额越来越大。其原因在于：一是规模的收益；二是投入要素质量的改进。舒尔茨认为，规模收益和物质资本的改进只是形成差额的次要根源，最根本的是人力资本的增长，人的能力的改进。即人力资本对国民经济余值增长率的贡献解释了国民收入越提高，投入的国民资源却相对减少的现象。舒尔茨估计，美国 1929 ~ 1959 年的余值增长率大约是 3/5，其中教育的收益可能占这个余值的 3/10 至 1/2。丹尼森计算出，教育、医疗卫生、知识的增进等因素对经济增长的贡献加在一起，占余值增长率的 60% 以上。①

3. 教育水平与收入水平的方面

舒尔茨认为，工人实际增长的收入不是额外的收入，而是“一种向人类投资的收益”。每一单位劳动生产率的提高，表面看来是劳动单位不变，实际单位劳动已经因工人平均的人力资本数量的稳定增加而有所增加，因而随着经济的增长，工人实际工资的增长是由于人力资本数量的增长而增长的。人力资本的提高能够提高国民和个人收入水平。根据西方发展经济学家对发展中国家的教育收益率进行的经验研究，一个人所受的教育年限与他所获得的收入水平成正比变化关系。因而，收入水平基本反映了劳动生产率的水平，这样，从教育与收入之间的关系中又一次看到了人力资本是促进经济增长的一个重要因素。

根据上述三方面的研究，现在西方发展经济学家一般认为，人力资本对经济发展的贡献是毋庸置疑的。

---

① 爱德华·丹尼森、华盛顿：《美国经济增长的趋势（1929 ~ 1982）》，布鲁金斯研究院出版社 1985 年版，第 111 页。

4.1.3 人力资本的形成

人力资本是体现在劳动者身上的以劳动者的数量和质量表示的非物质资本。同物质资本形成一样，人力资本也是靠对人的投资形成的。对人力进行投资，其目的是通过人力资本去获取更大的经济收益。以下几个要点是值得重视的：第一，人力资本体现在人的身上，表现为人的知识、技能、资历、经验和技术的熟练程度等，表现为人的能力和素质。第二，在人的素质既定后，人力资本可表现为从事工作的总人数以及劳动市场上总的工作时间。第三，人的能力和素质是通过人力投资而获得的。因此，人力资本又可以理解为是对人力的投资而形成的资本。从货币形态上看，它表现为提高人力的各种开支，主要有保健支出、学校教育和在职教育支出、劳动力迁移的支出等。第四，既然人力是一种资本，无论是个人还是社会的对其投资必然会有收益。不过，人力资本不像物质资本形成或资金运动那样简捷直观。首先，对人力的投资哪些属于生产性投资，哪些属于消费性投资很难区分；其次，种种投资所营造成的人的素质的提高和工作能力的拓展总是潜在的，很难及时得到表现并给人以直观的印象，更难以用数字进行表达。正是这些人力资本的特殊性决定了衡量人力资本投资的特殊方法。舒尔茨主张，在对人力投资进行计量时，只能以投资收益替代投资成本来衡量人力资本投资。舒尔茨解释说：虽然靠人力投资而形成的全部能力都变成了人力的一部分，从而使它不能出卖，但是，它却通过对于人们所挣工资和薪水产生影响的方式与市场保持着联系，由此而增加的收入便是这类投资的收益。

人力资本的形成途径是多种多样的，对人力的投资也是多方面的，它的形成主要是通过以下几方面的投资积累的：

1. 教育和培训的投资

教育投资是人口投资的重要组成部分，包括花在儿童早期教育、正规学校教育（小学、中学和大学教育）、职业培训（就业前、在职、继续教育等形式的职业教育）等方面的费用支出。教育投资可以转化为知识存量，分为宏观教育投资和微观教育投资。

教育投资又称为智力投资，即用于提高人口的智力、知识、能力和技术水平等方面的投资。

宏观教育投资是指一个国家的政府和其他部门、团体、组织花费在国民教育上的支出。在西方发达国家的教育投资，大体上可以区分为公共教育投资和私人教育投资两大类。

微观教育投资是指家庭或个人花费在子女的学校教育或本人的职业培训中的投资。这种投资包括家庭支付子女的学费，支付给家庭教师的工资，为子女购置的各类智力开发用品所支付的费用。还包括成年人为增加自身的知识存量或更新知识花费在参加各种职业教育或继续教育方面的费用，以及购买各种学习资料、图书的支出。

2. 医疗卫生和营养保健的投资

这种投资包括花费在照料婴幼儿童、营养物品、穿衣、住房、医疗服务、自我照顾等有关身体保健方面的费用支出。这种支出有助于改善个人的健康状况。健康既是个人的基本生活需要，又可以带来更多的经济收入。这种投资形成健康资本存量，从而对体质、寿命、力量强度、耐久力和精力有所影响。

3. 对人力资源国内流动的投资

包括个人负担的投资和由政府和社会负担的投资。例如，人才市场的建立及人才流动所造成的损耗。人力资源在国内的自由流动有助于解决国内人力资源的余缺调剂，并有助于最大限度地发挥人力资本的潜力。

4. 对人力资源国际流动的投资

用于移民入境的支出是一种对人力的投资，是一国人力资本形成的又一条途径。用于移民出入境的投资包括设施、移民渠道的建立，移民咨询公司的建立等。移民是人力在国际间的流动，移民入境是使国外的人力迁徙到本国。从人力投资的角度来看，这是经济合算的。如果入境的是经过专业培训的人才，那就省去了培养费用和教育支出。即使入境的是普通的劳动者或是未成年者与儿童，那也省去了对这些人力的生育、抚养和从出生后到入境前这段时间内的保健费用。但以下两种情形例外：一是如果入境的是丧失劳动能力的人，则这类移民入境费用不能被视为对人力的投资，因为这部分人不能增加一国的人力资本。二是如果入境的劳动者替代了国内的劳动者，从而使后者失去了工作岗位，但经济收益又没有增加（假定二者的工作能力、技术水平、熟练程度相同，从而创造的国民收入一样多），则用于移民入境的费用也不能被视为对人力的投资，因为一国得以利用的人力资本绝对量并未增加。

4.1.4 智力外流

智力外流（brain drain）是指发展中国家的高级专门人才在国内学成后，不能为本国或本民族所用而为他国提供服务的一种智力流失行为。发展中国家的教育体制往往给这些流失的受教育者提供了很高的教育成本，而发展中国家本身未得到利益，因此造成发展中国家教育投入与收益之间的不平衡及人力资本的大量损失。

智力外流是指发展中国家的高级专门人才在国内学成后，不能为本国或本民族所用而为他国提供服务的一种智力流失行为。

发展经济学家托达罗指出，智力外流不仅减少了发展中国家专门人才的供给，还对国内的专业人才在心理上造成不好的影响，使他们产生眼光向外的倾向。他们只着眼于国外的动态，却忽视了国内各领域中迫切需要解决的问题。他们虽然人在国内，而思想却在国外。这种身在国内而心在国外的专业人才被称为“内在的智力外流”（internal brain drain）；而身心都在国外的专业人才被称为“外在的智力外流”（external brain drain）；内在的智力外流在发展中国家比外在智力外流可能影响更广泛，造成的后果更严重。两者加在一起，无疑造成发展中国家人才的巨大流失，对发展中国家不发达状况的延续产生了重大影响。

发展中国家的人才大量外流存在多种复杂原因，既有外部方面的原因，也有内部方面的原因；既有客观因素的作用，也有主观因素和不适当的政策方面的影响，归纳起来，大致有以下三个方面：

（1）国际间收入水平和由此所决定的生活条件方面的差异。发达国家优越的生活条件和高收入对发展中国家的各种人才具有很大的吸引力。

（2）国际间科技人员在工作条件、科研环境上的差异。发展中国家的科研条件较为落后，科技人员的才能发挥往往受到限制。有时，科技人员为追求其价值的实现和发挥，往往从发展中国家流向发达国家。

（3）国际间人才政策及人才观念方面的差异。发展中国家的文明程度较低，受传统观念的束缚，往往难以形成尊重知识、尊重科学的社会氛围。而一般认为，发达国家不存在上述问题或存在的程度较低。因此，发达国家良好的学术和社会氛围往往吸引着发展中国家的各种人才流向发达国家。

为有效地避免、防止和减少发展中国家的人才外流，要求发展中国家必须重视其人才政策的发展和完善。人才政策通常是指一个国家为合理地使用知识分子、科技人员并促使其才能最大限度发挥而制定的有关政策和措施的总称。有些发展中国家规定在本国接受高等教育后，必须为国家工作若干年限后方可出国；在国外留学学成后，必须先回国工作若干年限；若干国家急需、重要行业的人员不准出国，以及对出国人员的职务、年龄、出国期限、次数做出规定，既保证借用国外的科研条件进行研究，又保证将科学成果用于本国的建设与发展。值得指出的是，科学的、完善的人才政策，不仅是发展中国家避免和防止其人才外流的重要措施，也是发展中国家发展教育，提高智力水平，最大限度地发挥各类专业人才的潜能，加速其经济发展的重要途径。因此，必须引起高度的重视。

4.2 教育与经济发展

发展中国家不仅人力资源大量闲置，而且人力资源素质也很低。大多数西方经济学家都认为，劳动者技术水平低是经济发展的一个十分重要的障碍。因此，增加对人的投资，提高劳动者素质，是经济发展的一个重要战略目标。对人的投资包括两个方面，一是体力投资，二是智力投资。体力投资主要包括营养和保健条件的改善；智力投资主要包括教育的发展。科学技术对人类社会发展的推动作用越大，教育的重要社会地位也就越突出。

教育有广义和狭义之分，广义的教育包括三种形式：学校正规教育（formal education），即在学校按教学大纲完成的教育教学内容；非学校正规教育（nonformal education）；以及非正规教育（informal education）。发展中国家开发人的智力和技能主要是通过学校的正规教育。在经济发展的大趋势下，发展中国家的教育需求越来越旺盛与教育供给的不足形成大的反差，发展要求扩大教育的市场。因而扩大教育投资途径，鼓励民间办学，让更多的人接受更多的教育，是发展中国家经济发展所需要解决的问题。

4.2.1 教育在经济发展中的地位和作用

作为人力资本投资的重要途径，教育的发展直接决定着一个国家劳动力知识存量的多少、国民素质的高低、人力资本的形成状况，从而决定着经济发展的水平和速度。通过教育投资，可以传播知识，开发智力，启迪心灵，提高能力，最终产生巨大的经济价值。第二次世界大战后欧洲的迅速复兴，德国、日本在战争废墟上创造出的经济腾飞的奇迹都有力地表明，教育是任何一个社会发展的最重要的潜在推动力，是振兴一个民族的强大力量。现代社会的每一点进步和生产的发展，都离不开科学和教育。

早在18世纪，经济学家就已认识到教育具有经济价值。亚当·斯密曾写道：学习是一种才能，须受教育，须进学校，须做学徒，所费不少。但这种费用，可以得到偿还，赚取利润。19世纪40年代，德国经济学家费里德里希·李斯特强调了教育、科学对于经济发展的促进作用。他认为，通过教育投资可以使人掌握技艺，陶冶情操，丰富知识，最终提高劳动生产率，获得更多的产出。19世纪末，新古典学派经济学家柯布·道格拉斯提出了生产函数的概念，为后来人力资本理论的形成和发展准备了条件。20 世纪 20 年代，苏联的斯特鲁米林率先提出教育投资收益率的计算公式，开了定量研究教育经济价值的先河。到了五六十年代，舒尔茨提出了人力资本理论，从而第一次把教育投资如何影响整个经济成长的分析系统化。舒尔茨认为，经济发展主要取决于人的质量而不是自然资源的丰瘠或资本存量的多寡。处于现代经济生产活动中的人力资本，其作用远比物质资本重要得多。舒尔茨指出贫穷国家的经济之所以落后，其根本原因不在于物质资本的短缺，而在于人力资本的匮乏。向这些国家提供的新的外国资本通常不被用来增加人力投资，所以，人的能力没有与物质资本保持齐头并进，而变成经济增长的约束因素。

一般来说，教育是提高人力资源素质的最重要措施。舒尔茨格外强调增加教育投资、发展教育事业对贫穷国家人力资本形成、经济持续发展的重要意义。就教育和经济发展的关系来说，教育是社会经济结构的反映，教育水平的提高有助于改善一国的社会经济结构。同时，无论是来自教育系统内部还是因外部因素引起的教育体制改革，都会对整个国家的社会经济改革产生影响。因此，落后国家从根本上摆脱贫困的唯一出路是振兴教育事业。

教育是创新的基础。教育为社会提供传播知识、生产人才的服务。基础性知识和前沿性知识是新知识产生的源泉，具有开放性思维和创新精神的人才则是创新的主体。美国自德国引进较为先进的高等教育体系后，高等教育得到飞快地发展，现在也正以自己的创新实力占领国际市场。

教育产业可以带动其他产业的发展。随着经济的发展，教育投资的收益率一般高于物质投资的收益率，这样，增加教育产业的投资会提高整个社会资源的配置效率。不过，教育投资周期长，预期收益也不确定，属于高风险的投资。出于对风险降低的需求，金融品种和保险业会有所创新。同时，教育产业的发展也会带动相关产业的发展，例如，会带动建筑业、教育用品有所发展。

受教育水平的提高带来收入水平的提高。尽管一些发展中国家存在着受教育程度高的人收入还不如受教育程度低的人收入那样高的现象，但这毕竟是非正常出现的情况。一般来说，收入水平和受教育水平是正相关的。

妇女受教育后可以增加就业机会并有利于人口控制。教育不仅培养妇女参加社会和经济活动的能力和机会，还可以增加他们的劳动报酬，其结果是妇女在家里照顾孩子的机会成本增加，使她们不愿多生子女，会降低生育率，有利于人口控制。

此外，通过继续教育还可以减缓适龄人口的就业压力，改善社会风气，增加社会稳定，具有深远的社会影响。

当今知识经济时代，发展中国家面对着发展工业经济和知识经济的双重挑战。以技术、人才的引进和模仿为发展捷径的传统模式已不适应知识迅速更新的需要，发展中国家必须拥有自主创新能力。知识储备不足，人力资本匮乏，必然限制自主创新。因此，改革教育体制，调整教育结构，更新教学内容，完善教材建设，充实师资队伍，不断提高教育投资的效益，成为广大发展中国家增加人力资本、提高人力资源的素质、推动经济发展的先决任务。

发展中国家
教育的主要问题

4.2.2　发展中国家教育的主要问题

如前所述，教育是开发人力资源的最重要的途径。第二次世界大战前，发展中国家长期处于殖民统治状态或从属国地位，语言、文化和教育等受宗主国的支配，少数精英逐渐被宗主国所同化，而广大民众则没有或很少有人接受学校教育的机会。鉴于教育对经济和社会发展的重要作用，第二次世界大战后独立的发展中国家的教育状况得到了一定的改善。他们给予教育特殊的重视，着手对教育进行了广泛而全面的改革，力图尽快实现教育内容的民族化，教学语言的母语化，大幅度提高成人和儿童的受教育机会，教育经费的增长快于人口和国民收入的增长。但是，由于落后的社会经济发展水平的限制，加上教育政策方面的不足，发展中国家的教育还存在着不少问题。其中比较突出的有以下几个方面：

1. 辍学率高

发展中国家的主要教育问题之一就是辍学率非常高。在拉丁美洲，100 个学生中在完成小学教育之前就有 60 个中途退学，而有的国家小学辍学率高达 75%。在非洲和亚洲，小学中途辍学率分别为 54% 和 20%。[1] 中学的中途辍学情况也比较高。通常教育学家认为一个孩子如果不能完成五六年的学习是学不到什么的，而发展中国家这样的孩子却数以万计。

2. 教育质量落后，教育与实际严重脱节

发展中国家教育的另一问题是教育与实际严重脱节。发展中国家的初等教育和中等教育一般为升学做准备，忽视了学生传授基本技巧和能力的培养。在发展中国家中，70% 的儿童生活在农村并在那儿上学，而且由于中小学辍学率高和高等教育的不发达，大概有 80% 以上的入学者将会终生在农村生活和劳动。因此，他们更需要掌握促进

① 秦宪文：《发展经济学》，经济科学出版社 2006 年版，第 78 页。

农村发展所需的知识、技能和思想。但发展中国家的中、小学教育并没有与农村发展密切结合起来。这说明发展中国家的初等教育是不成功的。反观发达国家，由于它们的中、小学辍学率低，大部分人将升入更高级的学校继续读书，因而它们的中、小学特别是小学把重点放在为升学打基础这一点上。虽然需要从西方发达国家引进教育体制和专业设置，但这种把教育体制全盘搬到社会经济状况迥然不同的发展中国家的做法是不正确的和脱离实际的。

教育与实际脱节还表现为学校里所学的课本知识不能适应职业市场的需求。很多国家城市的职业介绍所每天挤满了学数学、物理等专业的毕业生，而雇主所需的是工程技术专业毕业生。在这样的环境下，大学毕业生们最后不得不接受的工作与他们所受的教育简直是风马牛不相及，学物理的当秘书，学数学的开出租车之类事情在发展中国家比比皆是。

为了使教育能为国民经济发展做出贡献，各国都在讨论教育的质量问题，提倡STS（science，technology & society）教育。市场经济体制下的素质教育首先要提倡诚实、守信、务实；要使教育为国民经济发展服务，通过教育提高人的素质。

3. 教育反映并加剧了社会不平等

作为人力资本投资的主要形式，教育在很大程度上决定了个人的未来收入和发展前景。因此，与物质资本的分配一样，公平的人力资本分配对于经济增长和减少贫困至关重要。不仅如此，公平的教育机会分配也有利于对现有资产进行重新分配，这是因为投资于人力资源可以创新资产，提高社会福利水平。保证穷人更平等地接受教育，有利于公共教育资源的重新分配，有利于社会的平等发展和经济的发展。然而，发展中国家存在着严重的教育机会不平等，扩大了收入的不平等。

第一，就初等教育而言，贫穷家庭的子女不如富裕家庭的子女那样能完成这一阶段的正规教育。一方面，贫穷学生接受初等教育的个人成本比富裕学生高；另一方面，贫穷学生接受初等教育的预期收益又比富裕学生低。贫穷学生在就学期间辍学率也比较高，因为他们家庭负担重，不可能对教育进行大量投资；又由于资本市场落后，借助于信贷来进行教育的可能性也很小。即使他们能够完成初等教育，但由于关系面的狭窄和接触面的限制，在农村，特别是在城市的就业竞争中，总会遇到较大困难而落后于富裕学生。

第二，发展中国家的中等教育也使贫穷学生处于不平等地位。中等学校求学的费用是比较贵的。在许多发展中国家，中等教育一年学费大体相当于其人均国民收入，以致许多低收入家庭对中等教育不敢问津，这实际上是一种严格按照家庭收入水平而不是依据择优录取的原则选拔学生的制度。即使完成中学教育，在激烈的求职竞争中，贫穷学生也处于劣势。

第三，发展中国家教育体制的不平等性在大学中表现得更为突出。发展中国家政府对教育的补贴一般随着教育等级的升高而增加。政府对大学生不仅支付大部分教育费用和学费，还以助学金形式向学生提供补助。但由于前面所述的原因，贫穷学生在学生总数中所占的比例随教育等级的升高而降低，也就是贫穷家庭的子女经过初等和中等两级教育的筛选（学习上的、经济上的以及社会上的因素）能进入大学之门的人数，不如富裕家庭子女人数多。这种情况表明，用公共基金建立起来的高补贴的大学教育，实际上是穷人对富人进行补贴或做出转移支付。在发展中国家，高等学校毕业生在求职竞争中，穷家子弟更是处于不利的地位。

总之，在收入已很不平等的发展中国家，以高学费的中等教育和高补贴的高等教育为特征的教育体制，很可能加剧不平等并使贫穷永久化。由于社会体制和社会结构的影响，发展中国家可能出现种种人为扭曲的现象，例如，不顾失业水平上升而不断扩大不同教育程度的人的工资差距，把文凭几乎看成是获得工作的唯一依据而不考虑受教育年限的长短与工作实绩是否一致，把家庭收入当作攀登教育阶梯以取得高薪职位的准则等。

4. 教育深化和知识失业

有些发展中国家脱离自己国家的实际，从形式上去模仿发达国家的高等学校，在校舍、设备等方面追求西方标准，以致耗资巨大而效益不高。与此同时，对就业机会的创造又未做出应有的努力，以致学生的供给超出了需求，学生从学校毕业后找不到适当的工作，由此引致两种现象的出现：

教育深化也称为教育过度。现代部门倾向于雇佣受教育程度较高的人去做原来由受教育程度较低的人所做的工作。

一是教育深化（educational deepening）。发展中国家并存着两种不同的经济结构，即传统部门和现代部门。知识劳动者嫌传统部门的报酬太低而不愿俯就，而涌入现代部门求职。但是，现代部门的就业空位是有限的。于是，随着教育的迅速发展，学校培养出来的知识劳动者的数量越来越多于现代部门所能提供的空位的数量，加上技术的不断更新，现代部门对求职者的文化和专业素质要求越来越高。现代部门面对从各级学校毕业的众多求职者，自然首先聘用受过高等教育的学生，然后考虑招用中学毕业生，最后才会聘用小学毕业生。在这种情况下，现代部门就倾向于雇佣受教育程度较高的人去做原来由受教育程度较低的人所做的工作。这种情况被称为教育深化或教育过度（over-education）。

二是知识失业（educated unemployment）。这是教育深化问题的一个侧面。由于受教育者的供过于求而现代部门又跳级雇佣各受教育层次的毕业生，以致在求职竞争中，低教育层次毕业生往往被拒之雇佣单位的大门之外，现在甚至大学毕业生也不免遭受同样的命运。尽管在发展中国家中受教育者在人口中所占的比率较低，受过程度较高教育的人在人口中所占的比率更低，而知识、技能和专长又是相对稀缺的，受教育者还是不免沦为失业者，形成知识失业的状况。

教育深化和知识失业的一个结果是发展中国家教育事业不切合实际需要的扩张。也就是说，在教育深化和知识失业的影响下，一些发展中国家不得不扩大大学教育，也不得不扩大中、小学教育。就业状况的每一次恶化，都要求把各级教育做一次扩大。因此，一些发展中国家出现了一种似乎难以置信的情况：某一级教育作为一个终点变得对该级毕业生就业越不利的时候，上一级和这一级教育就需要越快速地发展，对政府扩大教育投资的压力就越大。

5. 公共教育费用增加迅速，但人均教育费用水平低下

从20世纪60年代以来，许多发展中国家国民收入和政府预算中用于教育方面的支出增长迅速，对教育的公共支出的增长比对其他任何一个部门公共支出的增长都要显著。实际的教育经费支出（不包括社会主义国家），1960年总数为90亿美元（按1976年美元计算），1977年就增加到380亿美元。但是由于发展中国家起点低，人口增长快，人均占有教育经费的数量依然很少。70年代末，发展中国家的教育经费一般占GNP的4%，年人均27美元；而发达国家的教育经费一般占GNP的7%～8%，年人均428美元；发展中国家的教育经费仅为发达国家的1/16倍。据联合国教科文组织1993年的统计，1991年，发展中国家的教育经费一般占GNP的4.1%，而发达国家的教育经费一般占GNP的5.35%。过低的人均教育经费无法满足教育的社会需求。①

6. 教育结构不合理。教育结构是指教育不同的层次结构

一般而言，教育结构包括扫盲、基础教育、高等教育、非正规教育等几方面的内容。根据发展中国家的现实，这一结构应该呈宝塔型，即上端小、底座大。扫盲、基础教育是国民教育的基础，关系着整个国民的素质。一个国家在经济发展尚处于比较低水平的时候，对基础教育尤其是初等教育的优先投入是增进社会平等、促进经济增长的基本保障。经验研究也表明，初等教育在发展中国家的私人收益率

① 秦宪文：《发展经济学》，经济科学出版社2006年版，第80页。

和社会收益率在各种教育中都是最高的。因此应该投以较多的资金和精力。但是，从前面的分析我们看到，发展中国家有高等教育的投资偏好，许多发展中国家的教育结构过于偏重高等教育而忽略了扫盲、基础教育等。这是因为随着完成基础教育的学生人数的增长，对高等教育的需求在不断提高。再加上精英思想的影响，使许多发展中国家把高等教育作为教育发展的新目标。高等教育公共支出的迅速增加，一方面，挤占了基础教育经费，影响了基础教育的发展；另一方面，导致知识失业，从而加剧了劳动力市场上的学历竞争，只受过中、低等教育的人就业难度增加，造成人力资源浪费。

7. 教育内容不能满足经济发展的需要

教育既有形成人力资本的功能，也有传递信号的功能，显然前者更有利于经济发展。但到底哪种功能占优，取决于教育的内容。教育内容是培养人才的关键环节。能否依据发展中国家的国情，结合经济发展的需要，借鉴发达国家成功的经验，规定具有本国特色的教育内容，是发展中国家教育事业的成败所在。发展中国家的教育内容普遍十分落后和陈旧，教育与经济发展实际需要脱节，对学生操作能力、应用技术能力、创造能力的训练和培养十分欠缺。

第一，初等教育。初等教育不仅是接受较高层次教育的基础，而且能够直接使劳动者适应新环境，更加容易接受新技术从而提高生产率。这就使发展中国家致力于扩大或争取普及初等教育。但是，大多数国家致力于发展初等教育并不成功。主要因为，发展中国家的大多数人口居住在农村地区，这些人口中又有多数终生将在农村中生活和劳动。但是，教育内容多以城市学生的教育环境和教育资源为依据，不适合农村学生的实际需要。这种不切实际的教学内容，是导致第三世界农村落后、农业停滞、新技术难以推广、劳动生产率低下的主要内容。

第二，中等教育。中等教育在发展中国家的通病也是照搬西方发达国家的教育内容，着重发展主要讲授一般文化基础课程的普通中学，为升入高等学校做准备。然而，中学毕业后升入大学的机会极为有限，一旦高考落第，这些连起码的谋生糊口手段都没有的学生很难找到合适的工作。

第三，高等教育。发展中国家高等教育的学科专业设置、教学内容、课程安排大多照搬发达国家的模式。专业设置脱离实际导致毕业生难以学用一致。很多发达国家都将衡量教育发展成就的标准确定为国际学术标准而不是对国家发展的贡献。这样，发展中国家的教育在很大程度上成了一种甄别和选拔人才的机制，未能充分发挥其提高劳动者素质和促进经济发展的作用。

8. 教育的性别差异

妇女教育水平低于男性是世界各国的普遍现象。发达国家教育也有性别差异，但发展中国家的性别差异更大。除了入学机会不均等，妇女在教育过程和求职过程中也面临机会不平等。世界经济论坛发布的《2018 年全球性别差距报告》显示，职场女性比例停滞不前，女性政治代表性下降，再加上健康和教育方面性别不平等愈发严重，抵消了薪资平等和女性拥有专业职位方面取得的进步，导致 2018 年全球性别差距仅略微缩小。人工智能领域从业人员的性别差距巨大，女性比例仅为 22%，这一差距是其他行业的四倍之多。研究还表明，除了 1∶4 的性别比例，女性很难在人工智能行业担任高层职位，或掌握高端创新技能。为了缩小教育的性别差异，需要以法律为依据保证妇女平等接受教育的权利；需要以国家政策为手段增加对妇女教育的投入；需要加强宣传和社会动员，使全社会认识到妇女教育对发展的重要作用，改变传统角色定位，增强女性自强意识。

4.2.3 教育的成本—收益分析

教育的成本——收益分析

教育作为一种人力投资形式，其目的是通过人力资本的形成，促进经济的发展，增加产出，提高效益。当然也像物质资本投资一样适合进行成本—收益分析。

1. 教育的成本和收益

教育的成本主要包括直接成本和间接成本。直接成本分为两部分：一部分是由政府提供的教育经费，即公共费用；另一部分是由学生个人或家庭担负的费用，即一个家庭对子女完成最终教育的全部实际货币支出，如学费、书费、交通食宿等开支。间接成本是指机会成本，即学生因上学而可能放弃的收入。当学生面临升学还是就业的选择时，如果决定继续升学，就要承受由于放弃就业所带来的经济损失。

教育的收益，包括教育给社会带来的收益与教育给个人带来的收益，无论是社会收益还是个人收益，都包括两方面的内容：经济方面的收益和非经济方面的收益。非经济方面的收益比较复杂，例如，在社会收益中，非经济方面的收益包括政治上的收益，是指国民教育水平的提高可以增加全体国民的社会责任感和政治参与能力，更为自觉地运用社会政治民主所赋予每个人的权力；还包括道德上的收益，使受教育者具有较高的道德风范等。鉴于非经济收益的这种复杂性，在此，我们只讨论教育在经济上的收益。

从教育的社会收益来看，通过教育的大力发展，可以使人们具备或提高发明创新能力，而创新就可以推动经济增长，改善生活和劳动条件，扩大就业机会，增加人均国民收入。因此，从教育的社会收益角度可以得到以下几点政策性结论：

第一，个人的教育费用支出应由个人和政府共同承担。由于个人得到了教育所带来的一部分好处，应由个人承担一部分费用；但由于教育投资也给社会带来收益，政府也应该承担一部分费用。

第二，政府拨出的教育经费不应当被视为一项福利支出或公共服务支出，而应该被看作是一项生产性投资，因为这些投资可以给社会带来经济上的收益。

第三，社会所获收益的多少，取决于劳动力素质的高低，而提高劳动力质量最有效的手段便是发展教育。一个国家的教育投资越多，给社会带来的经济收益就越多，所以，教育政策应被视为一国经济发展政策的重要组成部分。

第四，由于人力资本是通过投资形成的，所以，专业人员的出境、长期患病和过早死亡都是社会的损失，应通过政策手段尽量避免和减少这些现象的发生。

从教育的个人收益来看，教育投资也可以给受教育者个人在经济上带来好处，主要在以下几个方面：

第一，教育投资可以给受教育者个人带来未来较高的收入。一般而言，个人的收入水平与他受教育的年限是成正比的。受教育的年限越长，预期的收益就越大。这种关系可以用年龄—收入曲线表示，如图 4－1 所示。

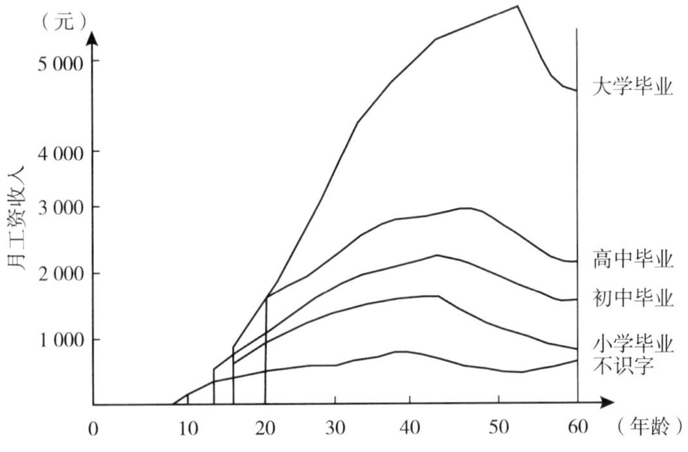

图 4－1　年龄—收入曲线

资料来源：郭熙保：《发展经济学》，高等教育出版社 2011 年版，第 156 页。

在图 4－1 中，横轴表示一个人的年龄，纵轴表示他的收入。从

图 4-1 中看到：①受教育越多的人，年龄—收入曲线越高；反之则越低。没有受过教育的人收入是最低的，大学毕业生的收入是最高的。②每条年龄—收入曲线都是先上升而后下降，到 50 岁左右，收入达到最大，这说明一个劳动者在不同时期有不同的收入水平。③图 4-1 还表明，文盲在年龄很小时就挣得收入，但起点收入很低。随着教育级别的提高，获得最初收入的年龄就不断变大，但起点收入也在增加，以后收入增加速度也快一些。

年龄—收入曲线常常被家庭作为投资于子女教育的依据之一。受教育水平提高使个人收入水平提高。对于一个家庭来说，尽可能地让孩子受更多的教育是有利的。

第二，教育投资使受教育者个人未来较合理地安排支出。假定受过教育的人与未受教育的人相比，能够更为合理地安排个人支出，较为理性地处理每一项消费，从而使每一元钱的支出都更为有效，这也等于增加了收入。

第三，教育投资可以给受教育者个人带来未来较健康的身体。受过教育的人，通常会更加珍惜和懂得如何保持自己身体健康，如避免过度疲劳、穷奢极欲，从而提高身体素质，延长健康寿命，增加未来收入。

第四，教育投资可以给受教育者个人带来未来较大的职业机动性。受的教育越多，所掌握的知识和技能就越多，对于职业的选择和适应能力也就越强，即使工艺过程和产业结构发生较大的变化，也不至于失去就业机会。

2. 教育的成本—收益计算

成本—收益分析既适用于个人，也适用于一个社会。首先，我们来讨论个人的收益与成本。通过对教育成本和教育收益的贴现，计算教育投资的净现值和内部收益率，可以对任何一笔教育支出的收益做出预测，从而了解这一决策在经济上是否合理。

（1）净现值法。任何一个未来年份预期收入的现值可定义为：

$$NPV = \frac{C_t}{(1+r)^t} \tag{4-1}$$

式（4-1）中，$NPV = t$ 年内收入的现值；$C_t = t$ 年内的净现金流量；$r =$ 折现率；$t =$ 计算年数。

如果要计算某一项教育投资的净现值，只要将计算年限内所有预期收入的折现值相加便可得到。

其计算公式为式（4-2）。

$$NPV = \sum_{t-1}^{n} \frac{C_t}{(1+r)^t} \tag{4-2}$$

计算过程中，首先算出净现金流量 C_t（用收益减去成本，成本包括教育费用和因上学所放弃的收入），再对 C_t 进行折现。计算净现值 NPV，如果净现值大于零，表示贴现收益大于贴现成本，教育投资项目可行。

（2）内部收益率法。一个家庭是否对子女进行教育投资和投资多少，取决于贴现收入和贴现成本之间的关系。如果贴现收入大于贴现成本，投资就是可行的。评价教育投资效果的一个常用方法，便是计算投资的内部收益率，它是指贴现成本之和与贴现收入之和相等时的贴现率。内部收益率可以通过式（4－3）、式（4－4）求出：

$$\sum_{t-1}^{n} \frac{E_t}{(1+i)^t} = \sum_{t-1}^{n} \frac{G_t}{(1+i)^t} \tag{4-3}$$

或

$$\sum_{t-1}^{n} \frac{E_t - G_t}{(1+i)^t} = 0 \tag{4-4}$$

式（4－3）、式（4－4）中，i = 内部收益率，$E_t = t$ 年的教育收益，$G_t = t$ 年的全部教育成本。

通过计算教育投资的内部收益率，可以评价这项投资是否可以在所有各类投资中取得最优收益，从而决定其取舍。如果教育投资内部收益率在所有各种投资中是最高的，这个家庭对教育的投资就是最优的；否则，对教育的投资是不合算的。

以上考察的私人成本—收益分析完全适用于社会成本—收益分析，只是成本、收益的考虑角度发生了变化。社会教育成本涉及个人教育成本和政府或社会提供的公共教育经费的全部教育成本。社会收益也存在量化的问题，一般用不断增长的国民收入计算。

发展经济学家通过对不同国家的教育投资进行成本—收益分析和比较，得出大致相似的结论：

第一，发展中国家的教育投资收益率是高的。不仅高于发达国家，而且一般比物质资本投资收益率高。因此，就大多数发展中国家来说，增加教育投资是合算的。

第二，不同教育程度的收益率是不同的。在发展中国家，尤其是教育十分落后的国家，小学教育的投资收益率要比中学教育的投资收益率高得多，而中学教育投资收益率又比大学教育投资收益率高。因此，对于广大发展中国家来说，把重点放在初等教育普及上是最为有利的教育战略。

第三，在发展中国家，各级教育的私人教育收益率都大于社会教育收益率，这主要是因为在发展中国家中，政府对教育的补贴很大，尤其是对高等教育的补贴巨大。

第四，随着经济的不断发展，教育的收益趋向于递减，其基本原因是，接受某种等级学校教育的劳动者不再变得那么稀缺，因此在劳动力市场上只能获得竞争性的工资或较少的垄断差价。

第五，对妇女的教育投资收益率高于对男性的教育投资收益率。因为妇女的平均收入低于男性，受教育程度越低，收入的性别差异越大。因此，如果接受相同的教育投资，妇女收入的提高程度大于男性，表现出较高的收益率。

4.2.4 教育资金的来源

发展中国家教育投资不足的主要原因是缺少教育经费，以财政拨款为主的筹资方式造成教育供给严重滞后教育需求。在发展中国家，教育常常被认为是公益事业而不是产业，这限制了教育的投资规模，忽视了教育资源的配置效率。发展中国家应尝试从多方面拓展教育经费的筹资渠道。

1. 政府方面

随着经济的发展，人力资本起的作用越来越大。发展中国家应适度增加教育预算拨款，尤其是基础教育拨款。政府拨款要考虑教育资源配置效率，现在的配置并不合理。例如，教师不愿意去农村教学，形成有些城市师资闲置，农村短缺的现象。学校规模小，重复设置严重。教育经费大部分用于工资支出，而不是发展教育。

2. 个人方面

发展中国家预算中对教育的补贴很大，而教育的社会和个人收益差距显著。世界银行的调查表明，高收入家庭从政府的教育补贴中得到的好处比穷困家庭高得多，在中等教育特别是高等教育方面，更是如此。因此，他们认为，由私人来负担更大部分的教育费用并不背离公平原则。

那些经济困难的学生可以以学校担保的形式申请银行的助学金贷款交纳学费。这种办法比完全由公费支付高等教育费用要公平合理，因为学生受了高等教育，毕业后获得高于平均数的收入。这种提供贷款的方法可以大幅度增加行政管理费用，但同时也会出现贷款不能如期收回或不能收回的问题。这种方法不可能立即减轻政府负担，但从长远看，它能为高等教育提供重要的资金来源，并且能加强学生的责任感。

3. 学校方面

学校要实现资金的良性循环，重要的是创立自己的品牌。例如哈佛和斯坦福的工商管理硕士（MBA），利用自己的品牌优势与大企业进行广泛的合作，虽然学费昂贵，但学生可以申请企业和社会提供的多种奖学金，完成学业。企业则可以利用学校的科研能力、人才优势联合投资科研项目，促进科研成果的转化并从高素质的人才竞争中获益。这样不仅保证了学校资金的来源，也提高了国家的创新能力。

4. 民间办学

私人办学，在发展中国家有很大的潜力。可是现行政策往往不利于私人投资办学。政府要进行政策调整，通过减税、贴息、担保等优惠形式鼓励私人投资，满足不同收入阶层的教育需求。为了充分吸收社会分散资金，可以利用资本市场直接融资，发行教育债券，设立投资基金等，依靠多种灵活形式融资。

5. 发达国家和国际金融组织的援助与教育贷款

为了筹集更多的教育基金，在国际上广泛争取发达国家和国际金融组织的援助与教育贷款是完全必要的。例如，世界银行自 20 世纪 70 年代以来就一直是教育发展资本基金最大的国际贷款者，每年提供约 40 亿美元的资金，占所有用于教育的官方外援的 15%。教育贷款不仅仅是一种资金援助，在大多数场合，这种援助是和推进发展中国家教育事业发展的具体项目联系在一起的。例如加强发展教育的基础设施的建设；对于新兴学科、专业的建设开发等。

本章重要术语

人力资本、余值增长率、教育深化、智力外流、知识失业、净现值、内部收益率

本 章 小 结

人力资本概念是对资本概念的扩展，它突出了人的素质在经济发展中的重要作用。而在发展中国家，不仅人力资源大量闲置，而且人力资源素质也很低。因此，广大发展中国家需要增加对人的投资，提高劳动者素质。教育作为人力资本投资的重要途径，决定着经济发展的水平和速度。教育不仅能通过提高劳动者的生产效率来促进经济增长，而且还有广泛的社会效果，能有力的推动经济发展。

衡量教育投资的回报率，既可以用净现值法，也可以用成本—收益法计算内部收益率。发展中国家的教育收益率高于国内其他经济部门投资回报率的一般水平，且明显高于发达国家的教育收益率。

发展中国家的教育自第二次世界大战后至今取得了长足的进步，但也还有许多问题，如教育权利不平等、教育内容陈旧刻板、教育结构不合理、教育深化、知识失业、妇女教育落后等，解决这些问题需

要发展中国家政府、社会各界以及国际社会共同努力。

延伸阅读

关于发展中国家人力资本的发展问题，可以进一步阅读舒尔茨的《论人力资本投资》，北京经济学院出版社 1990 年版。——**人力资本是当今时代促进国民经济增长的主要原因。**

关于中国人力资本发展的现状和实证分析可以进一步阅读荣婷婷的《中国绿色发展的人力资本贡献：理论与实证研究》，经济管理出版社 2017 年版。——**人力资本影响绿色发展的作用机理。**

复习与思考

参考答案

1. 单选题

(1) 利用成本—收益分析，(　　) 表明某项教育投资在经济上是合理的。

A. 该项投资的净现值小于零

B. 该项投资的净现值大于零

C. 该项投资的内部收益率等于零

D. 该项投资的内部收益率小于零

(2) 根据发展中国家的现实情况，教育投资应偏重于 (　　)。

A. 高等教育　　B. 非正规教育

C. 不规则教育　　D. 扫盲和基础教育

(3) 下列哪一种情况不是对人力资本进行投资 (　　)。

A. 用于健康的支出

B. 教育投资

C. 用于劳动力的国内流动和移民入境的支出

D. 支付人力资本多的人更多的报酬

(4) 学生为了就学由个人或家庭直接承担的各种费用及机会成本称为 (　　)。

A. 教育的社会成本　　B. 教育的个人成本

C. 教育的直接成本　　D. 教育的间接成本

(5) 通过对不同国家的教育投资进行成本—收益分析和比较，发展经济学认为 (　　)。

A. 发展中国家教育投资收益率低于发达国家的教育投资收益率

B. 发展中国家大学教育投资收益率高于中小学教育投资收益率

C. 发展中国家教育投资收益率高于物质资本投资收益率

D. 无论国家发展水平如何，社会教育投资收益率都高于私人教育投资

2. 多选题

(1) 宏观教育投资包括（　　）。

A. 公共教育投资　　B. 私人教育投资

C. 微观教育投资　　D. 企业教育投资

E. 社会团体投资

(2) 以下关于投资教育的收益表述正确的有（　　）。

A. 发展中国家的教育收益率一般高于发达国家

B. 从收益率上来看，个人的教育收益率要低于社会的收益率

C. 不同教育程度的收益是相同的

D. 教育收益率高过物质资本投资的收益率

(3) 人力资本的形成途径包括（　　）。

A. 医疗卫生和营养保健的投资

B. 教育投资

C. 人力资源国内流动的投资

D. 人力资源国际流动投资

(4) 如下哪些方面是发展中国家教育存在着的显著问题（　　）。

A. 人均教育经费低　　B. 偏好于高等教育

C. 辍学率高　　D. 教育内容与实际脱节

E. 普遍存在着高分低能

(5) 用于进行教育成本—收益分析和决策的主要指标有（　　）。

A. 期望收益　　B. 净现值

C. 内部收益率　　D. 预计成本

E. 净现金流

3. 简答题

(1) 什么是人力资本？其形成途径有哪些？

(2) 人力资本在经济发展中的作用如何？

(3) 发展中国家的教育存在哪些问题？

(4) 比较教育的成本和收益。

4. 案例分析题

教育过度的思考

一项美国的教育过度研究考察了1972~2002年教育过度的变化趋势，结果表明美国的教育过度率由1972年的10%上升到2002年的20%，30年里教育过度率倍增（Vaisey，2006）。并且不同年龄、性别、种族和受教育程度的人群的教育过度率存在明显差异，同时还都呈现增长趋势。对中国的1990年、2000年和2010年的数据的计算表明，类似的趋势和差异也发生在中国近20年。1990年中国的教育过度率仅为7.24%，2000年上升到12.26%，而到2010年又上升到

28.16%，后10年的上升幅度大大超过前10年。这种趋势的阶段性差异和后10年里高校扩招，大学生毕业人数迅速地、不断地增长是密切相关的。

教育过度是教育与职业不匹配的反映。有研究认为，这是职业的“教育提升”的结果。也就是说，各类职业的“知识和技术含量”变化不多，而人们的受教育程度在不断提高，导致教育过度不断增加。还有研究认为，教育提升反映了职业不匹配的增长或就业不足的增长，职业构成没有适应教育构成的变化。无论怎样，职业的教育提升自20世纪60年代以来广泛发生在西方国家。中国在过去20年里，职业的教育提升也是非常明显的趋势。2010年与1990年相比，高中及以上的比例由10%升到37%，大专及以上的比例由不到1.5%上升到15%。相反，初中及以下的比例由近90%下降到63%，小学及以下的比例由近60%下降到不足30%。这种教育提升导致了教育过度水平的显著增长。

西方学者认为发展中国家教育过度的现象可能比发达国家更为严重。因为就业岗位的增加速度远远低于高校毕业生的增长速度。面对严峻的就业压力，很多大学生只能采取“曲线就业”的策略，要么响应政府的号召到基层参加工作，要么选择那些工作要求远远低于自身能力的工作，先就业后择业。这就使得很大一部分大学毕业生在实际工作中是“教育过度”，要么是教育程度远远高于工作所要求的水平，要么是自身的能力在工作中不能充分发挥出来。另外，失业人员再就业所从事的工作质量一般也要低于其失业前的工作质量。他们很难找到与自己的教育水平、工作经验、能力等相匹配的工作，只能屈居低位，这部分再就业的人也存在“教育过度”的现象。

（资料来源：刘金菊：《中国人口的教育过度：水平、趋势与差异》，载于《人口研究》2014年第5期，第41页。）

问题：

探讨目前的“教育过度”现象。

5. 讨论题

探讨我国是否存在知识失业的情况，并进行原因分析。

网络练习

鼓励学生通过互联网查找资料，对“教育深化必然带来知识失业吗?”问题进行分析，并写出一篇小论文。

第 5 章
技术进步与经济发展

学习目标

了解：技术进步与经济增长的关系，发展中国家技术引进的必要性与可能性及国际间技术转移的制约因素。

熟悉：技术进步与产业结构的关系，熊彼特的“创新理论”，技术差距理论及技术选择理论。

掌握：技术概念与技术进步的三大类型，技术转移的类别和途径，技术选择的标准。

引导案例

大学科技园与发展

20 世纪 50 年代，美国斯坦福工业园形成了世界上第一个大学科技园——硅谷，自此以后，世界各地陆陆续续出现一大批的大学科技园，如日本的筑波、英国的剑桥、中国台湾的新竹等。1999 年，我国教育部也开始推行打造大学科技园计划，大学科技园的形成对于区域经济的发展有着不可忽视的影响。大学机构、政府、企业等通过输入人才技术资源、管理资源、信息、资金等促进大学科技园的发展，而大学科技园又通过采用先进的科学技术转化为生产力，使得大学机构、政府、企业等得到人才、技术、资金的供给和优化，其中科技创新作为大学科技园的重要手段使得其生产的产品即人才、技术等得到最优，从而带动区域经济的发展，又反作用于大学科技园的进一步发展，由此使得这样互利过程不断循环。而从中可以看到，由科技创新带来的科技进步对于整个循环过程起到了至关重要的作用，可以说是整个过程的核心因素所在。

（资料来源：王大伟，葛继平：《大学科技园促进区域经济发展研究》，载于《中国高校科技与产业化》2011年第3期，第80～82页。）

在社会实践中，人们正逐步认识到：技术和知识是制约现代经济发展的关键因素，经济增长和经济发展的每一步跨越，都离不开技术进步的贡献。广大发展中国家之所以贫困、落后，重要的原因之一就是科学技术处于落后、甚至停滞的状态，为了迅速摆脱贫困落后的面貌，缩小与发达国家的差距，促进技术进步，实施以技术进步为内在机制的经济发展战略，是广大发展中国家越来越紧迫的任务。

本章探讨技术进步与经济发展的关系，在阐明技术进步概念和介绍技术创新理论的基础上，分析技术进步的本质和规律，探讨技术在国际间转移的规律。

5.1 技术进步

5.1.1 技术与技术进步

技术是用来生产商品和劳务的手段与方法的总和，既包括生产工艺、技能和生产工具，也包括组织管理方法和决策手段。

技术是用来生产商品和劳务的手段与方法的总和，既包括生产工艺、技能和生产工具，也包括组织管理方法和决策手段。

人们经常把科学和技术相提并论，一般而言，科学技术包含着科学和技术两个方面的内容。科学属于认识世界的范畴，科学发展表明人类认识世界能力的提高，它构成潜在的生产力。而技术则是改造世界的手段，技术进步意味着人类改造世界能力的增强，它与生产力有着直接的、现实的联系。技术不仅仅是科学与生产相结合的物质形态，在现代科学产生之前，技术进步便以生产实践经验和技能渐进积累的方式存在。不过，现代技术越来越多地建立在科学基础上，而且主要不再依靠面对面的经验传授，而是通过信息载体向被授权者传播，可见，现代科学的诞生大大加快了技术进步的步伐。

在经济学中，技术进步并不是指技术自身的变化发展，而是指一定量的投入能产生更多的产出，或者一定量的产出只需要更少的投入。

技术进步并不是指技术自身的变化发展，而是指一定量的投入能产生更多的产出，或者一定量的产出只需要更少的投入。

换一个角度讲，技术进步泛指技术的各个构成因素及其结合方式的变化，这种变化能够导致生产能力的提高。技术进步包括两层含义：技术进化和技术革命。技术进化是指对原有技术和技术体系的渐进性的改革创新，随着技术进化和科学研究的成果积累到一定程度，就会导致劳动工具和设备体系发生巨大改变，技术体系的这种质的飞跃性变革就是技术革命。

这里需要注意区别技术进步与工艺上的进步。一些经济学家经常把技术进步限定在工艺上的范围，此时，技术进步实际上是指工艺上的进步，包括新的生产设备、新的生产程序、新的产品等。现代经济增长理论把所有导致产量增加或成本减少的经济活动都归纳为技术进步，换句话讲，凡是影响生产函数使产出增加而又不能用资本和劳动等投入要素来解释的任何其他因素，都属于技术进步。可见，经济学上的技术进步将制度因素、社会、文化、自然条件等非技术性的因素也涵盖其中了。

对于技术进步，我们可以用图形表示为等产量线的内移。在图 5－1 中，横轴代表劳动的投入量，纵轴代表资本的投入量，曲线 I 和 I' 分别为技术进步前后的等产量线，表示不同的资本与劳动组合下的相同产量，曲线 I 和 I' 的位置和时间不同，但是代表相同的产量。由图 5－1 可知，技术进步后，等产量线由 I 内移到 I'，获得相等的产量只需要较少的要素投入。

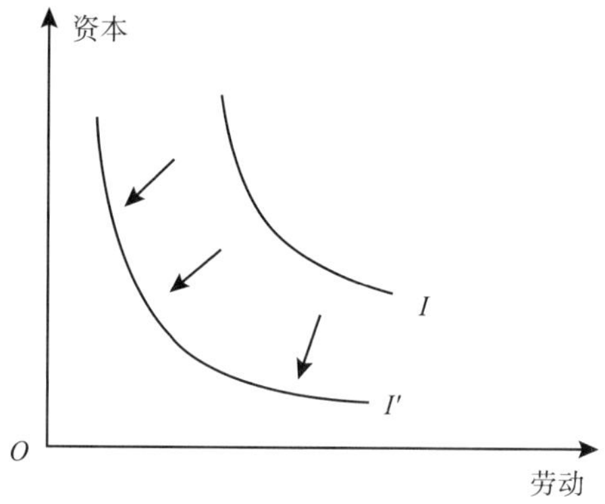

图 5－1　技术进步

我们知道，任何技术进步都具有商业应用价值，都表现为生产效率的提高。然而，技术进步的动因却不一定与商业应用价值和提高生产效率有必然的、直接的联系。技术进步的动因分为两类，一类是自发的技术进步，是指人们出于对自然规律的探寻精神而得到的技术成果，如第一架飞机的发明源于人们的飞天梦想。另一类是引致的技术进步，是指为追求经济上的利益而进行的技术发明，如计算机的问世。引致的技术发明往往具有直接的应用价值，而自发的技术进步则不一定。

5.1.2　技术进步的类型

根据技术进步对资本和劳动投入要素影响程度的不同，技术进步可分为三大类型：劳动节约型或资本使用型（labor-saving or capital-using）、资本节约或劳动使用型（capital-saving or labor-using）和中性型（neutral）。假设只有资本和劳动两种投入要素，而且工资率和利息率不变即生产要素的价格不变。如果技术进步导致资本劳动比上升，称为劳动节约型技术进步；如果技术进步导致资本劳动比下降，称为资本节约型技术进步；如果技术进步过程中并不引起要素投入比例的变化，称为中性技术进步。

图5－2中，曲线 *I* 表示技术进步前的等产量曲线，斜线 *KL* 表示要素价格比例曲线（或称等成本线），射线 *OE* 表示资本劳动比。设资本和劳动的价格比保持不变，技术进步后，等产量线 *I* 向原点内移，表示相同的产量只需较少的资本和劳动的投入量，要素价格比例曲线因而向内平移（由 *KL* 移到 K_1L_1），这时，新的切点作为技术进步后生产要素的最优组合点，其位置决定着技术进步的不同类型。若等产量线移至 *Ia*，劳动节约得更多，资本—劳动比上升，*OE* 射线由原点逆时针旋转通过 *A* 点，此时的技术进步为劳动节约型；移至 *Ic*，资本减少得更多，资本—劳动比下降，*OE* 射线顺时针旋转通过 *C* 点，此时的技术进步为资本节约型；移至 *Ib*，资本—劳动比不变，*OE* 射线位置不变，此时技术进步为中性型。

假设只有资本和劳动两种投入要素，而且工资率和利息率不变即生产要素的价格不变，技术进步导致资本劳动比上升，称为**劳动节约型技术进步**；如果技术进步导致资本劳动比下降，称为**资本节约型技术进步**；如果技术进步过程中并不引起要素投入比例的变化，称为**中性技术进步**。

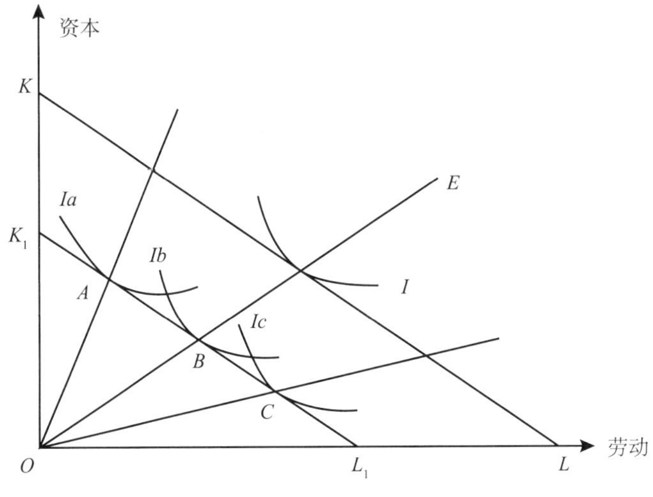

图5－2 技术进步的类型（要素比例标准）

5.1.3 技术进步与经济增长

运用经济增长因素核算的方法可以估算各种因素对经济增长的作用和贡献，20世纪50年代以来，以丹尼森（Denison，E. F.）、库兹涅茨为代表的一些经济学家利用世界各国的统计资料，从数量上测算了技术进步对经济增长的贡献。

根据丹尼森的研究，在1929～1969年，美国国民收入的年均增长率为3.41%，其中来自生产要素投入的部分为1.82%，余下的部分则来自全要素生产率的提高，包括规模经济（0.36%）、知识进展（0.93%）和资源配置的改进（0.30%）。进一步的分析表明，在1929～1948年，美国国民收入的年均增长率为2.75%，1948～1969年国民收入年均增长率为4.02%，后一个时期经济增长快于前一个时期，而且全要素生产率对经济增长的贡献由45.5%提高到47.5%，在全要素生产率中，知识进展的贡献最大，占全要素生产率对国民收入贡献的62.6%。[①] 可见，知识进展对经济增长的贡献十分显著，而且其作用呈现出上升趋势。

库兹涅茨也分析了7个较发达国家从19世纪下半叶到20世纪上半叶100多年的统计资料，得出的结论是：要素总投入在国民收入增长中的贡献率下降，而要素生产率在国民收入增长中的贡献明显上升。根据库兹涅茨的计算，发达国家人均收入的增加有50%～70%应归因于由技术进步带来的要素生产率的提高。[②]

世界银行在《1991年世界发展报告》中，也将影响经济增长的因素分为三类，即资本投入、劳动投入和全要素生产率，该报告考察了1960～1987年间68个发展中国家和地区的经济增长情况。在68个国家和地区中，包括撒哈拉以南的非洲国家27个，东亚国家9个，拉丁美洲15个，中东和北非8个，南亚4个，还包括5个高收入国家。世界银行的估算结果见表5－1。

从表5－1中可以看出：第一，发展中国家的经济增长大致上可以分为两类，一类属于高投入、高效率、高产出的经济增长型，如东亚地区的发展中国家；另一类属于高投入、低效率、低产出的经济增长型，如非洲、南亚和拉丁美洲的发展中国家。第二，发展中国家的经济增长与其经济效率具有明显的正向变动关系。在1960～1987年，大部分发展中国家的要素投入增长率没有什么变化，然而国内生产总值的年平均增长率却下降了很多，这显然应该归因于经济效率的降低。

根据表5－1，可以计算出68个国家资本、劳动和全要素生产率在经济增长中的贡献份额，如表5－2所示。

①② 秦宪文：《发展经济学》，经济科学出版社2006年版，第92页。

表 5－1　68 个发展中国家或地区经济增长因素分析（1960～1987 年）

单位：%

国家或地区	国内生产总值			资本投入			劳动投入			全要素生产率		
	1960～1973 年	1973～1987 年	1960～1987 年	1960～1973 年	1973～1987 年	1960～1987 年	1960～1973 年	1973～1987 年	1960～1987 年	1960～1973 年	1973～1987 年	1960～1987 年
非洲	4.0	2.6	3.3	6.3	6.3	6.3	2.1	2.3	2.2	0.7	−0.7	0.0
东亚	7.5	6.5	6.8	9.8	10.7	10.2	2.8	2.6	2.6	2.6	1.3	1.9
中东欧洲北非	5.8	4.2	5.0	7.7	7.5	7.6	1.4	1.9	1.7	2.2	0.6	1.4
拉丁美洲	5.1	2.3	3.6	7.4	5.6	6.3	2.5	2.8	2.6	1.3	−1.1	0.0
南亚	3.8	5.0	4.4	8.0	7.2	7.7	1.8	2.3	2.1	0.0	1.2	0.6
68 个发展中国家	5.1	3.5	4.2	7.4	7.1	7.2	2.2	2.4	2.3	1.3	−0.2	0.6

资料来源：《1991 年世界发展报告》，中国财政经济出版社 1991 年版，第 43 页。

表 5－2 各增长因素的贡献份额 单位：%

国家或地区	资本投入	劳动投入	全要素生产率
发展中国家（1960～1987 年）			
非洲	73	28	0
东亚	57	16	28
中东、欧洲和北非	58	14	28
拉丁美洲	67	30	0
南亚	67	20	14
发达国家（1960～1985 年）			
法国	27	－5	78
德国	23	－10	87
日本	36	5	59
英国	27	－5	78
美国	23	27	50

资料来源：《1991 年世界发展报告》，中国财政经济出版社 1991 年版，第 45 页。

从表 5－2 中可以看到，在影响发展中国家经济增长的三大因素中，资本投入的贡献份额最大，约占总产出增长的 2/3，在非洲国家差不多占到 3/4。值得一提的是东亚地区，从 1960～1987 年，虽然全要素生产增长率为 1.9%，在全世界是最高的，但国内生产总值年平均增长率也高达 6.8%，技术进步的贡献份额也只有 28%。由此可见，发展中国家的经济增长都主要依赖于资本积累，资本积累是发展中国家经济增长的主要源泉。与之相比，技术进步毫无例外的是发达国家经济增长的主要动力，要素投入对经济增长的作用居于次要的地位。

中国在过去 30 年中，技术进步迅速。仅从电子技术来看，仅仅 20 年时间，国产的家电产品基本上取代了进口的家电产品；又如，中国汽车制造技术在引进消化基础上也进步得很快，合资企业的国产化率越来越高，而且国内自主品牌的占有份额也越来越大。关于技术进步对中国经济增长的贡献，国内外不少学者进行了实证研究。改革开放以来，中国经济长期保持高速增长的态势，有研究显示中国经济在很大程度上依靠了全要素生产率（TFP）的贡献。世界银行曾经估算，如果把经济增长的来源区分为资本积累、就业增加、人力资本增长和全要素生产率增长四个部分，那么，在 1978～1995 年全要素生产率的增长对 GDP 增长的贡献率最高，是中国经济在这一时期的最主要增长来源。最近的一项关于中国技术进步对经济增长贡献的实证研究表明，中国的技术进步对经济增长的贡献率在1979～2007年平均为35.5%。这与世界银行估计的贡献率相比要低一些。不过，该研究表明，进入21世纪以来，中国技术进步在加快，技术进步对经济增长的贡献率在上升，每年都在40%以上。[①]

关于技术进步在经济增长中的关键性作用，目前一般没有异议，发展中国家要改变落后地位，更需要依靠技术进步来促进经济增长，但发展中国家受原有经济发展水平和技术水平的限制，技术进步在经济增长中实际所起的作用比起发达国家来还有很大差距。

5.1.4　技术进步与产业结构

产业结构代表着不同国家经济发展水平的差异，是一个经济时代区别于另一个经济时代的标志。在经济发展的过程中，如果产业结构符合生产力的发展水平，经济资源在各个产业之间配置合理，就可以提高经济效率，整个经济运行进入良性循环；如果产业结构不合理，就会阻碍经济发展。产业结构的变革不仅体现经济发展的水平，同时也推动着经济发展的进程。

实践经验数据表明，在经济发展的过程中，三个产业的主导地位是依次转移的，即一个国家经济结构的演进，是由第一产业占主导地位转向由第二产业占主导地位，再由第二产业占主导地位转向由第三产业占主导地位，也就是实现经济工业化，进而实现经济知识化、信息化的过程，是由农业经济转向工业经济，再转为知识经济的过程。

引起产业结构演进和变革的因素很多，其中，技术进步是推动和实现产业结构变革的主要动力。

第一，技术进步可以直接或间接地导致市场结构的变化，从而对产业结构变迁产生诱导力量。作为社会生产的前提和目的，市场需求结构的变化，决定了产业结构会发生相应的变革。然而市场需求结构的变化又受到技术进步状况的制约，而且市场需求结构变化要对产业结构的变迁产生诱导力量，日益需要通过技术进步来传递和实现，如果不存在技术进步，市场需求结构对产业结构影响作用的发挥将是一个十分漫长的过程，即使需求结构的变化对产业结构产生的诱导力量比较大，也会因为受到技术的限制而不能实现产业结构的变迁。

第二，技术进步能够促使新产业的兴起，带来新产品，改变产业结构。新兴产业可以通过原有产业分化形成，也可以通过新产品或新生产方式的规模不断扩大形成，两种形成方式都离不开技术进步，世

---

① 李斌、黄乐军：《科技进步对中国经济增长贡献的实证研究》，载于《科技与经济》2009年第3期，第65～68页。

界产业发展的历史表明，任何一个新产业都是在技术进步和技术扩散的基础上形成的。比如，钢铁冶金技术的进步及广泛应用导致了冶金工业的兴起和发展；电子技术领域的突飞猛进及其扩散，导致了电子工业的诞生和发展。可见，技术进步带来了新产品，促进了社会分工的发展和生产专业化程度的提高，而社会分工和专业化的水平都直接影响着产业结构。

第三，技术进步通过改变资本存量和资本增量在各个产业之间的配置，促进产业结构的变迁。在技术进步条件下，各个产业资本存量的更新和资本增量的配置过程中，与之相伴的是知识的补充和技术水平的提高，也是技术创新在各个产业之间的配置过程，因此，同样数量资本的生产效率更高，产出增加，结果相关产业的技术水平和技术特征发生变化，从而促进了产业结构的变革。

此外，技术进步还可以通过产业间的技术关联等，影响产业结构的变迁。可见，技术进步是引起产业结构变革的最重要的因素。

技术创新理论

5.2 技术创新理论

5.2.1 熊彼特的“创新理论”

1912 年，著名经济学家熊彼特出版了成名作《经济发展理论》一书，提出了“创新理论”，而后在 1939 年的《经济周期》中将其系统完成，并通过生前最后一部著作《资本主义、社会主义和民主主义》将“创新理论”发挥极致，形成了一个独特的经济发展理论。

什么是创新呢？按照熊彼特的观点，所谓创新就是建立一种“新的生产函数”，生产函数即指生产要素的一种组合比率（$P=f$，a，b，c，…，n），也就是说，将一种从来没有过的生产要素和生产条件的“新组合”引入生产体系。

熊彼特认为创新是打破经济静止均衡状态、推动经济向前发展的根本力量，包括五个方面的内容：一是引进一种新产品或提供一种产品的新质量；二是采用一种新的生产方法；三是开辟一个新市场；四是获得一种原材料或半成品的新的供给来源；五是实行一种新的企业组织形式。

熊彼特将“创新”和“发明”两个概念做了严格地区分，创新是一个经济概念而不是技术概念，它不是技术或工艺上的发明创造，而是一种不断运转的机制。“发明”是新技术的发现，而“创新”则是将发明应用到经济活动中去。一种新发明只有当它被应用到经济活动中去，为当事人带来利润时，才成为“创新”。否则，不能称之为“创新”，可见，单纯的科技与工艺发明并不等于就是创新机制。在现代社会中，市场需求已经成为新技术发明的主要动力，不考虑经济利益而自发进行的发明行为已经越来越少了，发明在一定程度上已经成为创新过程的一个组成部分。

强调企业家在创新过程中的决定性作用是熊彼特创新理论的一大特色。在熊彼特看来，发明的主体是科学家和技术人员，而创新的主体则是企业家。什么是企业家呢？企业家是把资源集中起来从事创新活动的人，他不断寻找机会引入新的生产技术、新的产品；改善组织管理形式，促进新资源的开发和发展；积累财富去创建新企业，选择总经理，安排组织经营。实行了创新的企业家在成本、质量、效率的竞争中就处于有利的地位，会获得额外利润，这会诱使其他企业纷纷效仿，一个领域的创新必然引发其他领域的创新，创新的成果便在经济中推广开来，直至达到新的均衡，新的创新活动又会打破均衡，如此往复，推动经济增长和经济发展。可见，熊彼特的“创新”作为连接科学技术进步与经济增长和经济发展的一种转换媒介，是把技术进步和社会经济发展联结起来的机制。

企业家之所以去进行创新不仅仅是为了追求额外利润，在熊彼特看来企业家的创新活动受到三种力量的驱使：一是发现一个私人商业王国的愿望；二是征服困难和表明自己出类拔萃的意志；三是创造和发挥自己才能带来的欢乐。在这三种力量的联合作用下，企业家具有一种非物质的精神力量，形成“战斗的冲动”，即为“企业家精神”。

熊彼特在1950年去世以后，他的后继者发展了创新理论，形成了当代西方创新经济学的两个分支：一是以技术变革和技术推广为对象的技术创新理论；二是以制度变革和制度形成对象的制度创新理论。

循着“技术创新”方向发展熊彼特创新理论的西方经济学家中，比较著名的有卡曼、曼斯菲尔德、施瓦茨等人，下面主要介绍卡曼的理论。

熊彼特曾经探讨过垄断、竞争与“创新”三者之间的关系，但是没有进行深入的研究。卡曼根据熊彼特在这方面的论述，重点研究“市场结构”和“技术创新”之间的关系，着重探讨什么样的市场结构对技术创新最有利，即技术创新在什么样的市场结构最易于发生、推广和扩散这个问题。

卡曼等人提出，技术创新主要受三个因素影响：一是竞争程度。竞争为技术创新提供动力，为了在竞争中占据优势，企业就要不断地进行技术创新来降低成本、提高产品质量和经济效益，并获得更多的超额利润，这样才能在激烈的市场竞争中保存和发展自己。因此，竞争越激烈，技术创新的必要性和紧迫性就越大。二是企业规模。企业规模的大小直接影响着技术创新的能力和市场前景。一般而言，一个企业规模越大，人力资源、财力、物力越雄厚，技术创新能力就越强，在新技术上的创新所能开辟的市场也越大。三是垄断力量。垄断程度越高，垄断企业对市场的控制就越强，越不容易被其他企业所模仿，技术创新得到的利益就越持久，越能激励技术创新。综合以上分析，他们得出结论：最有利于技术创新的市场结构是介于垄断和完全竞争之间的市场结构，即“中等程度竞争”的市场结构。

5.2.2 技术创新的扩散

一项成熟的技术创新成果必然随着时间的推移扩散开来，这一扩散过程同流行疾病的传播扩散有相似之处，“传染模型”对技术创新扩散过程中所呈现的规律性特征进行了描述。

当一项技术创新尚未被广泛采用时，人们对此项技术创新的信息知之甚少，从事创新活动的风险很大，技术创新扩散速度慢，扩散范围有限。随着越来越多的厂商采用这项技术创新，潜在的采用者所获取的信息量大大丰富了，进行创新活动的风险也小了，这时，技术创新扩散的速度迅速加快，扩散范围迅速扩大。当绝大部分潜在的采用者都进行了技术创新活动，创新的扩散速度又会重新慢下来，最后完全停止下来。这一过程可以用一条S曲线来表示，其中扩散速度先是上升，到拐点后下降。

1971年，美国经济史学家格里列希斯在所著的《杂交玉米和创新经济学》一书中，以杂交玉米的推广过程为例，对技术创新扩散的S曲线进行了研究，这一研究成果具有普遍意义。格里列希斯把技术创新的扩散过程分为三个阶段，对每一阶段的特征及其决定因素做了分析。如图5-3所示。

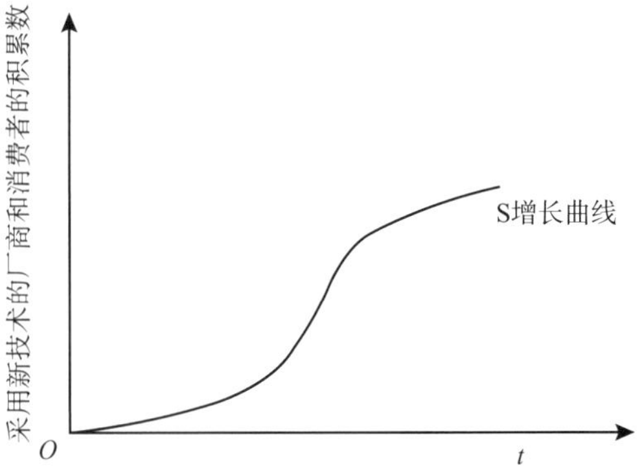

图5-3 S增长曲线

第一阶段，处于技术创新扩散的初期，一般来讲，扩散速度比较慢；第二阶段，随着时间的推移，扩散速度不断加快，直至最快；第三阶段，扩散速度逐渐放慢，最终趋于水平，整个过程呈现 S 形增长曲线。三个阶段的演进特征是由社会、经济等诸多因素决定的，从长期来看，经济因素最为重要。第一个阶段的扩散速度之所以缓慢，主要是因为技术创新成果出现的地区或初次被推广的地区，并非商业上最适宜的地区，即市场密度高、技术引进成本低、采用新技术成果盈利性大的地区。随着技术创新成果进入商业上最适宜的地区，扩散速度就会大大加快，进入创新技术扩散的第二阶段。当技术创新成果扩散到一定程度，商业上适宜采用的地区和企业都相继采用了，潜在的采用者越来越少，技术扩散的速度又会明显地放慢。

5.3　技术差距与技术转移

技术差距的存在是国际技术转移的前提，在技术水平上，发展中国家和发达国家存在着较大的差距，对发展中国家来讲，一方面要进行自主研究开发，自主进行技术创新，另一方面，通过知识、技术的国际传播和转让获得所需要的知识和技术，更是促进技术进步的一个重要途径。技术在国际间的转移为发展中国家在短时间内缩小差距提供了机遇和捷径，实际上，能否有效地对新技术引进、吸收、创新，已经成为衡量一国经济成熟程度的重要标准。

5.3.1　技术差距理论

技术差距理论

20 世纪 60 年代，波斯纳（Posner，M.）和哈弗鲍尔（Hufbauer，G. C.）提出技术差距理论，该理论认为，产生技术差距的主要原因是发达国家进行了技术创新。已经完成技术创新的国家，不仅取得了技术上的优势，而且凭借其技术上的优势在一定时期内在与该技术相关产品的生产上取得了垄断地位，从而进行创新的国家与未进行技术创新的其他国家之间形成了技术差距，并且导致了该技术产品的国际贸易，产品由技术创新国向未进行技术创新的国家流动。随着该技术产品国际贸易的扩大，技术创新国家会寻求多种途径和方式进行技术转让，以获得特殊利润，同时，未进行技术创新的其他国家也会由于该项技术（产品）在经济增长中的示范效应，或进行研究与开发，或进行技术引进，最终掌握该项技术，从而导致技术差距的缩小。由于技术差距的缩小，导致技术引进国与技术创新国之间该项技术产品的国际贸易的下降，直到技术引进国能生产出满足其国内需求数量的产品，两国间该产品的国际贸易终止，技术差距最终消失。

技术差距理论认为，国际间的技术差距，要用技术创新国的技术创新成果完成至技术引进国掌握该项创新技术所需要的时间来表示，而不能简单地用各国间拥有技术、技术产品和技术装备的时间特征来衡量。技术引进国掌握技术的标志是该国不再进口由该项技术生产的产品。

如图 5 -4 所示，该理论把从技术差距产生，到由该项技术引起的国际贸易完全终止之间的时间间隔称为模仿滞后时期，并且把这段时间间隔划分为两个阶段，即反应滞后阶段和掌握滞后阶段。

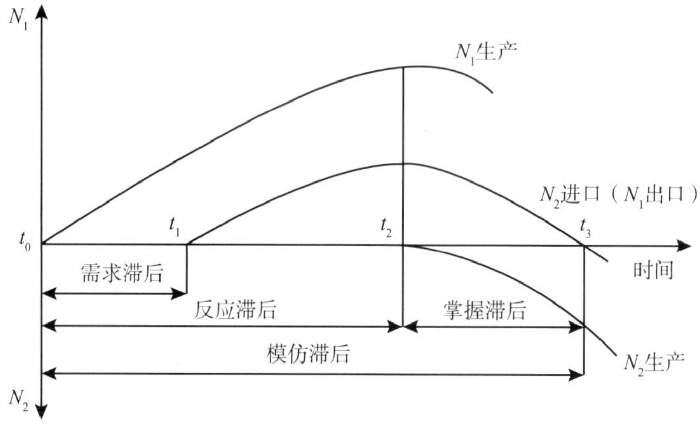

图 5 -4　技术差距图解模型

图 5 -4 中，t_0-t_3 为模仿滞后时期，时间点 t_0 表示技术创新国（N_1）完成技术创新并开始生产该技术产品，技术差距产生；t_1 为技术引进国（N_2）对该技术产品产生需求并开始从 N_1 进口；t_2 为 N_2 开始生产该技术产品并开始减少从 N_1 的进口；t_3 为 N_2 停止从 N_1 的进口并开始出口该技术产品，此时技术差距消失。

这段时期又分为两个阶段：t_0-t_2 为反应滞后阶段，即技术创新国家（N_1）完成技术创新并开始生产该技术产品，到技术引进国（N_2）模仿其技术开始生产该种产品的时间间隔；t_2-t_3 为掌握滞后阶段，即 N_2 开始生产该技术产品，到 N_2 停止该技术产品进口时的时间间隔。另外，在反应滞后阶段的初期，对技术引进国（N_2）来说，还存在着一个需求滞后阶段（t_0-t_1），即 N_1 完成技术创新并开始生产该技术产品，到该技术产品开始向 N_2 出口时的时间间隔。

需求滞后阶段的长短，主要取决于技术引进国（N_2）居民的收入水平和市场容量，两国居民的收入差距越小，N_2 的市场容量越大，则需求滞后的时间也就越短。一般而言，需求滞后的时间短于反应滞后的时间。

反应滞后时间的长短，主要取决于很多因素，如企业家的创新精神、该项技术产品的规模效益、运输成本、市场容量、居民收入水平和需求弹性等因素。

掌握滞后时间的长短，主要取决于技术引进国（N_2）消化、吸收和掌握该项创新技术的能力。正是由于上述一系列的滞后效应，形成了技术创新国家与技术引进国之间的技术差距。

5.3.2 发展中国家技术引进的必要性与可能性

包括中国在内的广大发展中国家日益认识到技术引进是在较高起点上发展经济、促进技术进步、增强自主研发能力的重要途径，纷纷将引进国外先进技术作为振兴和发展本国经济的重要战略决策。另外，经济全球化趋势的增强以及国际经济技术合作与交流的发展，也促使发展中国家通过技术引进来加快技术进步与经济发展。

发展中国家技术进步的途径不外乎两条。一是建立本国的科研体系，依靠本国的科研力量进行自主研究开发，二是从发达国家引进先进技术。以英国为代表的发达国家主要是依靠第一条途径来实现技术进步，在资本主义发展的早期，当时世界各国技术水平普遍低下。然而，现在发展中国家所处的历史条件与早期工业化国家大不相同，当代发达国家已经拥有了门类齐全的先进技术，这在一定程度上是全人类的共同财富。而发展中国家的科学教育水平也在不断提高，这就为引进和吸收国外技术创造了一定的基础条件。同时，由于国内产业升级和国际竞争的压力和技术商品本身的特点，如规模性、时效性等，先进国家往往要把资金和技术向后进国家扩散和转移，这就为发展中国家的技术进步创造了机遇。

对发展中国家来讲，技术引进是十分必要的。历史经验表明，从外部引进的技术进步对发展中国家的意义远远大于内源的技术进步。

第一，通过技术引进替代有关技术与装备的研究与开发，可以降低成本和避免有关风险，大大加快经济发展进程。从知识存量增加，到实现技术进步并获得经济增长通常要经过一个漫长的过程，包括科学发现、发明、革新、改良、扩散等阶段，一项比较重大的基础科研成果，从研究、试验、设计到投产，一般需要经过 10～20 年的时间。发展中国家知识存量水平低，如果对每一种技术都完全按照上述五个阶段来进行技术研究与开发，必将是一个十分漫长的过程。相反，如果引进国外技术，就可以跳过前两个阶段，大大缩短本国技术进步所需的时间。同时，发展中国家科学研究和开发能力比较差，且资金有限，在这种情况下，通过引进技术可以弥补本国技术力量的不足，节省大量的资源。

第二，引进发达国家的先进技术可以加快发展中国家市场机制的发育和创新活动的发展。发展中国家普遍缺乏促进技术进步的创新机制，其内源的技术进步比较缓慢，在引进先进技术的同时，可以促进国内竞争机制的形成，引发一系列的创新活动。

第三，引进先进技术可以促进发展中国家外贸的发展，扩大对外开放的程度，更好地融入全球经济一体化。

技术引进不仅是必要的，而且也是可能的。这主要是因为技术输出国可以通过技术转移来获取较大的利益，这可以从技术商品的特殊性来说明。与一般商品相比，技术商品具有如下特点：一是技术商品的研制成本一般要大大高于普通商品的生产成本，但技术商品在运用中却无须再生产成本；二是技术知识作为商品使用后，并不减少原所有者的持有量，它特别适合于大规模的运用；三是技术商品随时面临着被仿效的危险，从而垄断地位随时都可能丧失；四是买卖双方中，买方处于不利地位，其无法正确估算技术商品的未来成本和收益；五是技术商品一般不能向第三者任意转卖。可见，技术商品的这些特点，尤其是它的规模性与时效性促进和推动了技术的输出。发达国家一般是愿意向发展中国家转移技术的，当然，这是就一般情况而言。实际上，为了维护发达国家自身的经济利益、政治利益尤其是军事利益，它们并不情愿把最先进的技术转移给发展中国家。

第二次世界大战后的世界经济发展的实践表明，落后国家如能充分利用后发优势，可以有效地缩短与先进国家的差距，甚至后来居上，现在，发展中国家在经济和技术发展水平上居于劣势，但这种劣势中也蕴涵着一种潜在的优势，借鉴先进国家的成功经验，吸取其失败的教训，充分发挥后发优势的作用，发展中国家完全有可能用较短的时间走完先进国家用较长时间走过的发展路程。

垂直型技术引进 是指将国外的基础科研成果转用于本国的应用科学中，或将国外的应用科研成果转用于本国的生产中。

水平型技术引进 是指将国外已被应用于生产的新技术应用于本国的生产领域。

5.3.3 技术转移的类别和途径

根据曼斯菲尔德的研究，可以将国际间技术转移分为垂直型技术转移（vertical technological transfer）和水平型技术转移（horizontal technological transfer）两类。垂直型技术引进是指将国外的基础科研成果转用于本国的应用科学中，或将国外的应用科研成果转用于本国的生产中。水平型技术引进是指将国外已被应用于生产的新技术应用于本国的生产领域。

如果技术引进国具备一定的科研开发能力，就可以多采用垂直型技术引进的方式；反之，如果技术引进国基本上不具备科研开发能力，就只好直接引进他国已经应用于生产领域的技术，即水平型技术引进，但是，长期依赖水平型技术引进不利于增强本国的科学研究和技术开发能力。垂直型技术转移和水平型技术转移都涉及科技情报、物质、设计以及生产能力的转移，其中生产能力的转移最为重要，为了在技术引进国形成现实的生产力，技术转移往往与资本和人才的转移结合在一起。

简单的国际技术转移是指某项先进技术由A国转移到B国，而不管B国采用这项先进技术后能否复制出来。

技术吸收是指某项先进技术由A国转移到B国，并且被B国复制出来。

根据维尔金斯（M. Wilkins）的意见，考虑技术引进国对技术的消化吸收情况，可将技术引进分为简单的国际技术转移（mere international technological transfer）和技术吸收（the absorption of technology）。简单的国际技术转移是指某项先进技术由A国转移到B国，而不管B国采用这项先进技术后能否复制出来。而技术吸收是指某项先进技术由A国转移到B国，并且被B国复制出来。

当引进某项先进技术以后，引进国能够将其复制出来，才能真正推动发展中国家的技术进步，所以，技术吸收又称为“真正的技术扩散”。一国能否有效地吸收引的技术，取决于国内的科技研究和开发能力，这种能力越强，越有利于缩短技术吸收的时间。

另外，按照技术引进的方式，可以将技术引进分为有偿技术引进和无偿技术引进。有偿技术引进是指需要支付转让费的技术引进，即国际技术贸易，也称为贸易形式的技术引进。无偿技术引进是指不需要支付费用的技术引进，技术引进国将从国外获得的知识转化为本国所需要的技术，也称为非贸易形式的技术引进。

一般地讲，技术引进具有以下几种途径：一是进行商品贸易，比如向国外购买新设备，生产设备本身就是技术的体现，进口某种设备也就是进口与之相关的技术。进口某种新产品并加以仿造或复制，从而掌握生产这种新产品的技术。二是许可证贸易，以此实现单纯知识形态的先进技术的转让，在国内生产新产品或应用新的生产工艺，包括专利权的购买、图纸和技术参数的有偿获得等。三是外国直接投资，本国人员在外资企业中接受培训或工作而获得先进的知识、技能和管理方法。四是国际间的信息技术交流，如派人员去国外学习、考察，聘请外国专家、技术人员来本国进行技术指导，或接受国外政府和私人企业的技术援助。

5.3.4 国际间技术转移的制约因素

国际间技术自由转移的假定不符合经济生活的实际情况，发展中国家引进国外的先进技术并加以消化、吸收和推广，是一个困难的过程，存在许多制约因素。障碍来自技术输出国和技术引进国两个方面，技术输出国方面的障碍主要是技术输出国政府和企业出于技术在政治上和商业上的保密性、专利权、政策考虑等。下面主要讨论来自技术输入国方面的障碍，制约因素可以划分成以下 9 个方面：

（1）需求障碍。由于发展中国家人均收入水平低，再加上人们可能对新产品不了解，利用国外先进技术生产出来的新产品可能没有足够的需求，没有销路，使技术的引进和推广得不偿失。

（2）资本障碍。由于发展中国家普遍资本匮乏，外汇支付能力差，可能缺少足够的资金去购买国外的先进技术和建立相应的配套设施，从而妨碍技术的引进、应用和推广。

（3）自然资源障碍。新技术的应用和推广往往要以相应的自然资源为条件，发展中国家如果不具备发展和应用该项技术所需要的自然资源，就会妨碍该项技术的引进，尤其是对小国来说。

（4）劳动成本障碍。发展中国家一般劳动力供应充足，劳动力成本很低，但是资本短缺，这就要求在生产中多使用劳动，少使用资本，但是先进技术往往是劳动节约型的，其应用需要大量使用资本，所以，会使失业问题进一步恶化。

（5）人力资源障碍。发展中国家教育和技术发展水平低，劳动力素质较差，缺少为使用和发展新技术所需的专业技术人才，无法利用引进的先进技术。

（6）规模障碍。一定的新技术总是同一定的企业规模相适应的，先进技术的应用，要求企业或相关部门的生产达到一定的规模，而发展中国家企业和部门的生产规模往往偏小，难以达到使用先进技术的要求。这时如果采用新技术，产品成本会比国外同类企业的产品成本高一些，因此，这些企业不会采用国外的新技术。

（7）基础设施障碍。发展中国家基础设施落后，缺少为使用和发展先进技术所必需的动力、运输、通信、供水、供电、仓储等条件，从而无法吸收国外的先进技术。

（8）制度障碍。包括正式制度的障碍和非正式制度的障碍两个方面，正式制度的障碍包括法制不健全、专利权得不到保障、对技术引进管理不当、政府对经济干预过多等，非正式制度的障碍主要是指由于文化方面的原因，如求稳、守旧的心理，人们抵触新技术，从而妨碍技术的引进和推广。

（9）技术引进次序上的障碍。由于发展中国家外汇有限，政府和企业安排投资有自己的考虑，根据轻重缓急、前后次序，只能优先引进那些最急需的技术，这样，某些新技术的引进就会受到阻碍。

虽然存在诸多障碍，国际间技术转移毕竟已经成为当代经济发展的大趋势，随着各国经济间的相互联系和依赖的日益加深，经济生活国际化的不断发展，必将极大地推动国际技术转移的进程。

5.3.5　中国技术引进取得的成就与存在的问题

改革开放以来，中国的技术引进无论从合同金额还是从合同数目来看都呈上升趋势，自20世纪90年代中后期以来上升更为迅猛，连连攀升。技术引进合同金额由1995年的130亿美元跃升到2008年的271亿美元，增长1倍多；技术引进合同数量由1995年的3 629项跃升到2008年的10 170项，增长了近2倍。[①] 中国技术引进中技术费支出已经超过了设备费用支出。此外大中型工业企业技术引进也较为活跃。

与此同时，中国在技术引进方面也存在着一些不容忽视的问题，需要引起足够的重视。首先，重引进轻消化吸收，技术引进中以纯粹的技术转让形式引进的外国技术所占比重不高。大中型工业企业用于引进支出每年都大大高于消化吸收的支出。1995年，引进技术费用是361亿元，而消费吸收经费只有区区13亿元，后者只占前者的3.6%；到2008年这个比率大幅度提高了，但后者也只占前者的24%；其次，盲目引进和重复引进现象在中国也十分严重。[②] 目前，负责从国外引进技术的往往是企业负责人，甚至还有一些政府部门不恰当的行政干预。他们对所要引进的设备缺乏了解，对国内同类技术的研究开发工作一无所知，对新技术在中国的适用性也不甚了了，结果，高价购买技术设备、国内已有而仍从国外引进技术以及引进的技术因国内配套条件不足而成为废物的情况屡见不鲜；再次，作为中国技术引进另一个重要途径的国外直接投资取得了巨大的成绩，目前中国已经成为发展中国家中最大的引资国，但“以市场换技术”没有取得预期的效果，还扩大了地区间技术水平的差距。有研究显示，依靠国外直接投资（FDI）对于中国东中西部技术进步的效应是不同的：在东部地区，FDI显著推进了技术进步；在中西部地区，虽然FDI对技术进步具有一定的作用，但效果都不显著。

5.4　技术选择

技术选择是发展中国家在技术引进过程中所面临的一个重要问题，技术实际上是生产过程中生产要素的组合方式，采用不同的技术，即生产要素进行不同的组合，可以由不同的要素投入获得相同的产出，所以，如何根据本国生产要素的相对稀缺程度选择最优的要素

①② 郭熙保：《发展经济学》，高等教育出版社2011年版，第196～197页。

投入比例，这就涉及技术选择问题。

5.4.1 技术选择的经济含义

作为一种经济行为，技术选择实际上就是对不同要素投入组合的成本进行比较。经济学家通常假设，为获得任一既定的产量，存在着多种生产要素的组合方式：更多的劳动、更多的资本、更少的土地等，每一种组合方式代表着一种特定的生产技术。为了以最小的成本获得最大的产出，生产者要根据生产要素的相对价格予以选择。如果劳动的价格比较低，则偏向于选择较多的劳动与较少的资本间的组合，或是土地价格比较低，则选择较多的土地要素与较少的劳动间的组合。所以，技术选择的一个重要含义就是，根据资源的相对稀缺程度或比较优势，选择最优的要素投入比例，如图 5-5 所示。

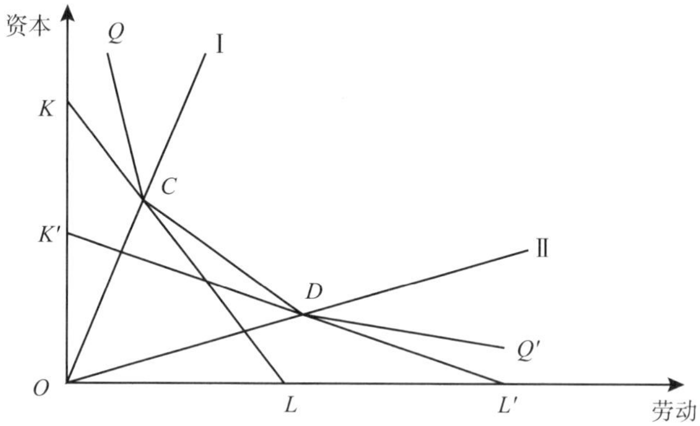

图 5-5 技术选择

图 5-5 中所示，横轴代表劳动的投入量，纵轴代表资本的投入量，曲线 QQ' 为等产量线，该曲线上每一点所代表的劳动和资本的投入组合都可以得到相同的产量。斜线 KL 或 $K'L'$ 是价格比例曲线，表示劳动要素价格与资本要素价格之比。假设某个行业或厂商仅有两种技术手段可供选择，即技术Ⅰ和技术Ⅱ，用射线Ⅰ和Ⅱ表示。对每一既定的产量水平，技术Ⅰ需要投入较多的资本，技术Ⅱ则需要投入较多的劳动。等产量线和价格线的切点 C 和 D 是实际上可选择的要素投入组合。若不计成本，两种技术手段是无差异的，但在实际中，生产要素是稀缺的，其稀缺程度反映在生产要素的价格上，如果劳动要素相对充裕，其价格就会较为便宜，就应该选择技术Ⅱ，在价格线 $K'L'$ 与等产量线 QQ' 的切点 D 进行生产；反之，若劳动要素匮乏，就应该选择技术Ⅰ，在切点 C 进行生产。

在发展经济学发展的初期，人们普遍认为发展中国家的劳动力相对充裕，资本严重不足，因此，在经济发展中，本应该选择劳动密集型的生产技术。然而在实际生产中，大量的经验研究表明，这种趋向并不明显，对于同一种产品的生产方法，发展中国家与发达国家看来并无重大差异。

对于这种情况，发展经济学家展开了广泛的研究，并提出了解释：一是发展中国家的市场不完善，要素的价格不能正确反映各自的稀缺程度。制度的、结构的因素使工资率难以下降，而资本则由于人为的补贴而变得相对便宜。二是随着技术的进步，可供选择的要素组合方式越来越少，现代技术进步一般总是意味着更为密集的资本投入，它使原有的劳动密集型技术变得无利可图。三是相对于资本密集型技术，劳动密集型技术对劳动力技术水平和熟练程度的要求更高，需要大量的技术工人，而发展中国家劳动力数量虽多，但多为熟练工人，而不是技术工人。四是发展中国家缺乏研究开发能力，机器制造业不发达，它们不得不依靠向发达国家引进生产技术和资本品，而发达国家的生产技术和资本品主要是资本密集型的。此外，强烈的赶超意识也促使发展中国家引进较为先进的技术，建立和发展现代工业部门。

处于不同的层次，进行技术选择所考虑的范围也有所不同。企业所进行的微观技术选择是站在企业的立场上，主要考虑经济成本，而国家所进行的宏观技术选择则着眼于经济和社会发展的长远利益，除了直接经济成本以外，还要考虑社会、环境等各方面的成本。微观技术选择和宏观技术选择有时可能会出现不一致，例如，企业从自身的内外部条件和发展目标出发选择了资本密集型技术，就会导致对劳动力的需求减少，对资本的需求增加，可能会使失业问题趋于恶化，这时国家可以通过制定法律、政策来缩小不同层次的技术选择的差异。

5.4.2　中间技术论和适用技术论

1. 舒马赫以小为妙的“中间技术论”

1973 年，德国经济学家舒马赫（E. F. Schumacher）出版了《小的是美好的》一书，批评了现代大型化工业生产技术的弊病，提出广大发展中国家应当采用中间技术，发展小规模生产系统。

舒马赫指出发展中国家普遍存在着“二元经济”特征，在这种“二元经济”中存在着两种不同的生活方式，只有 15% 的人口生活在现代化区域中，主要局限在一些现代化的大城市中，其余 85% 的人口则生活在农村地区。由于城乡之间的明显差异，造成农村人口大规模向城市迁移，并产生出日益众多的失业人口。据此，舒马赫认为发展中国家只有通过开发和引进中间技术，发展小型生产系统，只有这样才能够为需要帮助的穷人提供就业机会，消除失业人口，解决严重的失业问题。因为开发和引进中间技术，发展小型生产系统可以直接在农村创立千百万个新的工作场所，可以在短期内提供大量的就业机会，缓解失业的压力。同时，舒马赫认为中间技术富于人性和创造性，并且小规模生产系统对自然环境的危害也很小，是一种“具有人性的中间技术”，是人类自身发展的需要。

所谓中间技术是介于先进技术和传统技术之间的一种技术，形象地说，可能是介于镰刀和拖拉机之间，或者说是介于非洲割胶刀和联合收割机之间的技术，如果按每个工作岗位投资来说，如果先进技术为1 000英镑，传统技术为10英镑，那么，中间技术可以认为是100英镑的技术。舒马赫认为中间技术是在贫穷条件下，最适用于发展的技术。

中间技术具有以下特点：一是属于劳动密集型技术，因此，不需要占用过多资本，比较适合小型企业，利于就业。二是中间技术比传统技术的生产率要高得多，与资本高度密集的现代工业技术相比，又要便宜得多。三是中间技术适合发展中国家的环境，在应用、管理和维修方面的问题都容易解决。因此，它是一种适合于在贫穷落后的发展中国家普遍推广的技术。

“中间技术”论从发展中国家所面临的实际困境和需要出发，着眼于在技术水平上对发展中国家的适应性，主张发展中国家要引进中间技术，而不能盲目追求先进的技术。这个理论也遭到一些经济学家的诘难：既然更为先进的技术已经存在，为何要引进相对落后的中间技术？这样，发展中国家和发达国家之间的技术差距如何消除呢？而且，中间技术常常造成产品质量低下，生产效率难以提高，竞争能力差。为了弥补“中间技术”论的这些缺陷，“适用技术论”便应运而生。

2. 雷迪的“适用技术论”

对于什么是“适用技术”，国际上众说纷纭，印度著名经济学家雷迪曾经阐述过适用技术的三重目标特征：一是环境目标。适用技术应该能够节约能源，循环使用各种材料，实现资源的最佳配置，减少环境污染，保护生态环境。二是社会目标。适用技术应该最大限度地满足人类的基本需要，提供富有创造性和引人入胜的工作，能够与发展中国家的传统文化相交融，促进社会和睦，并赋予群众较大的自主权。三是经济目标。适用技术应该能够克服经济发展的非均衡因素，广泛提供就业机会，采用地方资源并生产地方消费品，分散经营。

后来，美国的一些学者对雷迪的观点进行了扩大和补充：

（1）适用技术的民众性。适用技术在其发展过程中必须有广大人民群众的广泛参与，要由人民选择、设计、建设和拥有。

（2）适用技术的区域性。适用技术应该按照生态、社会、经济提出的要求，根据地区资源禀赋、地理位置、地区人文特点等具体条件，因地制宜地选择和设计。从而适用技术富有地区色彩，不可能使两个地区的适用技术相互替代或完全转移。

（3）适用技术的价值观。适用技术并不是某种实体机器，也不是某一类型的技术，确切地说，它是一种推动社会进步的手段，是一种能够造福于人类的、崭新的价值观。

（4）适用技术的未来性。一般的科技人员往往考虑技术能给人们带来什么，凭借现有的技术水平去预见未来。而从事技术发展的专家，则着眼于人口与自然资源的状况，把握技术发展的方向，去塑造未来世界，设计人类美好的前景。

美国学者补充的这些观点已经着眼于全球技术的发展，而不再只是针对发展中国家的技术引进。可见，“适用技术”的基本含义是：发展国家应根据最小成本或最大收益的经济原则，考虑本国的生产要素状况、市场规模、社会文化环境、吸收创新能力等因素，选择最切合本国国情的技术，充分满足人民的基本需要。

由上面的分析可以看出，两种理论的基本思想是一致的，都认为发展中国家应选择切合本国实际情况的技术，但是适用技术与中间技术不同。适用技术的内涵比中间技术更加丰富、灵活既可以包括先进技术、尖端技术，也可以包括中间技术甚至原始技术，它是一个具有多种层次、多重目标的选择评价系统，它追求的是对社会、经济、文化等多方面目标的适用性。而中间技术可以是适用技术，也可能不属于这一范畴。再就是，适用技术总是相对于一定的价值取向而言的。由于广大发展中国家在经济、文化、政治和自然环境等方面存在着差异，在价值取向上也不尽相同，因此，不存在统一、绝对的适用标准。而雷迪提出的适用目标虽然具有一定的普遍意义，但绝非是囊括所有。

5.4.3 技术选择的标准

发展中国家在经济发展的不同时期，有不同的发展任务和发展目标，所以，在技术引进的过程中，必须根据当时当地的实际情况，参照不同的标准和指标体系，对引进技术的类型进行选择。经济学家提出的技术选择的标准主要有以下 5 种。

1. 高产出量标准

该标准认为技术引进国应该优先选用在规定投资资本条件下使产

出最大的技术，以增加社会财富的绝对量。发展中国家在经济发展的初期，普遍发展资金匮乏，资金短缺成为制约经济发展的主要障碍，在这种情况下，人们更加关注如何利用有限的资金，获得最大的产出。这种技术选择标准特别适用于资本匮乏的发展中国家。

2. 社会极限性生产标准

该标准强调在引进技术的过程中，要因地制宜，量力而行，必须考虑引进国的社会承受能力，即使在一定的资本条件下所适用的技术能使产出达到最大，但是如果超出了社会的承受能力，也不能说是选择了最佳技术。比如，发展中国家在经济发展初期，其外汇支付能力比较差，如果引进的某项先进技术需要增加原材料进口，就会使国际收支情况趋于恶化，不符合社会极限性生产标准。

3. 高积累率标准

该标准所强调的是资本积累、资本形成，考虑的是经济实力增长的长期效果，认为一个国家的经济发展并不限于技术进步，而依存于资本的积累率，所以选择引进的技术应该能够增强生产能力，是使经济能够获得长期增长的资本积累率较高的技术。

4. 时间系列标准

该标准认为应该根据一定发展时间内的条件变化，对上述各种标准加以综合选择。例如，在经济发展的初期，资本和外汇普遍匮乏，这时候要采用社会极限性生产标准，当有了一定的资本积累以后再采用高积累率标准。又如，在经济发展的某一特定时期，主要引进劳动密集型技术，随着经济的不断发展，可能要转向引进资本密集型技术和知识密集型技术。

5. 技术进步关联作用标准

该标准认为，在引进一项技术时，不应只局限于为一个企业、一个部门服务，而要考虑技术是否具有较强的关联度和推广能力，对相关部门的发展能否起到带动作用。

本章重要术语

技术、技术进步、产业结构、创新、技术差距理论、技术转移、技术引进、劳动节约型技术进步、资本节约型技术进步、中性技术进步、垂直型技术转移、水平型技术转移、中间技术论、技术进步关联作用标准、社会极限性生产标准、适用技术论

本章小结

技术进步是指一定量产出只需要更少的投入。技术进步有体现的（内生的）和非体现（外生的）之分。技术进步通常按要素使用密度分为三类：资本节约型、劳动节约型和中性型。它们有两种表述方法：要素比例方法和边际产品比例方法。

现代经济增长要素的实证研究表明，技术进步对经济增长的贡献随着经济发展程度的提高而增加，发达国家的经济增长主要归于技术进步（全要素生产率的增长），而发展中国家的经济增长中资本贡献最大。改革开放以来中国的技术进步在加速，技术进步对中国经济增长的贡献比较高，而且呈上升趋势。

发展中国家通常把引进外国先进技术作为促进本国技术进步和经济发展的重要途径。技术引进存在一个技术选择问题，发展中国家引进什么样的技术，既要考虑资源禀赋状况，同时也要考虑本国要素禀赋对技术的需要。发展中国家技术引进虽然已经取得了不少进步，但依然有一些不容忽视的问题：在技术贸易中处于受支配的地位以及技术吸收能力较差。

技术进步的主要源泉是创新。熊彼特认为，创新以及创新者——企业家是推动经济增长的主导力量。创新需要一个适宜的制度环境，主要是完善的市场制度和竞争机制。技术创新是一个整体复杂的运行过程，不是个别企业在自由竞争中就可以实现的，因此需要建立一个国家创新体系。发展中国家的国家创新体系非常薄弱、创新机制缺乏，主要是由于没有一个健全的市场竞争制度，尤其是缺乏一个适应于企业家创新的制度环境。

延伸阅读

关于创新理论，可以进一步参阅熊彼特（J. A. Schumpeter）的《经济发展理论》，商务印书馆 1990 年版。——**创新是经济发展的动力。**

关于技术扩散如何影响发展中国家的技术进步，可以参阅李平的《国际技术扩散对发展中国家技术进步的影响：机制、效果及对策》，三联书店 2007 年版。——**发展中国家和地区如何利用技术扩散促进技术进步和自主创新。**

参考答案

复习与思考

1. 单选题

(1) 熊彼特所说的创新活动不包括（　　）。

A. 引进一种新产品　　　　B. 开辟一个新市场

C. 实现新的企业组织形式　　D. 扩大生产规模

（2）把新的技术、新的生活方法、新的组织结构管理形式创造性地应用到经济活动中，推向市场的动态过程，熊彼特将其称为（　　）。

A. 变革　　B. 质变

C. 创新　　D. 发明

（3）把不能以劳动力和资本增加来解释的经济增长部分归于技术进步的方法叫作（　　）。

A. 全要素生产率分析　　B. 资本拓宽

C. 资本深化　　D. 部分生产率分析

E. 可持续发展

2. 多选题

（1）按要素比例标准，技术进步又可分为（　　）。

A. 劳动节约型　　B. 环保型

C. 中性型　　D. 资本节约型

（2）熊彼特所说的创新活动包括（　　）。

A. 引进一种新产品　　B. 开辟一个新市场

C. 实现新的企业组织形式　　D. 提供一种产品的新质量

E. 获得原材料的新来源

（3）关于“适用技术论”与“中间技术论”的叙述正确的有（　　）。

A. 两种理论的基本思想是一致的

B. 中间技术可能是适用技术，也可能不是

C. 适用技术的内涵比中间技术更加丰富、灵活

D. 适用技术总是相对于一定的价值取向而言的

3. 简答题

（1）熊彼特“创新理论”的主要内容是什么？

（2）谈谈技术进步与产业结构的关系。

（3）分析发展中国家引进技术的必要性。

（4）国际间技术转移存在哪些制约因素？

（5）技术选择有哪些标准？

4. 案例分析题

招商银行：创新出卓越

招商银行是中国第一家由企业投资创办的股份制商业银行，创立于 1987 年 4 月 8 日。经过三次扩股增资，招商银行股东单位已增至 108 家，注册资本达到 50 亿元人民币。多年来，招商银行采取全新的管理体制和运行体制，坚持“信誉、服务、灵活、创新”的经营

宗旨，按照现代商业银行的经营原则，积极稳健地发展业务，以国内整个银行业0.3%的员工和0.1%的机构，管理1.5%的资产，创造8%的利润。自1996年以来，连续三年荣膺《银行家》“世界25家最佳资本利润率银行”。《欧洲货币》1999年“亚洲最大100家银行”排名中，招商银行股本回报率居亚洲银行业首位，招商银行在国际银行业中赢得良好的声誉。

长期以来，招商银行开拓进取，奋力拼搏，将西方商业银行特别是香港地区商业银行的经营管理机制与中国内地银行业的实际结合起来，形成了一套独具特色的经营管理体制，被社会赞誉为“招银模式”。

1. 产品创新，迎合市场需求

招商银行坚持以市场为导向，积极推进金融创新，把开发新产品作为业务发展的有力杠杆。20世纪80年代中期，当国际上出现电子货币时，国内还在使用沿袭上百年的存折、存单方式。招商银行顺应人们观念和需求趋势，于1995年花了三个月时间研制开发了基于客户好管理，集理财和消费等功能于一身的个人理财工具“一卡通”。

“一卡通”的推出是个人理财方式上的一次突破，它不仅改变了近代以来从票号、钱庄开始，沿用了上百年的存折、存单等传统储蓄业务处理方式，简化了储户和银行的存取款手续，而且还具有高度安全性。在当时国内所有同类理财工具中其功能最全，容量最大，档次最高，样式最新。“一卡通”为招行赢得声誉，引来社会普遍关注。有人称银行“一卡通”的出现，是储蓄服务方式的一场革命，金融业同行也认为“一卡通”充分体现了招商银行电子化水平的提高和储蓄业务的迅速发展。招商银行自推出“一卡通”以来，每天新增储蓄额数以百万计。

金融产品“一卡通”的初步成功，让招商银行明确了一个思想——要依据市场现实和自身特点，不断推出新的业务品种和金融工具，以发挥自己的服务优势和品牌优势，这是持续在同行业领先的经营之道。招行的管理层敏锐地看到，网络正在以其无限的生命力渗透到社会生活的各个领域，信息社会的先进技术为银行创造了跳跃性发展的契机——发展网上银行是起步晚、规模小的股份制商业银行顺应商业银行职能演变趋势，缩短与国内外商业银行差距的有效途径。在这个“快者生存”的网络经济时代，招商银行抓住机遇、及早起步。

1999年9月，招商银行在全国全面启动网络银行服务，率先踏上国内银行业进军互联网的征程。招商银行以“一卡通”这一响亮品牌，构建起由企业银行、个人银行、网上证券、网上商城、网上支付组成的功能较为完善的网络银行服务体系。同年11月，中国人民银行正式批准开展网上个人银行服务，招商银行成为国内首家经监管当局正式批准开展在线金融服务的商业银行，这为招商银行创立以来已经实现的十几个中国“第一”又增添了精彩的一笔。招行网上银行的问世，不仅解决了电子商务的瓶颈问题，而且顺应了历史的潮流，延伸了银行的服务，扩大了市场份额。招商银行推出的“一网通”，被评为1999年中国互联网发展10件大事之一，“一网通”也入选为中国“百佳网站”。

2. 功能创新，树立金融品牌

面对国内银行卡遍地开花的局面，招商银行采用差异化营销策略，开展全方位的创新，强化“一卡通”的品牌优势，个人银行业务初步形成规模化、多元化发展的格局。在市场创新上，推出“一卡通”酒店预订功能，发行“大学生网上支付卡”，与新浪、8848等网站联合开发网上支付联名卡，以此扩大招商银行的客户；在功能创新上，率先推出移动电话银行，完善了网上支付功能，开发了IP电话功能、个人外汇实盘买卖和自助贷款等功能，确保“一卡通”的技术领先优势；在业务方式创新上，推出网上申请支付卡功能，开拓新的网上商户，完善网上银行服务；在服务创新上，构建由自助银行、电话银行、传统银行、网上银行、移动银行等多层次的服务网络；在品牌创新上，推出“招银民惠卡”，为全行开发贷记卡市场积累了经验。“一卡通”功能的完善，品牌的凸现，给招商银行带来直接的效益。从全国市场份额来看，招商银行发卡量在全国金融系统排名第六，点均发卡和卡的含金量均远高于全国平均水平。同时，为保持“一网通”在国内互联网中的持续领先地位，招商银行不断对系统进行功能改造和版本升级，以丰富“一网通”的内涵。在网上个人银行方面，2000年2月推出“移动银行”服务，将网络银行的终端扩展到移动电话上，成为国内首家通过手机短信息平台向全球通手机用户提供综合化个人银行理财服务的银行。2000年11月，又在个人银行大众版的基础上，推出业务内容更丰富、安全机制高的专业版，“专业版”具有账务查询、卡内定活互转、专户互转、同城互转、异地汇款、网上支付等一系列功能。与此同时，招商银行凭借“突破时空限制的银行服务手段、先进高效的理财工具、完善的B－B电子商务解决方案”，探索电子商务资金流的新方式，利用互联网技术在开发对公业务产品方面进行大胆的探索，1999年底推出提供账务查询、内部转账、发放工资、金融信息查询等服务的“网上企业银行”2.0版。2000年8月15日又向社会推出了3.0版本，增加在线理财、瞬间达账和网上信用证等新功能。3.0版实现与招商银行电子汇兑系统的无缝对接，率先在国内同行中实现了系统内资金的瞬间到账。2001年5月16日，该行又运用其先进的电子及网络技术优势，在全国率先实现fiche资金估算服务。fiche资金估算服务，成为国内银行业第一家在全国所有营业网点都可以为客户提供异地资金汇划实时达账的银行。业内人士认为，资金结算的实现，彻底改变了银行业资金汇划时效的瓶颈问题，是银行业执行支付中介职能划时代的革命，为新时代的银企关系进一步向纵深发展构筑了高科技平台，开创了银企合作的新方式。

随着招商银行网上银行服务的不断丰富和提升，客户对银行的忠诚度进一步提升。目前，招商银行已在国内网上银行市场上树立起龙头地位的形象。"一网通"已成为中国最知名的金融品牌之一，该行在互联网上获得的无形资产要远远超过其现实的经济收入。

点点滴滴，造就非凡。这是招商银行的一句广告语，它也正是如此实践着自己的诺言，在中国银行业的发展坐标系上，铸就一个又一个辉煌。

（资料来源：林珏：《发展经济学案例集》，中国社会科学出版社 2005 年版，第 92 ~ 94 页。）

问题：

结合熊彼特的创新理论，招商银行是如何通过创新发展的？

5. 讨论题

如何把握自主技术创新与技术引进之间的关系？

网络练习

建议同学们针对上述讨论题，通过网上查找资料，并进行实地调研，写出调研报告。

第6章
资源、环境与可持续发展

学习目标

了解：资源、环境与经济发展的关系。
熟悉：自然资源开发利用与环境保护的经济手段和方法。
掌握：可持续发展观的含义和基本原则。

引导案例

中国经济发展的绿色转型：从高速度迈向高质量

从“十三五”（2016～2020年）到“十四五”（2021～2025年），中国经济正在转换车道，从高速度增长转向高质量发展。正在杭州举行的中国环境与发展国际合作委员会（简称“国合会”）2019年年会上，多位权威人士表示，“十四五”时期，要实现环境效益、经济效益和社会效益多赢，让绿色成为中国经济发展的不变底色。

一、转换车道：从高速增长转向高质量发展

中国经济正从高速度增长向高质量发展转变。国合会一份最新报告指出，过去40年间，中国经济总量增长了30倍。经济增长结构方面，中国经济向高附加值产业和产品驱动转型，巩固了创新优势和生产力发展。2014年，中国超过日本和欧盟，成为世界第二大研发投入国。如今，中国不但是世界粗钢、水泥、煤炭等低附加值产品的最大生产国，同时也生产全球最多的计算机、机器人、高速列车、手机、家电等全球价值链上其他高附加值产品。

改革开放以来，中国的高速经济增长使7亿多农村人口摆脱贫困。“但发展的环境代价很大”，国合会委员在报告中指出，典型问题包括严重的大气污染、淡水资源污染、土壤污染、自然资源枯竭、沿海湿地等生态栖息地丧失及温室气体排放增加。

二、“十四五”规划：落实绿色发展理念实现绿色转型

中国政策科学研究会执行会长、中共中央原政策研究室副主任郑新立提出，中国的“十三五”规划提出了创新、协调、绿色、开放、共享的“新发展理念”，从2021年开始的“十四五”规划，应把落实绿色发展理念、实现绿色转型作为重要任务。

联合国环境规划署2018年出版的《包容性财富报告》指出，过往的世界经济增长在很大程度上依赖生态透支。1990~2018年的统计数据显示，虽然国内生产总值（GDP）保持正向增长，但自然资本总量在以年均0.7%的速度萎缩。也就是说，随着高速的经济发展，世界自然资本总量在不到30年的时间内就已丧失了1/5。

中国生态环境部部长李干杰指出，2021~2025年，既是中国经济社会发展第十四个五年规划期，又是污染防治攻坚战取得阶段性胜利、继续推进美丽中国建设的关键期。在推进生态环境保护工作中，要坚持绿色发展理念，自觉把经济社会发展同生态文明建设统筹起来，努力实现环境效益、经济效益和社会效益多赢。

三、环保倒逼加快新旧动能接续转换

国合会中方首席顾问刘世锦提出，“十四五”时期是中国推动实现高质量发展，实现国家治理体系和治理能力现代化的关键期，也是应对气候变化、保护生物多样性，推动实现联合国可持续发展议程等全球环境治理领域发挥更大作用的关键期。

“我们认为，高质量发展首要解决的是发展理念问题，要形成关于绿色发展的新共识”，刘世锦说，绿色发展不仅是传统意义上的环境保护或污染治理，还包括绿色的消费、生产、流通、创新，以及绿色的金融，实际上是一个日趋完善的绿色经济体系。同时，绿色发展也是一个完整的生产体系，是新的消费动力、新的创新动能和新的增长动能。

李干杰强调，“十四五”时期，要进一步发挥生态环境保护的倒逼作用，加快推动经济结构转型升级、新旧动能接续转换，协同推进经济高质量发展和生态环境高水平保护，在高质量发展中实现高水平保护、在高水平保护中促进高质量发展。

（资料来源：阮煜琳：《中国经济发展的绿色转型：从高速度迈向高质量》，中国新闻网，2019年6月4日，http：//www.chinanews.com/cj/2019/06－04/8856017.shtml。）

可持续发展是一个内涵十分丰富的概念。可持续发展把经济发展同生态环境、自然资源、人口、制度、文化、技术进步等因素综合起来，从而加深和拓展了我们对发展的认识和理解。

可持续发展观

6.1 可持续发展观

6.1.1 可持续发展的含义

可持续发展是指既“满足当代人的需要，又不对后代人满足其需要的能力构成危害的发展”。

所谓可持续发展（sustainable development），目前一般接受的概念是1987年以挪威王国首相布伦特兰夫人（Gro Harlen Brundtland）为首的联合国环境与发展委员会在《我们共同的未来》这份调查报告中提出的。按照布氏报告中所下的定义，可持续发展是指既“满足当代人的需要，又不对后代人满足其需要的能力构成危害的发展”。它包括两个关键性概念：一是人类的基本需求，特别是世界上穷人的需求，应该被置于优先的地位（首先要发展）；二是环境限度，环境满足现在和未来的各种需要的能力是有限的，如果突破这一限度，必将影响自然界支持当代和后代人生产的能力（发展不能逾越环境限度）。从这个定义来看，可持续发展并不否定经济增长，尤其是发展中国家的经济增长，毕竟经济增长是促进经济发展、促使社会物质财富日趋丰富、人类文化和技能提高，从而扩大个人和社会的选择范围的原动力。但是，需要重新审视实现经济增长的方式和目的。可持续发展反对以追求最大利润或利益为取向，以贫富悬殊和资源掠夺性开发为代价的经济增长。它所鼓励的经济增长应是适度的，应是高质量的。它以无损于生态环境为前提，以可持续性为特征，以改善人民的生活水平为目的。通过资源替代、技术进步、结构变革和制度创新等手段，从总体成本收益分析的角度出发，使有限的资源得到公平、合理、有效、综合和循环地利用，从而使传统的经济增长模式逐步向可持续发展模式转化。

总的来说，根据一般的理解，可持续发展具有以下内涵：一是发展的主要目标是满足人类的日益增长的需求和欲望。因此，在基本需要不能得到满足的地方，可持续发展首先要求实现经济增长。在发达国家和富裕地区，人们需要和欲望的满足必须限定在生态可能的范围内。二是经济增长和发展不可避免地带来环境污染，而可持续发展要求所有污染物的排放低于生产系统的净化能力。三是对于人口和资源利用的适度水平，没有一个固定的限度，但它们均存在一个生态阈值，一旦超过这一阈值，经济的可持续发展能力就会受到削弱。为此，可持续发展要求在限制人口增长，实行计划生育的同时，对于可再生性资源的利用水平必须小于或等于资源生长率。而对于不可再生资源在避免浪费的同时要求将来自不可再生资源开采的收益分为收入流和投资流两部分，将投资流投入替代的再生性资源的生产中去，尽可能使不可再生资源耗竭时，能获得同样水平的再生性替代资源。四是可持续发展必须解决经济发展的公平问题，即解决代内公平和代际公平问题。对于代内公平，大到国与国之间的关系，小到一个国家内部各部门之间的关系，都必须有一个有效的监督制约机制，必须打破局部利益的狭隘眼界，实行良好的合作与竞争；对于代际公平，重点是保证后代人有不劣于当代人的发展条件，这种发展条件就自然资源而言，包括质量和数量两个方面，在质量上要求环境和自然资源不至于发生退化；在数量上，要求自然资源至少保持稳定。

可持续发展是一种全新的战略，它把人口、资源、环境和经济发展视为一个整体，从全局和长远的角度来考虑发展问题。对发展中国家来说，这种可持续发展的意义更大。这是由于发达国家的工业文明在很大程度上是建立在牺牲发展中国家利益的基础上的，再加上其他一些原因，发展中国家在发展的初期面临着非常恶劣的条件，如资本和技术短缺，生产力水平低下，人口膨胀，自然资源管理体制落后，市场机制不发达等，这就使得发展中国家更难发展起来。也正因为如此，许多发展中国家相继进入了经济衰退、人口爆炸和生态环境恶化的恶性循环。如果这时不计后果，不惜代价，进行粗放式的发展，过度地破坏资源和环境，其结局更难收拾。但是，这时如果不顾客观实际，把可持续发展的高标准强加到它们头上，既不合理，也不可行。原因很简单：我们不能也不应让一个挨饿的人注意营养卫生。因此，无论是就历史的合理性还是就现实的紧迫性而言，发达国家在可持续发展中都应该承担更多的责任和义务。而对于发展中国家，应适当降低标准，实现弱可持续发展，使它们尽可能在短时间内轻装上阵，实现生产力水平的提高，满足人们的基本生存需要，逐步获得可持续发展的各方面条件。所谓“弱可持续发展”，并不是说发展中国家的发展可以完全不顾生态环境后果，而是指应把发展置于首位，为了发展可以适当降低生态环境要求，减轻它们在保护全球生态环境中的责任和义务。

另外还应该看到，可持续发展理论还处于一个需要不断完善的过程，人们对可持续性发展的概念、原则、目标、体系等还有许多分歧。例如，可持续发展概念如何表述，对发展的空间不平衡及其形成问题的历史原因何在等，发达国家与发展中国家对此有不同的理解。如果把可持续发展的目的解释为寻求环境与发展之间的平衡，那么，发达国家无疑会注重环境和共同利益，发展中国家则更强调发展、公平和资源开发的主权，两者的出发点与优先选择截然不同。就学术界而言，有的经济学家对可持续发展的概念提出质疑，认为它既不符合自由市场原则，也与自然保护的生态等原理不相容。安德森（Anderson，T. L.）和利尔（Leal，D. R.）的理解是，持续发展无非是做一些体制变更，与市场原理和生态学原则相悖。有的经济学家认为，把可持续的概念引入经济政策分析中，将会带来一些根本性的问题，诸如如何评价当代人与后代人的福利和效用，如何衡量可持续发展能力等等。由于可持续发展的实现，需要一系列的涉及社会经济问题的转变，国家利益的冲突，意识形态的相互适应等问题的解决，其中必然会遇到许多困难。发达国家和发展中国家基于各自不同的立场和理解，往往争执不休，使一些全球共同性措施难以落实。如 1997 年联合国气候变化框架公约的京都会议，由于发达国家逃避自己应对环境恶化所应负的责任，会议几乎无果而终。2017 年美国退出《巴黎气候变化协定》，也是对全球变暖问题治理的重创。

6. 1. 2　可持续发展的意义

自 20 世纪 60 年代以来，由于南北经济的不平衡发展，自然资源短缺，以及严重的环境污染等问题的出现，促使人们重新检讨传统的经济发展观，并寻求探索新的发展模式。人们认识到："我们需要一个新的发展途径，一个能保持人类持续进步的途径。我们寻求的不仅仅是在几个地方几年内的发展，而是在整个地球遥远将来的发展。"这种可持续发展思路的提出，及以其为基础的新的发展战略的制定，是人类对自然、环境、经济及社会认识的巨大飞跃，具有非常重要的意义：

第一，可持续发展观是一种新的发展观，是对单纯追求经济增长的"工业化实现观"的否定。它使人们以全新的目光，重新审视经济增长和经济发展，摒弃"无发展的增长"。它使人们在注重经济发展的同时，开始意识到经济、社会和环境协调发展的重要性，并形成了全球共谋可持续发展战略的良好开端。

第二，可持续发展是能使经济沿着健康的轨道长期持续地发展。实施可持续发展战略将改善人们的资源利用状况，降低环境成本，提高资源与环境对长期发展的支撑力。而且，可持续发展是要人们改变传统的对自然界的态度，建立新的伦理与道德标准，实现人与自然的和谐，这可以说是人类文明史上一个伟大的变革。从长远来看，它将使人类社会以一种崭新的、高层次的方式进行发展。

第三，将可持续发展观应用于经济分析，能够加深和拓展我们对经济理论的认识。首先，可持续发展的"时空公平"及可持续性，从规范经济学和伦理学的角度，对现代经济学最重要的理论假设之一"经济人"假定提出了严峻的挑战，促进了经济学的发展。其次，可持续发展理论提出了“自然资本”（natural capital）的概念，正确地、如实地反映了现代经济运行的实际状况和社会再生产价值运动的全貌，是对现代经济理论的发展。

6.1.3　可持续发展的原则

第一，可持续性，即使人类社会发展具有一种长久维持的过程和状态，它是可持续发展的核心原则，也是与以单纯注重经济增长的传统发展观相区别的关键所在。这一原则一般被描述为生态持续性、经济持续性和社会持续性三个方面。生态持续性指生态系统受到某种干扰时能保持其生产率的能力。资源利用的可持续性和生态系统的可持续性是人类持续发展的必要条件。经济持续性是指不能超越资源与环境的承载能力的、可以延续的经济增长过程，是实现可持续发展的主导。社会可持续性，是使社会形成正确发展的伦理，促进知识和技术效率的增进，提高生活质量，从而实现人的全面发展的能力，是可持续发展的动力和目标。三者是统一的整体，相互联系，相互适应，相互制约，相互作用，共同构成可持续发展的内容。

第二，公平性。可持续发展强调人类需求和欲望的满足是发展的主要目标，应给所有人平等的机会，实现他们过上较好生活的愿望。这里的公平性，是指人类在分配资源和占有财富上的“时空公平”。它具有三层含义：一是国家范围之内的同代人的公平。当今世界的现实是一部分人富足而大部分人则处于相对贫困甚至绝对贫困的状态。这种贫富悬殊、两极分化的世界，是不可能实现可持续发展的。因此，要给世界以公平的分配和发展权，把贫困作为可持续发展进程优先解决的问题来考虑。二是公平分配有限资源。目前的现实是占世界人口 26% 的发达国家在利用地球资源上占据优势，取代了发展中国家利用地球资源的合理部分来达到他们自己经济增长的目的。其消耗的能源、钢铁和纸张等，都占全球的 80% 。《里约宣言》已把这一公平原则上升为国家间的主权原则。三是代际间的公平，即世代间的纵向公平。要认识到人类赖以生存的自然资源是有限的，当代人不能只图自己的发展和满足自己的需求而忽视后代对资源、环境要求的权利。而且，上一代利用世界资源发展起来的发达国家，应当对资源环境问题承担更大的责任，为解决当代的不公平尽更多的义务。公平性，尤其是代际公平性，是以前的发展模式所不曾考虑或很少涉及的。

第三，共同性原则。尽管各国由于历史、文化和发展水平的差异，可持续发展的具体目标、政策和实施步骤不可能完全相同。但是，我们只有一个地球，地球的整体性、资源有限性和相互依存性，要求我们必须采取共同的联合的行动，在全球范围内实现可持续发展这一总目标。

第四，系统性原则。可持续发展是把人类及其赖以生存的地球看成一个以人为中心，以自然环境为基础的系统，系统内自然、经济、社会和政治因素是相互联系的。系统的可持续发展有赖于人口的控制能力，资源的承载能力，环境的自净能力，经济的增长能力，社会的需求能力，管理的调控能力的提高，以及各种能力建设的相互协调。评价这个系统的运行状况，应以系统的整体和长远利益为衡量标准，使局部利益与整体利益，短期利益与长期利益，合理的发展目标与适当的环境目标相统一。不能任意片面地强调系统的一个因素，而忽视其他因素的作用。同时，可持续发展又是一个动态过程，并不要求系统内的各个目标齐头并进。系统的发展应将各因素及目标置于宏观分析的框架内，寻求整体的协调发展。

自然资源的
合理利用

6.2 自然资源与可持续发展

6.2.1 资源的概念与分类

1. 资源的概念

资源是由人发现的有用途和有价值的，处于一种自然状态或者没有被加工过的状态的物质，与人类对资源的需求相比，资源具有相对稀缺性，并具有量、质、时间和空间等多重属性。

资源的用途和价值表现在资源可以被投入到生产过程中，变成各种各样有用途和有价值的物质。或者可以直接进入消费过程，以满足人们的特定需要。作为资源，必须是被人类发现的有用物质，并且人类了解其用途。这就是说，没有被发现或发现了但不知其用途的物质不是资源，因而也没有价值。人类通常把资源、资本、技术和劳动结合起来生产出各种物质，虽然这些物质中总是含有资源的成分，但是它们已不能被称为资源。我们所说的资源泛指自然资源，即处于自然状态、没有被加工过的资源。有些物质虽然有用，但与需求相比，它的数量极大，例如，在绝大多数地方，空气就是这样一种任意取用的物品，这样的物质就不是资源。所以，资源具有相对稀缺性。根据资源所具有的上述特点，我们可以知道，资源是一个动态概念，信息、技术和相对稀缺性的变化都能把以前没有价值的物质变成宝贵的资源。另外，在自然界中不同的地方，随着时间的不断流逝，资源可能会在量或质上发生变化。例如上面所说的空气，在绝大多数地方不算作资源，但是，有些地方的空气质量遭到某种程度的破坏，因而高质量的空气就有了价值，也就是说，个人或社会情愿出钱购买高质量的空气。在一些狭小并与外界隔绝的地方，例如宇宙密封舱，空气（主要指其中的氧分）是非常稀缺的，因而也就有了很大的价值。因此，资源具有量、质、时间和空间等多重属性。空间尺度是资源在自然界中的位置，时间尺度是人类开采和使用资源的期限。数量是通过一种具体的衡量尺度（如体积）来衡量的，而质量则可能有多种衡量尺度。有些资源的质量衡量尺度是具体的，如某一种矿藏的化学成分。但有些资源的质量衡量尺度是抽象的，如风景区的美学价值。这些不同的属性影响着资源的使用价值。同一种资源，用于不同的用途则有不同的质的规定性。

2. 资源的分类

根据资源的不同属性和不同用途可以将资源分成三类。

第一类是储备资源或可耗尽资源。这类资源是以一定的储量蕴藏在一些特定的地点，随着人类的开采，资源储量不断减少，最终会耗费殆尽，例如矿藏就属于这一类资源。人们通常用体积、重量来衡量储备资源的数量，用化学成分来衡量储备资源的质量，例如矿石的品位和煤炭的灰分。

第二类是流动资源。对流动资源的利用必须是及时的，若当时没有有效地利用、收集或储存这类资源，过后就再也得不到它了。太阳辐射就是典型的流动资源，它在单位时间里以恒定的数量辐射到地球的大气层中，人类无法控制太阳辐射入大气层的速率和质量。但是，一旦太阳辐射进入大气层，人类活动的影响就显现出来了，例如，大气污染会降低太阳辐射资源的质量。人类利用太阳能的效益取决于利用的方式。流动资源一旦储存起来，就变成贮存资源。人们可存入或取出这种资源，并可以控制存入和取出的速度。流动资源的数量可用单位时间的体积或能量单位等尺度来衡量。流动资源的质量有多种属性，而且和用途有关，时间和空间是利用流动资源的两个限制，当然，在一定条件下，人类可以通过储存和传输的方式在一定程度上解决时间和空间的限制问题。

第三类很复杂的资源类别，这就是生物资源，例如，庄稼、森林、动物。这些生物吸收了流动的太阳能和流动的（或贮存的）水资源，消耗了土壤的养分。这些生物可以在没有人类的情况下建立起脆弱的平衡，而人类也可以操纵这个复杂的生物系统，建立和维持另一种平衡。在太阳能量一定、生物繁殖能力一定以及人类自我约束的条件下，生物资源是可以再生的。但是，这种再生不是自动的，它有赖于人类的自我约束和一个完善的养殖耕作系统。

太阳、大气、地质、水文及生物构成了一个复杂的体系。人类可通过利用这些资源获取它们蕴含的价值，可以把它们作为生产过程中的投入生产出供人们使用的有价值的物品，也可以直接消费或享用它们而获得满足。开采可耗尽资源，收获可再生的生物资源，截取流动资源，取用贮存资源的利用方法，通称为消费性利用。此外，还有一些非消费性利用，例如，利用植物来再生氧气，欣赏自然风景等。然而，非消费性利用也不总是完全没有损耗，郊游就有可能损害某些动植物，减少它们的数量和种类。

6.2.2 自然资源利用与可持续发展的关系

自然资源是经济发展的基本因素。人类的经济活动就是生产和消费资源的过程，但资源又是有限的，这就构成了资源与经济发展间的矛盾冲突。可持续发展提出，要反思人类过去的生产和消费方式，改善人类利用资源的效率，关注资源的代际分配和利用，指明了人与自然和谐发展的新道路。

第一，自然资源的永续利用是可持续发展的物质基础和基本条件。可持续发展的本质是人类社会自身的永续生存和发展，资源利用不能只顾及当代人的利益，还必须关注后代人发展的需要。自然资源支持着自身及人类的持续发展，其承载力预示着人类种群数量的规模，也制约着人类经济社会结构的规模。没有自然资源系统的持续发展，人类的持续发展将是一句空话。

第二，资源的利用与经济的发展是相辅相成的关系，不能盲目地坚持限制或停止资源的利用。经济发展，一方面保证了人类的生存条件和生存质量的改善，另一方面也不断积累了资金和技术实力，提高了人类抵御自然灾害和保护、改造大自然的能力。不发展经济，就不能消除贫困和落后，就会因缺乏必要的物质基础、资金财力和技术条件而无法更好地保护资源。

第三，如何实现资源的持续利用，是可持续发展的关键所在。资源的持续利用，是指在不断努力获得更多资源的同时，在人类社会有意义的时间和空间尺度上，就自然资源的数量和质量的总体水平而言，人类社会利用自然资源的选择空间不断缩小。这就要求我们在经济发展过程中，要遵循以下几个原则：一是科学开发、合理利用和节约的原则。为此，要改变目前的生产方式和消费方式，高效利用资源。二是不超过生态供给阈值利用原则。生态供给阈值是维持生态功能持续性的最低存量水平。它可以通过技术进步和投资增加而扩大，因此要增进技术的开发和使自然资本的出售收入用于教育或改善环境。三是开发产品原则。即使不可再生资源的耗竭率不超过寻求作为替代用品资源的速率。四是福利原则，即使自然资源的总存量基本保持不变，以保证下一代的自然资源的经济福利水平不至于降低。如果一种资源减少，必须进行经济补偿，这是帕累托准则在资源经济学中的应用。

6.2.3 自然资源的合理利用

自然资源的合理利用对社会来说就是资源配置的最优化，要达到的目标就是通过自然资源的合理配置，使有限的稀缺资源得到合理有效的利用，以保证社会福利最大化。合理利用自然资源，一方面是指在目前的资源使用中通过市场机制和其他资源配置政策使资源和产品（或收入）在社会分配中得到有效配置，这属于自然资源的静态配置。另一方面是指在考虑未来的资源使用时通过有效的资源配置决策使自然资源在时间的配置上对社会最优，这属于资源的动态配置决策问题。

1. 静态配置

自然资源合理利用需要市场机制充分发挥作用。市场机制通过消费者追求效用最大化、生产者追求利润最大化、社会追求社会福利最大化，实现一种综合的完全的经济效率，即帕累托效率。在这里，“最大化”的含义是指“在不损害另一个人利益的情况下，无法进一步增加任何一个人的主观效用”。实现帕累托效率就必须要同时实现资源配置的高效率、产品组合的高效率和消费中的高效率。资源配置的高效率是指任何一对投入的边际技术替代率对于使用这些投入来生产所有商品的全部厂商来说是相等的，同时也等于这些投入的价格之比；产品组合的最高效率是指任何两种商品的边际转换率对于每一个生产厂商都应该相等，而且等于商品价格之比；消费中的高效率是指任何两种商品的商品边际替代率对于每一个消费者来说都应该相等，而且也等于商品价格之比。社会福利最大的实现还要根据社会对应该在它的成员之间如何分配经济福利能够达成一致意见来确立社会无差异曲线和社会福利函数，在两条曲线的切点上实现社会福利最大。

对于一个发展中国家来说，要想获得经济发展，必须要有较高的社会经济效率，这就要求一个国家对自然资源实现最有效的配置。由于拥有丰富自然资源的发展中国家可以通过自然资源出口获得收益，也可以通过本国对自然资源的使用获得收益。如何使自然资源利用获得最大收益，决定于资源用于不同用途时的机会成本。

如果一个资源丰富的国家是以资源出口为主，出口资源的收益可以被看成资源租金，资源租金一般可分为三种具体的形式：一是稀缺租金，指自然资源是稀缺的，处于供应缺乏弹性甚至没有弹性状态时获得的收入；二是差异资源租金，指由于资源的质量（或品位）不同或者资源的开采费用不同所得到的资源收入；三是垄断租金，这种租金通常是与自然资源开采活动联系在一起的，如果自然资源的开采被控制在庞大的跨国公司手中，并且该公司具有足以影响世界资源市场价格的能力，那么，就有可能产生自然资源的垄断租金。另外，出口资源的国家如何确定资源租金，通过什么方式获得租金都会影响到资源出口的直接收入。虽然从理论上说，获得资源租金很容易，但是在现实中，在任何特定的环境下，获得全部资源租金几乎不可能。首先，租金很难准确地确定。由于租金和自然资源的开采费用、资源储备量有关，而从资源开发工程和管理角度来看，现代开采活动相当复杂，开采费用难以精确计算。从资源储备的勘探看，即使有先进的技术，也不容易精确测出资源的实际储备。所以人们不可能完全知道在某一自然资源开发工程中可能存在的资源租金量。其次，如果发展中国家是资源开发工程中的投资者，政府自然可以获得租金，如果投资者是外国跨国公司（是合资情况），部分租金就会作为利润外流到国外的股票持有者手中，尽管作为东道国的发展中国家政府可以采取措施通过税收直接介入开发工程来获得资源租金，但是获得全部租金是不可能的。因为政府所采取的提高租金的许多措施，可能并且经常地促使开采公司通过调价等各种方式隐藏其实际收益。可见，发展中国家在出口资源时获得直接收入的多少在很大程度上取决于政府对待租金获取的态度以及自然资源政策的制定实施。从 20 世纪 60 年代以来的经验看，在这方面发展中国家取得了一定的成绩。在 60 年代以前，大多数发展中国家关于自然资源政策的主要目的就是保证从当时控制世界资源的庞大跨国公司的自然资源开采中至少获取一部分租金，这主要依赖于税收政策。在 60 年代末期，许多国家的重点转移到努力使跨国公司的收益减少到最低限度上。70 年代末，其重点又转移到东道国净收益增加到最大限度的目标上。80 年代以来，为了获得更多的资源租金，许多国家所采取的措施又包括“意外”或者“超额”利润税，以及将自然资源开发工程中的“自由”股份转让给政府，这些措施取得了相当大的成功，例如，80 年代在石油开采方面，许多发展中国家政府在所产石油价值中占 75% ~80%，在利润份额中占 80% ~90% 是较为常见的。另外，80 年代，许多发展中国家通过调整国家资源税收大幅度增加净价值，从自然资源开发工程中获利甚多。[①] 净价值就是发展中国家在所保留的自然资源开发工程中所获得的全部收益，它本身就是出售自然资源产品所获得的全部收入的一部

① 陶文达：《发展经济学》，四川人民出版社 1992 年版，第 210 页。

分。净价值的增加表明发展中国家获取了比较大的资源租金份额。

从一个国家的经济发展角度考虑，出口资源的收益除了包括出口资源直接获得的收入外，还应该包含政府在使用这种天赋收入时所带来的收益和如何妥善处理资源财富的影响。这虽然和自然资源本身没有直接联系，但是它反映了发展中国家在利用丰富资源的条件时可能给经济发展带来的影响。正如前面谈到自然资源与经济发展关系时所说的，许多拥有丰富自然资源的发展中国家在几十年的经济发展中并非达到理想的结果，其重要原因之一就是没能有效地经营、管理出口资源的天赋收入。从理论上说，这种外汇收入可以弥补国内资金和外汇的缺口，可以用以引进先进技术和设备，总之，可以用于有助于国家全面经济发展的经济调整上。像许多石油输出国依赖丰富的石油资源达到很高的人均收入。但这些收入主要用于高消费品、进口军火买卖等，并没有用于本国其他部门的发展。所以经济单一，严重依赖石油出口，而且经济增长缓慢。资源输出可以左右整个经济的增长和发展的另一种情况就是所谓的“荷兰病”现象。这种现象是指自然资源的开发和资源的出口有可能损害本国其他有竞争力或有优势的出口行业。在20世纪70年代和80年代，尼日利亚、墨西哥、印度尼西亚等一些国家在本国石油业繁荣期间都出现了这种现象。当然，荷兰病并非石油出口收益突然增加的必然结果，政府可以通过限制政府花费石油收入或小幅度调整汇率的方式强迫货币贬值以避免这种现象的出现。可见，妥善处理资源带来的财富也会直接影响一个国家的经济发展。

如果一个资源丰富的国家实行以资源为基础的工业化战略，自然资源作为工业原料供本国使用，那么可以通过资源生产行业的后向联系和前向联系不生产资源产品，以扩大包括其他行业在内的工业基础。这样可以有效地增加自然资源的经济效率。在具体的使用资源产品进行生产时，和劳动、资本等其他投入的使用原则一样，也需要资源的合理投入，这样既可以提高资源的生产力，避免资源的浪费使用，同时还可以实现资源在多种产品生产用途中的有效配置，这有助于一个国家经济多样化的发展。

合理使用自然资源进行生产是和劳动、资本等其他投入的使用以及生产的技术水平直接联系在一起的。有些国家虽然拥有丰富的资源，但由于缺乏资本、劳动和科学的管理，使现有资源没有得到充分的开发和利用，例如印度尼西亚、委内瑞拉由于缺乏油管和其他辅助性设备，大量天然气被烧掉。随着科学技术的进步，某种特殊资源的不足可以通过其他资源的替代或者通过劳动、资本等其他投入的替代来弥补。这也说明了对于一个缺乏物本和劳动力（有技能的劳动力，即人力资本）的穷国来说，自然资源是重要的。但当经济发展到一个转折点，即物质和人力达到相对富裕程度、科学技术达到一定水平之后，自然资源也就相对不重要了。战后，一些缺乏自然资源的国家（如新加坡、韩国）就是利用技术、资本优势成功地取得了经济发展。

2. 动态配置

在静态条件下指导自然资源合理利用的原则同那些追求经济效率第一的原则没有本质差别。但是，由于自然资源的相对稀缺，不可再生和不可移动性，要实现并维持一个持续的、综合的、稳定的经济发展，还必须从动态的角度研究未来的资源利用。因此，资源的合理利用还应该包括自然资源在时间上的配置对社会是最优的含义。研究自然资源和环境问题的经济学家认为，实现在时间上最优地配置自然资源，市场机制的作用是不可信赖的。因为在许多情况下，市场决定的私人最优条件与社会最优条件可能会背道而驰。一个国家对动态资源配置问题所持的态度和制定的相应决策，会影响到自然资源目前与未来的使用，从而影响到未来的经济发展。如果为了维持眼前的生活水准而不惜耗竭自然资源，那么给我们后代带来的将是灾难性的危机。但是资源的过分保护政策也会成为目前经济发展的障碍，因为资源是一个动态概念。随着资源勘测、开发和利用技术的发展，目前没有被探明的资源将被发现，目前价值较低的资源将可能找到新的和有价值的用途。这些都会成为未来经济发展的有利条件。

但是，制定社会高效率的资源动态配置决策是相当困难的：一是资源动态的配置涉及的是一个很长的时间范围；二是对应于很长的时间范围，未来的不确定性是十分突出的。例如，有关资源开发和利用技术的不确定、未来需求的不确定都会使未来资源稀缺格局存在着不确定性；三是还要考虑到许多决策存在着不可逆性，一旦目前决策失误，这种损失将是长期的，即使付出很大代价也是不可逆转的。近几年来，经济学家提出了一些尝试性的方法，试图分析这类决策问题。尽管这些方法还尚未成为实际决策的依据，但是，这些研究的结果已经引起了人们的极大兴趣。自然资源的合理利用对社会来说就是资源配置的最优化，即保证社会福利实现最大化。社会福利最大化并不仅仅表现为收入水平最高、物质生活最优，还包括了反映高质量生活水平的要求，例如人类赖以生活的自然环境不受到污染和破坏等。因此，自然资源的合理利用直接涉及环境保护问题。在自然资源的利用过程中不造成污染，不破坏生态平衡，是维持持久、综合和稳定的经济发展的重要条件。

6.2.4 自然资源的耗竭

在人类进入工业化时代之前，人类的物质生活水平相对较低，需求的产品简单，消耗的自然资源也较少。这时大量使用的资源多为可再生资源，而且，许多资源由于尚未发现其用途而没有使用。进入工业革命时代以后，工业的发展引起矿物资源的大量消耗。现在，世界资源的消耗速度进一步增加，越来越多以前并不稀缺的资源也变得稀缺了，比如，仅仅在数十年前，经济学教科书还把空气和水定义为多得可以自由取用的资源，而今，人们对空气的质量已十分敏感，水资源的匮乏在某些地区已成为人类生存的严重威胁。对于自然资源消耗速度加快这一事实及其原因，经济学家们的意见基本一致。但是，对于“资源耗竭”之说经济学家们却有不同的看法，大致有悲观和乐观两派。

悲观派提出了世界资源不足论、人类未来生活水平不可避免要大幅度下降论、现在消耗的资源就是掠夺子孙后代的财富论等三个观点。这一派的代表人物有新马尔萨斯主义者福格特（W. Vogt）和增长极限论者梅多斯（D. Meadows）。他们认为，由于地球上的自然资源是有限的，世界人口的急剧增加将使人口与资源之间的矛盾恶化，其结果是，使用自然资源的成本越来越高，人们的物质生活水平显著下降。现在使用的自然资源是对后代的一种掠夺。根据他们的估计，按现在的资源消耗速度，到21世纪的第二个25年前后，地球上的许多资源将消耗殆尽，人类社会的经济增长将达到极限，全球经济将因此而崩溃。

乐观派的观点正好相反。乐观派认为，世界上的资源只存在分布不均匀，或某一两种资源不足的问题，不存在也不会出现重要资源在总体上严重短缺与即将耗尽和枯竭的问题，因为对资源需求的增加会推动人们去寻找新能源、新资源，去发明新的开采、加工和使用资源和能源的技术和工艺，发展各种代用品。从长远来看，人类已经越过了许多极限，资源不会不足，更不会耗竭，只是还有许多界限尚未被突破，无穷无尽的资源正等着人们去发现和开发。人类今后一定会把自然资源的供应扩大到无限。因此，人类不会因为资源短缺而造成经济停滞或崩溃。相反，随着科学技术的不断进步，人们的生活只会越来越好。至于损害下一代的利益问题，从历史上看，上一代明显损害下一代利益的情形并不多见，倒是上一代通过资本和知识的积累，发展科学技术，提高劳动生产率等，大大造福于下一代。因而可以预期，子孙后代一定会更加富裕，因此，为后代节省资源就好像要穷人给富人送礼一样。

自然资源究竟是否存在耗竭问题呢？我们首先来考察一下几种主要的自然资源的存量及其使用状况。

（1）矿物资源。矿物在自然生态系统中并不占重要地位，但在人类生态系统中却不可或缺。人类为了创造新工具，寻找新能源，需要开采利用矿物资源。而且，随着工业化的加速发展，人类将在更深更广的程度上开发利用矿物资源。然而，地球上的矿产存量是固定的，以铜为例，世界探明铜矿总储量为 2.7 亿吨。现在每年要消耗 700 万~800 万吨，仅够供应 20~40 年。石油的现有可开采储量约可维持 20 年，天然气约 20~35 年。可是，矿物的消耗量增长速度却越来越快。据有关统计，1961~1980 年这 20 年间，全世界共开采铁矿石 150 亿吨，煤矿 600 亿吨，分别占过去 100 年间开采总量的 50% 和 40%。1980 年至 2000 年间，全球石油消耗量为 40 亿吨，是人类开发石油以来的 80%。天然气消耗量 20 亿立方米，是人类开发天然气以来的 67%。①

（2）土地。土地是地球陆地表面各种自然要素组成的综合体，是人类赖以生存的立足之地，是人类生态系统物质供应者和能量调节者。土地的第一个特点是其数量有限，地表面积、陆地面积相对不变。陆地有 20% 为沙漠或干旱地区，20% 为冰川、冻土、草原，还有 20% 是不可开垦的山地，另有 10% 因土壤质量而不宜耕作，只有不到 1/3，即约 150 亿公顷的土地可以耕种。其次，土地的位置固定。它的各种要素固定在一定区域而不可移动。最后，土地资源具有可更新性，可以重复使用，而且土地质量可以提高。目前，土地资源使用中的主要问题有：第一，人均耕地面积下降，这一方面是由于人口增长；另一方面则是非农业占用了越来越多的土地，每年因建厂、修路、扩大城市约失去 0.5 亿公顷可耕地。第二，土地资源退化严重，主要包括水土流失、土地沙漠化和地质退化等。②

（3）淡水资源。水是自然界生命系统不可或缺的要素，是包括人类在内的一切生物赖以生存的基础。一个人每天要从各种食物和饮品中摄入至少 2 升水。从历史发展的角度看，随着人类物质生活的改善，对水的需求量会呈上升趋势。据统计，公元前一个人一天消耗 12 升水，中世纪前后增加到 20~40 升，到 18 世纪是 60 升，到 20 世纪末，发达国家大城市每人每天耗水量为 500 升，年均耗水量为 104 立方米以上。由于经济发展的需要和人口增长，工农业生产中的用水量也在不断地增长：据美国人口经济学家保罗·哈里森估计，在人类开始推行工业化以前，全球耗水量相对于淡水总量而言微不足道；1900 年，全球淡水年总消耗量约为 400 立方公里，到 1975 年上升到 2 800 立方公里，增加了 6 倍。③

可是，全世界每年的淡水资源约为 4 500 立方公里，其中只有一半左右可为人类所利用。虽然淡水是一种可再生的资源，但是，由于用水量的不断上升，加上淡水资源在全世界的分布不均匀，地球上的

①②③ 秦宪文：《发展经济学》，经济科学出版社 2006 年版，第 118 页。

淡水资源短缺将日趋严重，区域性缺水问题将更加突出。另外，水源污染、水质恶化，更加剧了水资源的短缺，由此给人类的生活带来严重影响。

（4）森林资源。森林是以乔木为主体，乔、灌、草多种植物和动物、微生物群体共生，与相应的水、土、气资源共处于同一空间范围的自然资源综合体。森林资源在一定的太阳辐射、热量、水分和土壤环境下，具有不断更新和增殖的能力，是地球生物圈中最大的生产者。森林资源还有多重经济功能、生态功能和社会功能，如来源于森林的木材、果类、香料、饲料、药材，均可作为工农业生产的原材料和直接的生活资料。森林吸收二氧化碳释放氧气而净化空气，森林还可以防风固沙、涵养水源、保持水土等，为人类和动物提供适于生存的环境。然而，近年来，随着人类经济活动的扩大，人类对资源的破坏日益严重，并不时出现大的森林灾害，由此，森林资源以前所未有的速度减少。据估计，人类近一万年以来已使地球上的森林面积减少了1/2到1/3，从1862～1958年的近百年时间里，全球森林面积从55亿公顷下降到37亿公顷，即从占陆地面积的1/3下降到1/4。从1958～1978年的20年间，森林面积再次迅速减少，仅剩26亿公顷，不到陆地面积的1/5。森林面积的迅速减少产生了诸多的严重后果，已给社会生产和人类生活带来了巨大的损害。①

（5）生物多样性资源。生命系统的中心内容之一就是生物多样性，这种多样性有三个层次：遗传多样性、物种多样性和生态系统多样性。其中，遗传多样性是指物种内基因和基因类型的多样性，它是改良生物品种的源泉。物种多样性是指动植物和微生物种类繁多，它是人类生存和发展的基础。生态系统的多样性是指生物群落和生存环境类型的多样性。它是维护生物物种生存和进化的基本因素。自工业革命以来，许多国家为了追求经济发展，采用不可持续的生产方式和消费方式，过度消耗生物资源，排放大量废弃物，造成环境污染和生态失衡。主要表现为森林，尤其是热带雨林、沼泽地等动植物栖息地被破坏；温室效应引起全球气候变化；农业为应付人口增长而大量使用化肥、农药和杀虫剂；大量捕杀珍稀动物引起区域性生态失衡等。据联合国环境规划署在《全球多样性》报告中推断，世界生物资源可能多达1 400万种，其中作为“种”定下来的只有约13%，即175万种。在这175万种资源中，目前至少有4 000种植物、5 400种动物面临绝种的危险，而微生物的情况现在尚无法弄清。自1600年以来，已有484种动物、645种植物从地球上消失，其中哺乳类动物、鸟类动物灭绝速度最快，从1600年到1810年共灭绝38种，而1810

① 秦宪文：《发展经济学》，经济科学出版社2006年版，第119页。

年至今则灭绝了 112 种，速度加快了 1 倍。据推测，到 2050 年，目前地球上的生物估计有半数将近绝迹。生物链受到破坏，生态系统失衡，无疑将对人类的生存构成严重威胁。①

从上面对地球上主要几种自然资源状况的描述不难看出，人类对自然资源的索取速度明显加快，此种状况持续下去，不仅会影响到全球经济发展，甚至会威胁到人类自身的生存。在考察自然资源的使用状况时，我们还应该注意到两个事实，一是发达国家与发展中国家在利用自然资源方面存在明显的差异。发达国家由于人均收入高，人均消耗自然资源的数量远远超过发展中国家。以能源为例，发达国家消耗的能源就大大超过发展中国家。当然，发展中国家由于人口众多，自然资源利用技术水平低，发展经济需要用资源换外汇等原因，自然资源消耗增长的速度也明显加快；二是现在许多经济学家都把自然资源压力归因于发展中国家人口增长过快，而且让发展中国家和发达国家均摊环境改善和治理的责任与义务，这样分析问题和解决问题的思路不尽正确，应当从更深的层次上寻找原因，寻求解决问题的办法。毕竟，自然资源，尤其是生态资源，是全人类的共同财富，如何善用和保护自然环境是全人类的共同责任和义务。

6.2.5 自然资源的保护和利用

根据目前世界自然资源的使用状况和各国经济发展的需要，必须采取三种手段建立起自然资源的保护和利用机制：市场机制、政府监督和调控，以及国际间的合作。

1. 市场机制

自然资源的价值是资源所有权的经济权益的具体体现，这种价值取决于自然资源对人类的有用性、资源稀缺性及其开发利用条件。自然资源的价值，包括自然资源本身的价值和社会投在自然资源上面的人财物产生的价值两个方面。根据自然资源的价值属性，以及自然资源的开发利用可以带来收益的事实，我们可以认为自然资源就是一种资产。因此，对自然资源的开发和利用，应当遵循供求法则，按市场经济规律办事，实行自然资源的有偿开发和使用，彻底改变过去那种“资源无限，可以任意开采”的观念，建立自然资源市场，明确界定自然资源的所有权和使用权，以使自然资源得到最合理的开发和利用。

利用市场的调节作用引导自然资源的开发利用，必然涉及自然资

① 秦宪文：《发展经济学》，经济科学出版社 2006 年版，第 120 页。

源的价格确定问题。根据自然资源的内在使用价值和外在的有限性或稀缺性等特征，人们已经找到了一些赋予自然资源价格的理论和方法。影响较大的有影子价格法、机会成本法、替代价格法和补偿价格法。影子价格法是，针对现行市场价格体系由于各种因素干扰，而无法正确地估计某些物品的成本与供求关系的缺陷而提出来的，它不仅包含了正常的经济效益和损失评价，而且更重要的是它把一些不能用价格准确表示的社会效益和损失也纳入考虑之中。因此，利用这一理论和方法得出的自然资源价格，既能反映该资源在整个经济运行中所起的作用，又能反映所耗费或使用的资源对生态系统的影响。机会成本法则是在成本—效益分析中引入机会成本概念来确定某一自然资源的最优用途，从而达到全面、综合评价该资源使用状况的目的。针对不可再生性自然资源的稀缺性和有限性，有人提出了参照发现、开发和获得替代资源的费用确定某种自然资源价格的替代价格法。对于可再生性资源，虽然它们可以再生，但人类开发利用的规模一旦超过某种限度，就必须辅之以人为的手段促使其恢复更新，由此就会产生一笔“补偿费用”。将这笔补偿费用计入自然资源的价格之中，就是补偿价格法。

上述方法只是自然资源价格确定中的一般思路，对于具体某一种资源，其价格确定往往要根据该资源的具体特性、储量和使用情况来综合考虑。当某种资源有了价格以后，价格就会对资源使用者的行为做出自动的调节，促使人们节约使用稀缺要素，并用丰裕要素来代替稀缺要素，以达到自然资源的合理和有效利用。但是，价格调节法只能反映当代的资源供求和价值状况，而不能反映资源在未来的供求状况，故在市场机制作用的前提下，需要发挥政府在资源使用和保护中的调节作用。

2. 政府监督和调控

关于自然资源的开发和利用，政府的职能主要表现在以下几个方面：一是建立自然资源市场，健全自然资源产权转让机制，引导人们合理、有序地开发自然资源；二是通过宏观调控、产业政策，指导人们对自然资源的开采和消费行为；三是组织力量，做好全国范围内的资源普查和核算工作，确定统一的资源评价标准，综合考虑和安排资源的使用和维护工作；四是建立和健全具有权威性的自然资源资产化管理机构，负责全国的资源管理；五是加强法制建设，制定自然资源开采和消费的有关法律；六是加强宣传教育工作，要让全社会充分认识到自然资源的重要性、有限性，自觉树立起自然资源的保护意识。

3. 国际合作

除了政府的监督和调控以外，还要加强国际间的合作。地球上的资源是属于全人类的，如何更加合理地开发利用，应当是全人类的共同事业。如前所述，世界上目前在自然资源的开发利用方面，发达国家和发展中国家之间存在着两个方面的不平衡。要解决自然资源的有限性和需求不断增加的矛盾，必须加强国际合作。合作的内容主要包括：一是制度和法律建设上的合作，各国应当加强交流，制定切实可行的法律法规，共同监督自然资源的使用；同时，加强合作，共同对付那些置人类长远利益于不顾、破坏自然资源的行为。例如，某些野生动植物，虽然其拥有国已采取了比较严厉的保护措施，但由于他国的需求没有得到控制，仍然有人不择手段地捕杀，只有加强国际合作，才有可能制止这类行为。二是技术和资金上的合作，自然资源的开发和利用效率，往往与开发技术及配套资金有直接关系，发展中国家在这些方面往往落后于发达国家，但迫于经济发展的压力，发展中国家往往不得不使用大量消耗资源的生产方法，因此，发达国家有责任和义务帮助发展中国家改进技术，提高资源的使用效率，减少资源的浪费。三是发达国家应当帮助发展中国家发展经济，通过经济发展来提高资源的使用效率，并减少资源的消耗。同时，发达国家要发展替代能源，减少自身的能源消耗。

6.3 环境与可持续发展

6.3.1 环境问题

环境，是指与人类密切相关的，影响人类生活和生产的，在自然或人类作用下形成的物质和能量及相互作用的总和。它主要包括生态系统以及人们对之作用而产生的各种依存关系。环境一方面是人类生存和发展的物质基础和空间条件，另一方面又承受着人类活动产生的废弃物质和其他种种结果。在工业革命以前，人类用手工劳动进行生产，人口和社会生产力都处于一种非常缓慢的增长状态，经济和社会的发展对环境的需求和作用相对狭小，因此环境与发展基本上是和谐的。随着工业化进程的加快，现代生产力的巨大增长，使经济活动的需求以及对环境作用的程度和强度日益扩大，人们在处理发展与自然、环境的关系时，又往往片面强调发展而忽视生态环境问题，使发展与环境的互馈关系日趋恶化，形成发展中的环境问题。严重威胁社会经济发展的全球性生态环境问题主要表现为以下几个方面：

第一，“三废”物质污染。具体是指工业生产和居民生活向自然界排放的废气、废液、固体废物，严重污染了空气、河流、湖泊和海洋、陆地环境，这是最主要的污染源。据统计，2015 年，全国废水排放总量 735.3 亿吨，废气中二氧化硫排放量 1 859.1 万吨，工业固体废物产生量 32.7 亿吨。①

第二，噪声污染。工业机器、建筑机械、汽车飞机等交通运输工具产生的高强度噪音，给人类生活环境造成极大破坏，严重影响了人类的身体健康。

第三，水资源枯竭。工业废水、生活污水、农药和化肥污染，使河流变成阴沟，湖泊变成了污水池；滥垦滥伐造成大量水分蒸发和流失。据国际上有关方面预测，如果按现有工业发展速度，到 2030 年，人类将耗尽岩石圈所有的水贮量。我国水资源的人均占有量仅及世界平均水平的四分之一，因此，问题更加紧迫。

第四，土地沙漠化。滥垦滥伐和过度放牧严重破坏土地植被，土地就会逐步沙漠化，这是全球生态平衡遭到破坏后产生的最严重的后果之一。全世界受荒漠化影响的国家有 100 多个，尽管各国人民都在进行着同荒漠化的抗争，但荒漠化却以每年 5 万 ~7 万平方千米的速度扩大，相当于爱尔兰的面积。截至 2000 年，全球共损失了约 1/3 的耕地。我国同样面临着这种威胁，联合国环境规划署官员曾把我国黄河的水土流失喻为“中华民族的大动脉出血”。②

第五，温室效应。工业生产排向大气层的二氧化碳激增，使全球性气温升高，吸收和贮存二氧化碳的巨库—森林不断减少，加剧了这一进程。气温升高可能会引起一系列连锁的生态问题。

第六，大气臭氧层破坏。臭氧层是高空大气中臭氧浓度较高的气层，它能阻挡过多的阳光紫外线照射到地球表面，有效地保护地面一切生物的正常生长。据卫星探测，从 1979 ~ 1985 年，近 6 年时间南极上空臭氧就减少了 40% ~50%，形成一个空洞。破坏臭氧层的罪魁祸首是工业及制冷设备的制冷剂产生的氟氯碳化合气体、氧化氮气体等。③

第七，核污染。由于各种原因产生核泄漏甚至核爆炸而引起的放射性污染，危害范围大，对周围生物破坏极其严重，持续时期长，事后处理危险复杂。

① 中华人民共和国生态环境部：《2015 年环境统计年报》。
②③ 秦宪文：《发展经济学》，经济科学出版社 2006 年版，第 123 页。

6.3.2 环境问题的重要性

环境问题的重要性主要表现在以下几个方面：

（1）环境问题和人口、经济发展问题紧密相关，环境对经济发展具有推动和制约的双重性，两者既对立又统一。

（2）由于经济部门和产业间的前后向联系，使环境问题成为一个经济组合体产生的整体负效果，而不是单一经济行为造成的简单外部不经济。

（3）环境问题具有传递效应，它可以从城市向农村、从发达地区向不发达地区，从流域上游向流域下游转移和相互影响，从而形成全球性环境问题。因此，必须依靠国际社会的合作和国家的宏观调控去解决环境问题。

（4）环境污染往往具有累积性，呈指数式发展，一开始人们可能并不在意，但随着污染的不断积累，环境危机将以突发形式出现，从而导致严重的环境压力。因此，应运用环境教育、科学知识推广等手段普及并提高人们的环境意识，尽早应付环境问题的挑战。

（5）环境改善与人们生活质量的提高是一致的，良好的自然生态环境是人们健康和精神生活的追求目标的前提和基本保证。

（6）环境具有不可逆性。自然生态环境一旦被人为地破坏，就难以恢复原状，而且严重的复杂的环境污染的控制成本是很高的。

（7）环境问题在一些发展中国家尤为严重，并形成“贫困→人口增长→环境退化→贫困”的恶性循环，由此甚至可能引发经济危机、社会动乱和国际争端等。如撒哈拉以南非洲地区的一些国家，由于过度利用资源，使生态环境退化，最终出现严重旱灾，酿成震惊世界的生态和社会灾难，有1亿多人遭受饥荒，政治局势极度不稳定，军事冲突不断，难民如潮，经济倒退。

6.3.3 环境问题产生的原因

造成目前这种环境状况的原因，除了人类对于自己与自然环境的关系认识不足，以及一些开发利用技术不成熟之外，一些学者认为还有更深层次的原因。他们的观点可概括为以下几个方面。

1. 环境退化与人口

人口经济学家认为，地球环境退化是人口增长过快造成的。人口增长快，就会加速自然资源的索取，有时为了生存，不惜以牺牲环境为代价，掠夺自然资源和环境资源。

2. 环境退化与贫困

有些经济学家从发达国家与发展中国家的环境比较中得出结论，贫困是造成环境退化的重要原因。这些经济学家通过考察贫困人口的分布及其与环境退化程度之间的关系时发现，人均收入水平低的国家和地区的环境退化通常比人均收入水平高的严重，农村比城市严重。他们对此所做的解释是，穷人比富人更依赖于自然资源，越是贫困的地区，其对自然资源环境的依赖程度越高。由于贫穷，就希望通过多生育来增加劳动力，提高家庭收入。人口增长只能通过强化使用有限的资源来补充生活所需。尤其是在一些生态脆弱区，如热带森林、干旱和半干旱地区、高山地区，乱砍森林和过度放牧，都加速了环境退化。其中一部分人口可能会离开土地，移居城市，如果城市不能完全吸纳这些人口，又可能带来城市环境退化，城市规模扩大，人口密度提高，城市生产和生活废弃物越来越多，以至于超过环境的吸纳能力。另外，城市的噪声污染，城市生活给人造成的精神压力，都会降低人们的生活质量。由此可见，一方面，贫困引起环境退化，另一方面，由于贫困，投入环境改善的费用就少，从而环境退化加剧。

3. 环境退化与国际贸易

另有一些学者从自由贸易的增长效应出发指出，自由贸易会增加市场失效的可能性，并使外部性在国家之间传递。穷国正成为富国转移污染的场所。这可以从两个方面找到证据：一是工业化国家从欠发达国家大量进口的常常是对自然资源依赖程度很高的初级产品，如木材、农产品等。二是工业化国家的环境标准通常高于欠发达国家，一些跨国公司便将污染严重的工业迁移到欠发达国家。

4. 环境退化与经济发展水平

库兹涅茨在20世纪50年代提出了一个假说，即在经济发展过程中，收入差距先扩大，再缩小。这一收入不平均和人均收入呈倒U形关系，被称为库兹涅茨曲线。一些经济学家经过观察发现，在经济发展过程中，环境也同样存在先恶化后改善的情形。在经济发展的初期，由于经济活动水平较低，环境污染的水平也较低，在经济起飞、制造业大发展的阶段，资源的消耗超过资源的再生，环境恶化。在经济发展的高级阶段，经济结构改变，污染严重的产业停止生产或被转移，经济发展带来的积累可用于治理环境，同时人们的环境意识也增强了，环境治理的技术也提高了，故环境开始改善，这样就形成了一条倒U形曲线。

不论造成目前环境问题的真正原因是什么，有一个基本事实是不言自明的，即人类在追求经济发展和增长的同时必须依照客观规律办事，注意环境平衡，否则，经济发展必欲速则不达。

6.3.4 发达国家与发展中国家在解决环境问题上的分歧

在环境问题上，南北双方存在着巨大的分歧，中心问题是如何认识环境与发展的关系，如何保护环境与发展的和谐关系。或者更明确地讲，在处理环境与发展的关系时，是应该环境优先，还是发展优先。

在这一问题上，发达国家的意见是：

第一，人类的发展导致了环境的破坏。尤其是工业化使环境每况愈下，已日益威胁到人类自身的生存。发达国家在这方面负有历史的责任。然而，当前发展中国家掀起的工业化浪潮对环境构成现实的威胁。所以，在环境不断恶化这一过程中，无论是发达国家，还是发展中国家，都有不可推卸的责任。

第二，人口的迅速增长和贫困的日益加深，是环境遭到破坏的重要原因。穷人既是环境破坏的受害者，也是制造者。因此，发展中国家有效地抑制人口增长和消除贫困是保护环境的重要条件之一。

第三，人类应在保护环境的前提下，谋求经济发展，使人类与自然处于和谐状态。从而要求人类改变目前的生产方式与生活方式，以减少对环境的破坏。同时，人类对其他生物不能以“主宰者”自居，无权剥夺其他生物的生存权利，应把它们作为大自然和整个生物的一部分，对其他生物采取尊重和保护，严禁灭绝其他生物的经济活动。

第四，环境问题是一个国际性的问题，应通过建立国际机构，制定国际条约，采取统一的环境管理，各国政府制定的环境政策应与国际战略相连接，不能将本国的污染转嫁到其他邻国。

第五，环境与发展的协调要以效率为基础，市场机制是实现效率的最好方式。因此，所制定的环境政策，应确保市场竞争性，根据污染者所造成的破坏程度对其征税或收费，消除鼓励过多地使用资源的扭曲现象，以有利于原材料和废料的减少，促进新技术的应用和污染的减少。

从而我们看到，发达国家在环境与发展的关系上优先考虑的是环境，他们强调作为人类生存的基本条件和发展的根本要素，环境和自然资源不仅要为当代人所拥有，而且应该为下代人所享受。因此在资源与环境的问题上，当今人类不应以牺牲今后几代人的幸福而满足其需要。

而对于广大发展中国家来说，仍然处于贫穷困苦的境地之中，缺吃少穿，缺医少药，连最起码的生存需求都难以满足，又怎能顾及下一代人的繁荣和幸福呢？他们当前所面临的首要任务是谋求发展，摆脱贫困。因此，对于广大发展中国家来说，在处理环境和发展的关系时，就不能实行发达国家所鼓吹的环境优先的原则，而坚持主张应该发展优先。

1991 年 6 月 14 日至 19 日，世界 41 个发展中国家代表、10 个国际组织特邀代表和 9 个发达国家观察员参加的“发展中国家环境与发展部长级会议”在北京召开，通过并发表了《北京宣言》，在环境与发展问题上，表明了南方国家的基本态度和立场：

第一，发达国家对于地球的退化负有主要责任。正是由于经济发达国家自工业革命以来持久的生产和消费方式过度地消耗了世界的自然资源，导致了全球环境的损害，而广大发展中国家则是主要的受害者。

第二，发展中国家环境问题的根源在于他们的贫困。而贫困的根本克服有待于发展。所以，发展是克服贫困的唯一出路，也是解决环境问题的根本措施。发达国家应该承认发展中国家的发展权利，不能利用环境问题阻碍发展中国家的经济发展，限制发展中国家对自然资源的开发和利用。

第三，在全球范围内处理环境问题时，国际机构必须根据国家主权平等的原则，确立国际经济新秩序，保证世界各国的广泛参与，使发展中国家有权根据其发展与环境的目标和优先顺序利用和开发自然资源，不能以环境因素为由干涉发展中国家内政，或者作为提供援助和发展资金的前提条件，或者设置影响发展中国家出口的贸易壁垒。

第四，发达国家应该率先采取行动保护全球环境，同时也应向发展中国家提供优惠的非营利性资金和对环境无害的技术转让，建议建立“绿色基金”，以推动发展中国家和全球范围内的环境保护。

第五，发展中国家应通过加强相互间合作，在保护全球环境问题上做出贡献。同时，加强发达国家和发展中国家在环境问题上的协调与合作，共同为自己和后代开创一个更加美好的未来。

虽然南北双方在如何处理环境与发展的关系问题上存在着重大分歧，然而，为了整个人类的现在和未来，必须要求环境与发展的和谐与协调，已成为南北双方的共识，成为考虑问题的出发点和归宿。广大发展中国家热切盼望着经济的迅速腾飞，但他们已注意到吸取发达国家早期经济发展过程的经验教训，避免重蹈西方国家在追求经济高速增长过程中先污染、再治理的旧辙，而注重在发展过程中少污染、早治理，既要谋求发展，更要减少污染，将环境保护视为和经济发展同样重要的战略目标，即提出南北双方都能接受的“可持续发展”的概念。

6.3.5 解决环境问题的思路

环境问题源于经济活动的负外部性，解决环境问题的关键在于如何将外部性内部化。综合起来看，目前控制环境污染的经济分析大致有三个思路。

1. 新古典主义的“庇古税”思路

这种思路的主要特征是，坚持强调市场机制的作用，认为环境污染所产生的外部性，可以用征税形式使之内部化。庇古认为，企业生产排放的污染物，影响了人们正常的生产和生活条件，造成了社会的损失，但企业的生产成本中并没有包括这个损失，使得私人边际成本与社会边际成本、私人边际收益与社会边际收益不一致，结果使完全竞争厂商按利润最大化原则确定的产量与按社会福利最大化确定的产量严重偏离，这一结果不能在市场上自行消除。此种情况下，政府应采取行动，以征税的形式将污染成本加到造成污染的产品的价格上。鲍莫尔（Baumol，W. J.）等继承了庇古的观点，并运用一般均衡分析方法寻求污染控制的最优途径，认为要使企业排污的外部成本内部化，需要对企业的污染物排放征税，以实现一般均衡体系的优化解或帕累托最优状态；征税的税率是均一的，它取决于污染的边际损失，并不因企业排污的边际收益或边际控制成本的差异而有所区别；污染税只是相对于排污量而征收的，与企业的产量没有直接关系。应当指出，虽然这一思路提出政府可以以税收或补贴的形式进行宏观的市场干预，但它反对政府的直接环境管制或干预微观市场的运行。

环境污染可通过征收排污税使外部成本内部化，从理论上看是可行的，但可操作性较差。原因在于：第一，社会的真正边际成本很难弄清。第二，由于环境信息的稀缺性与不对称性，使税率难以确定，如污染者往往隐瞒其生产技术状况、污染物的危害等信息。第三，政府需要对企业的排污量进行经常性监测，会增加管理成本。第四，当通货膨胀或经济扩张阶段污染企业增加时，实行“庇古税”并不能真正减轻污染。

2. 产权管理思路

其主要特征是将产权同外部性联系起来，强调市场机制的作用，认为可能在不需要政府干预的情况下，通过产权明晰和协调各方的利益或讨价还价过程而使外部成本内部化。科斯在 1960 年指出，当存在外部性时，只要交易成本为零，而且产权是明确的，那么，不论谁拥有产权，通过市场都可以使资源得到同样有效的配置。这一原理可直接应用到污染控制与环境管理上，我们可用一个例子来说明：首先，假定污染者有权排污，那么，他就会加大排污量，使受害者的经济损失越来越大。这样，受害者为减少损失，就会与污染者谈判，要求污染者减少排污量，并愿意补偿他因排污量减少而遭受的损失，补偿金的数额至少相当于污染者因减少排污量而减少的边际纯收益（否则，污染者将因得不偿失而拒绝减少排放），至多相当于受害者因相应的排污量而支付的边际损失（否则，受害者也将因得不偿失而愿意忍受排污带来的损失）。这样，就达到了一个均衡点，即污染给受害者造成的边际损失等于污染者的边际收益。反之，假定污染者能否排污决定于受害者，那么通过谈判，仍会达到同一均衡点。这样，外部性就通过产权和协商而内部成本化了，双方都达到了帕累托最优状态。

产权管理思路在实践上同样存在许多问题，使其优化机制难以运行。第一，产权难以界定。产权明确是进行交易和形成市场的必要前提，而许多环境与生态资源如臭氧层、公海等属于公共财产，根本不可能做到明确产权。即使名义上明确了产权，实际上仍无法消除外部性。第二，交易成本过高。如上面的例子中，如果受害者数目众多，且受害程度不一，即使明确了产权关系，也可能使得污染者与受害者之间的交易成本如此之高，以至于对全社会福利没有好处而无法实施产权的优化管理。第三，环境信息的不对称和讨价还价过程中的非合作博弈，也可能导致通过产权管理的途径达不到帕累托最优水平。

3. 国家干预思路

其特征是认为市场对环境问题是失灵的，主张政府以非市场途径对环境资源利用进行直接干预。尼斯（Kneese，A. V.）等人认为，市场具有非对称性。对于基础资源的开发和利用，市场运作具有效率，能产生足够的激励，而对于污染废弃物的处置，市场运作则失灵，几乎完全不具有效率。一些经济学家则对科斯定理提出质疑，否认它对环境管理的有效性。他们指出，许多公共资源根本不可能做到明确产权，需要国家干预。即使可能做到明确产权，但除了当代人，其他受害者也无法维护自身的利益。这是因为：环境污染和生态破坏往往具有长期影响，会损害到后代人的利益。从可持续的原则出发，后代人对今天的环境与生态资源无疑有一定的权利，而在发生涉及后代人权益的环境问题时，科斯等人关于通过市场交易来解决外部性问题的思路根本没有可行性。唯一可行的办法就是，由政府来充当后代人的代表，并通过国家干预来保护后代人的权益。同时，他们也承认，并非在任何条件下国家干预都优于市场机制，而且国家干预也需要成本。

政府干预虽然严格地确保了环境标准，但也不可避免地存在着一些缺点：第一，它可能妨碍了市场的运作而引起效率的损失，这也是持新古典主义思路的经济学家所极力反对的。第二，由于存在信息不足与扭曲，政策实施的时滞，公共决策的局限性和寻租活动等问题，有时就不可避免地导致政府环境政策失灵，影响生态环境的维护和改善。

我们认为，上述三种思路分析无疑是极其有意义的，各有其特点，但环境问题涉及人口、制度、资源等因素，受经济发展阶段、市场发育程度和技术水平的制约，片面地注意市场机制或政府干预都是不可取的。环境问题的解决，需要市场和政府的有机结合。总的来看，要在保证市场机制运作的基础上，充分发挥政府调控的作用，这是由目前环境问题的严重性所决定的。另外需要指出的是，环境问题还是全球性的，要求国际社会的真诚合作和共同行动。

本章重要术语

可持续发展、资源、可耗竭资源、流动资源、环境、庇古税

本章小结

可持续发展是指既满足当代人的需要，又不对后代人满足其需要的能力构成危害的发展，它是一种全新的战略，把人口、资源、环境和经济发展视为一个整体，从全局和长远的角度来考虑发展问题，强调可持续性原则、公平性原则、共同性原则和系统性原则。

自然资源是影响可持续发展的重要因素。自然资源合理开采和有效利用对发展中国家经济发展具有重要影响。根据目前世界自然资源的使用状况和各国经济发展的需要，充分发挥市场机制，加强政府监督和调控，开展国际合作，以减少自然资源的消耗，对维持发展中国家的经济发展具有重要意义。

人类与环境之间存在着既相互依存又相互制约的关系。环境一方面是人类生存和发展的物质基础和空间条件，另一方面又承受着人类活动产生的废弃物质和其他种种结果。环境退化已经成为一个全球性问题，造成这一问题的原因是多方面的，南北双方在如何认识环境与发展的关系问题上还存在着巨大的分歧。控制环境污染的经济分析大致有三条思路，即新古典主义的“庇古税”思路、产权管理思路和国家干预思路。

延伸阅读

关于可持续发展理论，可以进一步参阅世界环境与发展委员会的《我们共同的未来》，吉林人民出版社 1997 年版。——**各代人都有同**

样选择的机会空间。

关于自然资源的合理利用和环境保护，可以进一步参阅科斯，阿尔钦，诺斯著《财产权利与制度变迁》，上海三联书店，上海人民出版社 1994 年版。——**只要交易成本为零，那么无论产权归谁，都可以通过市场自由交易达到资源的最佳配置。**

复习与思考

参考答案

1. 单选题

（1）目前普遍被接受的可持续发展概念是由（　　）为首的联合国环境与发展委员会在《我们共同的未来》这份调查报告中提出的。

A. 罗宾逊夫人　　B. 布伦特兰夫人

C. 安南　　D. 古特雷斯

（2）可持续发展与经济增长的关系，正确的说法是（　　）。

A. 可持续发展并不否定经济增长

B. 可持续发展就要放弃经济增长

C. 发展中国家要经济增长就不能可持续发展

D. 牺牲经济增长才能实现可持续发展

（3）关于自然资源，下列说法正确的是（　　）。

A. 自然资源是静态概念，储量是恒定不变的

B. 自然资源不会随技术水平提高而出现储量变化

C. 大自然中存在的未必被人类发现

D. 资源必须是被人类发现的有用物质

（4）根据自然资源的内在使用价值和外在的有限性或稀缺性等特征，赋予自然资源价格的方法有影子价格法、机会成本法、替代价格法和（　　）。

A. 生产成本法　　B. 租值法

C. 福利最大化法　　D. 补偿价格法

（5）对于广大发展中国家来说，在处理环境和发展的关系时，应坚持（　　）。

A. 环境优先　　B. 发展优先

C. 环境与发展并重　　D. 无所谓先后

2. 多选题

（1）对可持续发展的内涵，理解正确的有（　　）。

A. 发展的主要目标是满足人类的日益增长的需求和欲望

B. 可持续发展要求所有污染物的排放低于生产系统的净化能力

C. 存在一个生态阈值，一旦超过这一阈值，经济的可持续发展能力就会受到削弱

D. 可持续发展必须解决经济发展的公平问题

(2) 可持续发展的原则有（　　）。

A. 系统性　　B. 共同性

C. 公平性　　D. 可持续性

(3) 根据自然资源的不同属性和不同用途可以分为（　　）。

A. 储备资源　　B. 流动资源

C. 生物资源　　D. 能源资源

(4) 自然资源利用与可持续发展的关系，说法正确的有（　　）。

A. 自然资源的永续利用是可持续发展的物质基础和基本条件

B. 资源的利用与经济的发展是相辅相成的关系

C. 实现资源的持续利用，是可持续发展的关键所在

D. 可持续发展主要指的经济发展方面，与自然资源利用关系不大

(5) 目前控制环境污染的经济分析大致有（　　）思路。

A. 放任自由思路　　B. 庇古税思路

C. 产权管理思路　　D. 国家干预思路

3. 简答题

(1) 什么是可持续发展？其基本原则是什么？

(2) 谈谈可持续发展观的意义。

(3) 简述自然资源合理利用与可持续发展之间的关系。

(4) 怎样做好自然资源的保护和利用？

(5) 控制环境污染的思路主要有哪些？

4. 案例分析题

开发怒江：保护环境和发展经济的取舍

2004 年 3 月 26 日，在怒江州政府所在地的六库镇仅有 5 公里之隔的小沙顿村的江面上，机器轰鸣，10 多个工人正在一艘基建船上忙碌地施工。村民们面临着可能为了修坝而不得不拆除房屋和搬迁的命运。就在同年 2 月底，作为怒江水电十三级梯级开发的第一个工程——六库水电站已基本上通过了国家有关部门的审批。这意味着本尚无一处工程的“处女江”怒江，也被列入开发规划当中。

一、因争论被搁浅的水电项目

怒江，发源于青藏高原的青海唐古拉山麓，有东方大峡谷之称。它是联合国确认的世界文化遗产，也是中国仅有的两条没有修建大型水坝的河流之一（另外一条是雅鲁藏布江）。然而，就在 2003 年，怒江的平静开始被打破。2003 年 8 月 14 日，由云南省怒江州完成的《怒江中下游流域水电规划报告》通过国家发展和改革委员会主持评审。该报告规划以松塔和马吉为龙头，丙中洛、鹿马登、福贡、碧江、亚碧罗、泸水、六库、石头寨、赛格、岩桑树和光坡等梯级组成

的两库十三级开发方案，全梯级总装机容量可达2 131万千瓦，这比三峡大坝的装机容量还要多300多万千瓦。

报告一出，众多的专家学者及环保人士对此规划提出强烈反对，这引起了有关部门的重视。2003年9月3日、10月20~21日，国家环保总局分别在北京和昆明就怒江水电开发问题召开了两次“专家座谈会”。9月29日、10月10日，云南省环保局也召开了两次专家座谈会，反对者来自云南本土个别学者和主要来自北京的一些专家及重庆的一些环保人士，也参加了座谈会。

这场“突如其来”的争论打乱了云南省怒江州政府的计划。按照当地政府的计划，六库水电站要在2003年6月份、最晚也要在当年年底动工。在第一次座谈中，赞成建设的云南专家在会上占绝对优势。而在第二次座谈会中，支持者与反对者壁垒分明、互不相让，以云南本地专家为主的支持派和以北京专家为主的反对派在会上针锋相对。支持者在总结发言中言辞激烈地认为：“既要讲‘兽道’，也要讲‘人道’。”他们认为只有发展才能摆脱贫困，不考虑人道和人的生存权利，一味强调保护对于人类又有什么意义？

在会上，争论的焦点是，怒江水电开发对陆生生物多样性、对水生生物、对三江并流世界自然遗产地会产生什么样的影响。

二、怒江经济发展的“华山一条道”

怒江是全国唯一的傈僳族自治州，98%以上的土地为高山峡谷，全州人口49万，约一半为傈僳族，此外还有怒族、独龙族、普米族等少数民族。全州年财政收入只有1个亿，仅比15年前增加3 000多万元。该州下辖贡山、福贡、兰坪、泸水四县均为国家扶贫开发重点扶持县，农民人均纯收入仅为935元，2003年处在贫困线以下的人口达12.7万。

18世纪末一本名叫《维西见闻录》的书里，记载着傈僳族的生活方式：“喜居悬崖绝顶，垦山而种，地瘠而去之，迁徙不常……”在怒江州，至今还保留着刀耕火种、人背马驮等原始生产方式和文面部落等原始社会痕迹。在州政府所在地，即泸水县政府所在地六库镇，拥有6万人口，是怒江州最大的人口集居地。三条狭窄的街道上时而可见一些马帮赶着马匹在街道上悠闲走过，马仍然是这里居民主要的运载工具。

六库镇小沙坝村处在河谷地带，这个在怒江还算生存条件较好的村庄几乎很难找到一块平整的土地，所有的土地都是“挂”在山坡上。这里坡度约60度的土地就算是最好的土地了。2003年该村通了公路，用上了自来水，但在邻近村庄至今仍以马作为主要的运输工具。

由于怒江属于极为特殊的深切割峡谷农业区，全州有76.3%的耕地坡度大于25℃，靠农业为主的当地村民不可能实现脱贫致富。

以前木材是当地主要的经济来源之一，但是近几年来，国家开始在这个地区实施天然林保护工程，怒江 58.3% 的区域面积纳入自然保护范围，丰富的木材资源和矿产则不能开发。至今，怒江还没有建立起支撑地方经济增长的支柱产业，财政自给率仅为 14.7%。

怒江有被称为“东方第一大峡谷”的怒江大峡谷，一些人提出可以利用大峡谷开发旅游业，可是怒江的地理条件难以承受太多的游客进入，于是水电开发似乎就成为当地经济发展的“华山一条道”。

在当地政府看来，如果规划通过，怒江就可以引进 1 000 多亿元的水电开发资金，加上建成后每年 10 个亿的税收，可以使当地百姓迅速脱贫致富。为此，怒江州政府邀请专家到怒江考察，了解当地的困境，一些人回去之后改变态度，由开始的反对变为沉默。

三、水能丰富地区的缺电难题

怒江是我国西南的一条国际河流，河谷与山巅的海拔相差 3 000 米，其干流中下游河段色邑达至中缅边界全长 742 公里，天然落差 1 578 米，是我国重要的水电资源之一。怒江流域还有天然的动物王国、植物基因库之称，仅国家重点保护的一级动植物就有 40 多种。

当地的民谣称怒江是“一滩接一滩，一滩高十丈”。怒江州共有 240 多条支流，一级支流就有 180 多条，其中仅怒江上就有 83 条一级支流。干流上可开发的装机容量近 2 000 万千瓦，支流上的可装机容量达 160 多万千瓦。

由于还是枯水期，桀骜不驯的怒江现在很平静。当地的农民说，丰水期的水量至少是现在的几十倍甚至 100 倍。然而，这个水能蕴藏极为丰富的地区，水能开发仍处于原始状态，而支流上的 49 座中小型水电站的发电量只有 6 万多千瓦，这一数字只占整个怒江地区可开发的水能的 0.03%。但这也让水电公司成为当地最大的劳动就业部门和纳税大户。怒江州水电局的一位工作人员介绍，目前水电行业就 2 000 多人就业，每年纳税在 1 000 万元以上。

目前怒江州政府对于境内的支流有了更多的自主开发权，但是怒江干流的开发则属于国家。怒江州水电局农电科科长李云飞向记者介绍，该州已制定了目标，到 2010 年为止，要“保三争四”，即至少要达到 30 万千瓦，争取达到 40 万千瓦的发电量。

四、出台折中方案

如何让怒江人民尽快地脱贫成为当地政府最大的“政治”。为了争取国家有关部门的支持，当地政府至少组织三次到北京“游说”。在 2003 年 10 月 21 日座谈结束的第二天，有关政府官员率队进京，就怒江水电开发与环境保护问题再次向国家发展和改革委员会、环境保护总局、水利部、水利规划总院、交通部和国家民委做了汇报，并与国电北京院、华电集团全面交换了意见。2003 年 11 月 12 日，国家环保总局再次派工作组深入怒江调研。听取地方政府及云南省政府的想法，对于一些细节提出修改意见。

记者从怒江环保局及水电局了解到，怒江水电开发已基本上得到了国家有关部门的审批。规划做了一些细节上的改动。马吉龙头水库大坝高度从400米降低到300多米，以尽量不破坏怒江第一湾的风景。另外，为了保护水中的鱼类，还将特设鱼道。

五、脆弱生态与评估的漏洞

一系列因开发带来的难题并未因此而化解。曾任怒江州农牧局局长及云南省生态经济学会副理事长的高应新对于怒江脆弱的生态深有感触。他说："由于坡度陡，当地的种植有'壁耕'之称。加上人口的增长及过度开发，怒江的生态环境十分脆弱，滑坡、崖裂、山洪、泥石流等昔日罕见的灾害及旱灾也日趋频繁。雨季是泥石流，旱季是'土流'。"

在怒江峡谷，2 500米以下的居民区成片的森林几乎荡然无存。现今光秃秃的山坡20年前曾生长着围不拢的大树。专家认为当地脆弱的生态经不起这样的瞎折腾。而这场始于2003年8月份的争吵，在以49万怒江人民生存发展为名义的充分理由的支持下逐渐平息，反对者阵营逐步被分化，反对的声音也在减弱。

有学者认为，水电开发未必能够给当地百姓带来实实在在的好处。在对漫江水电站开发后老百姓的生活做过考察后，发现这些人的生活水平没有提高反而下降了。这是因为原本要移居库区外的人有相当一部分就地安置，从山下搬到山上，山上的条件比山下应该差很多，所以造成这一部分人仍处于贫困状态。

现实是水电开发将使当地农民失去原有的土地。而怒江的土地本来就稀少，移民安置将是一个很难解决的问题。一些专家认为，大坝建设估计会产生十多万的移民，由于已没有河谷地带可供搬迁，这些人将不得不继续"往上走"，这样可能会导致对当地的生态环境的进一步破坏。

国家环保总局对于怒江的水电开发也持相当慎重的态度。当地的一些官员认为，必须找到一个环境保护与经济发展的结合点。然而这一结合点究竟在哪里，州政府经济研究室的一位工作人员对此也无从回答。一些支持者也承认，有开发就必然会有破坏，必须由相关部门作出一个整体的开发规划尽可能避免边发展边破坏的局面。而反对者则认为，目前的水电开发主要是由电力部门及当地政府一手操办的，这样的规划很难做到科学合理。

尽管有环保部门在"把关"，但是水电开发中还是存在不少的漏洞。怒江州环保局的一位工作人员在向外地来投资中小水电建设的投资者介绍环境评估"捷径"时，一语道破天机。"在做环境评估的时候，请省环境科学研究组来进行就没有很大的问题，他们有一套较为成熟的科学方法，对于评审的专家也很熟，费用贵些但容易通过。”怒江州环保局污控科的相关干部也承认，目前在怒江，投资7 000万以下的中小项目只需通过省环保部门的评审就可上马。而干流开发的立项则属于国家环保部门的直接管理，因此这次引来了一大堆的“麻烦”。

（资料来源：林珏：《发展经济学案例集》，中国社会科学出版社2005年版，第147～151页。）

问题：

怒江傈僳族自治州有没有第三条发展之路？

5. 讨论题

谈谈经济发展与环境保护之间的关系。

网络练习

鼓励学生进行互联网查阅资料，针对中国的环境、资源某一方面问题进行研究，形成客观的研究结论。

第7章

制度变迁：政府与市场

学习目标

了解：制度变迁对经济发展的作用。

熟悉：对市场和政府二者之间进行选择的标准和原则。

掌握：市场失灵和政府失灵原因，制度的概念及其功能，制度变迁及其形式。

引导案例

南海的农村股份合作制

20世纪90年代，南海利用广东全面放开粮食市场的有利时机，加快进行农村产业结构调整。南海地方政府肯定了基层群众为保护土地增值收益而创造的以土地为中心的农村股份合作制，并以此作为新的改革试验项目的主要内容，以便既保证在农地转为非农用地过程中农民的利益不受损，也保证土地的规模经营和统一规划。其具体做法是：区别不同地区，采取不同的折价形式，把土地和集体企业的固定资产折股，无偿量化给农民，以稳定农民的土地承包权；农民在获得承包权后，再区别土地用途和收益折价，把土地的使用权交给集体，纳入股份合作组织统一使用，以达到规模经营和统一规划的目的；试点村（里水镇草场村）实行农民股权“生不增，死不减”，对新增人口实行配售股。这样既解决了因人口变动而引起的频繁的股权调整，又解决了新增人口的生活保障和利益分配问题。

南海推行以土地为中心的农村股份合作制，其制度绩效主要表现在以下几个方面：全市对农村土地、财产进行估价折股，将总额130多亿元的资产以股份的形式配置给76.6万农民，并发放了股权证书，确认了农民在集体财产中所占有的份额，农民成为集体财产真正的主人；打破了集体收益按人均分的旧机制，形成了按股分配的新机制，在完成改制的1996年，全市农村股份合作组织共有再分配款4.08亿元，人均分红578元；实现了对土地的区划化管理，促进了农业规模经营。

（资料来源：温铁军、王平、石嫣：《农村改革中的财产制度变迁》，载于《中国农村经济》2008年第10期，第7页。

任何经济都是在一定的经济制度和体制下运行和发展的。制度演进是发展中国家经济发展的重要内容。经济学家通过对经济运行机理的探究，分析了与经济运行相联系的经济组织模式、经济决策机制、促进经济发展的手段，总结出它的两个极端就是“实行自由放任的市场”和“实行强制计划的国家”，或称为“政府干预和个人决策的市场经济”“市场机制和命令经济”。在计划与市场之间的选择，就是一个制度变迁的过程。本章介绍关于两种制度各自的积极作用和相对局限性，同时结合发展中国家的实际，阐述在两种体制之间进行选择和制度变迁的基本原理。

市场经济与市场失灵

7.1 市场经济与市场失灵

自有国家产生以来，任何社会形态中的政府机构都不同程度地具有一定的经济职能。在市场经济体制下，市场发挥着配置资源的基础性作用，而对于市场失灵的领域，则必须通过政府的干预来保证宏观经济运行的效率、稳定和公平。

7.1.1 市场经济的特征与效率

现代西方经济学教科书的作者从萨缪尔森（Paul Samulson）到斯蒂格利兹（Joseph E. Stiglitz），都将美国为代表的西方发达经济称为市场主导型即“以市场为基础的体制加上政府干预”。我国一些经济学家认为，市场经济或市场导向经济是指一个社会的经济活动主要是为满足市场需要进行的，计划经济则是指一个社会的经济活动主要是由一个权力集中的中央主管机构统一设计和统一指令而运行的。从世界各国的实践看，市场经济和计划经济都是主辅结合的不同模式。

市场经济的核心是市场机制，它保证在商品生产者和消费者等不同的经济主体之间谋求最大利益而进行竞争的基础上，依靠价格自动调节供给和需求，实现资源优化配置、价值分配、经济发展和社会进步。

（1）市场机制运转和市场经济发展的动力来自经济主体对各自物质利益最大化的追求。企业按照利润最大化原则安排生产经营活动，消费者按照效用最大化原则进行购买、储蓄、投资、劳动和以其他方式支出货币。这种物质利益追求的是经济运行和发展的动力。

（2）市场经济中的经济决策是通过经济主体独立做出的，决策者的决策反映出自身的愿望。在市场经济中，市场主体（企业和消费者）根据自己的利益追求和面临的约束条件进行选择。按照这个原则，企业应该成为自主经营、自负盈亏的主体，消费者的消费和其他经济活动也是自主做出的。正是在这个意义上，市场经济追求经济自由或“自由放任”。

（3）市场经济的调节依靠反映供求关系的价格信号，是一种横向传递的市场信息。追求各自最大化物质利益的经济主体需要做出决策，做出决策需要相应的信息。价格是市场经济最基本的、最重要的信息，是市场供给与需求相互作用的结果，为社会所共享，也是经济主体之间联系的纽带和媒介。价格的变动，直接关系经济主体经济利益实现的程度。

（4）市场机制对社会经济的调节，相对于计划管理而言，是自动进行的。市场机制的调节主要靠供求关系以及反映供求关系的价格进行。出于各自利益的考虑，供求关系的变化和价格的涨落自动引导生产和消费的选择的变化，并进一步引起供给和需求的变化，从而达到新的平衡。这种自发调节一般是事后调节，加之市场决策是分散做出的，所以既有迅速快捷的优点，也存在盲目性。

（5）市场经济是一种经济主体之间平等竞争的经济。市场经济要求经济主体之间在市场上的地位必须是平等的，不承认超市场的经济特权和政治特权，贯彻价值规律，公平竞争。

（6）完全竞争的市场经济是有效率的。在完全竞争的市场条件下，通过市场机制的作用，所有产品的价格都等于其边际成本，所有要素价格都等于其边际产品价值，没有溢出或外部经济效果，市场经济达到了有效率的资源配置——“帕累托有效配置（Pareto Efficien Allocation）”。这一点如此重要，以至于存在种种理论将市场经济与效率画上等号。

所谓的市场有效率的资源配置，是指已经不能用更低的成本来取得与已获得的总利润相等的利润，换一种说法是，在相同水平的成本情况下，已不能获得更大的利润。在两者中的任何一种情况下，如果这种产出被称为有效率的话，那么最终的总利润必须超过总成本。这种结果被称为“帕累托效率（Pareto Efficiency）”。因此，效率就好像做一项工作的不同方法间的竞争，假如市场能够较其他机制在较低的成本下完成这项工作，或者能够在相同成本的情况下，做得更好，那么市场就是相对有效率的。反过来说，如果其他机制能够在较低的成本下完成这项工作，或者能够在相同成本下做得更好，那么在这种情况下，市场就是相对低效率的。市场效率特征的论证是经济学理论的一个重要课题。经济学鼻祖亚当·斯密在1776年出版的《国富论》中关于“看不见的手（invisible hand）”的阐述被公认为是市场经济的准则。现代经济学中的福利经济学第一定理（first theorem of welware economics）表明了竞争市场的结构提供了达到帕累托有效配置的机制。这一定理于19世纪末由瓦尔拉（Walras）创立，20世纪初由帕累托进一步发展，最终在50年代由阿罗（Kenneth Allow）和德布勒（G. Deberu）给出形式化论证。该定理指出：在偏好、技术一定假设（如完全竞争、没有公共物品、不存在规模经济、没有外部性等）下的竞争价格机制，可以使整个社会的资源配置达到帕累托效率，不仅存在一组均衡价格使市场出清，而且每个消费者和生产者只要遵循这些价格的引导就可以使自身和社会福利同时达到最优，个人利益和社会利益达到美好和谐的境地。福利经济学第二定理（second theorem of welware economics）则表明帕累托有效率配置可以被证明是竞争均衡的结果。在这个意义上，市场成了经济效率的代名词。

一般认为，福利经济学第一定理规定了分配的或静态的效率。它可以被用各种方式扩展和细化为各种其他的效率。例如，动态效率涉及自由市场或其他机制的能力，它包括在较低的成本下，推进新的技术、改善产品质量或创造新的和适合市场销售的产品，以及促使这些方面能够在较其他方式更低的成本条件下进行。“X效率”涉及自由市场或其他机制在任何给定的技术条件下，降低成本，提高产量的能力。这种成本的降低和产量的提高是通过以下几个方面实现的：刺激组织改善、增加工人和管理部门的动力以及大范围地改进经营决策等。市场是否较其他机制能够更多或更少地推进这些结果，取决于市场是否相对来说具有更大或更小的动态效率，或X效率。

对于发展中国家来说，商品经济不发达和市场不完全是经济落后的重要表现，也是阻滞经济发展的重大障碍，具体表现是：产品不能按照消费者的偏好安排生产，投入要素不能自由流动，价格具有刚性，市场信息闭塞，专业分工粗疏，社会结构僵化，从而资源得不到最佳配置，生产效率低下而难以提高。发展中国家资源得不到合理配置的常见形式是，大量的农业劳动者的边际生产率接近于零，劳动力不能自由流动，不能转移到生产率较高的非农业部门以取得较高的报酬。和劳动力一样，作为另一投入要素的资本，也不能自由流动，不能得到最佳配置，不能得到更高的生产效率。得不到最佳配置的投入要素的生产率既然是低下的，他们的收入或价格（表现为工资率和利息率）也必然是低下的，和社会机会成本或影子价格远远背离。

在这种情况下，投入要素之间，更不可能做到灵活的替代和恰当的配合，从而产出量无法达到生产边界所能容许的程度，社会产出和收入只能维持在低下的水平。

一些发展经济学家还从微观经济基础理论出发，把充分发达的商品经济所形成的所谓完全竞争市场看成是企业生产的最优的理想境界。按照微观经济学的论证，完全竞争市场条件下，市场价格和边际成本相等，也和最低平均成本相等，从而价格最低，产量最大，生产资源和生产能力得到最充分的利用。在有充分竞争的市场中，降低成本、增加产量、改进质量、提高效益、注重产品的更新换代、开发新技术和新产品等锐意改革并努力创新的企业家精神才能得到发扬。因此，发展中国家为了摆脱贫困，谋求富裕，就必须大力促进商品经济的发展，确立市场机制、发展市场机制、利用市场机制，选择市场机制是发展中国家迈向发达国家的必然选择。

7.1.2　市场失灵

市场失灵一般是指市场机制不能使资源配置达到最有效率的状态。根据不同的市场条件，又可以将市场失灵分为两大类：理想市场条件下的市场失灵和偏离理想市场条件的市场失灵。其中前者指的是市场机制与生固有的、靠自身完善无法克服的市场失灵；后者则是指市场条件达不到完全竞争的程度，因而市场会由于其内部机制的不健全和外部环境的限制而不能有效发挥调节作用的情况。此外，市场失灵概念还具有相对性的含义，所谓相对性是指在社会经济运行的各种调节机制中，如果其他机制能够较市场机制在更低的成本下完成某项工作，或者能够在相同的成本下做得更好，这时市场机制就是失灵的，应该用其他机制来代替市场机制，实现资源的最优配置。市场失灵主要表现在以下几个方面：

市场失灵一般是指市场机制不能使资源配置达到最有效率的状态。

1. 外部性与市场失灵

市场经济产生帕累托效率的条件是：每个经济主体在进行消费和生产决策时，无须顾及其他主体的行为，只需接受市场和价格信号的引导。但是有时经济主体必须关注市场以外的东西，这就是外部性（externalities），它无法纳入经济主体市场决策的范围之内。存在外部正效应（或称为积极的外部效应和外部经济）和外部负效应（或称为消极的外部效应和外部不经济），如表7－1所示。外部正效应对社会是有益的，但是市场机制并不能将其引导产生合适产出，必须由政府干预和积极推进；外部负效应对社会是有害的，但市场经济下的经济主体并没有动力去避免。经济运行中存在广泛的外部性，必然导致单靠市场机制不能达到帕累托效率的结果。从上面定义的配置意义来看，市场结果将是没有效率。一个积极的外部性例子是用于研究与发展的活动和探索所产生的知识与技术。对于承担与此相关的费用的公司来说，这些利益是外部的，并且仅由这些公司获益也是不恰当的，从这一意义上看，这些公司或其他公司在研究与发展上的投入是太少了。同样，根据配置效率的标准，如果政府不通过补偿或刺激这些活动的办法进行干预，市场将要失灵。此外，在动态效率的范围内，由于新产品的发展也取决于知识和技术的创造，按照这一标准，没有约束的市场也将失灵。

表 7－1　　外部性的种类及例子

项目	生产的外部性	消费的外部性
外部正效应	苹果园对养蜂人	邻居的花园对邻居
外部负效应	工厂排污对河水养鱼	抽烟者对不抽烟者

2. 市场的不完全与市场失灵

在不完全的市场（incomplete market）中，价格扭曲，信息沟通不畅，生产要素流动性差，严重地背离了市场机制发生作用的条件，由市场机制产生的结果将不会是有效率的，这就是市场的不完全导致的市场失灵。由于这样或那样的原因，价格和利率不能指示相对不足和机会成本，或者消费者没有平等的渠道得到有关产品和市场信息，或者生产要素被限制而缺乏流动，市场力量的配置是低效率的，经济生产将低于它的潜在能力。这些情况多见于发展中国家的经济中，因为市场不发达，大量的人口主要是农民和农村劳动者被排斥在市场之外，对供给和需求信息不能够充分了解，与金融市场无缘，市场机制促进经济发展的作用受到局限。在这种情形中，公共政策的意义在于减少这些不完全性，如促进获取信息的可能性，降低进入或流动的障碍，等等。

3. 报酬递增、垄断和市场失灵

在经济活动属于报酬递增和减少边际成本的地方，市场将再次不能产生有效的结果。在降低成本的情况下，将由一个单独的生产者采取降低成本的生产方式，自由市场产生了垄断。假定这个垄断者不能在不同的购买者中区分价格，并且因而导致一种价格在市场中流行（单项价格），那么其结果将不是有效率的，无论是静态的，还是动态的。从静态的角度看，由于与根据生产成本所决定的产量和价格比，垄断者的生产数量会更低、而“利润最大”价格会更高，因而结果将不是有效率的。从动态的角度看，结果也会出现某些方面偏离人们的期望，因为对于一个安全的、没有受到挑战的垄断者来说，革新的积极性将要减弱。发展中国家市场狭小，规模经济导致垄断和寡头在许多行业中更是不可避免，结果是消费者要比在完全竞争条件下付出更多而获得更少，不能达到帕累托有效配置。

在报酬递增的领域，各种类型的政府干预被证明为有理由用来变更市场结果。例如通过对“自然”垄断（例如，公共事业）的直接操纵或限制，通过确立价格或容许的资金利润率，使其接近在市场竞争环境中可能的水平；通过法律保护，防止个别公司独占并鼓励竞争（例如，反垄断的立法）。即便如此，干预往往偏离了理论上的效率结果，而不可能是帕累托有效率的。

4. 公共物品的供给与市场失灵

公共物品（public goods）是指对所有涉及的消费者必须供给同样数量的物品。它的含义是广义的，包括教育、知识，也包括公共基础设施，往往形成社会的公用和公益事业。建设和发展这些事业部门需要较大规模的投资，生产周期长，赢利缓慢，产品具有外部性。市场机制下追求各自物质利益的企业缺乏经营的动力，分散化的市场资源配置机制不能有效发挥作用。例如，基础设施或社会分摊资本需要庞大的投资，一般企业难于承担。基础设施产生的巨大外在经济效益，一般企业不可能向受益者索取报酬。基础设施的效益须经过较长时期之后才会产生的，一般企业难以等待。因此，政府应从宏观考虑，对基础设施投资做出全面的计划安排。就私人物品（private goods）而言，每个人的边际替代率必然等于其边际成本；就公共物品而言，需要边际替代率之和等于边际成本，才是有效率的供给。但是市场机制之下，每个人都指望做免费搭乘（free rider），只能在类似“囚徒困境”中达到一种非帕累托效率的均衡，即不能产生最合宜数量的公共物品。

5. 市场经济主体行为的盲目性导致宏观经济失衡

作为市场经济主体的企业和消费者的行为从社会的角度来看都有一定的盲目性，容易导致宏观经济失衡。这可以从以下几个方面来看：

（1）市场经济的决策是分散做出的，缺乏社会经济发展的整体目标和方向。

（2）企业和个人的利益与社会整体利益也存在矛盾的方面，而一旦损失了社会的整体利益，企业和个人利益也将受损。

（3）由于预期的不确定性也会产生盲目性，造成经济波动和资源浪费。

（4）市场价格是短期的，市场调节也有短期性，往往也会和经济发展长期目标不一致甚至冲突。

（5）市场的自由发展，必然会出现投机。尽管从某种意义上说，投机并非完全是有害的经济活动，因为投机可以增加市场的交易量，有利于商品的买卖，社会由此出现一种承担期货买卖风险的人员，从而减轻其他经济活动者的风险，而且，投机可以产生稳定价格的效应。但是，投机也具有使经济不稳定的性质，因为在总量上，投机者可能做出错误的预测，虽然价格已经高于未来价格，他们仍然大量购进，虽然价格已经低于未来价格，他们仍然大量卖出，从而引起市场巨大的不正常波动，造成社会经济的损失。在外汇市场上，投机者的不稳定作用更大。因此，国家对市场投机活动加以控制和管理是完全有必要的。

（6）市场调节是一种事后调节，有一定的时滞，也可能产生宏观经济波动。

（7）工资调整缓慢，供给和需求缺乏弹性，会产生短期的短缺或过剩。

（8）劳动力市场、货币市场和外汇市场难以迅速调整宏观经济的非均衡状态，造成总供给和总需求的不平衡。对此，需要政府采取货币管理、财政政策、汇率调整和税收措施予以干预。

6. 市场价格不能反映经济发展的动态效果和经济结构变化

幼稚工业的发展不能在市场价格机制中获得很好的发展，就是一例。在某些工业建立的初期，一般生产率较低而成本较高，此时，需要关税保护或补贴，随着生产的发展，生产率将逐渐提高，成本将逐渐降低，此时，需要减少关税保护或补贴。这就是所谓的“幼稚工业”。显然，在幼稚工业的发展过程中，其实际成本与市场价格往往相背离，如果听任市场机制去自然调节，投资者可能因为目光短浅而不愿投资，这类工业就无法生存，更无法壮大。为了取得国民经济动态发展的效果，政府不能不采取必要的保护、管理措施，甚至直接经营管理。

7. 市场经济不能保证实现分配平等的社会目标

市场无论多么完善，市场机制无论运行得多么灵活，总不能保证国家所有目标的实现。例如，普遍富裕一般是发展中国家的奋斗目标，而市场机制带动下的经济增长，一般是少数企业或个人领先的，只有在相当长时间继续增长之后，经济增长的利益才能渐渐地普及广大人民，收入分配的差距才能渐渐缩小。但是，绝对贫困和相对贫困的减轻，是人民企望的目标，它的实现不能旷日持久，为此，政府不能不有所干预。一些经济学家在判断市场的成功或失败时，将分配上的影响排除在外，“市场失灵”一词通常被限制在背离竞争的平等性和严格的效率（帕累托效率）结果的范围内。照这种狭义的解释，那么“市场失灵”很明显地把背离分配上平等的问题排斥在外。然而，这种将平等问题排斥在外的观点却通常也同时承认，即使在市场作用发挥很好的地方，分配的结果可能也不是按照社会所接受的平等标准去实现的，或者说不是按照社会上所喜欢的那种减少财富分配的过分悬殊的方式实现的。从一种观点看，把分配的不平等看作市场失灵的一个例证，从理论上也许是正确的。按照这种观点，收入分配是一种特殊的公共产品。“平等的”再分配并非产生于自由发挥作用的市场，因为对于赠予者来说，由博爱和传递所产生的收益是外部的，并且由他们来提供也是不合适的，相反，应将社会作为一个整体来加以实现。如果听任市场自身的运行，那么它所产生的再分配将比它的“效率”（也即社会理想的）更少，原因在于外部性。

7.2　国家计划与政府失灵

国家计划与政府失灵

7.2.1　国家计划与二元经济发展

国家计划是相对市场调节机制而言的，指政府对经济的干预、调节和管理，它是考虑分散的决策者所考虑的社会成本和社会效益而实行的资源配置集中管理。

根据市场失灵的观点，人们普遍认为国家计划是发展的工具。发展中国家不能再忍受把它们的有限资金和技术力量浪费在非生产性的冒险事业上，选择投资项目不应仅仅根据个别企业的资本—产出比率这样的局部生产力分析来做出决定，而应该考虑到外部经济、间接影响及长期目标等这样的总体发展计划。技术力量必须使用在能够做出最大贡献的地方。搞经济计划工作是为了有助于调剂资金和缓和有限资金的制约和影响，通过选择和协调投资项目来使稀缺的生产要素投入到生产力最大的用途上去。有的经济学家认为，发展中国家的竞争性市场只能产生较少的投资，并且很容易把投资引向社会不重要的领域（如为富人生产消费品），而不考虑从长期有计划和协调的投资规划中去获得超额利润。

同时，发展中国家处于二元经济发展阶段，也为国家计划调节提供了更多的实际理由。许多发展经济学家认为，发展中国家在大力发挥市场机制作用的同时，也必须由政府对经济进行干预，实行宏观管理甚至计划管理。

（1）发展中国家同时面临更多的经济和社会发展目标，只有政府宏观控制，才能发挥稳定经济的作用。与18、19世纪的西欧和北美的情况毕竟有所不同，发展中国家的市场机制较难充分发挥作用，阻碍要素自由流动的并不只是市场的原因，而且为了谋求发展，也不能只限于促进要素的自由流动，还应有适当的宏观调节和计划安排，这样才能有效地避免浪费和重复，使企业和个人的短期利益与国家的长远利益相协调，有效地减少失业，缩短收入差距，在保证大多数人基本需要的条件下，取得快速的经济增长。

市场机制固然可以使生产者根据不同产出的需求配置各自的投入，却不能保证配置的总量恰恰等于投入的供给总量，出现这种情况时，市场的配置作用将受到损害，因为此时的价格不能结清供求，市场赖以决定资源配置的价格均衡机制已不能充分发挥其功能。如果投入的供给总量超过其需求总量，则一部分资源将得不到配置而闲置起来，价格机制无法有效地改变这一状况。以“充分就业”为目标的宏观政策，可能对这种有损资源合理配置的现象做出补救，虽然这些政策并不能代替市场体系。

（2）经济上的互相依存和外在效益（或负效益）需要政府的干预。市场机制无论运行得多么完善，市场价格总是难以衡量社会成本和社会效益，因为有些成本和收益不出现在市场之中，而发生在市场之外。消费者或生产者只是按照市场情况计算其“收益”和“成本”，以谋求最大的满足或最大的利润，而非市场的经济关系的存在使消费者和生产者的计算与社会的计算不一致。所以，非市场的外在经济效果（或负效果）是真正的外在经济（或不经济），它体现了非市场的相互依存关系。非市场的相互依存关系会使市场决策不完善甚至失误，而这种不完善或失误只有依靠政府的适当干预才能有所弥补。而一般的外在经济（或不经济）是市场内的现象，它反映了市场的相互依存关系。市场的相互依存关系也会使市场决策不完善或发生偏差，但这种不完善或偏差的原因是信息和预见的不足，只要有较好的信息条件，就可以得到纠正或弥补，而并不必需政府计划管理的干预。

（3）加快资金积累，承担投资风险，需要政府宏观管理。就个人而言，每人大致根据现在收入的情况和未来收入的估计，以最大限度满足为原则，安排现在的消费额和未来的消费额，由此而决定个人的储蓄率。然而，个人行为可能是缺乏理性的，他们也许会根据不合理的计算，在早年多消费而少储蓄，把储蓄的收益率估计过低，而实际上，储蓄的收益率也许比个人自己估计的要高。而且，储蓄给社会带来的利益，个人一般不予计算，也无从计算。对此，政府应该发挥自己的作用，从宏观的、长远的利益出发，指导人民在早年多储蓄，少消费，从而提高社会的储蓄率，更多地积累经济发展所需的资金。

就企业而言，企业往往担心风险过大而不敢对新的项目投资，或者因资力有限而不能扩大本来应该扩大的生产规模，需要国家投资。风险是成本的一个部分，企业经营中必须核算。如果收益足以抵付包括风险成本在内的成本，企业的资源配置是有效率的，如果收益不足抵付包括风险成本在内的成本，企业的资源配置是缺乏效率的。企业如果对风险估计过高，或者胆识不足，即使一种新的项目颇有前途，又有利于国计民生，它们也可能不去投资。企业从市场上接受资金的能力是有限的，对企业所受的风险和大规模投资的障碍，政府可以协助和干预。

另外，由于技术上的原因，企业的某种投入不可能零零碎碎地逐渐增加，企业一开始就不能不把这种不可细分的投入一次性地引入生产。这种企业具有一种特点：在达到相当大的生产规模之前，一直处于成本渐减的状态，而且由于市场容量的限制，生产规模一般控制在成本渐减阶段之内。在微观经济学中，称这类企业为成本渐减企业，在成本渐减的情况下，平均成本随产量的增加而渐减，边际成本下降的速度快于平均成本下降的速度。此时，会出现一种矛盾：如果把价格定在相当于平均成本的水平，总收入固然可以抵付总成本，但价格却高于边际成本，这就意味着产量未达到最优规模；如果把价格定在边际成本水平，消费者得益，生产规模优化，但总收入不足抵付总成本，企业将蒙受损失。在这种情况下，政府的干预是必要的，政府可以规定企业价格等于边际成本的原则确定生产规模，产品总收益低于总成本所造成的亏损由政府补贴。

（4）发展中国家的市场机制的形成和发展，有赖于政府去推动和改进，公共物品需要政府提供。发展中国家的广大人民生活在穷乡僻壤之间，他们贫困，缺少文化，尚未进入商品—货币市场，即使开始进入商品—货币商场，对市场信息也很不灵通，既不能从商品经济中得到好处，更不能积极促进市场的发展。因此，发展中国家的政府对商品经济和市场机制的发挥，不能抱听之任之的态度，而应当发挥自己的作用去推动和促进。

国民经济中有些产品（包括劳务）是不经过市场渠道的，不在市场买卖的，但又是与社会和人民的安适幸福密切相关的，这类产品称为非市场产品或公共物品。它们只能由政府“经营”和提供。例如公园道路、防洪、环境卫生、航道管理，甚至法律法规等，都不能不依靠政府的力量。

不少发展经济学家对国家干预、宏观控制、计划管理都有肯定的一面。无论如何，为了国家的未来幸福，发展中国家的政府不可避免地要比发达国家的政府承担更大的责任。而且，计划管理与国家独立的愿望相一致，与独立所要求的自制、自治和自决相一致。实际上，社会主义的发展中国家采取苏联计划管理模式的结果，取得了一些重要成效：动员了闲置的资源，解除了需求的约束，实现了资本的积累，促进了人力资本的形成。

7.2.2 政府失灵：对国家计划局限性的认识

在市场经济中，作为管理主体的政府的行为，并非总是理想化的。即便在充分发育的市场经济条件下，政府调控经济运行各种手段和政策的实施，往往也有可能产生一些事与愿违的结果和问题，最终导致效率低下和福利损失。强调集中性的宏观控制、特别是高度集中的计划管理也暴露出一系列的局限性。

（1）计划管理，特别是高度集中的计划管理体制之下，经济行为的准则不是单一的，而是多头的，企业缺乏自主权。产品的质量、产品的数量、产品的比例都是经济发展的不同准则，如何把这些准则一体化地结合起来，同时得到兼顾，往往是一个难题。而享有完全自主权的企业或私营企业的行为准则是单一的利润准则。利润准则可以把多头的准则同时结合起来，有效地达到较好的经济目标。高度集中的计划管理体制下的企业，当注意到数量时，往往顾不了成本；当注意到成本时，往往顾不了数量，至于多品种、多规格，那就更难做到了。高度集中计划管理体制下的企业，也不能简单地模仿私营企业那样以利润为单一准则，因为，除非企业经理人员容许有充分独立自主的权力，而又有真正的竞争环境，否则利润准则也会变质，或是流于形式，或是产生新的弊病。

国有企业往往套用政府的行政等级制，下级必须服从上级制定的规则，必须接受上级的监督。在这样的束缚之下，企业缺少竞争能力，产品种类和规格不能多样化，无意于创新改革和大胆试验。组织庞大的私营企业如跨国公司当然也存在着官僚主义，但公司的每一单位都有不同程度的独立性，上层控制下层有一简单的规则和明确的判断标准即“利润测试”，企业只要通过这种“测试”，就可放手经营。

（2）集中计划管理体制并不能保证消除风险和不确定性。认为集中决策可以消除“次级不确定性”（secndary uncertainty）的看法是站不住脚的。如果说，“次级不确定性”指分散体制下一个单位对其他单位的行为捉摸不定，那么，除非存在着完全的、绝对的集中管理，“次级不确定性”是消除不了的。事实上，计划管理的集中程度总不会是百分之百的，计划管理单位总得把经济决策权或多或少地分一点给下属单位，从而“次级不确定性”在集中管理体制中并未消除。在市场体系中，企业的经营目的和决策原则是人们一般比较熟悉的，彼此的行为有较大的可预见性。而集中管理体制下，企业的经营目的和决策原则的透明度不高，反而确定性较小，它们的行为也因此较难预测。这种不确定性的一种反映就是：集中计划管理体制下，企业常常过多地保持存货数量，因为它们总在担心进货供给不易保证。

（3）集中计划管理体制并不能消除决策的无理性、随意性和专断性，管理者由于掌握权力而易于贪污腐化。计划管理中，企业的经营决策是由上级做出的，而上级的决策往往缺乏民主的基础。例如，为了提高威望而不顾国力和代价去发展钢厂，为了意识形态的原因而拒绝提高利息率，从教条而不是从实际出发去决定经济组织形式和产业结构，由于怕人冒尖而限制生产上和职业上的竞争等。

在集中计划管理体制下，权力掌握者可以定规划，批执照，调拨物资，安排人事等等，也就是说，在他们手中有种种“权力”。这些“权力”的转手，在市场经济中，或者是免费的，或者是在公开的竞争中按照等价原则交换的。而集中的计划管理体制下的管理人员难免把权力看成自己的“私产”，在不公开的市场中“出售”它而自己得到私利、“或者是权力在腐化，或者是权力在为腐化开辟道路，事实是权力和腐化在同时出现”。

（4）计划管理在收集信息、做出预测、决策、传达、监督、评估、校正等方面不容易灵活调节。当然，这些困难在市场机制中也或多或少存在，但价格信号和利润准则大大简化了管理工作。而如前所述，集中计划管理体制下经营准则不单一，经济信号又欠灵通，管理工作就增加了困难，困难的程度将随着管理集中程度的提高而提高。

基层单位一般是不允许根据其他单位情况的变化而互相调节和调整的。数据和资料只能逐级上报，由中央计划机构汇总，等中央计划机构做出新的决策后，高速变动的指令再逐级下达。可见，在短期之内，计划要做出灵活的必要调节是不可能的。

计划管理需要准确而及时的信息，但信息渠道不畅通又是计划管理体制的弱点。这就是计划管理的“信息缺口”——集中决策的信息需求大于信息供给。信息来源于基层，消费者各自有其偏好，经理和技术人员了解企业的生产可能性，研究机构、科学家、地方政府机构也各自有其信息，这种种信息都由中央计划机构收集、整理和分析，从而需要大量的费用或成本，这些费用和成本不只表现在经费的支出上，还表现在信息的延误和随之而来的决策的迟缓。大量的信息是“不可再生的”，如不迅速反馈，很快就会过时无用。由于费用的昂贵和时间的限制，基层的许多信息永远不能反映在中央计划之内。这样，分散决策体制可以充分使用的信息在集中决策体制之下，或者由于得不到使用，或者使用不当而浪费掉了。虽然技术进步可以加快收集信息的速度，但随着经济现象越来越复杂，信息量将越来越多，信息差距不会缩小，反而会扩大。

另外，计划管理体制并未消除不确定性，而且往往无视不确定性的客观存在而做出决策，加上信息缺口还在不断扩大，经济预测能力是难以增强的。

7.2.3 在政府与市场之间进行选择

任何一个国家的实际经济体制既不是由纯市场构成的，也不仅仅是由国家计划安排的，市场和计划两种制度共同构成了实际存在的经济体制，由于两者所起作用的程度、范围不同，决定了当今世界不同国家的经济体制特征。基于不同的文化观念、社会传统和经济发展阶段，经济体制也在演进。所以问题的关键就转化为：在政府和市场之间如何选择。前面已经阐述了政府和市场各自的作用和局限性，下面指出在二者之间进行选择的标准和原则。

1. 根据效率标准在政府和市场之间选择

市场作为一种资源配置方式，起到了比政府更好的作用。市场机制使资源的利用更加有效、有创新、有活力，它的理想状态被证明是有帕累托效率的，而政府配置资源的方式中不存在这样的机制。市场在公共物品生产中失灵的原因在于物品本身的“公共性”，而且政府的干预也未必能一定保证公共物品达到最优产出。即使政府应该有多大（计划应该有多大的范围），这个问题本身也解决不了，而实际上，倾向于采用国家计划手段的国家往往过分扩大了政府的规模，但是却没有促进经济快速发展。

2. 根据公平分配标准在政府和市场之间选择

市场机制本身的运行标准是供求和竞争法则，这个标准在某种意义上是公平的，因为体现了一种非个人性的、相对客观的过程。但是，处于不同条件和地位的人们在面对市场准则和经历市场筛选时，由于不同的起点和禀赋，甚至运气，市场不能保证分配结果的公平性。政府有必要在尽可能不影响效率的前提下，按照各种平等标准进行收入分配调节。

3. 政府在改善市场机制中的作用

市场经济发展到今天，并非绝对“自由放任”的经济，而是在政府制定规则的管理下的市场经济，政府制定规则的改善将大大有益于市场运行。在证券、劳动力市场、反不正当竞争和垄断等方面，政府的管理都能够改善市场。1940 年美国证券与交易委员会设立大量条款控制信托投资基金，涉及条款极其严格而复杂，需要雇佣很多律师、会计师进行解释、运用，交易费用上升，市场效率降低。通过扩大各种条款之间选择的灵活性，就可以简化条款复杂的管理迷宫，提高了工作效率。又如，在发达资本主义国家，工资决定是工会与雇主之间谈判的过程，其中社会保险和福利部分往往与工龄相联系而与工作成果关系不大，造成工资刚性和劳动力市场的不完全性。如果将社会保险和福利部分作为工资总额的一个股份，使其与总工资和企业产出相联系，有助于改善工资的市场调节机制，这些都需要政府的指导。为避免工业生产的过度集中，即使短期内规模经济有利于经济发展，但是长期则会压抑竞争和损害效率，所以政府应该制定法律限制以利润的增长和规模经济等形式出现的垄断。

4. 在发挥政府职能中引入市场机制

在政府管理中注入市场因素，可以缩小政府失灵的范围和有效发挥计划的作用。著名经济学家舒尔茨指出：我们总是考虑由公共领域干预私有领域而不是相反，这种偏向应该纠正。在政府活动中引入市场机制，其好处是：可以对计划进行成本—收益分析，减少政府对市场的错误干预；根据市场需要做出计划，而不是政府“内部化”的目标代替社会目标，避免官僚化倾向；促使政府在环境污染控制、交通堵塞等方面，引入市场机制作为促进技术变化的动力。

总体来看，发展经济学家对经济发展过程中国家的作用和市场作用的认识在逐渐拓宽和加深，形成了比较统一的看法：没有一个政府完全依赖集中计划，也没有一个政府完全依赖市场。大多数发展中国家选择了集中计划和市场两者之间各种结合的模式。国家计划可以利用竞争价格，政府也可以调节市场经济，通过征税和福利计划对收入重新分配，生产公共产品，对外部经济或不经济做出调整，分配技术和信息，部署与社会目标相一致的各种政策。

市场机制由于能够适应经济发展进程中日趋复杂的经济生活而不断扩展，更多的发展中国家将建立市场经济体制作为重要的目标。但在市场经济体制中，并非只有市场机制在起作用，政府有必要发挥作用，适度地干预经济生活。

7.3 制度变迁与经济发展

7.3.1 制度的定义及其功能

不同制度下，经济发展差别的根源是什么？如何解释人类经济发展的历程和国家兴衰的奥秘？为什么显赫一世的庞大帝国会毁于一旦？为什么西方世界从17世纪开始步入持续发展的轨道？为什么同是第二次世界大战后独立的发展中国家，东亚的经济绩效明显优于南亚、地中海地区、撒哈拉以南非洲地区和加勒比海地区？发展经济学提供了多种答案：技术进步是经济发展的根本动力；经济发展是资本积累的结果；经济的持续稳定发展取决于人口素质；人口过剩导致经济衰退等。新制度主义经济学则认为，诸如高储蓄率、高教育程度、技术创新活跃等因素，是与经济发展相伴随的一种特征，是经济发展所要解释的事实，而不是发展的原因。刘易斯在对经济增长源泉的分析中指出：技术进步是表层原因，而土地制度、产权制度和专利制度等所激发出的技术创新热情才是更为深层次的原因。

制度是指"一系列被制定出来的规则、守法程序和行为的道德伦理规范，它旨在约束追求主体福利或效用最大化利益的个人行为"。

所谓制度（institution）是指"一系列被制定出来的规则、守法程序和行为的道德伦理规范，它旨在约束追求主体福利或效用最大化利益的个人行为"。它有别于人们习惯上讲的基本经济制度或体制。制度可划分为以下三种类型：一是宪法秩序。宪法是用以界定国家的产权和控制的基本结构，它包括确立生产、交换和分配的一整套政治、社会和法律的基本规则，它为集体选择确立了原则，从而是制定规则的规则；二是制度安排。这是在宪法秩序下约束特定行为模式和关系、界定交换条件的一系列具体的操作规则，它包括成文法、习惯法和自愿性契约；三是行为的伦理道德规范。来源于人们对现实理解的意识形态，是与对现实契约关系的正义或公平的判断相连的，它对于赋予宪法秩序和制度安排的合法性是至关重要的。

制度的功能，主要是为经济组织（个人）的行为选择提供可以遵循的规范和明确的结果预期，使其行为具有个人理性与社会理性的统一。

（1）明确资源产权，降低交易费用。交易费用是人们为获取市场信息、进行谈判、签约和保证合法执行所支出的时间和资源的总称。交易费用在市场经济中虽然必要，但却是对社会财富或资源的一种无谓的浪费。决定交易费用的关键是产权制度。因此，通过建立明确的产权制度，合理界定交易主体的权利和责任，客观上就能减少交易摩擦，降低交易费用，促进社会经济效率的提高。

（2）制度为经济合作与竞争提供基本框架。建立在社会分工基础之上的竞争，虽然能够给经济带来活力，但由于个人利益与社会利益的矛盾和信息不充分而导致的盲目性及个人行为的投机动机，又必然造成合作过程中的矛盾及由此产生的预期不确定，从而造成对社会资源的浪费。制度作为人们在社会分工基础上，经过多次竞争与合作的博弈而达成的契约，它为人们之间的竞争与合作提供了一个基本框架，以规范人们的竞争和合作关系，减少经济活动的不确定性，降低信息成本，使合作博弈能够顺利进行。

（3）制度提供激励机制，增强经济活动的动力。从制度作为人们经济行为规范的意义来看，制度不仅告诉人们应该怎么办，而且还告诉人们这么做会怎么样。这在把个人利益作为经济活动的动力源的条件下，通过将个人的行为选择与其经济利益的实现联系起来，形成一种有效率的经济组织，从而增加社会经济活动的活力。诺斯在分析西方世界兴起的原因时指出，西方世界兴起的原因，就在于发展了一种有效率的经济组织。有效率的组织需要建立制度化的设施，并确立财产所有权，把个人的经济努力不断引向一种社会性的活动，使个人的收益率不断接近社会的收益率。

（4）制度引导经济组织外部利益内部化，提高资源的配置效率。按照诺斯的定义，当某个人（或组织）的行为所引起的个人成本不等于社会成本，个人收益不等于社会收益时，就存在外部性。换言之，外部性就是个人成本与社会成本、个人收益与社会收益之间的差额。外部性问题的存在，意味着一个人的行动所引起的成本或收益并不完全由他个人承担；他也可能在不行动时承担他人行动所引起的成本收益。科斯认为，许多外部性的产生都与产权界定不清有关。

因此，产权制度的主要功能之一，就是引导人们将外部性尽量地内在化，从而使个人或组织的经济计量与社会成本相一致，促进社会资源使用效率的提高。因此，在人类社会经济的发展中，制度是至关重要的。一方面，人类社会的经济运行是通过制度组织起来的，制度是人类经济活动中最基本的手段；同时人类社会经济的发展要通过制度的创新和改进来推动，制度是影响社会经济发展的最基本的制约条件，制度的创新和改进过程也就是所谓制度变迁的过程。

7.3.2 制度变迁及其形式

经济发展是一个伴随制度变迁的过程。经济史学家诺斯指出：由于技术进步和人口的增长，会使一个经济中某些原来有效的制度安排变成不是最有效的，新的制度安排就可能被创造出来以取代旧的制度安排，这种变迁是由于新的、有利的经济机会而产生的，称为制度变迁（诺斯，1994）。由于制度变迁是用一种效率更高的制度模式替代现存制度模式的实践过程，因此需要借助具体的形式来实现。制度变迁的形式就是由制度变迁的具体环境、手段、时间安排和过渡顺序所决定的制度创新的具体方式或道路。把制度变迁的形式或模式区分为诱致性制度变迁和强制性制度变迁，是以诺斯为代表的西方新制度经济学派对制度变迁理论的重大贡献。

1. 诱致性制度变迁

所谓诱致性制度变迁，是指制度的变更者或者新制度安排的创造者是由一个人或一群人，在响应新的获利机会时自发倡导、组织和实行的制度变迁形式。新制度经济学家认为，诱致性制度变迁发生于某些来自制度不均衡的获利机会。诱致性制度变迁主要具有如下特点：

诱致性制度变迁是指制度的变更者或者新制度安排的创造者是由一个人或一群人，在响应新的获利机会时自发倡导、组织和实行的制度变迁形式。

首先，诱致性制度变迁的主体是一个人或一群人。因此，其作为“初级行动集团”的行为具有明显的个人利益诱致性。由于制度不均衡而产生新的获利机会，对制度变迁的主体而言，预期收益大于预期成本是诱致性制度变迁发生的基本条件。

其次，诱致性制度变迁具有自发性。诱致性制度变迁是相关的利益主体对新的获利机会的一种自发反映。这使其对制度变迁的结果往往缺乏明确的预期和自觉的变迁路径选择。因此，诱致性制度变迁的过程是一个不断试错的过程，而其过程的绩效又往往取决于制度变迁主体自身的素质及行动能力和环境。

最后，诱致性制度变迁是一个渐进的制度改进过程。由于诱致性制度变迁始于个别人的制度创新行为，因此，从制度变迁的角度看，它必然是一个缓慢的渐进过程。影响其进程的基本因素，一是由制度创新主体提供的制度模式绩效，二是受技术、市场及利益制约所决定的对新的制度模式的仿效效应。从经济制度发展的本质上看，诱致性制度变迁是经济制度变迁的基本和主导形式。

强制性制度变迁就是在政府对制度变迁的目标模式具有理性认识的基础上，由政府通过法律和命令而实现的制度变迁。

2. 强制性制度变迁

所谓强制性制度变迁就是在政府对制度变迁的目标模式具有理性认识的基础上，由政府通过法律和命令而实现的制度变迁。强制性制度变迁除了受制度变迁主体对预期收益和成本判断的影响外，也可以因在不同选民集团之间对现有收入进行再分配，从而对政府产生政治收益。因此，与诱致性制度变迁相比，强制性制度变迁具有如下特点：首先，强制性制度变迁的主体是国家或政府，制度供给是国家的基本功能之一；其次，强制性制度变迁的效应与社会整体的财富最大化可能不一致。对国家而言，制度变迁的预期效用函数中，除了经济因素外，还有政治因素等。如果一项制度变迁虽符合经济合理性原则，但却可能降低其他效用，特别是可能威胁统治者的政治稳定时，虽然社会具有进行制度变迁的要求，但国家仍可能会继续维持无效率的制度模式或制度不均衡状态，而不去推行制度变迁或不允许实行新的制度安排；最后，强制性制度变迁的绩效受诸多因素的影响，因而很难判断。统治者的偏好及理性程度、意识形态之间的利益冲突及社会科学知识的局限性、国家的安全状况等因素都可能影响制度变迁的路径选择或对制度变迁的绩效产生影响。

3. 两种制度变迁形式的比较

（1）两种制度变迁的共同点。是由它们必须遵从制度变迁的一般原则来决定的。第一，制度变迁是一个按照人类社会的发展规律而进行的制度进步过程，不管它以什么方式进行，都会受社会进步规律的制约。第二，制度变迁是一个需要付出时间和费用的过程。以最少的费用获得最佳的制度安排，实现最大收益，是制度变迁的基本要求，因此，成本—收益分析是分析制度变迁的基本方法。第三，制度变迁的动因是相同的，两者都是适应经济发展的需要或对制度不均衡的反映。第四，两者的结果都要形成规范化的制度安排。

（2）两者的区别表现为：第一，制度变迁的主体不同。诱致性制度变迁主体的集合主要是依据共同利益原则，而强制性制度变迁的主体——国家进行制度变迁的诱因则要比竞争性组织复杂得多。第二，制度变迁的绩效不同。诱致性制度变迁的原则主要是经济合理性和利益一致性原则。如果它能克服外部效果和对制度创新成果搭便车之类的问题，那么，诱致性制度变迁将是制度变迁中最有效的形式之一。强制性制度变迁的优势在于，它能以最快的速度和最短的时间推进制度变迁，以自己的强制力降低制度变迁成本。第三，制度变迁面临的问题不同。诱致性制度变迁作为一种自发的制度变迁过程，其面临的问题主要是外部性和搭便车问题；强制性制度变迁面临着统治者的有限理性、意识形态刚性、官僚政治、集团利益冲突等多方面的问题。

因此，一个国家在制度变迁的选择中，到底以何种形式为主，必须从各自具体的国情出发，选择适合本国国情的制度变迁形式，才能实现制度变迁的初衷。

7.3.3 制度变迁对经济发展的作用

发展经济学中的制度学派认为，制度变迁对经济发展的影响是相当大的。

1. 对技术创新的影响

在经济增长和经济发展中，技术创新发挥着越来越重要的作用，而技术创新的进程又依赖于一套很复杂的制度安排。其中不仅包括产生创新的制度，而且包括确定所有权和新式契约，以及分担外部性风险的制度。此外，制度创新还能使人们具有认识到技术变化所蕴含的潜在利益能力。

2. 对“获得正确价格”的影响

在许多发展中国家，私人部门和公共部门中都存在着严重的价格扭曲。能否获得正确的价格，并不是一个调控问题，而是一个选择正确制度的问题，也就是选择一个如何安排社会的问题。由于基本的价格扭曲是由构成政治经济基本结构的宪法秩序所引起的，因而制度变革对于获得正确的价格特别重要。

3. 对经济结构变动的影响

在发展中国家经济增长和发展的重大转折点上，进一步的发展将需要在经济结构上出现重大变化。这些变化伴随着规模的扩大，投入要素比例的变化，部门转移上的变化和贸易在经济中作用的变化。为了推动经济结构的变化，经济体制在配置资源、提供动力和信息等方面必须加以根本的转变。没有这种变化，经济活动将日益丧失效率。

4. 对经济发展政策和战略的影响

经济发展的政策和战略对经济发展具有重大影响，而发展中国家一定时间内特定的政策和战略，很大程度上又是由制度因素决定的。罗纳德以拉美国家为例指出，问题不在于是“外向贸易政策”还是“限制性贸易政策”最有利于经济发展，而在于什么原因促使发展中国家采取这种政策，而不是那种政策。他认为，要解决这个问题，必须弄清国际贸易与国家之间的本质联系，从对发展中国家政治制度的分析中寻找答案。

本章重要术语

市场机制、帕累托效率、市场失灵、政府失灵、公共物品、制

度、制度变迁、诱致性制度变迁、强制性制度变迁

本章小结

制度是一套规范人的行为的游戏规则。制度构造了人们在经济、政治或社会方面发生交换的激励结构，制度变迁则决定了社会演进的方式。制度是一种具有经济价值的服务提供者。制度之所以能够推动经济发展，是因为它具有两种非常重要的经济功能：降低交易成本和提供激励。

制度是多维度的，理论与实证研究表明，产权制度、契约与现代企业制度对于经济发展来说尤为重要。因此，较好的产权保护、较强的契约执行可以成为判别制度效率高低的主要依据。从某种意义上讲，这样的制度体系构成了良好的投资环境与工商业环境。

制度变迁是一种效率更高的制度对另一种制度的替代过程。发展中国家低效率的制度难以向高效率的制度转变的主要原因是：制度变迁过程中的路径依赖导致无效的制度仍然被长期锁定；非正式制度短时间内难以建立；国家悖论与政府失灵。发展中国家具有制度的后发优势，它产生于后发国家相对于先发国家在制度上的效率差距。

市场和政府（计划）是配置资源和调节经济的两种方式和手段。市场机制是迄今为止最为有效的配置资源和促进经济增长的方式。但是，市场机制也存在着固有的缺陷，即存在市场失灵。发展中国家的市场机制除了市场失灵之外，还存在着相当部分的经济活动不由市场机制来调节、价格信号失真和扭曲、缺乏企业家精神和完备的融资体系等问题。针对市场经济不发达的特点，发展中国家政府在经济发展中的职能与发达国家是有区别的，这些职能主要包括弥补市场机制的缺陷和不足、积极培育市场体制和机制、部分替代市场功能。

发展中国家政府在纠正和校正市场失灵过程中也会产生政府失灵。政府失灵主要表现在发展计划的失败、国企的低效和一系列政策干预的失败。政府失灵的原因，从根本上是计划经济制度的无效率，其次是发展战略和发展政策的失误。解决政府失灵问题的关键是要提高政府能力以及具备有效发挥作用的条件，这些条件包括政府是发展型的、政治体制是强有力的组织机构和官僚队伍是高效廉明的。

市场和政府在经济发展中都有其不可替代的作用，但也有其固有的缺陷。处理好政府干预与市场调节的关系，关键是要对市场调节和政府干预确定一个明确的边界，政府既不越位也不缺位。

延伸阅读

关于发展中国家市场和政府的关系，可以进一步参阅马凯等的《计划经济体制向社会主义市场经济体制的转轨》，人民出版社 2002

年版。——中国计划体制与方法的改革。

关于制度变迁，可以进一步参阅科斯、阿尔钦、诺斯的《财产权利与制度变迁》，上海人民出版社 1994 年版。——制度是内生的，它对经济增长的影响重大。

参考答案

复习与思考

1. 单选题

（1）在“纯粹的自由市场经济”中（　　）。

A. 政府具有完全的或绝对的控制权

B. 所有商品和服务都是免费的

C. 消费者在市场上可以自由选择，但每个人的工作都是由政府分派的

D. 政府在经济中的作用十分有限

（2）强制性制度变迁和诱致性制度变迁的共同点是（　　）。

A. 制度变迁面临的问题相同　　B. 制度变迁的动因相同

C. 制度变迁的绩效相同　　D. 制度变迁的主体相同

（3）下列哪条不属于市场经济的特征（　　）。

A. 经济决策是通过经济主体独立做出的

B. 经济调节依靠反映供求关系的价格信号

C. 是一种经济主体之间平等竞争的经济

D. 完全竞争的市场经济是缺乏效率的

2. 多选题

（1）市场失灵及市场机制不能正常发挥其作用，是因为（　　）。

A. 现实的市场达不到理论上的严格条件

B. 缺乏政府管制

C. 市场经济理论自身存在缺陷

D. 政府过度干预

（2）制度的功能有（　　）。

A. 提升本国国际地位

B. 明确资源产权，降低交易费用

C. 为经济合作与竞争提供基本框架

D. 提供激励机制，增强经济活力

E. 引导经济组织外部利益内部化

（3）市场经济主体行为的盲目性导致宏观经济失衡表现为（　　）。

A. 市场经济的决策是分散做出的，缺乏社会经济发展的整体目标和方向

B. 企业和个人的利益与社会整体利益存在矛盾

C. 预期的不确定性也会产生盲目性

D. 市场调节会与经济发展长期目标不一致

(4) 市场失灵及市场机制不能正常发挥其作用，是因为（　　）。

A. 垄断的存在　　B. 存在外部性

C. 公共物品属性　　D. 信息不对称

(5) 国家计划的局限性包括（　　）。

A. 企业缺乏自主权

B. 不能保证消除风险和不确定性

C. 不能消除决策的无理性和专断性

D. 在收集信息、预测、决策、传达、监督、评估、校正等方面不容易灵活调节

3. 简答题

(1) 市场经济具有哪些特征？

(2) 诱致性制度变迁的特点有哪些？

(3) 制度变迁对经济发展的影响？

(4) 制度有哪些功能？

4. 案例分析题

印度拉奥政府的经济改革

印度是一个地域辽阔、人口众多、资源丰富、历史悠久的国家。它位于亚洲南部，是东南亚和西亚联系的交通要冲。印度国土面积297.47万平方公里，居世界第7位，人口10亿，而且还以每年平均2%的速度在增加，是世界第二人口大国。1947年，印度结束了英国长达200多年的殖民统治，实现了独立。在印度独立后的50多年里，在政治、经济、军事、外交、文化等领域均取得很大成就。目前印度已实现"称雄南亚，控制印度洋"的战略目标，正朝着"争当世界一等强国"的目标稳步迈进。

印度是混合经济体制的国家，受计划经济影响较深，长期实行相对封闭的经济政策，因此经济发展水平比较低。1991年由于海湾战争、苏联解体等外部因素的冲击和国内政党、种族、教派之争造成的政治动荡，使印度经济处于崩溃的边缘。当时，海外劳务收入急剧下降，石油进口支出大幅度增加，导致外汇储备下降，外债上升。1991年6月，国家外汇储备仅剩10亿美元左右时，外债高达720亿美元。1990～1991年财政年度赤字52亿美元，通货膨胀率上升到16%。为了挽救印度经济，拉奥总理上台后，在世界银行和国币基金组织的帮助下，制定了改革开放新的发展战略和政策。

印度改革开放的切入点是对外经济领域。这一方面是为了缓解宏观经济的暂时危机，克服外汇短缺和财政赤字的现实困难；另一方面

则是为了印度经济长期闭关自守形成的各种弊端，如进口替代发展战略和保护主义经济政策造成的效率低下，竞争力不足，与国际市场长期隔绝，以及与此相伴随的制造业水平落后，产品质量低下等问题。为了扩大印度经济的开放度，印度政府对关税、许可证、外贸外资和外汇政策进行了大幅度调整：

(1) 大幅度削减关税。从 1991 年 7 月至 1994 年，将 300% 的最高关税率分阶段降低到 110%、85% 和 65%，其中生产设备的关税率从 55% 降为 35%，零部件关税率从 35% ~40% 降至 25%；优先发展部门的工程设备、煤炭、炼油、矿产设备等的关税率由 30% 降至 25%，电力工程设备关税率降至 20%。

(2) 取消每年高达 200 亿卢比的出口补贴，迫使出口企业面对国际市场，开展竞争。

(3) 取消进出口许可证制度，以及除消费品外的所有进口品的配额限制。将一部分原来由国家专营的进出口商品向私营企业开放。允许 6 种出口商用其自有外汇进口原禁止进口的 18 类商品。此外，将黄金的进口税降低了 50%。

(4) 汇率贬值并逐步放松对外汇的管制。1991 年 7 月，将卢比贬值 20%；1992 年 3 月，宣布卢比可部分兑换，即印度商人为出国经商可按每人每天 300 美元、一次 20 天自由兑换外汇。出口企业所赚外汇可将 40% 按官方汇率兑换，60% 在自由市场买卖。另外，允许出口企业有 25% 的外汇留成，用于企业进口。完全出口型企业、出口加工区企业以及电子硬件和软件可有 50% 的外汇留成。随后，印度政府又宣布实行经常项目下的外汇自由兑换，向外汇完全自由兑换迈出了十分重要的一步。

(5) 放松外资政策，鼓励外商投资。印度加入了国际投资保证公约，与英、德、美签订双边投资条约；修改外汇管理法，取消了外资控股限制；允许外资在合资企业中的股份限额从 40% 提高到 51%，对一些特殊领域或全部出口的企业允许外商独资。规定出口加工区的企业，其产品在当地通过劳务和原料等增值 30% 以上的可内销 25%。外国投资机构购买印度股票，每种股票最多可购总额的 5%，每一上市公司股票的 24% 以下可出售给海外投资机构。允许私营企业的资本超过原来的最高限额 10 亿卢比。为了鼓励印侨及外籍印度人回国投资，印度政府规定海外印度人可独资建立出口型企业、出口贸易公司以及在出口加工区建立工厂，其收益在纳税后可全部汇出。在采矿业，允许海外印度人拥有 50% 的股份，而在一些非垄断性矿业公司可拥有 50% 以上的股份。海外印度人可用外汇在任何一座印度城市购买或租赁房产。此举吸引了大批海外印度人回国投资。

除了吸收外资外，对于印度企业到海外投资也制定了比较宽松的政策，只要印度人股份总额达到200万美元，并且汇回现汇50万美元，即可自动批准到国外去办合资企业。随着外资政策的放宽，一些国际知名的大企业如美国通用电气公司、通用汽车公司、摩托罗拉公司和可口可乐公司以及日本富士通、铃木、德国奔驰公司等纷纷进入印度。

为配合经济上的开放政策，印度政府在外交上努力改变以往的形象，重视发展同西方的关系。印度总理拉奥率领庞大的经济代表团先后访问了瑞士、德国、英国、日本和美国，印度外交部也邀请日本、德国、法国和意大利等国的经济记者访问印度，扩大印度同西方的交往。

拉奥总理的这一系列经济改革取得很大成效：首先，经济持续稳定增长。经济增长率从1991～1992年度的0.5%上升至1992～1993年度的5.2%和1993～1994年度的6.2%，以后三年进一步上升到7.7%、7.8%和8.1%，使这三年成为印度历史上经济增长最快的时期。同期，工业增长率由0.5%上升到8%以上；粮食产量由1.68亿吨增加到1.85亿吨，粮食储备从1 470万吨增加到3 100万吨；通货膨胀基本控制在10%上下；就业人数也有很大增长。

其次，国际收支明显改善。由于实行比较自由的贸易政策，大幅度降低外贸限制，采取多种措施促进出口，吸引外资和侨资进入，印度的国际收支情况出现明显好转，贸易逆差逐年减少。1990～1991年度贸易逆差将近95亿美元，1992～1993年度减为41亿美元，1993～1994年度仅为10亿美元。1992～1993年度侨汇收入达到27亿美元，1993～1994年度增加到38亿美元，1994～1995年度猛增到60亿美元。

（资料来源：林珏：《发展经济学案例集》，中国社会科学出版社2005年版，第165～167页。）

问题：

从制度变迁视角，分析印度从计划经济向外向型经济发展采取的措施及取得的效果。

5. 讨论题

讨论诱致性制度变迁视角下的中国土地流转。

网络练习

建议同学们针对上述讨论题，通过网上查找资料，并进行实地调研，写出调研报告。

第 8 章

经济发展战略

学习目标

了解："发展极"与增长点理论。
理解：平衡与不平衡增长的关系。
掌握：内向型发展战略与外向型发展战略的实施条件。

引导案例

韩国发展战略的选择与转换

韩国是引人注目的亚洲四小龙之一，经过朝鲜战争后60余年的发展，经济成就卓越，其中经济发展战略的选择与转换对经济的起飞发展起到了决定性的作用。

朝鲜战争结束后韩国的首要任务是稳定社会，重建工业基础。鉴于经济基础薄弱，资源贫瘠，又缺乏资金和技术，韩国经济发展的基点只能放在国内有限的人力、物力和财力上，采用进口替代战略。但是以高关税壁垒和严格的进口配额限制，实行非耐用消费品和中间产品的进口替代并没有给韩国经济带来更多的活力，韩国的出口潜力受到抑制，直到20世纪60年代初，国民经济结构仍然十分落后，人民生活基本上停留在战争结束初期的水平。

而与此同时，发达资本主义国家已先后兴起科技革命浪潮，生产力获得极大的发展，进入产业结构转换阶段，纷纷把劳动密集型产业转移到发展中国家和地区。因此，1962年以后韩国把经济发展重点放到出口产业上，将经济活动的中心以国内市场为主转向以国际市场为主，实施出口主导型经济发展战略。韩国经济的及时转型，使韩国的劳动密集型轻纺工业以及资本密集型重化工业得到迅速发展，1970年制造业在产业结构中占21%。20世纪70年代以后韩国的产业结构转向了以重化工业为主，在优先发展六大战略工业的政策下，重化工业的增长速度超过了轻工业，并超过了制造业的平均水平。80年代韩国政府为避免产业结构的失衡及轻工业和农业发展的萎缩，促进经济良性循环，在产业政策上做出了重大决策，将目标转向高新技术产业。一些技术密集度高，技术革新速度快，具有高附加值的现代电子、汽车、精密机械成为韩国的主导产业。

在这一发展过程中，为了将有限的资金和资源用于经济开发，韩国通过经济战略调整来推动经济发展。第一次是1960年，韩国为克服当时的经济和政治危机，改变依赖美国支援来支撑的经济体制，实施进口替代；第二次是1964年，因进口替代不仅未能取得效果，而且还加深了对外国的依赖，韩国政府提出了出口主导型的发展战略，以出口带动经济的发展；第三次是20世纪80年代，提出“稳定、效率、均衡”的方针，开始将韩国从政府主导型向民间主导型转变，1988年后加快了向民间主导型战略的过渡步伐。

韩国通过政府计划来贯彻经济战略和政策，主导民间的经济发展，政府较之其他推行市场经济国家更多地介入经济过程，而一些民间的经济行为也往往受到政府强制性政策的干预。政府的干预主要通过编制五年计划对市场经济实行指导，20世纪60年代以来韩国共实行了7个五年计划，每个五年计划都有其侧重点。“一五”的主要任务是摆脱贫困，尽快扭转国内经济对外国的依赖，建立本国的经济基础；“二五”的发展目标是加快产业结构现代化，提高经济的自给自足程度；“三五”的基本目标是继续扩大出口，发展重工业，促进产业结构的现代化，发展农业、渔业，争取粮食自给自足；“四五”的目标是继续促进产业结构的现代化，进行社会开放，加强技术革新，提高出口竞争力，改善国际收支。

从1963~1982年，韩国的经济增长率达到7.6%。大量资金注入重点工业部门，促进了这些工业部门的发展，同时也改善了产业结构，在经济逐步增长的过程中，不仅缓解了国内资金不足的问题，国内积累率也在不断提高。从第三个五年计划起，韩国的国内储蓄率增速加快，海外投资在总投资中的比重有所下降。不过，值得注意的是，在经济增长的贡献中生产要素达到51%，大大高于技术进步的贡献。显然，20世纪80年代初以前增长仍处于粗放型增长阶段。为了提高科技水平，缩短工业化进程，1982年韩国提出以技术为主导的战略口号，并先后制定和实施了数项五年科技发展计划，同时采取了一系列的扶植政策来推动该目标的实现，经济增长方式开始由粗放型向集约型转变。

与此同时，经济政策从政府主导型向民间主导型转变，政府逐步采取间接指导和间接调控，发挥市场作用，实行进出口贸易自由化，金融自由化，放松对价格的管制。1983 年后韩国加快取消进口限制的进程，增加根据自动特许核准翕动准予进口的商品及项目，大幅度提高进口自由化率，到 1992 年韩国整个自由化的比率已高达 98.1%，接近西方发达国家水平。在金融自由化方面，最重大的措施是进行金融体制方面的改革：降低指令性贷款比例，建立新的金融体制，实行商业银行的私有化，允许外国银行参与韩国许多经济领域的活动，提高非银行金融机构的地位，扩大竞争范围，允许银行在确定利率方面具有巨大的灵活性，减少政府对信贷资金分配的干预。在物价问题上，既强调物价稳定的重要性又重视市场价格机制，更重视宏观调控的作用，更多地利用货币和财政政策来控制物价，尽量减少对经济的干预，让市场因素发挥作用。物价上涨率有所控制，消费物价指数迅速下跌，1981 年为 21.6%，1982 年下降为 7.1%，1984 ~ 1987 年最高也仅为 3%。由此韩国也实现了产业结构由劳动密集型向技术密集型为主的转变。

（资料来源：林珏：《发展经济学案例集》，中国社会科学出版社 2005 年版，第 304 ~ 306 页。）

对于一个发展中国家，在制定经济发展战略时，往往都会面临多种选择。战略选择正确与否，对一个国家经济社会发展影响极大。纵观世界经济发展史就会发现，凡是选择了正确的经济发展战略的国家，经济社会发展战略目标就会顺利实现；反之，经济社会发展就会遇到挫折。本章的任务就是要研究发展中国家的经济发展战略问题，包括平衡增长与非平衡增长战略、“发展极”和增长点战略、进口替代与出口导向战略。

平衡增长与
不平衡增长理论

8.1 平衡增长与不平衡增长

平衡增长与不平衡增长是西方发展经济学中对发展中国家应采取的发展战略提出的两种不同主张。这两种理论在经济发展理论中长期存在着争论，至今仍未取得一致意见。

8.1.1 平衡增长理论

平衡增长理论产生于 20 世纪 40 年代初。1943 年，罗森斯坦 – 罗丹（P. N. Rosenstein – Rodan）在他的著名论文《东欧和东南欧工业化问题》中，系统阐述了他的平衡增长理论。1953 年，纳克斯（R. Nurkse）在他的《不发达国家的资本形成问题》一书中，提出了

“贫困恶性循环理论”，也主张发展中国家实行平衡增长战略。

所谓平衡增长（balanced growth，BG），是指在整个工业或国民经济各部门中同时进行大规模的投资，使工业或国民经济各部门按同一比率或不同比率全面地得到发展，以此来彻底摆脱贫穷落后面貌，实现工业化或经济发展。可见，平衡增长理论是主张全面投资，平衡地发展各个经济部门。

平衡增长理论强调，发展中国家实现工业化或经济发展的决定因素是资本积累。由于长期贫穷落后，收入水平低下，必然产生低储蓄能力和低投资引诱，因而在供给和需求两方面导致了资本形成的恶性循环。资本匮乏制约了发展中国家的经济发展，为了打破这种恶性循环，给经济起飞创造条件，罗森斯坦－罗丹和纳克斯主张采取一种全面的投资计划，同时发展若干工业部门，它们相互提供供给，相互给予投资引诱。平衡增长包括两个方面的内容：一是投资应大规模进行；二是各部门均衡发展。从供给平衡的角度看，通过全面投资使各部门相互提供投入，避免了供给瓶颈以及辅助生产要素缺乏所引起的资本浪费；从需求平衡角度看，各部门的均衡发展使所创造的收入刚好吸收各部门的产品。通过平衡增长战略克服了发展中的各种供求阻碍，有利于实现规模经济，从而保证经济中各部门的获利，推动经济迅速发展。

平衡增长理论的思想渊源可以追溯到萨伊定律，即供给能创造自己的需求。1844 年，穆勒对萨伊定律又做了重新解释：在生产性领域，一切生产活动都会创造出自己的需求。特定的投资创造出特定的生产能力，特定的生产能力创造出特定的供给和收入，特定的收入又创造出特定的需求。平衡增长理论的基本点是投资结构应适应需求结构，以保证市场供求平衡和国民经济各部门的平衡发展，而为了使增加的投资结构适应增加的需求结构，就必须在国民经济各部门增加投资，使各部门同时平衡地增长，各部门的人员相互成为顾客和经营者，以实现供求均衡。

罗森斯坦－罗丹认为，实行平衡增长战略的原因在于经济活动中存在着不可分性。这种不可分性表现在：一是社会分摊资本或基础设施的不可分性。例如，要建成一座水电站，不仅需要修筑水库、水坝，而且要有发电机器设备、输电系统和交通运输、信息设施、工作人员的培训以及职工生活服务设施等，如果不配套就难以形成生产能力。二是储蓄的不可分性。储蓄是投资的主要资金来源，只有通过大量投资，使国民收入增长达到一定高的水平，才能使储蓄有较大的增长，为大规模投资积累足够的资本。三是市场需求的不可分性。如果投资只集中于某个部门，那么，该部门的产品会因为其他部门的落后而导致市场需求不足，最终会使该项投资无法产生效益而失败。只有全面地投资于各个部门，才能产生与投资相应的需求，形成一个充分的、有保证的市场。因此，小规模的、个别部门的投资不能从根本上解决问题，必须实行大推进战略，在各个工业部门全面地进行大量投资，使各个工业部门都能发展起来，克服“不可分性”，才能实现工业化。罗森斯坦－罗丹举了一个鞋厂的例子，如果社会只在一家鞋厂进行投资，而没有增加其他部门的投资，那么，鞋厂生产的鞋子将会因为市场狭小而没有销路，鞋厂的投资没有效益必将不能持久。因此，不仅要投资鞋厂，扩大鞋厂的生产规模，而且要投资于服装厂、食品厂、钢铁厂等部门，形成工业体系，互相创造市场，最终使整个工业都得到增长。

罗森斯坦－罗丹还用规模经济理论说明平衡增长的必要性。他认为，发展中国家大部分企业规模小，缺乏规模经济效益，只有全面大规模地投资，才能使各行业和企业获得内在经济和外在经济的规模效益。

平衡增长理论可以分为“极端的”平衡增长和“温和的”平衡增长两种典型：

（1）“极端的”平衡增长理论。主张对各个工业部门同时、按同一比率进行大规模投资。持这一观点的主要代表人物是罗森斯坦－罗丹。他认为，在全面发展工业的过程中，为了避免一些工业发展过快，产品过剩，必须在投资时做到按同一投资率对各个工业部门进行投资。只有这样，才能保证各工业部门之间发展协调、比例均衡，按同一增长速度向前发展，使产品的生产与需求达到平衡。因而，他提出了通过“大推进”式的投资来克服经济中存在的“不可分性”，是实现经济发展的必然途径。

（2）“温和的”平衡增长理论。主张对经济中的各部门包括工业、农业、外贸、消费品生产、资本品生产、基础设施等同时但不一定按同一比率进行大规模投资。持这种观点的代表人物是纳克斯。他认为，应当以各部门产品的需求价格弹性和收入弹性的大小来确定其投资比率。对于需求价格弹性和收入弹性较大的部门，给予较大比率的投资，因为价格与收入弹性大意味着这个部门发展不足，成为经济发展的瓶颈，还有生产扩张的潜力。在这些部门多投资，促进其迅速发展，以实现该部门产品的供求平衡。对于需求价格弹性和收入弹性较小的部门，给予较小比率的投资。价格和收入弹性小表示该部门发展过快，在这些部门少投资，使它与其他部门相协调。可见，温和的平衡增长战略有利于国民经济各部门协调发展。

如何实现平衡增长呢？平衡增长论者一致认为，发展中国家市场机制不健全，市场调节作用有限，即使市场机制作用较大，要在短期内筹集到大量资金并配置到国民经济各部门，也是不可能的。因此，主张实行国家干预，通过国家计划化实现平衡增长。

平衡增长理论为发展中国家消除贫困，寻找经济发展的突破口，提供了一种发展模式。它强调国家干预在实现平衡增长中的作用，对发展中国家有一定的指导意义。但是，平衡增长战略主张全面地、大规模的投资，这在发展中国家难以实现，因为发展中国家缺少资金，人力资源也不足，不具有大规模投资的能力。另外，强调国家干预不利于培育市场、完善市场体系。

8.1.2 不平衡增长理论

平衡增长理论在20世纪50年代成为一种很有影响的理论，并广泛应用于发展中国家的经济计划决策中。但与此同时，它也受到一些发展经济学家的反对和批驳，批评者中的代表人物是赫尔希曼(A. Hirschman)。赫尔希曼在1958年出版了他的《经济发展战略》一书，指出了平衡增长战略的不可行性，并相应地提出了“不平衡增长”（unbalanced growth，UG）理论。不平衡增长理论的主要观点是：发展中国家应当集中有限的资金和其他资源优先发展一部分产业，以此为动力逐步扩大对其他产业的投资，带动其他产业的发展。

赫尔希曼主要从现有资源的稀缺和企业家的缺乏等方面，对平衡增长理论进行了批评。他指出，发展通常是指从某一经济形态到更进步形态的变动过程，但这个过程却被平衡增长理论认为无望而放弃了。平衡增长所需的大规模投资的资源正是发展中国家所缺乏的。平衡增长论者实际上是把一个全新的现代工业文明强加于停滞的传统社会之上。他说，平衡增长论“想让那些落后保留在一边，并梦想在那里建立一种全新的经济”。平衡增长论者强调的是资本形成在经济发展中的决定作用，而赫尔希曼特别强调投资决策的能力。在他看来，经济发展主要不是取决于资本形成，而是取决于使用现有资源并最大限度地发挥其效率的能力，发展中国家真正缺乏的不是资本形成，而是企业家和管理能力。因而，发展中国家最紧迫的问题不是资本形成的大小，而是现有资源得不到合理而有效地配置。

赫尔希曼根据发展中国家的情况，首先从资源配置决策入手分析，当一个国家的投资项目所需资源超过可获得的资源量时，就面临着投资决策的问题，他认为，应优先选择“引致决策”最大化的项目，即能通过自身发展“引致”其他项目最快发展的投资项目。赫尔希曼先把投资项目分为两大类：社会分摊资本和直接生产性活动。社会分摊资本是指用于基础设施建设的投资，其特点是投资规模大，建设周期长、收益慢且低、投资效率低而受益面广。直接生产性活动是指直接投资于工业、农业等产业部门中的投资行为。其特点是投资集中、周期短、收益快、投资效率高。这两类投资对经济发展都是必需的，但在资源有限的情况下，不能做到平衡增长，而只能优先增加某一类投资，实行不平衡增长。赫尔希曼的研究结论是：在投资资源有限的情况下，应当实行不平衡增长战略，暂时延迟基础设施方面的投资，而集中资本优先投资于直接生产性活动部门，以尽快获得投资效益，增加产出和收入。待直接生产性部门的生产发展起来并产生了较大收入后，再利用一部分收入投资于基础设施部门，带动其增长。

相对于基础设施投资而言，应优先发展直接生产活动部门，但不是说所有的直接生产性活动的部门都优先发展。赫尔希曼认为，应根据联系效应的大小来决定直接生产性活动部门中投资的优先次序。所谓“联系效应”，是指在国民经济中，各个产业部门之间存在着某种关系。一个部门要使用别的部门的产品作为投入要素，同时它的产品也要被其他部门购买；这些关系使得各产业部门之间互相联系、互相影响、互相依存。一个部门和向它提供投入要素的部门之间的联系，叫作“后向联系”；一个部门和吸收它的产出的部门之间的联系，叫作“前向联系”。一个产业的联系效应的大小，应根据该产业产品的需求价格弹性和收入弹性来测量，价格弹性和收入弹性大的产业，联系效应大；价格弹性和收入弹性小的产业，联系效应小。在联系效应大的产业多投资，能产生更多的对其他部门的投资引诱。“引致投资”不仅能促进前向、后向联系部门的发展，反过来也可以推动其自身的进一步扩张，从而使各产业部门都得到发展。因此，发展中国家在确定发展战略时，应优先发展联系效应大的产业，通过联系效应，带动其他产业的增长。

联系效应是指在国民经济中各个产业部门之间存在着某种关系。

不平衡增长理论为发展中国家经济发展提供了一条不同于平衡增长理论的新思路。它指出了资源稀缺对经济发展的约束，比较符合发展中国家的现状。它强调资源配置效率在经济发展中的作用，有利于发展中国家重视培育企业家、提高投资效率和经济管理水平。赫尔希曼提出的“联系效应”理论，揭示了国民经济各部门之间的内在联系，有利于人们从总体与局部的关系上认识平衡与不平衡的辩证关系。但不平衡增长也会造成经济结构严重失衡、经济总体发展不协调的不良后果。

8.1.3　平衡增长与不平衡增长之间的关系

关于平衡增长与不平衡增长之间的争论一直没有停止，在罗森斯坦－罗丹、纳克斯、赫尔希曼之后，许多学者就此展开了理论的和经验事实的论证，但至今似乎仍未得出一致的结论。斯特里顿（P. Streeten）以18世纪英国纺织工业和钢铁工业的发展为例，证明了不平衡增长的成功。休斯根据史料分析认为，西方国家都是沿着平衡增长的道路前进的。

平衡增长理论和不平衡增长理论各有其优缺点，比如，平衡增长理论强调国民经济各部门的协调发展，却忽视了大规模投资在发展中国家的不现实性。不平衡增长理论强调资源配置效率和部门间的联系效应，却忽视了不平衡增长所造成的结构失衡等严重后果。

从表面上看，平衡增长和不平衡增长是对立的，但赫尔希曼认为，这两者固然对立，却也有一定的联系，平衡增长和不平衡增长是从不同角度、不同时期、不同阶段考虑问题的。不平衡增长是从资源有效配置的角度，考虑经济发展的初期如何把有限的资源分配于最有生产潜力即联系效应最大的产业中，通过这些产业的优先发展，来解决经济发展的瓶颈问题，同时带动其他产业的发展。但是，当经济发展进入高级阶段时，平衡增长就成为必然。可见，赫尔希曼强调不平衡增长，目的还是要实现更高层次和更高水平的平衡增长，只不过平衡增长是目标，不平衡增长是手段。斯特里顿（P. Streeten）认为，平衡增长理论是一种市场理论，不平衡增长理论是一种决策理论。他曾指出，“平衡增长与不平衡增长之间的选择是根据各种不同长度时期内的平衡之间进行的选择”。它既主张国民经济各部门按不同比例全面发展，实现平衡增长，也主张在平衡增长的过程中，根据各种产品的需求弹性确定不同的投资率和增长比例。通过个别部门的优先发展和快速增长（其他部门也同时增长，但增长速度较低），解决经济结构中的瓶颈问题，最终实现各部门按适当比例平衡增长。这种动态的平衡增长理论被称为“完善的”平衡增长理论。吉利斯、帕金斯等人也认为，发展规划的最终目标是通过一定时期、一定程度的不平衡发展来达到“一定程度”的平衡发展。

平衡增长与不平衡增长之间并没有根本的冲突，对于一个国家来说，没有一个永久可以遵循的固定的发展模式，每个国家应根据自己的国情和规划期的具体条件，制定适当的长期和短期发展战略，促进经济的快速发展。

近年来，詹姆斯·洛切（Game Rauch）从新的角度对平衡增长与不平衡增长路径进行研究，提出了新的思路。洛切使用的不平衡增长的意义与赫尔希曼不同，他认为，一个部门的增长将降低而不是刺激另一个部门的增长。在洛切的模型中，假定经济中有两个部门，并假定一个部门获得的知识不能直接应用于另一个部门，这样，两个部门不会以相同的速度增长。因为两个部门面对一个相同的劳动力市场，在没有贸易条件调整机制的情况下，一个部门的较快增长只会引起工资的增加和其他部门利润率的降低，导致增长较慢部门的积累性衰退。洛切把这种情况称为“非均衡”增长。典型的事例是，在

1870～1938年，发生在缅甸、菲律宾和泰国的逆工业化，原因是用于出口的稻米专业化生产增加了。洛切强调，对外贸易的自由化能导致经济由较低的稳定增长率达到较高的稳定增长率。

8.2 “发展极”和增长点

发展中国家一般人口众多，人均收入不高，生活水平低下，此外，其经济落后还表现为各个地区发展的不平衡。基于这种状况，一些发展经济学家开始研究地区经济增长和发展问题，并主要倡导实行地区不平衡增长战略。“发展极”和增长点正是这方面具有代表性的理论。

8.2.1 “发展极”理论

“发展极”是指由于经济发展不平衡所形成的某些主导部门和企业聚集的地区。

1955年由法国发展经济学家弗朗索瓦·佩鲁（F. Perroux）提出了“发展极”的概念和理论。当时，人们对以国民收入增长为总量指标来衡量计划结果普遍感到欠妥。佩鲁的主张正是以非总量的方法安排计划，把国民经济按地域分解为部门行业和工程项目。“发展极”理论认为，经济增长不可能在每个部门、行业或地区都以同一速度进行。增长迅猛的产业往往集中于某些主导部门和有创新能力的行业，这些部门和行业通常又聚集在某些地区。在国民经济增长的不同时期一般集中在不同的地区。由于主导部门和有创新能力的行业聚集的地区常常是大城市中心，这些中心就成为“发展极”。“发展极”对广大周围地区有一种吸引力和扩散力，凭借这种力量，“发展极”扮演着生产中心和市场枢纽的重要角色。一方面，向心力的作用促使主导部门和有创新能力的行业四周聚集着日益增多的其他相关部门、行业与辅助性厂商，第三产业也围绕着“发展极”迅速成长。另一方面，扩散力的作用体现在“发展极”把增长和发展的势头通过技术、组织、生产要素、市场、信息等形式向周围地区扩散，从而带动周围地区的发展。

1. “发展极”的形成

（1）必须在该区域有足够具有创新能力的企业和企业家群体。因为企业家是经济增长的主体动力，他们具有创新精神，敢于承担风险，能够不断地进行技术和制度的创新。由于他们的作用，不仅使有创新能力的企业能够不断发展，而且通过其影响而产生一批追随和模仿创新企业的新企业，即称之为“增长企业”。这些增长企业在“发展极”的影响和作用下，又可形成一种“增长中心”。例如，加拿大的蒙特利尔是一个“发展极”，由于它的影响，又产生了魁北克市等“增长中心”。

（2）必须具有一定的规模经济效益。这就是要求“发展极”所在区域或城市不仅要聚集一定数量的企业、部门，而且这些企业、部门还必须集中相当规模的资本、技术、人才等，形成较大的生产规模，并具有一定的规模经济效益。

（3）必须有适当的有利于经济发展的环境。“发展极”的建立需要大量的资金、技术、人才、机器设备、熟练劳动力要素的供给及基础设施等，也就是需要一个良好的投资和生产环境。

2.“发展极”的作用

“发展极”具有“支配单位”和“创新”的特点，它能形成一定的势力范围的“经济空间”，对周围的区域发生支配作用，即发生吸引和扩散的作用。具体地说，有四个方面的作用：

（1）技术的创新和扩散作用。“发展极”中具有创新能力的企业不断地进行技术和制度创新，不断地推出新技术、新产品、新组织和新的生产方法，并由此一方面从其他区域和部门吸引最新技术和人才，另一方面又将自己的新技术推广和扩散出去，对其他区域和部门产生影响。

（2）资本的集中与输出的作用。“发展极”中一般拥有大量的资本和生产规模，为了自身发展的需要，它可以从所在区域和部门吸引、集中大量的资本，进行大量投资，扩大规模生产；同时，也可以向其他区域和部门输出大量的资本，通过其他区域和部门的发展，来满足自己对原材料、农产品、半成品和零部件等的需要。

（3）获取巨大的规模经济效益的作用。“发展极”的企业和部门集中，生产规模庞大，可以形成规模经济。这不仅可以产生内在经济效益，增加自身的获利能力，而且由于公路、铁路、港口等基础设施的建设，贸易、金融、信息和服务部门的建立，人才的互相交流，使有关部门和区域共同受益，从而降低社会成本，产生外在经济效益。

（4）产生“凝聚经济效果”的作用。“发展极”的出现，使人口、资本、生产、技术、贸易等高度聚集，产生“城市化趋向”或形成“经济区域”。这些大城市或经济区域往往是生产、贸易、金融、信息、交通等中心，起着增长核心、经济和技术“网络”的作用，从而对其他区域吸引和辐射，推动其他区域乃至整个国家的经济发展。

根据“发展极”的理论，发展中国家或地区应该充分发挥“发展极”对周围地区的扩散效应。如果不发达国家或地区缺少“发展极”，就应该积极创建“发展极”，通过“发展极”有针对性地推动周围地区的经济增长和发展。在“发展极”的扩散过程中，佩鲁特别强调技术变化的诱导作用，即通过技术进步在产业间的扩展，来改造区域中的其他部门。此外，关键产业的示范作用及它在区域范围内形成的增长思想等非经济变量在此过程中也很重要。我国许多地区落后的根本原因就在于缺乏“发展极”或是“发展极”的作用微弱。比如西北等不发达地区，远离工业中心，农业本身又缺乏生产潜力，发展非农产业非常困难。要创建“发展极”也不是件容易事，完善的基础设施、中心为腹地的服务供给条件等都和关键产业同样重要。

8.2.2 “增长点”理论

厂商及行业之间的亲和力将产生外部经济效益，促使厂商和行业在地理位置上聚集起来发展，从而出现**增长点**。

“发展极”理论提出后，引起了许多国家的发展经济学家的重视，一些英美学者对该理论进行了补充和发展，并将其命名为“增长点”。他们认为，厂商及行业之间的亲和力（proximity）将产生外部经济效益，促使厂商和行业在地理位置上聚集起来发展，从而出现增长点。增长点一旦出现，则有利于厂商间、行业间在工业化进程中形成网络关系，这样又会进一步扩大外部经济效果。这种外部经济效果表现在两个方面：第一，厂商之间可以互相利用已形成的人力资本，一厂解雇，他厂录用，资源不至于浪费，这实际上节省了培养费用；第二，各个厂商聚集在一个地区，会使它们在供应来源、技术咨询、维修服务和信息等方面得到诸多便利。尤其是第二方面的外部经济效果极为重要，它是形成增长点的根本原因，又是增长点作用的主要结果和继续扩大的推动力量。如果把不能产生外部效果的工业勉强地集中在一起，或者选择不恰当的地区作为增长点，那么增长点就难以形成，即使在一定时期形成了也不会持久。

增长点和“发展极”两个概念和理论虽大致相近，但也有一定的差别：一是，增长点概念侧重于外部经济效果的作用，“发展极”概念侧重于具有创新能力的企业的作用。二是，增长点概念强调作为增长点的地区自身的增长，“发展极”概念则强调“发展极”地区对广大地区经济发展的带动作用。实际上，“发展极”和增长点理论是把不平衡增长理论、熊彼特的创新理论和新古典学派关于人力资本流动理论结合而转化为地理空间的概念。它们的提出对发展中国家发展计划的指导思想产生了重大影响，“发展极”理论已成为当今一些发展中国家强调区域计划和区域资源配置的理论依据。

8.2.3　回流效应和传播效应理论

瑞典著名经济学家米尔达尔认为，经济发展是一个因果循环的过程。在这个过程中，起重要作用的因素是回流效应和传播效应。回流效应是指资本、人才、技术等生产要素在收益差异的吸引下由落后地区向发达地区流动的现象。传播效应指从经济扩展的中心地区，把扩展的活动和影响向其他地区推进或辐射的效应。与发达国家相比，经济不发达国家的回流效应较强，而传播效应较弱，因而加剧了国际间的经济不平等。同时在不发达国家内部，也有强弱程度不同的回流效应和传播效应，造成了其内部的区域不平等。

回流效应是指资本、人才、技术等生产要素在收益差异的吸引下由落后地区向发达地区流动的现象。

传播效应指从经济扩展的中心地区，把扩展的活动和影响向其他地区推进或辐射的效应。

1. 国际不平等

米尔达尔认为，国际贸易可能对不发达国家有回流效应。总的来说，国际贸易有利于富国和发达地区，不利于穷国和不发达地区。富国具有雄厚的制造业基础，其传播效应较大。它可以以比较便宜的价格向不发达国家出售其产品，从而挤垮不发达国家的小工业和手工业，这势必把不发达国家变成出口初级产品的生产者。在出口市场上，对初级产品的需求是缺乏弹性的，不发达国家必然受价格过分波动之害。结果，无论其出口品（初级产品）的世界市场价格是涨还是落，他们都无利可图。而且，进口初级产品的国家还将因这些初级产品的非弹性市场而取得这些出口品降价的利益。另外，当不发达国家的出口品生产取得某种技术进步的时候，由于这种技术进步有降低成本、降低价格的作用，也会使初级产品进口国从中得到好处。最后，当不发达国家把增加的出口收入耗费在投机、奢侈品、房地产、保存外汇等上面的时候，这些增加的出口收入势将导致通货膨胀的压力、错误的投资支出和国际收支平衡的困难。

国际间的资本流动也为不发达国家造成回流效应。来自发达国家的外国投资者在不发达国家的投资是以取得利润为目的的，投资过程中利用不发达国家的廉价劳动力和丰富的自然资源，投资结果是从不发达国家获取了大量的利润，这加剧了“富国越富、穷国越穷”的趋势。同时，流向不发达国家的资本，主要被导向于生产初级出口产品，这为发达国家攫取大量的工业原料打开了方便之门。最后，发达国家以公路、铁路、港口等形式进行的投资，无论是多是少，其目的绝不是为了不发达国家的经济发展，而都是为了其自身的经济利益和政治利益。

米尔达尔把区域不平等和国际不平等归结于回流效应和传播效应对不发达国家和地区经济发展的作用，这在一定程度上反映了发达国家与不发达国家之间的不平等关系，这种分析也在一定程度上揭露了不发达国家和地区经济落后的原因，并提出了改变不发达地区和国家经济落后状况所应采取的政策措施，这在发展经济学家中是较为激进的。但是，米尔达尔忽视了国际贸易对发展中国家的促进作用和回流效应是传播效应起作用的前提条件，因而不能了解发展中国家争取发展的积极方面；同时，米尔达尔否定市场力量的作用是片面的，因为市场自发力量固然存在引起发达和不发达的不平等的消极作用，但也具有促进效率提高进而促进经济发展的积极作用，国际贸易中心的市场力量会刺激发展中国家实行有效的技术选择、有效的资源应用，从而提高管理水平，降低成本，实现生产和贸易的优化。同时，发展中国家也可通过“南南合作”对发达国家的贸易做出有效反应，从而摆脱国际贸易中的被动地位。

2. 区域不平等

米尔达尔认为，一个国家的区域不平等与经济运行机制有关。首先利润动机使得那些利润预期高的地区得以发展，而使那些利润预期低的地区处于落后的状态。于是，由于市场力量的自发作用加剧了区域间的不平等。对此，若一切听凭于市场力量的自发作用，而不加以任何政策干预，必将使工业生产、商业、银行、保险、航运等几乎一切能够在经济发展中获得较大收入的经济都集中于某些区域，而其余的区域则或多或少地处于落后的状态。由此，当某些区域以牺牲其他区域而使自己得以增长的时候，势必加剧区域间的不平等。这种不平衡可通过如下两种效应表现出来：

（1）回流效应。回流效应的主要内容包括：①人口迁移的趋向总是从落后地区向经济发展乃至经济发达地区流动，这使后者获得充足的劳动力资源，从而有利于其经济扩展。而落后地区因大量人口的迁出，丧失了大量劳动力资源，极不利于落后地区的经济发展活动。②在经济发展和经济发达地区一般具有较为有利的投资机会，这必然吸引大量的资本从落后地区流向经济发展或发达地区。加上人口大量向经济发展或发达地区流动，其需求必然大大增加，这又必然刺激投资的增加，从而使落后地区的资本不断向经济发展或发达地区流动，而本地区产生资本资源短缺，加剧了区域的不平等。米尔达尔说，对许多国家的研究表明，若对其各种活动不加调节的话，银行制度必然会成为从贫困的地区抽取储蓄而把它投入较为富裕的和较为进步的资本收益高且有保证的地区的手段。③区域间的贸易活动也有利于经济发展或发达地区而不利于落后地区。经济发展地区的工业发展会破坏落后地区自然产生的现有工业。由于市场的日益自由和扩大，经常会把竞争的好处授予经济发展中心地区的工业，因为它们具有收益递增的优良条件。这样落后地区不但不能发展现代工业，原来的工业和一般工业也会趋于破产。

（2）传播效应。米尔达尔认为传播效应与回流效应并存，一方面经济发展中心将技术扩散给农业，并从农产品日益增多的销路中得到好处；另一方面，对那些为之生产工业原料的地区也有传播效应，将刺激那些存在消费品工业的地区发展。传播效应将克服严重来自旧的中心的回流效应、并鼓励新的中心的建立和自我扩展，它使其他地区增加对其产品的需求，并为其发展创造其他的条件。按照循环的因果关系，传播效应是一个累积的社会过程。

在不同的国家和地区，回流效应和传播效应程度有很大的不同。米尔达尔通过研究联合国欧洲经济委员会的研究报告得出如下两大相关关系：①不发达国家的区域不平等比发达国家的区域不平等广泛得多；②不发达国家的区域不平等在日益加剧，发达国家的区域不平等则日益减缩。因为一国的经济发展水平越高，其传播效应便越强；反之则相反。由于发展总伴随以交通和通信的改善、较高的教育水平和较为动态的观念及价值观的交融，这一切都将使传播效应和排除障碍的力量得以强化。一旦经济发展成为一种自动的过程，一国就达到了较高的发展水平。相反，不发达国家所以落后，其主要原因在于其“传播效应”较弱，其“回流效应”较强，因而在累积的因果循环的社会过程中，贫困成了其自身的原因。

3. 国家政策的作用

米尔达尔认为，让市场力量自发地起作用和自由放任主义的政策，是在传播效应薄弱状态下造成区域不平等的基本原因，一些不发达国家所存在的封建制度和其他不平等制度以及帮助富人剥削穷人的权力结构，也是造成这些国家区域不平等的重要原因。因此，不发达国家政府应当采用削弱回流效应，强化传播效应的平等政策，以便克服经济不平等，加强持续的经济进步的基础。这里的关键是使经济发展水平迅速提高。

进口替代发展模式，就是通过建立和发展本国的制造业和其他工业，替代过去的制成品进口，以带动本国经济增长，实现国家工业化。

8.3　进口替代发展模式

8.3.1　进口替代发展模式的动因、目标和发展阶段

1. 进口替代发展模式的实施动因

进口替代发展模式，就是通过建立和发展本国的制造业和其他工

业，替代过去的制成品进口，以带动本国经济增长，实现国家工业化。进口替代是通向工业化的一条老路，大部分欧美国家随着英国进行工业革命时，就曾经走过这条道路。在发展中国家中，在普雷维什、辛格等学者的出口悲观主义思想影响下，拉丁美洲国家首先踏上了进口替代发展的道路。第二次世界大战后，一些亚洲国家和非洲国家也走上了进口替代发展的道路。到20世纪60年代，进口替代已成为发展中国家经济发展的主导模式。一些发展中国家之所以要实行这种模式，主要动因包括：

（1）发展中国家为改变自己在国际经济关系中的不平等地位，感到必须改变畸形的经济结构，改变过去进口制成品、出口初级产品的不利局面。

（2）发展中国家从后起的西方工业国家和社会主义国家工业化实践中认识到，在强大的国际垄断资本势力包围下，要建立和发展本国的民族工业，仅仅依靠私人资本是不够的，必须利用国家政权的力量，通过关税和其他手段，对本国的幼稚工业实行有效保护。

（3）许多发展中国家当时已具备发展民族工业的一些基本条件。尽管它们的资本短缺，但多数国家民族资本已具有一定规模，也可以通过出口初级产品，换回所需要的机器设备；虽然其国内市场狭小，但工业消费品市场有一定容量；虽然技术水平低，但仍具有生产非耐用消费品的技术。

从各国实施进口替代模式的时间长短来看，发展中国家大致可分为三类：

第一类国家，实施的时间较长，一般都经历了几十年，如巴西、墨西哥、印度等国。巴西在20世纪30年代大危机期间就开始实行限制外国消费品进口和大力鼓励本国资本投资工业的政策。第二次世界大战前，巴西已基本上完成了非耐用消费品的进口替代。第二次世界大战后，巴西转入了耐用消费品的进口替代阶段，在50年代中期以后又进入了资本品和中间产品的进口替代阶段。印度在1956年开始的第二个五年计划中，确定了优先发展重工业方针，执行重工业进口替代模式。尽管70年代后印度强调发展出口贸易，并采取措施鼓励制成品出口，但进口替代模式并没有被放弃。

第二类国家，实施时间较短，如新加坡、韩国等。这些国家的资源贫乏、内部市场容量小，但与西方国家的政治经济关系密切。如新加坡在1959～1967年间实行过进口替代模式，1967年后转向出口导向模式。韩国在20世纪50年代后期和60年代上半期也实行过这种模式。

第三类国家，属于工业发展起步较晚的国家。它们或者独立较晚，如撒哈拉以南非洲地区的一些国家；或者在一段很长时间内，因国内社会经济条件和外国资本主义的残酷剥削，无法积累工业发展所需资金。这些国家大体上是20世纪60年代以后才开始进口替代工业化进程，如非洲的尼日利亚、肯尼亚、加纳、赞比亚和中东地区的一些国家。

2. 进口替代发展模式的主要目标

（1）削减进口，减轻对外国的经济依附。

（2）节省外汇，平衡国际收支。

（3）发展本国的幼稚工业，实现工业化。

（4）发展制成品的生产和出口，改善贸易条件。

（5）实行保护措施，扶持本国工业品的生产和出口。

（6）增加工业部门劳动就业，改变二元经济结构等。

可见，实行这种模式，一方面是为了消除发展中国家发展民族经济的障碍，另一方面是为了消除不利的贸易条件对发展中国家的影响，为实现工业化和经济发展创造有利条件。这正是战后许多发展中国家寻求经济的独立和平等发展的目标，迅速摆脱贫穷落后面貌的一条捷径，从其内容和形式看，也是一种较简便易行的发展模式。

3. 进口替代发展模式的发展阶段

进口替代发展模式一般需要经历两个发展阶段。

第一阶段：首先进口和发展一般的最终消费品工业，以替代这些消费品的进口，如收音机、自行车、一般家用电器、食品加工、服装等一般消费品。在此阶段，由于发展中国家缺乏必要的资本、机器设备、原材料、中间产品和技术等生产要素，需要从国外进口这些投入品，加上缺乏管理经验，国家采取了保护措施，生产规模也较小，因而往往出现产品成本高、质量差、缺乏规模效益、外汇使用过度、国际收支困难、产品价格高于进口价格等问题。但随着进口替代的幼稚工业逐步发展、成熟，这些问题逐步得到了解决，并趋于预期目标。

第二阶段：当最终消费品的进口替代发展到一定阶段，有关消费品可以基本满足国内市场需求时，进口替代工业就应升级换代，从最终消费品的生产转向国内需要的资本品、中间产品的生产。如建立和发展机器制造、石油精炼、炼钢轧钢等工业，并在这些产品的生产中，尽量使用国产原料和投入，增强自力更生能力。

经过上述由低级到高级的两个阶段，进口替代工业日趋成熟，从而为转向出口导向模式及全面的工业化创造了条件。拉丁美洲国家在转入出口导向以前，经历了这两个阶段的发展过程，并在此过程中取得了高速增长。而亚洲新兴工业化国家（地区）则没有经历第二阶段，中国香港甚至没有经历第一阶段，新加坡的第一阶段也十分短暂。

8.3.2 进口替代发展模式中政府的作用和政策

1. 进口替代发展模式中政府的作用

在进口替代发展模式中，政府起着重要作用。政府既是大量商品或劳务的直接生产者和供应者，又是经济发展的调节者。政府的调节作用表现在以下几方面：

（1）政府通过编制全国、地区和部门发展计划来推动经济发展。这类计划通常对本国的出口收入水平以及国际机构和外国的贷款进行了概算，并规定了人均国内生产总值的年增长率，以及相关部门的投资比例和发展速度。有时也列入了许多社会发展指标，以实现收入的公平分配和缩小贫富差距。虽然这类计划通常只对国有企业有约束力，但对于国民经济的宏观安排、内部潜力的挖掘，也具有积极作用。

（2）政府通过税收、金融、物价、外资管理、信贷等政策来促进本国工业的发展，使本国制成品与进口商品相比处于有利地位。墨西哥、巴西、阿根廷、厄瓜多尔、玻利维亚等国都曾制定了向私人企业提供优惠的专门法律，以刺激私人资本投资创办新的制造业部门，或在传统的产业部门采用现代化的工艺、技术。政府还在控制订货、发放贷款等方面资助本国制造商。

（3）政府通过人力资源开发来促进本国工业发展。政府在科技、教育等方面进行了大量投资，为工业化和经济现代化培养了大批专门人才。

在这种模式中，政府作为生产者和供给者所起的作用更为突出。在20世纪30年代大危机后，实行这种模式的拉丁美洲各国就首先在没收外国公司的基础上建立了许多国有企业。国有企业有两类：一类是生产性基础设施部门，如动力、公共运输、邮电等；另一类是基础工业部门，如采矿、冶金、化学工业和石油化工等。为了促进本国经济的发展，各国都先后创建了国家投资银行来筹措资金，通过国有化和本国化以及由国家投资兴办新的国有企业或与外资、本国私人资本合股开办合营企业。实行这样模式的国家，尤其是拉丁美洲国家的国有企业得到了广泛发展。国有企业的建立，有利于抗衡西方跨国公司对这些国家的经济渗透，引导本国私人资本将有限的资本用于与最终消费品密切联系的、有利可图的经济部门。

2. 进口替代的基本经济政策

在这种模式中，政府还通过制定和实施一系列经济政策来达到预期目标。

（1）贸易保护政策。这是进口替代发展模式的一项最重要政策。其具体措施包括：对制成品特别是消费品进口，通过关税手段（如征收高额关税、进口附加税等）和非关税手段（如实行许可证制度，进口数量限制等），以限制直至完全禁止外国某些工业品的进口。不过，在实施贸易保护的同时，一些发展中国家采取了区别政策：

一是对本国进口替代工业产品的贸易保护程度较高，而对其他非进口替代部门产品的贸易保护程度较低。如各国通常对粮食和基本生活必需品进口限制较松，以维持国内较低的生活费用；对食品加工产品和一般消费品则管制较严；对于奢侈品进口有时采取完全禁止的做法。

二是对进口替代工业的最终产品保护程度较高，而对发展这类工业所需的原材料、燃料、机器设备和零配件进口的保护程度较低。此外，各国的贸易保护程度及其在具体部门的实施，也因该国国际收支状况，特别是替代工业的发展程度而各异。当某种工业在国内已经有很大发展，其产品的成本和质量已经能同外国同类产品竞争时，此类工业的贸易保护也就会适当放松些。

（2）外汇和汇率政策。外汇政策包括限制外汇的持有，要求企业和居民必须将从不同途径得到的外汇全部或部分地售给指定的外汇银行；规定出口商只能接受可充作国际清偿手段的外国货币；实行外汇配给，对进口替代工业给予适当照顾；对资金流出国外实行管制，等等。其主要目的是将有限的外汇用于经济发展最急需的一些领域。

在货币政策方面通常实行币值高估或复汇率制度。所谓币值高估，即对本国货币规定较高的兑换他国货币的比率，以利于进口替代工业所需的原材料和机器设备的进口。但由于这一政策的实际弊端较多，尤其是不利于这些国家的产品出口，并使关税保护政策部分地失去作用。所以，较多的发展中国家实行了复汇率制度，即对非必需品的进口实行币值低估，以限制这类产品的进口，对本国产品可起到价格保护的作用；对国民生活必需品和重要资本品的进口实行币值高估，以降低本国产品的成本。在出口方面，对于传统的出口产品，采取高估汇率；对于新的出口产品，则实行低估汇率，以加强出口产品的竞争力。

币值高估即对本国货币规定较高的兑换他国货币的比率，以利于进口替代工业所需的原材料和机器设备的进口。

复汇率制度是指一国货币的对外汇率不只有一个，而是有两个或两个以上的汇率。其目的是利用汇率的差别来限制和鼓励商品进口或出口。

（3）投资政策。为加速资本积累，发展中国家在财政、税收、价格和信用等方面给予进口替代工业以特殊优惠，以促进这类工业的投资增加。如几乎所有实行这种模式的国家，都对国民经济的重点发展部门实行减免税收优惠，其中包括减免该工业国外投入品的进口税和企业营业税、公司所得税；对非重点发展部门则征收较高的税率。许多国家还积极发展国营的和私营的金融机构，并对进口替代工业发放低息优惠贷款。此外，还普遍放宽企业折旧的摊提，对企业经营亏损可分摊于以后几年或用盈余来冲抵等优惠办法。政府还通过国家投资，积极参与进口替代工业（特别是基础工业）的发展。大力发展基础设施和公用事业，给投资于进口替代部门和私营企业提供廉价的原材料和其他服务。

（4）外资政策。许多国家在实行进口替代发展模式时期（尤其是初期），对外国资本存有较大的戒心，因而对外资在投资部门、企业股份、经营管理、投资原本和利润汇出等方面都做了一些限制，有的国家甚至采取排斥政策，把一些外资企业收归国有。但这些措施并未阻止这一时期西方发达国家的资本大量流入发展中国家。随着进口替代的深入发展，一些国家为解决资本和技术问题，也逐步放松了对外资的限制，采取了一些鼓励政策。

8.3.3 进口替代发展模式的成效与缺陷

1. 进口替代发展模式的成效

进口替代发展模式是发展中国家在工业化过程中最早实施的一种模式，对促进发展中国家的经济发展有着不可忽视的作用。

（1）促进了制造业和整个国民经济的迅速发展。随着进口替代发展模式的实施，这些国家（地区）原来那种以外销为主的农业或矿业已退居次要地位，以创造强大的物质基础为目标的制造业不断发展，使各国摆脱了农业或初级产品出口国的地位，制造业得到了迅速发展。1950～1960 年，亚洲、非洲和拉丁美洲国家（地区）制造业年均增长率为 6.9%，1960～1970 年为 8.1%，这一速度不仅大大超过发展中国家的历史纪录，也超过同期发达国家制造业的增长速度。大多数实行该模式的国家，工业增长速度都较快。如印度在前 3 个“五年计划”中工业年平均增长率分别为 7.5%、6.6%、8.7%。又如巴西的制造业年平均增长率在 1953～1960 年为 10.1%，同期墨西哥为 8.5%。韩国制造业年平均增长率，在 1953～1980 年和 1980～1988 年分别为 13.6%、13%。制造业的迅速发展，带动了整个国民经济的较快增长。如 1953～1980 年，韩国的国民生产总值年平均增长率高达 5.6%，巴西为 6.3%，墨西哥为 6.5%。[①]

（2）促进了工业化水平的提高。此种模式的实施，促进了工业特别是制造业在国民经济中的地位上升，农业地位相对下降。例如 1960～1973 年拉丁美洲进口替代工业化高潮时期，工业占国内生产

① 秦宪文：《发展经济学》，经济科学出版社 2006 年版，第 169 页。

总值的比重由20%上升到24.2%，农业由17.96%降至13.44%。不仅如此，在制造业内部，那些努力发展基础工业进口替代的国家，其重工业增长速度大大快于轻工业。如在1938~1970年间，发展中国家重工业的年平均增长率为7.4%，高于轻工业3个百分点。这一时期，在拉丁美洲、东南亚、南亚一些国家，钢铁、化学、机械等一些部门增长速度特别高。①

（3）增强了发展中国家的经济自主性。随着进口替代工业的发展，一些发展中国家的进口系数明显下降，进口制成品在国内总供给中所占比重大大下降。如资本品进口占国内总供给的比重，巴西在1949年为63.7%，1964年仅为9.8%，同期耐用消费品进口占国内总供给的比重也由64.5%降至1.6%，中间产品的比重由25.9%降为6.6%。实行这种发展模式的一些发展中国家的工业（如汽车、机床、船舶、电机、化工、石油化学和冶金等）产品的自我装备能力也大大增强，其中一些产品不仅能自给，而且开始向国外输出。如拉丁美洲一些大国自20世纪60年代中期开始出口汽车零部件，70年代中期已能制造各类汽车。此外，进口替代的实施，还为发展中国家积累了进一步发展所需的资金，培养了大批专门人才，为转向出口导向发展模式创造了条件。②

2. 进口替代发展模式的缺陷

随着进口替代的深入发展，这一模式及有关的政策出现了越来越多的问题，并对发展中国家的经济增长产生了一些消极影响。

（1）造成外汇短缺和国际收支失衡，强化了对国外的依赖。进口替代工业的发展虽然使国外工业消费品的进口大大减少，从而节约了部分外汇，但是由于这种工业发展需要大量的资本品、中间产品和原材料的进口，并且需要从国外引进技术与管理人才，因而需要消耗大量的外汇，这样，进口替代工业规模越大，外汇短缺问题就越严重。同时，进口替代期间有关的贸易保护政策和汇率政策虽有利于投入品的进口，却使工业产品出口因成本高、质量差而缺乏竞争能力，也使对发展中国家十分重要的初级产品出口，因本国货币估值过高而受到影响。这些情况都使进口替代模式不能达到改善国际收支状况的预期目标，反而使外汇短缺问题更加严重，国际收支状况越来越恶化。与此同时，进口的增多和向国外借款（以解决外汇短缺问题）强化了对国外的依赖，还因阻碍外贸出口而使经济趋向于内向型。由于外汇短缺，本国资本不足，就会迫使这些国家大量利用外资。外资流入的结果，不仅造成巨额利润外流，也使一些新兴工业部门在不同

①② 秦宪文：《发展经济学》，经济科学出版社2006年版，第170页。

程度上为外资所掌握。

（2）造成资源配置不合理。汇率的高值鼓励人民使用进口投入品，尤其是那些关税很低的物资，这就进一步加大了外汇缺口。如果进口物资价格低廉，使用者就不会有多大兴趣采用或改进可保存其使用价值的技术，也就是说，稀缺的外汇可能被浪费。在应该进口资本品时，由于所征关税一般很低，这就造成投资成为超过所需水平的资本集约的形式，从而提高了资本/产出率，使一定量储蓄的增长水平下降。在这种模式中通常实行的低利率与相对廉价的资本品进口在大部分发展中国家中会使资本的成本大大低于其相对的稀缺程度。

（3）造成了经济结构不合理。由于贸易保护政策着眼于进口替代工业特别是制造业的发展，而对电力、能源、基础设施往往重视不够。特别是在这一时期许多国家都忽视农业的发展，一方面让国内制造品保持高价，而把农产品价格压在很低的水平上，从而使工农产品的价格剪刀差不断扩大，农业生产所必需的化肥和其他投入品的生产和进口所需的资金和外汇，也常常不能满足；加之政府对农民征收较重的税收，从而造成这些国家的农业和粮食生产发展缓慢，甚至衰退，许多国家的粮食自给程度日益下降，粮食的进口越来越多。

（4）影响经济效益的提高，经济带动作用不大。在保护政策下发展起来的进口替代工业往往成本较高，效率低，产品价格高，缺乏竞争力。为了维持其生产，必须继续实行保护，从而使低效益生产持久地得不到改善。更重要的是，进口替代工业有一种限制后向联系工业化的倾向。因为消费品工业一旦开始建立后，就自然要求进一步的进口替代，在国内生产该消费品工业所需的中间产品。由于这些产品（如化学品和金属产品）的国内市场往往小于消费品市场，而且，某些生产品工业的规模经济很大，因而就给这些经济部门的投资设立了一道天然的屏障。经过保护可能会克服这些屏障，但这又会使那些已经建立起来的制造业的成本提高，而这些行业的利润本来就依赖对其产品的保护以及对其投入的低税政策。在这种情况下，这些行业的生产者就会努力阻止对他们生产所需的进口物资增加关税，从而有效地抑制对后向联系工业的投资。在小国中，这种抑制作用特别明显。

（5）未能创造较多的就业机会。发展中国家人口众多，就业压力很大，因而应优先发展劳动密集型的产业。但是，由于进口替代工业大多使用从国外进口的节约劳动的机器和技术，从而使进口替代工业中劳动使用并不密集，因而就业增加远不如其应有的那样迅速。同时，由于政府规定了最低工资，并限制工厂自由解雇工人，因而造成劳动力成本较高，在这种情况下，投资者不愿采用劳动密集型的技术，从而不利于增加就业。

（6）造成收入分配不合理。进口替代工业使工业利润在国民收入中的份额增加了，农业和矿业的利润下降了，工资份额减少了，生产领域的垄断更强化了这种趋势。同时，进口替代工业的发展使国内的收入分配集中于城市和少数工业部门，从而引起城乡、工农、部门和劳动者之间的收入分配日益不平等。

8.4　出口导向发展模式

出口导向
发展模式

8.4.1　出口导向发展模式的背景、目标和发展阶段

1. 出口导向发展模式的实施背景

出口导向发展模式就是使本国的工业生产面向国际市场，并以制成品的出口逐步替代过去的初级产品出口。

出口导向发展模式就是使本国的工业生产面向国际市场，并以制成品的出口逐步替代过去的初级产品出口。出口导向发展模式事实上是对进口替代发展模式的替代和发展。在20世纪60年代中期，由于实施进口替代发展模式造成了一系列问题，因而实施这种模式的一些国家（地区），首先是东亚的新加坡、韩国、中国台湾等国家或地区在实行了一段时期的进口替代之后，转而实行出口导向发展模式。这些国家或地区希望利用自身的廉价劳动力优势，通过积极引进外国资本和技术，进口国外廉价的原料和能源，发展劳动密集型的加工装备工业，并通过出口来带动经济增长，缓和国际收支矛盾。之后，巴西、墨西哥，菲律宾、马来西亚、印度、泰国、巴基斯坦、土耳其等国也先后程度不同地转而实行出口导向发展模式，或采取进口替代与出口导向相结合的发展模式。

这一时期的国际环境为这些国家或地区实行这种模式的转换提供了条件。该时期，发达国家经济状况良好，国际贸易限制有所放松，各发达国家由于面临新兴工业的出现和国内劳动力价格上涨，也在进行国内经济调整，给发展中国家发展劳动密集型的工业提供了机会。

实行出口导向发展模式的国家大体上有三种类型；一是发展中国家中的大国，如巴西、墨西哥、阿根廷、印度等，其制成品出口原来就有一定的基础；另一类是原来出口初级产品的国家，现在逐步增加了初级产品的加工品出口，并日益提高其加工深度，如马来西亚、泰国、科特迪瓦等国；还有一类是一些小国（地区），其资源和市场有限，主要发展面向出口的劳动密集型的加工装配工业。

2. 出口导向发展模式的主要目标

实行出口导向发展模式具有以下基本目标：

（1）利用本国自然条件优越或劳动力价格低廉等优势，发展劳动密集型的、技术先进的产品，通过扩大出口来带动整个经济增长；

（2）出口的扩大可以增加就业，提高人均收入水平，促进工业基础的加强和经济现代化，可以提高本国的技术水平和劳动生产率，使产业结构高级化；

（3）由于出口导向发展模式主要是发展加工工业和制成品工业，扩大出口有利于改善贸易条件，实现国际收支平衡。此外，该模式的实施还可以克服进口替代工业所产生的一系列问题。从总目标看，出口导向模式的实施主要是为了实现全面工业化和经济迅速增长。

3. 出口导向发展模式的发展阶段

出口导向发展模式一般要经历两个发展阶段：具有比较优势的劳动密集型轻工业制成品出口为主的第一阶段和具有动态比较优势的技术密集型轻、重工业制成品出口为主的第二阶段。

在第一阶段，主要发展由需求所决定的以消费品为主的一般加工工业，如食品、服装、鞋帽、纺织品、木材加工品、玩具、洗衣机、收录机、电视机等。这些产品的生产方法相对比较简单，技术易于掌握，投入要素容易获得，而且出口市场潜力较大，产品的国外需求弹性较高，因而比较容易发展，风险也相对较小。这些出口导向产品发展到一定阶段，尤其是当其中某些产品的市场容量日趋饱和或生产与外贸的条件变得不利时，就应当转向以机器设备、机床、电子仪器、机械工具、高技术产品等技术密集型产品为主的出口导向工业，这些产品的增长基本上是由供给所决定的。在此阶段，服务业日益重要。

除了上述两个基本阶段外，事实上还存在这样一个阶段，即资本品及中间产品的进口替代（次进口替代）与出口导向并存的阶段。这时，提供资金、技术以及其他专业服务的部门就会应运而生。

拉丁美洲国家一般都经历了上述两个基本阶段，但从第一阶段进入第二阶段的速度过快，而且涉及领域过多，以致陷入困境。韩国在20世纪70年代初期就进入了第二阶段或混合阶段。尽管它们的一些重工业（特别是高耗能工业）衰退了，然而他们成功地建立了一批资本和技术密集型行业，并使大批传统产业升级换代；新加坡于20世纪70年代后期开始进入第二阶段。

8.4.2 出口导向发展模式中政府的作用和基本经济政策

1. 出口导向发展模式中政府的作用

在出口导向发展模式中，政府也起着相当重要的作用。

（1）政府政策涉及国民经济的供给导向，尤其涉及消除限制一国出口能力的种种障碍（如不适应的基础设施），并促进那些会增加出口的活动。政府政策措施包括提供贷款和税收刺激，为训练计划提供资金，支持市场研究和提供运输网络与动力设施；

（2）政府可以消除经济运行中的价格扭曲，这种扭曲使汇率、利率、工资率等一些关键价格不能正确反映市场供求状况；

（3）政府通过设立海外贸易机构向企业提供市场信息，帮助企业进入世界市场；

（4）通过向本国出口商，有时甚至向外国进口商提供优惠贷款，可以提高出口商的竞争力，促进出口；

（5）政府通过设立国有企业和扶持大企业，可以直接影响出口进程乃至整个经济的发展。

2. 出口导向发展模式的基本经济政策

在出口导向发展模式中，政府的作用还通过制定并实施一系列经济政策而得到体现。这种模式的基本经济政策有：

（1）外贸政策。为了提高出口商品竞争力，政府对出口制成品实行减免关税、外销退税（退还原材料进口关税）和出口补贴的优惠措施，对产品出口提供信贷和保险；出口导向工业所需的原材料、半成品和资本品及技术专利等的进口减免关税，放宽进口配额限制；给出口商提供一定比例的进口限额和进口许可证等。政府还对出口导向工业给予补贴和出口保险，以扶持生产规模较小、竞争力不强的这类工业。一些国家（地区）还实行进口自由化政策，如中国台湾在1960年后就多次降低进口商品关税率。

（2）外汇和汇率政策。在这方面，除给出口企业和出口商优先提供外汇或实行“外汇留成”“出口奖励金”等制度外，最重要的措施是确定合理的汇率，以改变汇率高估、不利于出口的情况。为此，许多国家（地区）在此期间都采取过货币贬值措施。如韩国在20世纪80年代初就曾实行过两次货币贬值；其中一次贬值104%，另一次为65%。巴西在1964曾将货币贬值100%。

（3）投资鼓励政策。主要是对为出口而生产的企业提供减免所得税、营业税、印花税等方面的优惠。如新加坡1967年通过“经济扩展奖励法”规定，凡企业出口产品达到一定数量或占该企业销售总额的一定比例者，其出口产品所得税由40%降为4%，减免期为5年（1975年延长为10年）。一些国家还对出口工业实行加速折旧政策。国家对出口企业优先提供原材料、土地、基础设施和其他服务。

（4）外资政策。为解决资金和技术缺乏问题，吸收外国先进管理经验，拓展国际市场销售渠道，一些国家先后实施了有吸引力的鼓励外国投资的政策，给外国投资者以各种优惠和便利。如让外国投资者享受国民待遇，放宽外商投资原本和利润汇出的限制，放宽对外商持股比例和投资领域的限制，给予税收和信贷方面的优惠，优先提供基础设施和公共服务，简化投资审批手续等。设立出口加工区等各种类型的经济区也是这些国家吸引外资的重要手段。此外，一些国家还与发达国家签订了投资保证协定和避免双重征税协定，保障外国投资者的利益。

8.4.3 出口导向发展模式的成效与缺陷

1. 出口导向发展模式的成效

出口导向发展模式对推动一些发展中国家（地区）的工业化和经济发展起到了不可忽视的作用，促进了一些国家（地区）的经济腾飞，甚至出现经济奇迹。

（1）促进了一些国家（地区）的经济较快增长。由于制成品大量出口，不仅为这些出口国家（地区）积累了发展资金，为提高国内投资率、增加国外资本品及中间产品的进口提供了可能，同时也直接推动了与出口工业有关的其他经济部门的发展，从而有助于整个国民经济取得较快的增长速度。在20世纪70年代，韩国经济的年平均增长率为9.5%，中国香港为9.3%，新加坡为8.5%，巴西为8.4%，马来西亚为7.8%，泰国为7.2%，菲律宾为6.3%，这些国家或地区的经济增长速度大大超过同期发展中非产油国家的经济增长速度。①

（2）进一步改变了经济结构。制造业的高速发展，使一些发展中国家（地区）的经济结构发生了进一步的变化。制造业在国民经济中所占比重显著上升，一些国家（地区）已接近发达国家的水平。如1980年制造业占国内生产总值的比重，韩国和新加坡均达到28%，巴西达26%，阿根廷为25%。在工业内部，轻工业所占比重

① 秦宪文：《发展经济学》，经济科学出版社2006年版，第175页。

有所下降，重工业所占比重有所上升。发展中国家轻重工业在制造业增加值中所占比重之比，1963 年为 56.9%，43.1%，1980 年改变为 42.9%，57.1%，重工业已超过了轻工业。发展中国家制造业中，重工业部门的就业比重也由 1963 年的 24.9% 增加到 1980 年的 29.2%。一些国家或地区已初步形成了部门比较齐全、具有一定规模的工业体系。①

（3）出口量迅速增长，出口结构改善。由于吸引了国外资金、技术和管理经验，并采取了一系列出口鼓励政策，一些发展中国家（地区）的制成品特别是劳动密集型产品（如纺织品、服装、玩具、制鞋、电子电器等）逐渐在世界市场上打开了销路，出口迅速增长。在 20 世纪 60 年代，发展中国家中非石油出口国的出口年平均增长率为 6.7%，其中一些国家（地区）（如韩国、巴西、中国香港、阿根廷、墨西哥等）年出口平均增长率为 7.9%，1970～1979 年，前者的出口年平均增长率为 20.9%，后者为 24.9%。在出口量增长的同时，发展中国家（地区）的出口商品结构也有所改善。1980 年，除石油输出国组织成员国外的发展中国家的制成品出口占全部商品出口比重已达 38.4%（1970 年为 24.9%），整个发展中国家占世界制成品出口总额的比重，也由 1970 年的 5% 增至 9.2%。从 1970～1980 年，制成品出口占总出口的比重，韩国从 74.9% 增至 90%，泰国从 4.4% 增至 29%，马来西亚从 6.3% 增至 19%，菲律宾从 6.4% 增至 37%，新加坡从 26.7% 增至 54%，巴西从 9.7% 增至 39%。②

2. 出口导向发展模式的缺陷

（1）增强了经济发展的依赖性。实行这种模式的国家（地区），特别是一些小国（地区），在原材料、机器设备、资金、技术、市场等方面都不得不依靠国外。如一些资源贫乏的国家或地区（例如亚洲“四小龙”）为了发展出口贸易，首先必须增加原材料和机器设备的进口，只有大进，才能大出。况且它们的出口加工企业和外贸企业往往是发达国家的跨国公司的子公司，其原材料、零部件等往往是由其母公司统一供应，当地政府很难对其加以控制和约束，这就进一步增加了其原材料和设备的进口，进口的增加不仅影响这些国家（地区）的国际收支和内需产业的发展，而且增加了其对国外原材料和设备的依赖。同时，由于国内资金短缺、技术落后，为了提高出口产品的质量和竞争能力，这些国家（地区）采取了许多鼓励和吸引外国投资和技术的政策措施，使外资大量流入，这种情况造成其出口加

①② 秦宪文：《发展经济学》，经济科学出版社 2006 年版，第 175～176 页。

工工业对外国资本和技术存在着相当的依赖，有些出口加工工业甚至受控于外国资本。此外，由于产品主要用于出口，尤其是一些国家（地区）境内市场狭小，就造成一些国家（地区）的经济严重依赖于国外市场，其中一些小国（地区）的情况尤为突出。如1981年出口贸易占国内生产总值的比重，新加坡为212%，马来西亚为53%，韩国为39%。[①]

（2）造成经济结构失衡。实行这种模式的国家（地区）采取措施大力发展外向型经济，促进了出口加工工业和与出口有关的部门的迅速发展，但使为国内市场生产产品的部门因缺乏资源而发展缓慢，甚至处于萎缩状态，从而在一定程度上造成这些国家（地区）的经济结构失衡，如农业发展缓慢，内需工业发展相对滞后。

（3）造成经济发展的脆弱性。由于一些国家（地区）经济结构失衡和对外国资源与市场的高度依赖性，从而造成这些国家（地区）经济发展的脆弱性，容易受到国际经济波动的影响。事实上，自20世纪70年代中期以来，发达国家由于自身经济不景气，纷纷实行贸易保护主义，采取各种措施限制发展中国家（地区）的产品进口，给有关国家（地区）的产品生产和出口造成严重后果，影响了这些国家（地区）的经济发展。例如亚洲“四小龙”在20世纪80年代初期和后期先后两次发生停滞和衰退，就是在欧洲国家保护主义盛行的情况下产生的。

面对出口导向发展模式实施过程中的一些问题，一些发展中国家（地区）从20世纪70年代后期开始，先后进行发展模式的再调整。如实行出口导向与有选择的进口替代相结合的模式，一些国家（例如巴西、印度等）已取得了一定的成效。

本章重要术语

发展极、增长点、回流效应、传播效应、进口替代、出口导向、复汇率制度、币值高估、社会分摊资本

本章小结

发展中国家普遍存在资金稀缺、国民经济结构严重失衡、部门间比例不协调、地区发展不平衡、资源配置不合理等一系列问题。发展经济学家依据西方经济学原理，结合发达国家早期发展的某些经验，提出了种种发展设想，包括平衡增长与不平衡增长战略、“发展极”和增长点战略、出口导向和进口替代战略。阐明了平衡增长与非平衡增长的关系，平衡增长是目标，不平衡增长是手段。明确了“发展

① 秦宪文：《发展经济学》，经济科学出版社2006年版，第177页。

极”和增长点理论的区别，增长点概念强调作为增长点地区自身的增长，“发展极”概念则强调“发展极”地区对广大地区经济发展的带动作用。分析了出口导向和进口替代发展战略的含义、目标和发展阶段，在出口导向和进口替代发展战略中政府的作用和采取的基本经济政策，实施出口导向和进口替代发展战略的发展中国家所取得的成效及缺陷。

延伸阅读

关于不平衡增长理论，可进一步参阅罗森斯坦－罗丹的《东欧和东南欧国家的工业化问题》；迈耶，西尔斯：《发展经济学的先驱》，经济科学出版社 1988 年版。——**“大推进”理论**（the big push theory）。

关于不平衡增长理论，可进一步参阅艾伯特·赫希曼的《经济发展战略》，经济科学出版社 1991 年版。——**企业家是经济增长的核心**。

复习与思考

参考答案

1. 单选题

（1）鼓励国家具有比较优势之产品的生产与出口，这一战略称为（　　）。

A. 出口导向　　B. 中央计划

C. 动态比较优势　　D. 进口替代

E. 自由放任

（2）罗森斯坦－罗丹提出的“大推进理论”属于（　　）。

A. 极端的平衡增长理论　　B. 温和的平衡增长理论

C. 完善的平衡增长理论　　D. 不平衡增长理论

（3）（　　）主张对工业、农业、外贸、消费品生产、资本品生产和基础设施等国民经济各部门同时但按不同比例地进行大规模投资，使国民经济各部门按不同比例全面发展，一举实现工业化。

A. 温和的平衡增长理论　　B. 完美的平衡增长理论

C. 极端的平衡增长理论　　D. 不平衡增长理论

（4）通过发展国内产业生产部分工业品，以“替代”原来需要进口的工业品，这种“替代”战略（　　）。

A. 是提升本国产业国际竞争力的必由之路

B. 是占领国际市场的重要战略

C. 是一种“内向型”的经济发展战略

D. 要以更富的资源为基础

E. 对技术和资本的要求较高

(5) 某个产业与其他产业部门之间的“联系效应”可以用( )。

A. 该产业自身的需求价格弹性和收入弹性来衡量

B. 与其“向前联系”产业的需求价格弹性和收入弹性来衡量

C. 与其“向后联系”产业的需求价格弹性和收入弹性来衡量

D. 与其“前后向联系”产业的需求价格弹性和收入弹性来衡量

2. 多选题

(1) 发展中国家政府应该为国民经济发展提供的必要的基础设施包括( )。

A. 铁路　　B. 高速公路

C. 机场　　D. 大型购物中心

E. 港口和码头

(2) 进口替代发展模式的缺陷有( )。

A. 资源配置不合理　　B. 经济结构不合理

C. 收入分配不合理　　D. 未能创造较多的就业机会

E. 影响经济效益的提高

(3) 公共产品包括( )。

A. 道路　　B. 桥梁

C. 机场　　D. 下水道系统

E. 医院

3. 简答题

(1) 试述平衡增长与非平衡增长之间的关系。

(2)“发展极”和“增长点”理论对发展中国家的发展计划会产生什么影响?

(3) 阐述回流效应和传播效应在区域不平等上的表现。

4. 案例分析题

中国外贸发展战略与政策的演变

从1949年新中国成立到1978年改革开放之前,在高度集中的中央计划经济体制下,中国对外贸易只是作为财政平衡、信贷平衡、物资平衡和综合平衡即四大平衡中物资平衡的组成部分,相应地,中国对外贸易的战略也定为“互通有无、调剂余缺”,与国际市场基本上处于隔离状态,是一种典型的封闭条件下的进口替代战略。

改革开放以来,中国实现了从高度集中的计划经济到社会主义市场经济的转变,同时实现了从封闭型经济向开放型经济的转变。相应地,中国外贸发展战略也逐步形成并演进发展,从内向的进口替代战略,到进口替代与出口导向相结合战略,再到事实上的出口导向战略,之后又发展到完全开放型对外贸易战略的新阶段。

改革开放之后到20世纪80年代后期，中国实行了开放条件下的进口替代战略。这一时间的重大举措主要有：一是仍然保持较高的关税和非关税壁垒，限制一般工业品和消费品进口，避免与国内产业产生竞争；二是实行严格的外汇管制，控制用汇指标，适度贬值货币促进出口贸易发展；三是引进国外先进技术和机器设备，发展进口替代型工业；四是对外贸体制进行初步改革，激发外贸活力；五是引进外资，发展“三来一补”（即来料加工、来样加工、来件装配和补偿贸易）工业，大力发展“出口创汇”型产业；六是建设经济特区、沿海开放城市和国家经济技术开发区。这一时期的进口替代战略为中国从完全封闭下的经济逐步探索出口导向型发展战略做了准备，是由封闭走向开放的过渡。同时，这一时期的进口替代战略，不仅完善了我国工业体系，增强了工业实力，为之后实施有选择性地进口替代而不是完全进口替代奠定了基础。

20世纪80年代后期到2001年中国加入世界贸易组织（WTO）之前，中国实行了进口替代与出口导向相结合的战略。1988年中国提出了“沿海外向型经济发展战略”，即沿海地区不再与内地争抢出口资源，而是到国际市场“找饭吃”，发展“大进大出、两头在外”的产业，对于国内没有比较优势和竞争优势的重化工业，仍然采取开放式的进口替代战略。在客观上，形成了进口替代与出口导向相结合的战略，主要体现在以下两个方面：一是进口替代工业和出口导向工业并存；二是内地进口替代和沿海出口导向并存。这一时期的政策设计兼顾了进口替代和出口导向两种战略，主要表现在以下几个方面：一是有选择性地保护而不是全面保护；二是积极发展出口导向型产业；三是外贸体制改革向纵深推进；四是提出一系列对外经贸发展的实施战略，如以质取胜战略、市场多元化战略、科技兴贸战略和“走出去”战略。

在中国加入WTO以后，中国对外贸易战略又形成了事实上的出口导向战略。其主要表现是，加入WTO后，随着中国关税水平的降低，原来进口替代产业的高关税壁垒无法维持，使得进口替代产业越来越少。同时，人民币汇率维持在相对较低的水平，各种支持出口的财税、金融等措施进一步完善，贸易便利化程度进一步推进，国内产业配套、生产能力以及物流体系基本上都以出口为目标。因此，这一时期的中国对外贸易战略逐渐演变为出口导向型战略。

2005年以后，中国对外贸易战略又从出口导向型战略过渡到自由贸易阶段。2004年中央经济工作会议提出“转变外贸增长方式”，2009年12月中央经济工作会议首次提出了“加快外贸发展方式的转变”。2005年7月21日，中国开始实行以市场供求为基础、参考一篮子货币进行调节、有管理的浮动汇率制度。从此，人民币不再单一盯住美元，形成了更高弹性的汇率机制，中国由此进入了全面实施完全开放型对外贸易战略的新阶段。

（资料来源：郭熙保：《发展经济学》，高等教育出版社 2019 年版，第 372 ~ 373 页。）

问题：

中国外贸发展战略与政策的演变与进口替代战略及出口导向战略有什么联系？

5. 讨论题

比较出口导向发展模式与进口替代发展模式。

网络练习

同学们可通过互联网查找资料，对上述讨论题进行调查，并写出一篇小论文。

第9章 农业进步与经济发展

学习目标

了解：农业在经济发展中的地位与作用。
理解：发展中国家传统农业的特点。
掌握：加快发展农业的主要条件和政策。

引导案例

中国的农业发展与农业现代化

中国是一个人多地少的国家，其资源禀赋的独特性决定了必须走出一条具有中国特色的农业现代化道路。一是坚持家庭承包经营为基础、统分结合的经营制度，通过土地使用权流转和集中形成规模较大的新型经营主体如家庭农场、农民合作社等，并实行产前产中和产后联合，实现经营规模的扩大。二是将生物化学技术进步作为推进农业现代化的基本动力，实现高产、优质、高效，提高劳动生产率和资源利用率，提高农产品的市场竞争力。三是加强对农民的教育和培训，不断提高农民的科技、文化素质。四是加强基础公共设施建设，改善农业生产基本条件，提高抗御各种自然灾害的能力。五是加强农业市场体系和产业化组织的建设，通过产业化的链条，有各种新型的农民合作社等将农户与市场连接起来，使生产更好地适应市场的要求。

中国农业现代化基本上是按照代替土地的方向发展的，也就是走生物化学技术进步道路。自20世纪50年代以来，中国农业生产体系不断引入新技术和现代生产要素，大大提高了农业生产率，科技对农业生产的贡献率2017年达到57.5%。

一是良种的推广。1961年，杂交玉米引入中国。1964年中国科学家开发了第一个真正高产的矮小稻种，并迅速在全国推广。1976

年，杂交水稻引入农业生产。20 世纪 50 年代建立的农技站为良种的推广和产出的增长做出了重要的贡献。

二是农用化工产品的推广和使用。1974 年，中国从国外引进了 13 家大型合成氨和尿素工厂。农民用化工产品包括化肥和杀虫剂，提高了农业产量。化肥使用量从 1952 年的 7.8 万吨上升到 1978 年的 884 万吨，增加了 112 倍，再到 2016 年上升至 5 984.1 万吨，比 1978 年增长了 5.77 倍。

三是建造了高质量的水利灌溉系统。在 20 世纪 50 年代初期建成水利灌溉系统，之后中国将电机引入灌溉系统，大大提高了生产作物所必需的控水灌溉的效率。耕地灌溉面积从 1952 年的 29 938.5 万亩增加至 1978 年的 67 447.5 万亩，增加了 1.2 倍，再增加到 2016 年的 100 711 万亩，增长了 50%。

四是农业机械装备总量持续增长，农业机械化作业水平不断提高。1952 年农业机械几乎为零，农业机械总动力只有区区 18 万千瓦，但到 1978 年就增加到 11 750 万千瓦，再到 2016 年的 97 246.57 万千瓦。

由于农业生化技术的巨大进步，中国的粮食单位面积产量大幅度增加。1952 年我国粮食产量只有 69 千克/亩，到 1978 年增加到 169 千克，26 年增加了 145%，再到 2016 年增加到 399 千克，38 年增加了 136%。粮食总产量从 1952 年的 16 392 万吨增加到 1978 年的 30 477 万吨，增加了 86%，到 2016 年增加到 61 625 万吨，增加了 102%。这些数据有力说明，中国走的生物化学技术进步道路取得了巨大成功。

（资料来源：郭熙保：《发展经济学》，高等教育出版社 2019 年版，第 191～192 页。）

发展中国家农业的停滞使得贫困问题恶化，解决发展中国家贫困问题，最重要的是取得农业发展。而在现代化就是工业化的理论指导下，农业往往容易被人们所忽视。发展经济学的早期著作大多存有这样的看法：农业代表着落后而工业代表着先进，因而在论述中很少把农业看成是在经济发展中起主导作用的部门，而仅仅是工业化的支撑性、辅助性和贡献性部门。在发展的实践中，多数发展中国家在确定发展目标时，把发达国家的今天作为自己的明天来追求，采用的办法也是过去发达国家采用过的以破坏传统农业为代价来实现工业化。但在这一过程中，发展中国家忽视了一个根本性的问题，那就是它们今天所面临的国情与发达国家当年的情况很不一样。在大多数发展中国家，大约 2/3 的劳动力从事农业生产，农业产值占整个 GDP 的比重在 20%左右，农业是发展中国家最重要的基础部门，农业与农村地区的发展是整个发展进程的重要组成部分。因此，发展中国家的发展，如果不把农业作为基础，不是从农村开始，工业是无法真正健康发展起来的；或者工业发展的结果只能是不平衡扩大、失业增加和贫困的普遍化。从这个意义上来说，如果没有对农业和农村问题的充分理解，发展中国家要想取得真正的发展是不可能的。本章将讨论农业在经济发展中的地位和作用，农业进步与工业发展的关系，在经济发展的各个阶段应采取什么样措施促进农业发展。

9.1　农业在经济发展中的地位和作用

农业在经济发展中的地位和作用

农业的发展对国民经济发展的重要性，并不次于现代工业部门的发展。由于国情所限，发展中国家的农业必然成为经济发展中的主体和重要动力。传统的经济发展理论认为，农业部门对国民经济的增长与发展有四种形式的贡献：产品贡献、市场贡献、要素贡献以及外汇贡献。

9.1.1　产品贡献

在经济发展过程中，非农部门的发展强烈依赖于农业部门的发展。非农部门不仅需要农业部门提供足够的粮食以支撑其发展，而且需要农业部门提供一些农产品作为非农部门发展的原料。前者被称为农业部门的食品贡献，后者被称为原料贡献，合称为农业的产品贡献。

1. 食品贡献

在经济发展中，农业部门是非农部门粮食消费的主要来源。很明显，非农部门生产规模的扩大依赖于农业部门生产出超过自己消费的粮食剩余。虽然从理论上讲可以进口获得所需要的粮食，但由于外汇短缺和粮食进口的高成本，对大多数发展中国家来说，粮食进口充其量只能作为粮食不足的一种补充。而对于一个大国来说，长期依赖粮食进口是不可想象的。

在经济发展过程中，国民经济对粮食的需要主要是由以下三个变量决定：一是人口增长率；二是人均收入增长率；三是对粮食的收入需求弹性。如果人均收入不变，对粮食的需求增长率 d 要与人口增长率 p 相等。因而，为了防止粮价上涨，农产品的生产或进口速度必须与人口增长相适应，即 $d=p$。同时，人均收入的增长也会影响粮食的需求。人均收入增长之后，人们对食品的消费也随之增加。一般来说，人均收入水平较低的发展中国家对食品的收入需求弹性要大大高于高收入国家，平均在0.6甚至更高。而西欧、北美等国家食品的收入需求弹性仅为0.2或0.3。对食品的年需求增长率可由下式得出：

$$d = p + \eta g$$

式中，p 为人口增长率，η 为收入需求弹性，g 为人均收入增长率。利用这一公式和发展中国家的典型数据，我们很容易计算出所需要的粮食年增长率。假设人口增长率为2%（一些发展中国家的人口增长率甚至超过2%），收入需求弹性为0.7，如果人均收入增加1%的话，粮食的生产就必须达到或超过2.7%才不致使粮食价格上升。即 $d = 2\% + 0.7 \times 1\% = 2.7\%$；假设人口增长率为3%，人均收入增长率也是3%的话，粮食则必须达到5.1%的增长率才能满足需要。所以，从以上数字可以得出结论，发展中国家人均实际收入如果上涨1%～3%的话，对粮食的需求就将大约上升3%～5%。粮食需求的这种增长速度对发展中国家的粮食生产是一个严重挑战，因为从长期来看，没有任何一个国家的农业能够以4%的速度增长。

2. 原料贡献

在工业化的早期阶段，以农产品作为主要原料的轻工业和其他原料加工业在工业生产中占主要地位。诸如食品加工业、烟草工业、纺织工业、制革工业等，由于原料丰富、技术要求较低、加工工艺相对简单，所以这些工业是工业化初期各国优先发展的项目，在整个工业生产中的地位举足轻重。这些工业的发展一方面有助于改善发展中国家的贫困状况，另一方面又为国家的进一步工业化提供了资金，而这些工业的发展有赖于农业部门提供大量、充足的加工原料。许多国家的经验证明，农业丰收不但有助于改善穷人的生活状况，还有助于工业的顺利发展。虽然就长期趋势而言，农业部门占国内生产总值的比重会随着人均收入的增长而逐渐下降，但是如果考虑到以农产品为原料的加工工业产品的需求收入弹性比农产品大得多的情况，农业部门在整个国民经济当中的相对重要性的下降速度就会慢很多。

农业对其他产业的这种支持作用可以用产业联系这一概念进行分析。农业作为一种初级产业，按照定义，似乎没有后向联系，同时因为许多农产品在发展中国家不经中间加工而被直接消费，因而前向联系也是微弱的。但是，应当看到，在农业发展过程中，诸如化肥、农药、杀虫剂、优良农畜品种以及各种农业机械会越来越多地应用于农业生产，所以农业生产的后向联系不是没有，而是越来越大。另一方面，即使是尚处于发展初期阶段的国家中，总有一定比例的农产品是以中间产品形式出售（特别是经济作物），因此前向联系也绝不是无足轻重的。实际情况表明，以农产品加工为基础的纺织业、食品业等，常常是工业化进程当中的先行产业，显然它们的发展要求农业的相应发展。

9.1.2　市场贡献

在大多数发展中国家，由于农业部门的绝对规模，它必然是国内工业品的主要市场。农业用于工业品的支出既包括消费品，也包括生产用品。农业部门通过向工业生产提供市场支持了经济发展，可以称作农业的市场贡献。实际上，由于农民购买工业品的数量是与他们出售的农产品数量对应的，所以农业通过向非农部门出售农产品也是农业的市场贡献的一部分。当然，许多发展中国家存在一个较大的自给自足或半自给自足的农业部门，因而，农业部门提供的商品化产品还不多，农民只有少量的现金用于购买非农产品。但随着工业化的发展，必然会对农业生产的现代化和商品化起极大的推动作用，从而增加农业商品的数量。同时，农业商品数量的增加又使农业部门的市场贡献的绝对规模不断扩大，形成工农业部门之间的良性循环。

不少发展中国家对国内制造业提供保护，其结果之一是农业部门的市场贡献下降，因为对“幼稚工业”的保护政策会使得贸易条件因工农业价格剪刀差而向不利于农产品的方向变化，导致农业生产、收入、储蓄及投资下降。农业向其他部门卖的少，买的也少，农业的市场贡献也就不可避免地会下降。

9.1.3　要素贡献

农业的产品贡献来源于农业生产，市场贡献来源于农业部门与其他部门的交换，而农业的要素贡献则来自农业资源向其他部门的转移，农业向其他部门转移的资源是资本与劳动。

1. 资本转移

农业部门是现代经济增长所需资本的一个重要来源。在大多数发展中国家，农业生产总值在国民生产总值中占有相当重要的地位。因而，农业在储蓄和投资中会起重大作用，特别是在发展的初级阶段，农业作为发展中国家经济中的主要部门，实际上是国内储蓄与投资的唯一来源。如果具有巨大规模的农业部门对资本形成做出贡献，就会对经济发展起积极促进作用。

农业向其他部门进行资本转移的方法有两种：一是通过私人投资者的自愿决策实行资本的转移；二是利用行政力量，通过财政、价格、税收等各种经济杠杆强制实行资本的转移。如果采用行政办法实行强制转移，也可以在间接控制和直接控制两种办法中进行选择。所谓间接方法，是指进行价格控制和征收间接税等，目的在于改变部门之间的交换比率，即农产品与非农产品之间的价格比率。采用这些措施的结果必然使得贸易条件朝着不利于农产品的方向发展。这会扩大城乡收入差距，与减轻和消灭贫困的总的发展目标背道而驰。直接控制的方法包括征收直接税、强制性的农产品国家收购，政府以垄断的农业投入（例如良种、化肥、燃料等）与农产品进行实物交换。这种直接控制实行转移的方法会遇到许多困难，特别是增加了行政管理和制定政策的负担，甚至出现贪污腐化现象。

2. 劳动贡献

由于发展中国家中大约2/3的人口是农业人口，所以农业人口实际上是增加工业城市人口的唯一来源。在发展进程中农业人口在提供劳动这种生产要素方面起着重要作用。在发展的初期，几乎全部人口都在农业部门中从事生产，即使有一些手工业和服务性活动，也是在农业内部进行的，如衣服生产、农具的制造、住宅与建筑、医药、教育活动等。随着经济的发展，这些活动才逐渐脱离农业而独立。这种分工和就业的多样化促进了生产力水平的提高，增加了人们的收入和产量。

农业能在多大程度上向工业部门提供劳动力，取决于农业部门的生产率。农业部门生产率越高，就能有越多超出农业部门自身消费的生产剩余，就允许有越多的农业劳动力转移到工业。当然，农业剩余劳动力向工业转移的速度还要受到工业本身吸收剩余劳动的能力的局限。有一点需要指出，农业向工业提供剩余劳动资源这一点被片面夸大了。事实上城市部门并没有制造出充分的就业机会解决农村的过剩劳动力问题。其原因很简单，大多数发展中国家制造业当中的就业人数只占全部劳动人口的10%～20%，如果总的劳动人口每年增长3%，那么制造业部门每年只有增加15%的就业机会，才能全部吸收这些劳动力（即$0.2\times0.15=0.03$），实际上没有任何一个国家的制造业能够以这样的速度扩大其规模。然而，无论如何，任何真正的经济发展或工业化，必然伴随着农业人口向工业的转移，在这种情况下，农业人口可能是一个重要的来源。

9.1.4 外汇贡献

在工业化进程中，外汇短缺是一个长期问题。在这方面，农产品的出口可以为发展中国家获得十分宝贵的外汇。特别是在发展的初期阶段，由于工业很不发达，农产品和其他初级产品的出口可以说是许多发展中国家获得外汇的重要的、甚至是唯一的来源，因为扩大农产品出口具有工业品出口所不及的潜在利益，如资本要求低、地理优势明显及便于专业化生产等。同样，在粮食短缺的国家中，农业增产能节约大量的外汇。随着经济的发展，农业外汇贡献的重要性不可避免要下降。但可以说，在相当长一段时期内，农业在为国家赚取外汇方面的作用仍是不可忽视的。

9.2 发展中国家农业的特征

9.2.1 农业发展的三个阶段

任何一个国家农业的发展，都要经过从数量上保证人们生存需要的最初阶段，继而通过商品经济的桥梁进入农业结构的转移，最终进入农业现代化阶段。发展中国家农业的发展可以用自然农业向商业化农业的转型来概括。它包括三个阶段：

1. 自给自足的传统农业阶段

在这一阶段中，农民利用简陋的劳动工具，从事一、二种主要农作物的生产，生产目的是维持自身的生存。这种农业生产的产量和劳动生产率低下，土地和劳动是主要的生产要素投入，资本投入极少。环境的严峻，技术上的局限，制度上的僵化以及农村地区由于交通、通信的不发达所造成的封闭状态，都在阻碍生产力的提高。由于生产力低下，农民对自然环境的变化基本上无能为力。因此，这种生产中存在着极大的不确定性和风险。一旦降雨量不足，虫灾、风灾等自然灾害出现，或是土地在高利贷的盘剥中被兼并或被国家征用，农民的生存就成了问题。在风险和不确定性都很大的情况下，农民不会冒风险去采用和推广先进的生产技术以取得收入最大化，这时，他们行动的目的不如说是维持生存的最大可能性。一些人把农民对科学技术的这种态度称为保守、反对改革或无知的表现，实在是一种误解。

图 9 - 1 可以说明小农在高度风险和不确定的状态下，为什么对科学技术的推广会采取一种保守态度。图 9 - 1 中纵轴代表产量和消费量。两条虚线中，下面一条代表农民维持家庭生存最低限度的消费需要，上面一条代表农民向往的消费水平，它的斜率为正，代表随着时间的推移，农民对于更高消费水平的预期不断提高。两条实线记录了农民 A 和农民 B 历来达到的产量水平。我们从图 9 - 1 中的 X 时点上可以看到，农民 A 在这时的产量水平接近于维持生存所需的最低生理消费需要。对他而言，采用新技术所带来的风险意味着一旦这种

实验失败，全家人的生存都受到威胁，因而，农民 A 可能不敢冒产量降到维持家庭生存所必需的最低生理需要水平以下的风险；而农民 B 的产量水平大大超过最低消费需要线，因而，农民 B 将比农民 A 更欢迎技术的变革。因此，技术上的变革遭到小农的冷遇不能说明小农缺乏眼光，反对变革，其内在原因在于，新的技术改革和创新没有相应地向农民提供保障。在技术变革一旦受到挫折发生减产时，给予农民一定的补偿，使农民家庭生活不致落到最低消费水平之下。一旦农民真正没有了后顾之忧，他们在有利可图的机会面前不会无动于衷。

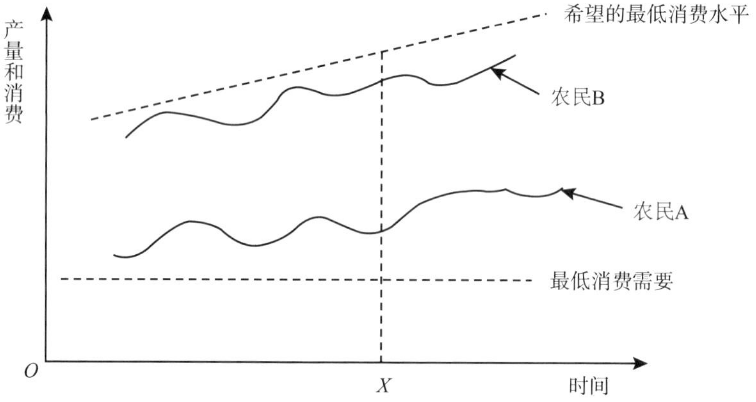

图 9－1　农民的收入水平与抗风险能力

2. 多种经营阶段

这一阶段是向专业化农业过渡的一个阶段，是小农经济发展的最重要的阶段。在这一阶段中，农民生产的产品一部分供自己直接消费，一部分供市场销售。农民生产的已不仅是一两种主要农作物，他们还开始生产水果、蔬菜以及其他经济作物。在开始时，生产经济作物可能只是利用暂时闲置土地和剩余劳力的一种调剂，因而只是在种植主要农作物之外的小规模生产。这样，农民就在保障了主要农作物产量的同时，能向市场提供一些多余产品，取得收入，提高家庭消费水平或进一步向农业投入。所以，混合多种经营的发展减少了经营主要农作物的风险，同时又增加了农民的收入。更重要的是，混合多种经营的发展提高了农民的商品经济意识，为他们向现代化、专业化农业迈进起到了积极的推动作用。

多种经营业能否顺利发展，不仅取决于是否存在可供利用的生产技术和农民的生产能力，而且取决于是否为农民提供有利的社会制度上、经济上的条件。特别是如果农民能通过可靠途径获得贷款，并能够得到种植和栽培经济作物所需的技术、化肥、农药等，感到能从中受益的话，农民一定会抓住经济机会，勇敢面对变革。

3. 农业现代化阶段

农业现代化是指传统农业转变为现代农业的过程，也就是农业发展的过程。具体地说，就是用现代科学技术和现代工业来为农业提供生产的技术手段和物质手段，用现代经济管理方法提供农业生产的组织管理手段，把封闭的、自给自足的、停滞的农业转变为开放的、市场化的、不断增长的农业。与传统农业相比，现代农业增长迅速，生产率不断提高。现代农业增长的源泉不是传统生产要素即土地和劳动的增加，而是凝结了科技进步成果的现代投入品，如农业机械、肥料、杀虫剂、除草剂等的增加。农业现代化的内容包括：

农业现代化就是用现代科学技术和现代工业来为农业提供生产的技术手段和物质手段，用现代经济管理方法提供农业生产的组织管理手段，把封闭的、自给自足的、停滞的农业转变为开放的、市场化的、不断增长的农业。

（1）物质投入的现代化。传统农业的物质投入是手工工具、人畜力和自然肥料。现代农业则采用各种机械化的生产工具，以石油和电能为主要动力，并广泛采用各种化学肥料和农药，其大量的物质投入由工业部门提供。

（2）生产技术的现代化。传统农业采用的生产技术主要来自农民的直接经验和代代相传，长期停滞不变。现代农业则采用现代科学技术，技术进步迅速。

（3）生产的专业化、社会化和区域化。现代农业打破了传统农业自给自足的封闭式循环，实行专业化、社会化和区域化的生产。农业生产结构也发生了深刻的变化，种植业、林业、畜牧业、副业、渔业全面发展，农、工、贸密切结合，农业的商品化程度大大提高。

（4）生产组织管理方式的现代化。现代农业不仅采用工业化的技术装备，而且可以采用工业化的生产组织管理方式，建立以利润最大化为目标的企业，在固定的生产车间（温室）、产品加工车间进行生产，每个生产单元都有生产计划、生产工艺、生产和产品技术标准，按工业化作业流程组织生产，并实行工业化的企业管理制度。

（5）农民生活方式的现代化。现代农业中农民的生产方式将发生巨大改变，收入水平也将有显著提高，相应地，农民的生活方式也将发生质的变化。

在这一阶段中，农民逐步完成了从多种经营农业向现代化、专业化农业的转化。这时，农民向市场出售的已不是剩余农产品，他的全部经营目的逐渐转变为通过对土地的经营使每亩土地利润最大化。农民的行为方式本质上已经与在工业中进行经营的厂商完全相同。生产完全是为了满足市场需要，成本、价格等经济概念贯穿经营过程；生产要素的使用不仅限于土地和劳动，资本的形成、技术的创新、研究与开发在经营中占有重要地位。

9.2.2 发展中国家农业的特征

农业发展的三个阶段的说明和分析，为我们探讨发展中国家的农业发展提供了基础。目前大多数发展中国家的农业仍处在第二阶段，虽然在一些发展中国家，国内存在着少数现代化专业化的大型农场，但那一般只是一种飞地式的经济，并不具备马上从第二阶段向第三阶段的过渡条件。因此，发展中国家的农业仍然是以自然经济为主。在多数发展中国家，农业的商品率很低，实际上是一个只能维持生存的部门。这一方面是农业生产率低下的结果，另一方面，也是自然经济束缚农业从传统进入现代化实现阶段转换的结果。这种自然经济的基本特点可以归为以下三点：

1. 农业技术的停滞

农业技术停滞突出地表现为人们世世代代耕种同样的土地，种植同样的作物，使用同样的生产要素和采用同样的生产技术。

农业技术停滞突出地表现为人们世世代代耕种同样的土地，种植同样的作物，使用同样的生产要素和采用同样的生产技术。这种停滞在广大发展中国家普遍存在。传统农业技术，一般来讲，对收成的保险系数较大（这一点对发展中国家的农民十分重要），虽然生产率不同，但资源配置和结合却是较优的（增加其中一种要素投入将会引起边际生产率的递减），然而在农业中人们并不看重边际生产率，而是格外重视平均生产率，总是千方百计使之高于维持生存的水平，以避免饥饿的降临。传统的农业中劳动力充裕、资本稀缺、生产规模小、农民素质较差，在这种情况下很难找到适宜的替代技术，来促进技术从停滞转为进步。西方发达国家的农业技术与发展中国家的国情不相符合。一是这些技术无法在缺乏资本、缺少规模效益的条件下使用；二是这些技术也很难与低素质的劳动力相结合；三是这些技术得以发挥作用的条件（如农业科技站、农业技术传媒、农业基础设施等）在多数发展中国家并不具备。因此，在发展中国家克服技术停滞只能另辟蹊径，摒弃以资本投入代替劳动的老路，以适应发展中国家的国情。

2. 制度因素对农业束缚很大

制度因素中首先是土地制度。土地所有制和土地占有关系是指人们拥有土地的方式和在不进行土地耕种时如何对土地进行处置。土地所有制不仅是生产制度的组成部分，同时也是农村生活中全部政治、经济和社会组织的基本特征。在发展中国家存在着多种多样的土地所有制，归纳起来主要三种形式。

(1) 庄园制。这种土地所有制度在拉丁美洲一些国家普遍存在。

这种制度极不平等。据联合国粮农组织统计，在拉丁美洲，占 1.3% 的土地所有者（庄园主）却占有 71.6% 的耕地。庄园制的特点是，庄园既是一个大地产，又是一个大农场，但庄园主并不直接管理农场，而是把庄园管理委托给雇来的代理人，一般称为管家。庄园上的劳动者包括庄园主的佃农、外来无地定居者和朝不保夕的小农。庄园的耕作方式因地多人少往往是粗放型的。庄园制带有农奴制的色彩。庄园制对农业劳动者来说，是没有激励的，他们的努力程度与所得没有多大关系。因此，农业劳动者缺乏内在动力，劳动积极性很低。

（2）种植园制。这是一种带有殖民地性质的土地所有制形式。与庄园制一样，它既是大地产，也是大农场，但它一般为外国资本所有，由外国专家管理。农业劳动由雇佣的工人进行，一般生产一种或几种经济作用，如橡胶、可可、咖啡、蔗糖或棉花等。农产品通常销往国外。与大庄园制一样，这种土地占有制度同样缺乏激励。此外，由于农业生产的特殊性，监督成本极高，不可能实行完全的监督。因此在种植园制下，农业生产潜力由于劳动者缺乏刺激而不可能充分发挥出来。种植园制在亚非拉各国特别是热带国家广泛存在。政治独立后的一些发展中国家如阿尔及利亚等没收外国资本后，有些种植园被收为国有，改为国有农场。

（3）租佃制。这种土地所有形式在亚洲比较流行，它的特点是：土地的所有权与使用权分离，地主占有大量土地，但他们自己并不直接经营，而是把土地分成若干块出租给无地或少地的农民耕种，这种租地农民被叫作佃农。佃农按照事先定好的契约向地主交纳一定数量的货币地租或实物地租。实物地租是地租的主要形式。租佃制一般经营规模较小，属于劳动和土地集约型的。

以上三种土地所有制有一个明显的共同特征，即土地私人垄断。这种垄断性的土地制度，一方面导致了收入分配的极不平等，另一方面也严重抑制农业劳动者采用农业新技术和对改善土地设施进行投资的积极性，因而阻碍了农业技术的进步和农业的发展。由于土地私有制抑制了农民的生产积极性，因此，变土地私有制为土地公有制就成为必然的选择。公有制也是一种大土地所有制，在一些社会主义国家比较普遍。但公有制并不能保证农民的付出与报酬相对应，同样不会天然地成为土地制度的最佳选择。因此土地制度的改革是发展现代农业的重要前提条件。

除了土地所有制外，发展中国家农业发展大多还受以下一些制度因素的制约：①价格制度。在为完成工业化所需经过的原始积累阶段，多数发展中国家人为地扩大了工农产品的剪刀差。②投资信贷倾斜。多数发展中国家存在着倾向工业化、城市化，重视发展工业，轻视农业和农村的情况。③教育和科研的目标、层次与实际需要有较大距离。教育的结果是使农村的人口脱离农业，连科研成果也无法在农村推广。④收入不平等，农民往往是处于收入最少的底层，收入分配有严重的城市化“偏好”。这造成农村人口大量从农村流向城市，而脱离农村流向城市的人口大多是农业所必需的具有一定文化水平的青壮劳动力。

3. 以产量最大化为目标

由于发展中国家与发达国家的国情不同。因此在发展农业的道路上，发展中国家所追求的目标与所采取的方法也必然与发达国家有根本的区别。从发达国家看，农业的目的是利润最大化，且农业从属于工业，在整个国民经济中所占的比重很小。从发展中国家看，农业目前只能追求产量最大化，以解决本国人民的温饱问题。

图 9－2 说明发展中国家农业以产量最大化为目标的情况，图中横轴为产量，纵轴为收入与成本。

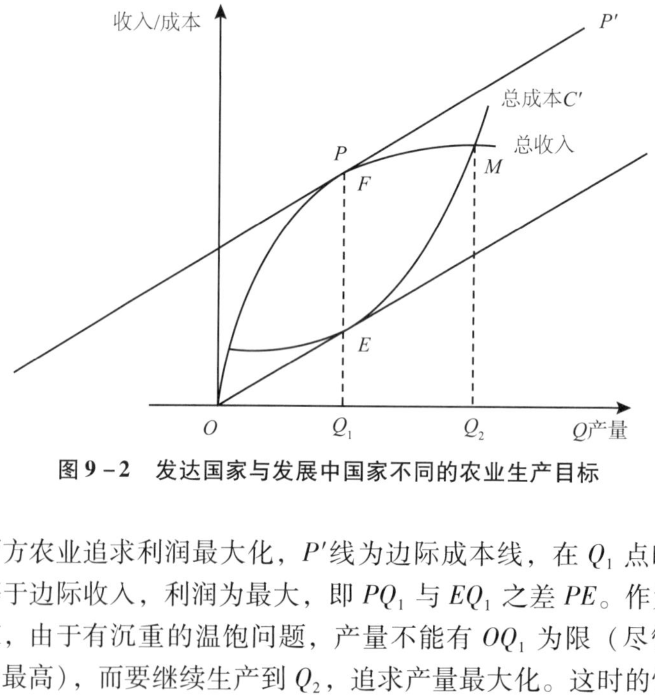

图 9－2　发达国家与发展中国家不同的农业生产目标

西方农业追求利润最大化，P'线为边际成本线，在 Q_1 点时边际成本等于边际收入，利润为最大，即 PQ_1 与 EQ_1 之差 PE。作为发展中国家，由于有沉重的温饱问题，产量不能有 OQ_1 为限（尽管此时利润为最高），而要继续生产到 Q_2，追求产量最大化。这时的情况是总成本等于总收入。另外，在非常情况下，当总成本超过总收入时，为了获取谷物等基本农产品，仍然要生产以支持人们的生存需要。从发展的模式看，发展中国家的农业很可能要遵循产量最大化→商品化→结构变化→现代化的顺序演进，而其具体化则要求发展适宜的集约型生产（如绿色革命），改革制度因素，注入商品经济因素，辅以政府的政策以及其他方面的扶植。

改造传统农业

9.3 改造传统农业

在广大发展中国家，农业现代化主要应当完成以下任务：第一，农业总产量和农业劳动生产率在技术进步的基础上获得大幅度增长，成为经济发展的动力之一，同时可以提供充足的剩余农产品以支持不断发展的城市和工业；第二，逐步将生产率低下的传统农业改造成现代化的高效率的生产部门，完成农业从追求产量最大化向利润最大化的转变；第三，在农业发展的基础上改善农村生活，发展教育、医疗、卫生保健事业，发展道路、交通、通信事业，使整个农村发展起来。

既然大多数第三世界国家的农业目前仍处在第二阶段，那么，政府农业发展战略的重点应主要放在提高农民收入、农产品产量和农业的劳动生产率上。农业生产率的提高取决于各种自然的、经济的、技术的、制度的、社会的以及政治因素的相互作用，农业发展是一个漫长而艰难的过程。要实现农业现代化，首先需要引入新的现代农业生产要素对传统农业进行改造，打破这种长期停滞的均衡状态，这实际上就是进行制度创新和技术创新。

9.3.1 制度创新，建立适应农业现代化的土地占有制度和生产组织制度

土地改革有狭义和广义之分。狭义的土地改革是指土地所有权的再分配，即把一部分人占有的土地转移给另一部分人所有。广义的土地改革不仅包括土地所有权的转移，而且包括土地租佃契约的改变。

1. 土地改革

土地改革有狭义和广义之分。狭义的土地改革是指土地所有权的再分配，即把一部分人占有的土地转移给另一部分人所有。广义的土地改革不仅包括土地所有权的转移，而且包括土地租佃契约的改变。从广义上讲，土地改革一般有四种形式。

（1）地租契约的改革。这种改革只涉及租佃契约的法律规定，而不触动土地占有关系，因而是较为温和的改革形式。在租佃制下，地主凭借对土地的垄断可以随意地提高地租和驱赶佃农。这样，佃农的生活难以保障，因而对改进农业技术、增加农业投入以提高农业生产率的积极性不高。为了促进现代农业技术采用和农业生产率的提高，保障佃农的生活稳定是必要的。国家可以通过制定法律规定租佃契约的最短期限，譬如说 20 年，在规定租约期限内，地主不得擅自

毁约和增加地租，这样佃农的生产利益得到了保护，从而提高了他们采用农业新技术的积极性。

（2）降低地租。这种改革也只涉及租佃关系的法律规定，而不涉及土地占有关系的改变。但这种改革要比契约期限的改革激进一些，因为它不仅剥夺了地主随意撤佃的权利，而且还直接把地主的一部分收益转移给农民，使地主的利益减少。这种改革的具体做法是国家通过颁布减租法令，规定佃农支付的地租的最高限低于他们过去支付的地租额。例如，我国台湾地区在20世纪50年代初进行的土地改革措施之一是规定地租不得高于37.5%，大大低于原来的50%以上地租率。这种改革提高了佃农的生产收益，使其福利和农业剩余增加，从而提高了他们采用新技术的意愿和能力。

（3）土地有偿转移。这种形式的土地改革涉及土地所有权的再分配，但失去土地的地主可以得到全部或部分补偿。政府可以通过改革法令，规定每个农户可以拥有的最高限额土地面积，迫使地主以政府规定的价格出售超过这个限额的所有土地。显然，这种土地改革比前两种租佃关系的改革激进得多。如果改革是彻底的、成功的，这种改革将摧毁地主对土地的垄断权。这种土地再分配对增加农业产出，提高农业生产率是有利的，因为它使获得土地的农民对生产的积极性大大提高。

（4）土地无偿剥夺。这是各种土地改革中最激进的形式。这种土地改革分为两类：一是把大土地所有者（地主、大庄园主和种植园主）的全部地产转移给以前的佃农和雇佣劳动者，但不给他们以任何物质和货币补偿。不过，这一类形式的改革比较少见；二是把土地私人占有变为集体或国家所有。这种土地改革是公有制对私有制的替代。要进行这种土地改革，一般要求以改革者夺取政权为前提。例如，中国、苏联和东欧社会主义国家在取得革命胜利后所进行的土地改革属于这种类型。阿尔及利亚、贝宁等非洲国家也曾把土地私人占有变为国家所有。

究竟选择一种什么样的土地制度是一个非常复杂的问题。现在土地制度的确立是由社会经济、文化、历史传统、政治等多方面因素决定的，其中政治上的考虑占有重要地位，而经济上的考虑则往往放到较次要的地位。在多数发展中国家，土地改革的结果往往是土地所有权和耕种的细小化。这种分散经营和传统技术相结合，一方面在一定程度上调动了农民的积极性，另一方面却产生了一系列的困难和问题：细小经营难以抵御较大的自然灾害；难以建成合理的基础设施；无法使用规模经济的机械和农业技术；使政府实行干预和补贴发生困难；容易在新的基础上发生两极分化；使土地再次转向集中和大土地所有制。

因此，随着经济的变革和发展，需要有一种合理的土地所有制度，以保证土地这一稀有资源获得有效配置，这是变革土地制度的基本要点。在这一基本要点之下，可以根据具体的自然地理条件，历史传统文化，经济发展状况等选择多样的、具体的土地制度。但是，无论何时都不要忘记，在推进农业和农村地区的经济发展的各种措施的背后，都有鼓励农民推广新技术，增加土地投资的土地制度。

2. 实行“居住所有制”的生产组织形式

美国经济学家舒尔茨认为，农业中的“不在所有制”是低效率的，在这种土地占有形式中，土地的所有者并不住在自己的土地上，也不亲自进行经营。农业中的当前经营决策和投资决策不仅要服从于许多无法按常规处理的微小变化，而且还始终需要采用由于技术进步而形成的新的、优越的生产要素。在不在所有制下，由于不在的一方不能获得充分的信息，往往就不能有效地处理这些细节，尤其是利用技术进步的决策。不在所有者一般也不能成功地提出必要的刺激并委派负责的决策者。提高农业生产率的关键在于要使农业生产决策者得到充分的经济信息和有效的经济刺激。为此，应该实行“居住所有制”形式，即土地所有者住在自己的土地上亲自进行经营。

舒尔茨批驳了那种认为只有建立大规模农场才能有效率的观点。这种观点的理论基础是现代农业中生产要素的可分性。例如一部大型拖拉机，只有在大农场上才能充分发挥效能。但在舒尔茨看来，这种不可分性是假不可分性。因为可以按各种不同规格和型号的订货来制造拖拉机，而且可以用各种方式把需要耕作的土地组合在一起。如果硬要应用大型农业机械并以此为基础建立大规模农场来组织农业生产，就会像苏联那样出现一种不合理的二元结构，即非常大的国营和集体农场与小块土地的农户并存，大型拖拉机与许多锄头并存，资源配置效率很低。相反，日本、丹麦和美国的家庭规模农场则是高效率的。如果脱离整个农业部门大多数农业家庭的情况，全力扶植少数的大规模农场，必然与消除农村贫困，发展农业推动整个经济发展的总体目标背离。按照这种分析制定的发展农业的措施，必然只对少数拥有大片土地、先进技术和生产设施的农场主有利而无益于广大农民。事实上，由于现在发展中国家无论在城市还是在农村都存在着严重的失业问题，在目前阶段发展专业化大农场完全不符合它们的发展战略和发展政策。

9.3.2 技术的变革和创新

由于大多数发展中国家可供开垦的荒地基本已经用尽，靠增加土地投入提高总产量的可能性很小，所以依靠技术进步提高农业产量和劳动生产率对农业的发展就是决定性的因素。

20 世纪 70 年代初，速水佑次郎和费农·拉坦根据发达国家农业发展的历史经验，在《农业发展的国际分析》中提出了一个新的农业发展理论：诱致性技术变迁理论。这个理论不是把农业技术变化看作科学技术知识自发进步的产物，而看作是对资源禀赋状况和产品需求的动态反应。换言之，农业技术的变化是由相对要素价格的变化和产品需求的增长诱致的，这两者又都可归结于要素相对稀缺性的变化。所以，并不存在对农业普遍适用的、最好的技术，不同资源条件的国家技术发展的道路有明显的不同。在人口密度较大的国家，土地相对于劳动是稀缺的，土地价格（地租）相对于劳动价格（工资）很高，随着人口增长还会变得更高。结果，农业技术就会朝着节约土地的方向发展。这种技术变革就是生物化学技术进步，它主要导致土地生产率的提高。而在人口密度小而非农业部门扩张迅速的国家，劳动相对于土地变得越来越缺，劳动的价格相对于土地的价格不断上涨，结果导致农业技术朝着节约劳动的方向发展。这种技术变革就是农业机械化，它主要导致劳动生产率的提高。

诱致性技术变迁理论表明，一个有效率的农业发展道路是建立在完善的市场体制基础上的。如果价格不能正确反映生产要素的相对稀缺性，技术进步就可能与要素稀缺状况不一致，导致农业发展低效率。当然，农民、公共研究部门和私人农业投入供给商还应该对要素价格做出正确反应。为了使农业科研人员的研究工作与经济发展对农业技术的需求相一致，应建立一个有效的刺激机制，从物质上和名誉上奖励那些为解决社会重大问题做出贡献的科学家和管理者。

当然，技术发明和创造并不完全都是由相对要素价格变化引起的。科学技术毕竟有其自身的发展规律。但技术的采用速度和对农业生产率的影响则取决于资源条件和产品需求条件。

从发展中国家农业发展的资源条件上看，用机械化代替劳动形式的技术变革不是发展中国家的主要方向。这种机械需要大量的资金和大片的土地。对于资本稀缺的发展中国家来讲，资金约束无疑是推广这种类型机械化的严重障碍。另外，发展中国家农业的主要经营单位是一家一户的农民，土地分割零碎，这种机械化是否经济值得怀疑。此外，发展中国家目前存在大量的失业，推行机械化所替代的劳动力的出路也是一个严重问题。

技术变革的另一方向是利用生物、化学方法提高农作物产量和劳动生产率，即采用像杂交水稻、杂交玉米等高产农作物品种，利用化学肥料、杀虫剂等，通过提高单位面积产量来提高耕作效率。这些技术从理论上讲是规模中性的（scale neutral），也就是说，这些技术可以应用于各种生产规模的农业生产中。这些技术为发展中国家的发展提供了巨大的潜力，因而代表了现今发展中国家技术发展的方向。

20 世纪 60 年代初，由福特基金会和洛克菲勒基金会创建的“国际玉米和小麦改良中心”和“国际水稻研究所”培育出了一批高产小麦和水稻品种，导致了农业技术上的一次重大突破。这些小麦、水稻良种的共同特点是耐肥水，在高水肥及加大种植密度的情况下能够不倒伏，因而高产稳产。在之后的十多年中，世界一半以上的麦地和 1/3 的稻田，由于采用这些新品种，增产了 1 到 2 倍。通过采用高产的小麦、水稻杂交作物种子，引起了一些发展中国家的“绿色革命”（green revolution），大幅度地提高了发展中国家土地的单位面积产量，并促进了土地资源和劳动力资源的充分利用。例如印度，绿色革命以前是缺粮国，从 1966 年开始实施“农业新战略”即绿色革命以来，到 80 年代初，粮食总产量增长了 1.4 倍，基本实现了粮食低水平自给。

“绿色革命”是通过采用高产的小麦、水稻杂交作物种子，大幅度地提高发展中国家土地的单位面积产量，并促进了土地资源和劳动力资源的充分利用的活动。

但是研究报告证明，这些杂交种子如果缺乏追加的化肥和相应的灌溉条件，新的杂交作物品种就不一定能获得高产。例如，在一项特别的研究项目中，美国现代高产的杂交品种没有追加氮肥，其产量与印度的传统农业使用的品种的产量基本一样。所以，从需求来看，要使农民乐意接受新的生产要素，就必须使这些要素真正有利可图。有利性的关键在于新要素在贫穷社会里的价格及其产量。由于贫穷社会的农民对付额外风险和不确定性的能力较低，在衡量新要素的有利性时应考虑到这种不确定性，通过建立一种保证系统，降低技术变革的风险。为了推广适用于发展中国家的生物化学技术，发展中国家除了要向农民提供有关新生产要素的信息，并使农民学会使用这些新生产要素外，还必须为农民提供获得种籽、化肥、杀虫剂贷款以及相应的水利设施等的经济服务。如果农民不能获得相应的服务的话，农民仍不可能积极推广这种技术。如果这些补充投入只是被少数富裕农民获得的话，这种技术的推广不仅不能解决农村人口的贫困问题，相反还会扩大发展中国家的两极分化现象，从而阻碍整个经济的发展。

9.3.3 适宜的经济政策

国家在进行经济结构的调整和各种宏观经济调控时，必须考虑对农业部门发展所造成的影响。因为，不适当的宏观经济措施所造成的经济影响往往能把对具体部门所采取的优惠措施一笔勾销，从而破坏资源配置效率，影响经济发展。也许宏观经济政策的制定者并不以为这些措施与农业发展有什么直接关系，但现实情况是，发展中国家的某些宏观经济政策对农业往往起抑制作用。

在许多发展中国家，政府一心一意追求城市和工业的发展。为了使工业和城市获得廉价的原材料和食品供应，它们往往实行农产品低价制，通过控制工农业产品比价，执行对农产品生产不利的歧视政策。有时农产品的价格定得很低，以至于农民不能弥补生产成本。许多发展中国家还通过进出口关税和配额，给工业生产以巨大保护来推动工业化。这项策略使工业进口替代商品的价格高于农业进口替代商品和出口农产品，同时又提高了各种先进的农用工业投入商品的价格，从而暗中对农业征了税。

在改造传统农业时应该让市场机制发挥作用，让产品和要素的价格变动来刺激农民，而不应试图压抑农业中产品和要素的价格。首先，农民对价格信号的反应是正常的、灵敏的；其次，通过降低或提高某些农产品价格而使收入流出或流入农业，结果都会对资源配置的效率带来损害。正确的做法是提高市场在农业中的作用。例如，把地方市场并入更大的市场，扩散有关产品和要素的经济信息，减少资本市场的不完全性，按边际成本来确定公共设施和服务的价格，减少农产品的价格波动等。

政府对农业部门的支出和投资份额是宏观经济政策的主要组成部分。在许多发展中国家，公共部门的投资总额占很大份额，所以公共部门对农业投资的数量对农业的发展成就有巨大影响。由于科技知识具有公共品特征和投资的不可分性，盈利的私人企业一般不愿或无力进行研究和开发活动，这就需要政府或其他非营利组织研究出适应于本地条件的生产要素，并通过农业技术推广机构将其分发出去。事实表明，发展中国家只有把相当大份额的资金用于农业科学研究和技术推广、兴建水利灌溉设施，农村的卫生健康保健服务以及农村教育等必要的公共设施和服务上，才能使农业获得发展。

可持续农业要求管理和保护自然资源基础，调整技术和机制变化的方向，以便确保获得并持续地满足目前和今后世世代代人们的需要。

9.4 农业可持续发展

农业可持续发展作为一种新的农业发展观和可持续发展战略的重要组成部分，近年来引起了越来越大的关注。1985 年美国加利福尼亚州议会通过的“可持续农业研究教育法”首次提出了“可持续农业”的概念。1991 年联合国粮农组织将可持续农业与农村发展结合在一起，较完整地提出了农业可持续发展的定义：“管理和保护自然资源基础，调整技术和机制变化的方向，以便确保获得并持续地满足目前和今后世世代代人们的需要。因此是一种能够保护和维护土地、水和动植物资源，不会导致环境退化，同时在技术上适当可行，经济上有活力，能够被社会广泛接受的农业”。

9.4.1　常规农业现代化的局限

不同国家由于资源条件不同，会走上不同的农业现代化道路。常规农业现代化可分为两种类型：多数发达国家选择了发展机械化农业，多数发展中国家则选择了发展生物化学技术农业。这两类农业现代化都面临着自然资源、生态环境、财政经济以及社会代价等一系列挑战。

发达国家已经实现了农业现代化，农业生产率大大提高，但同时也引起了一系列问题。以美国为例，从生态方面看，集约农业为追求最高的利润一般选择单一品种进行连作，造成物种类型减少，天然肥力减退，病虫害加重，非再生资源稀缺，水土流失恶化。为粮食增产而增加的农业投入以及为农业服务的工业造成了大量污染；从经济方面看，生物多样性的降低引发了经济问题，如连作单一品种造成病虫害加重，政府对农产品大量补贴，迫使生产者再次对农业大量投入，扩大规模，兼并农场。农场的兼并导致失业增加，政治不安定；在社会方面，面临着农村发展的停滞问题和野生物种的绝灭问题。由于农场规模不断扩大，导致村落破坏和农村社会崩溃，客观上形成了对美国乡村发展的肢解作用。

发展中国家农业现代化迄今为止取得的最大成就是“绿色革命”。然而，发展中国家推行“绿色革命”也付出了巨大代价。在经济方面，最主要的消极作用是收入分配不均现象恶化了。绿色革命的受益者主要是肥水条件较好地区的农民，以及有财力买得起化肥、农药、良种，搞得起灌溉和付得起技术服务费的大农场主。小农和佃农的相对收入水平下降，贫富分化日益严重。在生态、环境和社会方面，由于绿色革命的核心是大量增加化肥、农药等物质和能量的投入，会对环境和食品造成大量污染，破坏生态平衡和自然环境，甚至直接危害人们的健康。从20世纪70年代中期以后，国际上不断出现关于要进行一场“新的绿色革命”或“第二次绿色革命”的呼声。各重要的国际农业研究中心的研究重点转向了适用于资源贫乏和贫困地区的“适用技术”，在培育新良种时，非常重视减少对化肥和农药的依赖。

9.4.2　农业可持续发展战略

可持续农业是指采取某种合理使用和维护自然资源的方式，实行技术变革和体制改革，以确保当代人类及其后代对农产品需求可以持续满足的农业系统。按可持续发展农业的要求，农业发展必须合理地利用自然资源，保护和改善生态环境，并在此基础上不断提高农业的生产水平和农民的收入水平，降低农村贫困比例，以使农业和农村经济得到持续、稳定、全面的发展。

1. 建立新的农业发展观

过去的农业发展观主要着眼于增加产量以解决粮食供给问题，为了达到这一目标而大量增加农业中物质和能量的投入。事实证明，在这种农业发展观指导下进行的农业现代化对自然和社会都造成了重大的负面影响，是不可持续的。农业的可持续发展要求建立新的农业发展观，把自然环境的保持和社会的和谐也视为财富，在农业增产的同时要保存或增进既有的财富，而不是以损害它为代价。为此需要建立衡量可持续发展的指标体系，对农业复合系统进行综合评价。

不可否认，至少在短期和中期内，发展中国家在农业中实施可持续发展战略与产量的最大化是有矛盾的。原因主要在于缺乏有效的技术，以及对新技术的金融支持。解决的办法是建立把产量目标和可持续发展目标有机结合在一起的农业生态区，在满足粮食需求和保证农户收入水平的前提下，实施区域范围内的资源管理。

2. 实施可持续发展的农业政策

农业政策对农业发展有着很大影响。过去，由于没有认识到自然资源是一种宝贵的资产，许多国家实行了不利于农业可持续发展的农业政策。例如发展中国家过去普遍实行压榨农业以支持工业发展的政策，对农业的投入不足，农民收入水平低下，贫困和人口压力迫使发展中国家的农业加大了对自然资源的掠夺。绿色革命虽然提高了粮食产量，但给生态、环境和社会造成了不小的损害。例如，菲律宾对杀虫剂的购买补贴导致对环境和食品的污染，损害了农民和公众的利益与健康。

实施农业可持续发展战略，首先应取消那些对价格扭曲较大、鼓励破坏和耗竭自然资源的政策的做法。农业是一个弱势产业，目前多数国家都对农业实行保护政策，给予补贴。在这方面，发展中国家可以借鉴发达国家。随着农产品国际贸易自由化的推进，发达国家纷纷对农业保护政策进行了较大力度的改革，主要是大幅度地削减或放弃了原有的具有短期效应的价格支持政策，转而大量采取具有长期效应、较少直接引起贸易严重扭曲的措施，如直接对农民进行收入补贴。这样既保护了农业，有利于社会公平，又减少了经济效益的损失。

3. 大力推进农业科技进步

农业可持续发展的支柱是科技进步，只有依靠科技进步，才能在保证粮食产量的同时较好地保护生态环境，提高农民的收入水平，实现农业的经济效益、生态效益和社会效益的统筹兼顾。保护生态环境的农业科学技术主要包括以下内容：第一，发展中国家一般土地资源有限且农业生产规模小，为此需推广多熟种植技术，即一年内在同一块土地上种植两种或几种农作物。在强化种植的同时应注意对土壤有机肥料和无机肥料的双重投入，改善土壤的肥力条件。第二，为了减少农药的使用量，应采用轮作、害虫预测预报、气象卫星探测、播种期调节和害虫生物防治等方法进行综合有害生物防治。第三，为了保持农业的长期生产能力，应采取防治土壤侵蚀的综合措施，除了通过植树、种草业来提高植被覆盖率以外，还应采用保护耕作技术，并修建农田水土保持系统。第四，为了增强动植物健康，提高其抗病虫能力，提高营养效率，应加强遗传育种和基因转移技术的研究。第五，面临全球性的淡水资源短缺，发展中国家，特别是发展中国家的缺水地区应采用以节水措施为主的灌溉农业，发展喷灌及滴灌等新的灌溉技术，开发咸水资源与污水的农业利用，并大力发展旱作农业。

可持续农业科学技术的来源有四个方面：第一，国内外若干较成熟的可持续科学技术系统，如保护耕作和稻田养鱼等；第二，常规现代化农业技术中符合可持续农业原理的部分，例如许多节水措施、水土保持技术、绿化策略等；第三，传统农业中的精华，如有机肥料和秸秆利用等；第四，高技术在农业方面的应用，例如应用基因转移技术培育抗虫、抗病、抗除草剂的作物品种和优质农产品良种，利用遥感和信息技术进行生态农业规划，旱作农业中高吸水和高持水高分子材料的开发以及新能源的开发等。这四个来源的科学技术可针对地区和农场的实际情况，重组成适用的技术和管理系统。

4. 对农民进行人力资本投资

农业的可持续发展还要求提高农民的素质。推进农业科技进步，不仅要引进现代物质投入品，还要引进具有现代科学知识、能运用新生产要素的人。各种历史资料都表明，农民的技能和知识水平与其耕作的生产率之间存在着很强的正相关关系。目前发展中国家人力资本存量不高，农民总体素质偏低，文盲、半文盲占很大比重，对农业中的高新技术和精细管理的接受能力差。因此，在建立高质量的农业技术推广体系的同时，还必须加强对农民的人力资本投资。人力资本投资的形式包括教育、在职培训以及保健设施和服务等，其中教育最为重要。舒尔茨认为，初等教育是最有利的，因为初等教育的成本低，孩子们年龄小，因上学失去的收入也很少。而掌握一些有用的文化也就需要 5 年左右。从文化中得到的好处很多，其中某些好处还会扩散。许多低收入国家忽视中小学教育，提供经济援助的国家也把大多数技术援助集中在公共卫生、工农业生产力、公共和企业管理以及某些商业学校与在职培训上，这是目光短浅的。

5. 制定综合的农村经济社会发展目标

发展中国家的农业转型不仅包括农业产量的增长，还应包括更广泛的农村经济社会发展目标。发展中国家的大多数人口居住在农村，发展中国家贫困人口也大多集中在农村，在大多数发展中国家，城乡之间的对立与差别严重存在。城乡差别的重要方面之一，是城乡之间在收入和经济机会上的不平等，许多农村地区缺乏基本的、必要的生活福利设施和服务。从长远来看，应不断缩小城乡之间在收入和经济机会上的不平等状况，促进农村部门自身的维持和改造能力的发展。要通过发展工副业生产，创造更多的就业机会，增加在教育，卫生保健、住房及其他社会福利事业方面的服务，提高农村进行农业生产劳动和非农业生产劳动人口的实际收入水平和各种社会福利水平，从而也就进一步促进了农业和农村地区的发展。只有农业和农村发展了，发展中国家才能取得真正意义的全面的发展。

本章重要术语

农业技术停滞、土地改革、绿色革命、农业现代化、可持续农业

本章小结

农业部门对国民经济发展有四种形式的贡献：产品贡献、市场贡献、要素贡献以及外汇贡献。发展中国家农业的发展可以用自然农业向商业化农业的转型来概括。发展中国家的农业仍然是以传统农业为主，其基本特点可以归为以下三点：第一，农业技术的停滞。第二，制度因素尤其是土地制度对农业束缚很大。第三，以产量最大化为目标。

任何一个国家农业的发展，都要经过从数量上保证人们生存需要的最初阶段，转而通过商品经济的桥梁进入农业现代化阶段。要实现农业现代化，首先需要对传统农业进行改造，打破这种长期停滞的均衡状态。通过制度创新，建立适合传统农业改造的土地占有制度、生产组织制度。保证土地这一稀有资源获得有效配置，这是变革土地制度的基本要点；通过技术的变革和创新，提高农作物产量和劳动生产率；通过适宜的经济政策及政府投资，强化农业发展的基础。

农业可持续发展作为一种新的农业发展观代表了农业的发展方向。农业可持续发展的定义：“管理和保护自然资源基础，调整技术和机制变化的方向，以便确保获得并持续地满足目前和今后世世代代人们的需要。因此是一种能够保护和维护土地、水和动植物资源，不

会导致环境退化，同时在技术上适当可行，经济上有活力，能够被社会广泛接受的农业”。

延伸阅读

关于传统农业改造，可进一步参阅舒尔茨的《改造传统农业》，商务出版社2009年。——**改造传统农业的根本举措在于供给新的生产要素，向农民投资。**

关于中国传统农业改造，可进一步参阅林毅夫的《制度、技术与中国农业发展》，上海三联书店、上海人民出版社1994年版。——**制度、技术决定中国农业发展。**

复习与思考

参考答案

1. 单选题

(1) 尽管新的生产要素能够提高农业产量，但在现实中往往能看到许多传统农民拒绝接受和采用这种包含着新的技术变化的许多生产要素。这是因为（　　）。

A. 传统农民是保守的

B. 传统农民懒惰

C. 传统农民不愿进行过多的劳动

D. 农民对风险的承受能力差

(2) 绿色革命是指（　　）。

A. 崇尚天然、无污染的农产品

B. 应用生物技术减少化肥、农药的使用

C. 开发和推广矮秆、高产、耐肥的小麦、玉米、水稻等品种

D. 加强绿化以保护环境

(3) 1979年诺贝尔经济学奖得主舒尔茨认为（　　）。

A. 农村劳动力流出，不会降低农业生产率

B. 从事传统农业劳动的农民对市场价格变化的反应不会敏感

C. 尽管传统农业技术领域落后，农民贫穷，但资源配置很有效率

D. 通过对农村剩余劳动力进行人力资本投资，促使他们尽快转移城市

2. 多选题

(1) 在改造传统农业中应该让市场机制发挥作用，正确的做法有（　　）。

A. 扩散有关产品和市场的信息

B. 减少资本市场的不完全性

C. 按边际成本来确定公共设施和服务的价格

D. 减少农产品的价格波动

E. 把地方市场并入更大的市场

(2) 农业现代化包括以下几方面内容（　　）。

A. 物质投入的现代化

B. 生产技术的现代化

C. 生产的专业化、社会化和区域化

D. 生产组织管理方式的现代化

E. 农民生活方式的现代化

(3) 农业在经济发展中的作用表现有以下几方面（　　）。

A. 食品贡献　　B. 市场贡献

C. 要素贡献　　D. 外汇贡献

E. 原料贡献

(4) 传统农业具有以下特征（　　）。

A. 技术停滞

B. 农民虽然贫穷，但是他们的生产很有效率

C. 农民对市场价格反应灵敏

D. 制度因素对农业束缚很大

E. 每个农户的土地经营规模狭小

(5) 农业的诱致性技术变迁的形式有（　　）。

A. 开发天然、无污染的农产品

B. 应用生物技术

C. 推广高产、耐肥的小麦、玉米、水稻等品种

D. 农业机械化

(6) 传统农业技术停滞具有以下特征（　　）。

A. 生产技术不变　　B. 生产效率不变

C. 生产资料不变　　D. 农作物品种不变

E. 单位面积产量不变

3. 简答题

(1) 试述农业在经济发展中的地位和作用。

(2) 发展中国家传统农业的基本特点是什么？

(3) 发展中国家土地制度变革的基本要点是什么？

(4) 试述发展中国家改造传统农业所需采取的对策。

4. 案例分析题

印度农业的改革和发展

印度是一个以农业为主的发展中国家，80%的人口以农业为生，农业（包括林业、牧业、渔业）的净产值占国内净产值的34.9%，在国民经济中具有举足轻重的地位。

印度农业的社会经济结构的特点是封建的、个体的和资本主义的

经济成分并存，小农经济占绝对优势，每个农户的经营规模较小。印度独立后就开始进行“土地改革”，公布了名目繁多的法令，但大多未认真执行，成效不大。在进行了长达40年的“土地改革”后，土地占有状况并未发生根本性变化，土地所有权仍集中在少数人手里，封建和半封建的经济成分占有优势。据印度官方抽样调查，1985～1986年度占农户总数1.3%最富有的大农拥有14%的土地，23%的农户是佃农与半自耕农的混合，而占总数50%的最穷的小农只拥有1%的土地。

印度传统农业的特点是农业对气候和雨水等自然条件的依赖性很大，抗御自然灾害的能力较差，经常遭受季风的危害而造成水旱灾害。据统计，1951～1983年的32年间，因旱涝灾害而造成农业减产的就有13次之多。此外，以传统的生产工具和手工劳动为主，现代技术投入较少，85%的耕地依靠人和畜力耕作，70%的耕地无灌溉设施，靠雨水灌溉。印度农业生产率和农民收入都较低，全国2/3的劳动力从事农业生产，但每个农业劳动力创造的价值为非农业劳动力1/3。例如，1988～1989年，每个农业工人每年的实际收入是420.5卢比，而非农业工人为783.8卢比，高出83.6%。印度农业生产率低表现在农作物的单产水平较低，一些作物的单产水平低于东南亚许多国家。例如，根据粮农组织的资料，每公顷稻谷和小麦的产量，印度分别为2 817千克和2 420千克，中国则分别是5 869千克和3 318千克。

印度各地的自然条件不同，经济社会环境条件不同，采用现代技术的程度不同，造成农业生产和农村发展在各地区之间的很不平衡。印度北部和西部地区（特别是旁遮普邦和哈里亚纳邦）生产力水平高，粮食产量和农民收入较高；南部和东部地区（例如比哈尔邦、奥里萨邦、中央邦）生产力水平和粮食产量较低，边际农（耕种土地不足半公顷）、小农与大农之间的收入差距不断扩大。随着经济的发展，地区发展不平衡和收入差距扩大的问题并未减轻，而且有日益严重的趋势。从20世纪70年代中期起，印度政府开始重视发展与公平问题，并制订和实施了各种计划，但收效似乎不大。总的说来，目前印度农村社会和经济生活仍然是以农业（主要是种植业）为中心；村社仍然是社会关系和经济活动的基础；传统的管理系统以及亲属、家庭和种姓制度仍然是社会经济关系的决定因素。近几年，许多地区开始发生变化，涌现出少数现代的农村社会。

1965～1966年和1966～1967年，印度东部地区发生严重旱灾，造成农业大幅度减产，粮食危机空前严重，粮食供应状况非常困难，不得不火速进口500万吨粮食以解燃眉之急，整个国家靠吃进口粮过日子。在这种情况下，印度政府开始实施称之为“绿色革命”的农业发展战略。

绿色革命是一项庞大的、以科技为导向的农业综合发展工程，其核心思想是通过推广高产优良品种、扩大灌溉面积以及发展农业机械等一系列措施，促进农业现代化、集约化发展，实现农作物特别是粮食生产的稳产高产。科技开发、推广和普及是“绿色革命”取得成功的关键。

从20世纪60年代中期开始，印度政府着手建立从中央到地方的多层次农业科教和技术推广网络。在中央一级，农业部下设两个专门负责农业教育与科研的机构，一个是作为政府职能机构的农业研究与教育局；另一个是印度农业研究委员会。前者负责协调农、牧、渔业各科研院所的研究、教育活动及国内外合作事项；后者则从事基础研究和实用技术的研究与开发，同时负责农业教育及高新技术的鉴定和推广。印度各级政府对农业科研和教育非常重视，各邦农业部门领导的60多个研究机构组成了地方农业科研系统，邦属大学的校长全部由邦长兼任，经费由地方和中央两级划拨，在税收和用地许多方面享有种种优惠。

印度农业科研首先从培育优良种子开始。闻名全国的旁遮普农业大学位于素有“粮仓”美称的旁遮普，该大学自1962年成立以来共培育出200多个农作物优良品种，20世纪90年代中期培育的一种高产春小麦在当地小麦种植区的推广率超过了90%。

农业科学技术要转化为生产力离不开推广。几乎每一所农业大学里都设置了推广部，学校还与成千上万的农户建立了固定的联系，并在这些农户的土地上进行试验。许多农民把学校看作是“庄稼医院”或“兽医站”，生产过程中只要遇到难题马上就会想到找学校。

以科技为导向的“绿色革命”在印度的农业发展中已取得很大成效，高产品种面积扩大了数十倍，小麦、水稻等农作物的高产品种面积占总面积的比例均超过半数以上。

除了科技兴农发挥了主导作用外，印度历届政府对农业的扶持倾斜政策也发挥了不可忽视的作用。“绿色革命”开始后，一系列鼓励农业发展的政策法规也相继出台并得到贯彻落实。

一是从事农业生产基本不需纳税。印度法律规定，耕种面积不超过8英亩（约48.6亩）、年收入在10万卢比（约合2 300美元）以内的农户，免交包括所得税在内的各项税收。当然，这一政策在具体实施时常常被人“钻空子”，如许多拥有几十甚至上百英亩土地的大户用“化整为零”的办法，使申报的耕种面积和年收入都低于法律标准，从而达到免税的目的。不过，当局出于减轻农业生产者负担的考虑，对此一直采取睁一只眼闭一只眼的态度。

二是柴油、电力免费或优惠。被称为“印度粮仓”的旁遮普邦规定，农民购买柴油的款项可在出售农产品之后支付。农业用电则采取区别对待的办法：生活在贫困线以下的农民免费用电，一般农户可免费使用灌溉用电，其他用电则享受优惠价。从 2002 年 4 月开始，印度一些地区已经废止农业用电完全免费的政策，但在收费方面还是向农民倾斜。

三是对化肥、农机等生产资料实行价格补贴。化肥是印度农业补贴中最大的项目，政府把化肥列入基本商品，对其生产、进口、运输等实行严格控制，价格由政府统一规定并实行补贴。不管是进口还是国产化肥，售价普遍低于生产成本，运输费也完全由政府来承担。

四是政府出资修建农村基础设施。农村的电力、道路等基础设施建设全部由邦政府出资，农民不用从兜里掏一个卢比。

在粮食销售方面，印度政府也想农民之所想。据当地农业官员介绍，印度农业成本和价格委员会每年都对各种农作物的生产成本和有关要素进行分析后确定其最低的支持价格。然后政府以该支持价格为基础，根据储存补充的需要，公布当年的粮食收购价格，使之成为该年度的粮食底价。这种做法有效地防止在丰收年景粮价出现暴跌，避免谷贱伤农和打击农民种粮的积极性。

此外，印度的农村社会保障制度对农村地区的稳定和发展也起到重要的作用。根据这项保障制度，政府对丧失劳动能力的老年农民发放津贴；向无房的贫困农民提供建房补助；中央和邦政府还对贫困子女的教育给予补贴；对贫困人口购买粮食实行低价政策。虽然农业补贴有违世贸组织的某些规则，但印度计划委员会高级顾问普拉纳布·森认为，对于印度这样的发展中国来说，短期内完全取消补贴是不可能的，后果也是可怕的。

经过第一次“绿色革命”，印度粮食年产量从独立之初的 1 500 万吨增加到 2003 年的 2.2 亿吨。不过，印度政府意识到，由于从 20 世纪 60 年代兴起的“绿色革命”对农业增长的推动已有所减慢，近年来粮食生产 1.7% 的年增长速度已经低于 1.9% 的人口增长速度，这一势头如果不能尽快得到扭转必将威胁到国家的粮食安全。

印度前总理瓦杰帕伊指出，“提高农业产量和收益是政府促进农村繁荣战略的核心”。他强调，现在需要发动以提高农业的总体效益为中心的第二次“绿色革命”。

为此，印度政府推出了一系列政策和措施。例如，中央储备银行决定在未来 5 年内向农业部门提供总额为 5 000 亿卢比（约合 115 亿美元）的信贷资金；明确规定从开垦荒地、选育良种到改造农业基础设施、增加灌溉面积、提高粮食加工储藏能力、完善粮食市场流通环节以及鼓励在农业生产中应用新科技等具体环节中的投资导向；政府计划通过向 70% 的农民提供低息贷款的方式，指导农民进行产业升级；政府还设立了一个专门委员会，并在半年内完成向全国农民发放专用信贷卡的任务。

大力推广和采用农业现代科学技术是推行第二次“绿色革命”的内容之一，而其成败的关键在于人才。印度总统卡拉姆说，印度每年有300万大学毕业生及数量相当的中等职业人才，他们是“第二次绿色革命”宝贵的依靠力量，政府应当鼓励他们到农村去，用他们的知识为改变农村落后面貌建功立业。这样不仅可以解决他们的就业问题，而且对推动基层农业科技队伍成长，促进农村科技成果的推广十分有利。

（资料来源：林珏：《发展经济学案例集》，中国社会科学出版社2005年版，第168～173页。）

问题：

印度农业的改革和发展给我们哪些启示？

5. 讨论题

（1）从发展中国家由小农经济向现代化农业的过渡，探讨我国农业技术创新的途径。

（2）实施农业可持续发展战略应从哪些方面入手？

网络练习

鼓励学生通过互联网查找资料，对本章上述讨论题进行调查，并写出一篇小论文。

第10章
工业化与城市化

学习目标

了解：工业化是一个国家现代化的必由之路。
理解：工业化与城市化是互促共进的。
掌握：工业化模式。

引导案例

当代中国工业化道路的基本经验研究

中国用了40年的时间走出了一条独具特色的工业化道路，实现了由传统农业社会向现代工业国家的伟大转变，既没有陷入拉美自由主义工业化模式的陷阱，又消除了高度集中的计划经济的工业化的弊端。中国工业化成功的一个重要的经验，是避免一元单向思维的片面性，坚持实事求是和辩证统一。在目标选择上，统筹兼顾国家安全和民生福祉；在调节方式上，市场和政府双手合力；在企业组织形式上，国有和民营相互融合。

（1）安全和福祉是中国工业化的价值选择。国家的工业化是由国家工业化的价值取向来引导的，有什么样的目标价值就有与之配套的体制机制和企业形式。中国的工业化由建国初期的以保障国家公共安全为主导的工业化，到改革开放后以突出民生福祉为主旨的工业化，再到当前以军民融合为特质的工业化。完成了工业化中的公用和民用之间的辩证否定，实现工业化价值目标上的动态平衡。

（2）政府和市场相结合的工业化体制机制。政府作为经济活动的管理者、公共权力的行使者，可以能动地根据国际国内形势，依据经济发展规律，保持宏观经济大体稳定，提供非竞争性和非排他性的公共服务和公共产品。市场是资源配置最有效的手段，通过价格机制灵活反映供求关系，及时满足人民大众的多方面需求，推动经济更有活力、更有效率、更有效益。更重要的是，市场这只“无形的手”要在政府“有形的手”的指导下发挥作用，两种手段相互渗透，紧密结合，才能更好地推动新型工业化发展。

（3）国企和民企并举的工业化企业形式。在中国工业化发展过程中，最不容忽视的是企业的改革与发展，对于仍处于社会主义初级阶段的中国来讲，企业大致分为国有企业、民营企业、外资企业以及合资企业等形式。在社会主义公有制经济体制中，国有经济起着主导作用，是国民经济的重要支柱，掌握着国家经济的命脉，而国有企业是国有经济的微观存在形式，为中国国民经济的发展做出了十分突出的贡献。当然，随着中国经济的健康快速发展，民营企业也逐渐成长为经济体制中重要的组成部分，为提高人民的生产、生活的需求，增强综合国力等方面发挥着不可替代的作用。党的十八大召开以来，政府为了更进一步提升工业化层次，正确处理了国有企业经营模式与民营企业经营模式的关系，发展新型混合所有制经济模式，推动了中国经济平稳较快地发展。

（资料来源：韩剑锋、曹亚丽、马心妍：《当代中国工业化道路的基本经验研究》，人民网－理论频道，2017 年 1 月 9 日，http：//theory. people. com. cn/n1/2017/0109/c40537－29009595. html。）

发展的概念与工业化过程密切相关。许多发展经济学家认为，工业化是解决发展中国家一切问题的主要途径：只有进行工业化，才能实现经济结构的变革和进化，使工业、服务业等其他部门迅速发展，有效解决失业和就业不足的问题，满足人民生活水平不断提高的需要；才能大大提高整个国民经济的技术水平，用现代工业来武装农业、交通运输业以及包括工业自身在内的其他部门；才能减少对工业品的进口，增加制成品的出口，从而摆脱在国际商品交换中的不利地位；才能提供越来越多的积累，增强国家的经济实力；才能促进发展中国家现行政治、经济、社会结构的根本变革。工业化成了发展中国家追求的首要目标。但是，什么是工业化？工业化与经济发展到底是什么关系？工业化有无普遍的规律性？工业化和城市化的相互关系如何？这些都是发展经济学需要认真加以探讨的问题。

10.1 工业化道路

10.1.1 什么是工业化

工业化具有代表性的定义有三种：

第一种，早在20世纪40年代初，张培刚把工业化定义为“一系列基要生产函数连续发生变化的过程”。他所说的基要生产函数是指在整个经济发展中居于支配地位的生产函数，亦即“联系效应”很大的生产函数，它的变化能引起并决定其他生产函数的变化。这个定义所包含的内容十分广泛，因为它“不仅包括工业本身的机械化和现代化，而且也包括农业的机械化和现代化”。在张培刚教授看来，只要一个国家的农业已经实现了机械化和现代化，纵然这个国家经济中的农业仍处于“优越地位”，例如丹麦，也同样属于工业化的国家。张培刚教授作了此定义之后，接着又指出：“这种基要生产函数的变化，最好是用交通运输、动力工业、机械工业、钢铁工业部门来说明”。显然，在张培刚教授的定义中，工业化不仅包括工业部门的发展，而且也包括“工业化了的农业”的发展。

第二种，印度经济学家撒克（S. Y. Thaker）的定义。他把工业化定义为“脱离农业的结构转变，即农业在国民收入和就业中的份额下降，制造业和服务业份额上升”。显然，此种定义所指的范围要比第一种小得多。

第三种，《新帕尔格雷夫经济学辞典》中的定义。在该辞典中，工业化被描述为一个过程，这个过程的基本特征，“第一，来自制造业和第二产业的国民收入份额一般上升，……，第二，从事制造业和第二产业的劳动人口一般也表现为上升的趋势”。显然，这个定义与第二种定义的区别在于，第二种定义强调非农部门的不断扩大，而此定义只着重于制造业和第二产业的连续上升。

以上三种工业化定义虽然有差异，但其基本观点大同小异。我们认为，工业化的实质是经济结构的转化，是农业份额的下降和非农业份额的上升，这种转化的结果是一个国家从农业国转变为工业国，也就是说，在经济发展处于工业化时期，产业结构的主体是工业部门。与此相对应，在经济发展的工业化前期，农业部门是产业结构的主体，而在经济发展的工业化后期，服务业部门是产业结构的主体。

10.1.2 工业化与经济发展

工业化与经济发展

1. 工业化是经济发展的重要阶段

工业化是经济发展的一个重要阶段的论断，可以从以下几个方面得到说明：

（1）可以从经济发展的含义中得到推论。根据经济学家关于经济发展的论述，我们可以把经济发展的含义概括为伴随着产业增长而出现的一系列变化，这些变化包括产出结构、投入结构、消费结构、分配结构、人口结构、社会福利以及广泛的群众参与等。其中最突出的变化是产业结构的变化，产业结构变化的基本内容是：从产业角度来观察，农业产值份额不断缩小，工业产值份额不断增长；从劳动力就业的角度来观察，农业就业份额不断减少，工业就业份额不断增长。从理论上说，工业份额不断增长的结果，必然就是工业化。所以，经济发展作为一种结构变化过程，它必然要经历工业化这一阶段。工业化作为经济发展过程中产业结构变化最为剧烈的阶段，因而成为经济发展的一个重要阶段。

（2）可以从恩格尔定律中得到解释。恩格尔定律的基本含义是：当人均收入水平很低时，人们的消费支出中用于食物消费的比例很高，用于非食物性消费的比例很低；随着人均收入水平的提高，食物消费在生活消费支出中的比例不断下降，非食物消费在生活消费支出中的比例不断上升。食物性消费品是由农业部门生产的，非食物性消费品是由工业部门和服务部门生产的。因此，消费结构随着人均收入水平的提高而变化的规律，通过消费对生产的导向作用，其结果必然就是农业份额的下降和工业部门份额的上升，必然就是工业化。

（3）可以从发达国家经济发展的实践上得到有力支持。首先是发达国家经济发展的经验。世界上公认的第一个发达国家英国在19世纪上半叶的工业革命中工业生产增加了3倍，随之德国、法国和美国追随了英国的脚步。20世纪初，日本和俄国也通过工业化而成为世界强国。当今世界发达国家无一不是实现了工业化的国家，而落后的国家都无一不是没有实现工业化的国家。这说明：不经过工业化，经济就不会由落后状态转变为发达状态。

（4）库兹涅茨对各国部门结构的经验分析，也提供了有力的历史证据。库兹涅茨采用截面分析，按人均收入把各国分为七组，最高收入国家为第一组，最低收入国家为第七组，然后计算农业、工业和服务业在劳动力和国民收入中各自所占的相对份额，得出的结论是：①在发达国家，农业部门在劳动力和国民收入中所占份额低，工业和服务业在劳动力和国民收入中所占份额高。而在不发达国家，情况刚好相反。②在经济增长过程中，农业部门的相对比例对人均收入的上升最为敏感，即当人均收入持续上升时，农业部门的相对比例下降十分迅速。③虽然发达国家和不发达国家在总劳动生产率上悬殊，但农业部门劳动生产率上的悬殊更大，而非农业部门的劳动生产率悬殊相比较小，这意味着发展中国家农业劳动生产率大大低于工业劳动生产率。以上分析充分说明，工业化是一国经济发展过程中不可逾越的一个阶段。

2. 工业化是发展中国家经济发展的主题

从第二次世界大战以后所有发展中国家的发展过程来看，虽然不同的国家有不同的具体措施和政策，但从总体上来看，各国都有一点是相同的，那就是都把实现工业化作为获得较快经济增长和较高生活水平的主要战略。之所以如此，原因不仅在于工业化会带来经济总量和经济结构的变化，而更为主要的是它涉及社会、政治、法律、文化、观念及习俗的变革，从而推动经济社会现代化向前发展。

（1）工业化可以帮助发展中国家谋求经济上的自立与发展。政治上独立是经济自立的前提，而经济上自立又是政治上独立的保证。第二次世界大战以后，许多发展中国家虽然普遍地获得了政治上的独立，但却未能摆脱经济发展上的对外依赖性。这种依赖性主要表现在两个方面：一方面是经济结构上的对外依赖性。长期殖民统治造成这些国家经济上的单一畸形结构，其经济发展依赖于少数农、矿原料等初级产品的出口。由于工业基础薄弱，制造业十分落后，工业制成品严重依赖进口。另一方面是在资金技术上的对外依赖性。由于经济落后，内部积累不足，发展中国家独立后在经济发展中面临的共同问题是资金和技术短缺。与此同时，发展中国家在技术、人才和经营管理上，对发达国家的依赖也在不断加深。所以，发展中国家努力推进工业化的首要目的，就是要减轻和从根本上摆脱这种带有殖民地经济痕迹的依赖性。经过工业化的不断发展，一些国家初步建立起了完整的工业体系和国民经济体系，大多数国家加强了工业发展的基础，增强了经济自主发展的能力，从而为各国经济的进步发展打下坚实的基础。

（2）工业化有助于发展中国家在国际贸易中摆脱贸易条件恶化的情况。由于历史的原因，在国际贸易中出口的工业品主要是由发达国家生产的，而发展中国家用来出口的主要是初级产品。由于这种不合理的贸易比价关系，使发展中国家处于财富流出的不利境况。为了摆脱这种受剥削的境地，发展中国家必须大力发展自己的工业，实现工业化，从而获得强大的产品加工能力。从这个意义上，工业化对现阶段的发展中国家来说，具有特殊的现实意义。

（3）工业化有助于发展中国家摆脱资本不足对经济发展所形成的制约。资本是经济快速发展的必要条件，而资本不足或严重短缺，则是所有发展中国家在经济发展过程中所遇到的共同难题。一般来说，要解决资本不足，无非有两条渠道：一是利用外部资本，二是靠内部积累。由于发展中国家国内资金的供给远远难以满足经济发展对资本的需求；而利用外部资本，则必须拿出大部分利润或利息作为回报。因而，无论是使用外部资本，还是内部资本，必须尽可能地提高资本的使用效益。赫尔希曼认为，在发展中国家，为了使有限的资本产生最优效果，就必须把资本投入到工业部门特别是资本品工业部门，因为根据投入—产出关系，工业部门的联系效应要比农业部门大得多，从而获得更好的资本收益。

（4）工业化有助于改变发展中国家的二元经济结构，促进经济的协调发展。二元经济结构是发展经济学家对发展中国家经济社会特点的一种理论概括。如何实现二元结构向现代结构的转化？刘易斯认为，关键在于要实现传统部门过剩劳动力向现代部门的转移。传统的做法是将传统部门的剩余劳动力通过城市工业化进入城市现代部门来完成。但其结果往往是城乡差距的拉大和二元结构的加剧。这就告诉我们，对于农业人口基数很大的国家来说，要改变二元经济结构，使经济协调发展，必须实行二元化的工业化道路，即城市工业化和农村工业化同步进行。一方面，城市工业化的发展，可以形成城市工业经济中心，形成现代生产、生活方式和城市现代部门，从而创造出由城市大工业支持和改造农村传统部门的现代技术条件和物质基础；另一方面，城市工业由于空间的狭小，具有强烈的向外扩张与扩散的内在要求，因而，工业化的发展必然要转向农村这一广阔的空间地域。工业化在农村的发展，不仅可以提高农业的积累能力，扩大投资，提高生产效率，而且可以再造和改变农村传统部门的运行机制，使之与城市现代部门相互融合，相互促进，形成一个有机的整体。

（5）工业化可以大幅度地提高全社会的劳动生产率，提供各种新兴的消费品，有助于发展中国家摆脱贫困。在以传统部门占较大比重的发展中国家，由于劳动生产率的低下，人们所能获得和消费的产品极其单调。为了摆脱这种简陋而贫乏的物质生活，人们必然要寻找生产效率较高的生产手段，这样的生产手段又必然给社会带来丰富的物质产品。这种寻找和利用新的生产手段的过程，也就是工业化的过程。

综上所述，工业化是加速经济发展的一个物质技术基础，在发展中国家的经济发展中具有不可或缺的作用，发展中国家从一个主要从事落后农业生产的社会转变为现代化的工业和服务性社会的唯一选择就是工业化。

10.1.3 工业化的发展过程

工业化不仅是一个国家从农业部门向非农业部门的转变过程，而且也是工业部门内部结构的变化过程。一般认为，工业化的发展过程大致要经历三个阶段：第一阶段，消费品工业如食品加工、纺织、烟草等工业优先发展，并在工业结构中占据优势地位；第二阶段，资本品工业加速发展，消费品工业发展速度趋缓，但资本品工业尚不足以取代消费品工业居于工业中的优势地位；第三阶段，以消费品工业和资本品工业发展达到平衡为开端，资本品工业逐渐取代消费品工业而占据优势地位。

工业化发展的这三个阶段的演化代表了工业化发展的一般规律，工业化的历史实践表明：任何违背这一规律的工业化做法都付出了惨痛的代价。正是基于这种认识必须强调两点：一是消费品是工业化的起点，任何成功的工业化都以消费品工业为发端，都必须经历消费品工业的充分发展阶段。这一阶段可以缩短，但不能越过。二是随着工业化的推进，资本品工业必将取代消费品工业而居于优势地位，但对于一个国家而言，何时实现这一替代，则取决于其影响因素和条件是否成熟。

对于工业化过程为什么要依次经历这三个阶段，一些西方发展经济学家对此做了理论和经验上的解释。

1. 从理论上讲，这种演化具有客观必然性，表现在：

(1) 需求结构变化的原因。任何产业的发展都要解决市场需求问题。市场需求有两个方面：投资需求和消费需求。其中，消费需求是最终需求，投资需求是派生需求，因此，投资需求最终要受到消费需求的制约，消费需求是整个市场需求的决定因素。而消费需求是有层次的，只有当低层次的需求得到满足以后，才能谈得上较高层次的需求问题，而消费品工业正好是提供较低层次需求产品的工业，因此，在工业化发展的初期，必须首先发展消费品工业。

相反，如果以资本品为工业化的开端，则市场需求矛盾很难解决。因为，资本品工业的产品主要用于投资，其市场需求主要来自投资需求，而在消费品工业发展薄弱的情况下，这种投资需求主要来自重工业的自我需求，显然，这种需求是十分有限的。

(2) 要素禀赋的原因。消费品工业一般是劳动密集型产业，它的发展对技术层次、劳动力素质的要求相对较低，同时所需资本较少，建设周期短，收效快，资本积累迅速，这正好吻合发展中国家在工业化初期资源禀赋上的特点，即资本、技术和熟练劳动力十分稀缺，而非熟练劳动十分丰富。相反，资本品工业的发展，对技术层次、劳动力素质的要求都比较高，同时“资本门槛”高，建设周期长，收效慢，因此，优先发展资本品工业难于起步，即使强行起步，其收效也很差。

(3) 国际比较优势上的原因。伴随着世界工业化的形成，世界各国经济便进入了一个相互依赖、紧密结合的新时期，任何国家若想闭关自守均不可能。工业化发展也需要国际经济环境，积极地参与国际分工，充分利用自己的比较优势。对于工业化初期的国家来说，其生产优势在于技术层次低、劳动力成本低的产品，因此，只有大力发展消费品工业的产品出口才能换取工业化所需的外汇和技术等国外生产要素，从而为工业化的顺利发展创造条件。

（4）产业关联效应上的原因。从三次产业演进的规律来看，第二产业的产生和发展必须以第一产业的发展为基础，而和农业最密切、最直接的只能是消费品工业，因而，农业的发展为消费品工业的发展创造了条件。

（5）工业化的发展到了一定阶段，资本品工业必须加速发展。因为，如果一个国家长期地只重视发展消费品工业，就永远不可能站在科技和工业发展的前沿阵地，同时，消费品工业的扩张和积累的提高，只有在资本品工业不断发展的条件下才成为可能，消费品工业成本的下降和效应的提高也只有通过使用先进机器设备才是可行的。

2. 从经验上来讲，这种演化过程得到了大量的统计验证

在这方面，最具有权威性的是德国经济学家霍夫曼对各国工业化过程中消费品工业和资本品工业相对变化的统计分析，又称霍夫曼比例。霍夫曼的分析是以消费品工业和资本品工业的净产值相对份额的变化为基础的，其分析结论是：

霍夫曼比例是德国经济学家霍夫曼对各国工业化过程中消费品工业和资本品工业相对变化的统计分析。霍夫曼比例 = 消费资料工业净产值/资本资料工业净产值。工业化进程中，这一比率不断下降。

（1）在工业化的第一阶段，消费品工业与资本品工业之间的净产值比率在6∶1 和4∶1 之间，这就是说，在100 元工业净产值中，约84 ~ 80 元为消费品工业净产值，约16 ~ 20 元为资本品工业净产值。他选择的国家包括两组，一组是1890 年以前进入工业化第一阶段的，包括英国、法国、比利时、日本等国；另一组是1906 ~ 1948 年进入工业化第一阶段的，包括新西兰、巴西、墨西哥、智利等国。①

（2）在工业化的第二阶段，消费品工业与资本品工业的净产值比率在1.6∶1 和3.2∶1 之间。即在工业净产值中，消费品工业占到60% ~78%，而资本品工业占到22% ~40%。②

（3）在工业化的第三阶段，霍夫曼选择了英国、法国、瑞典、丹麦、比利时、意大利、瑞士、美国、德国、加拿大、澳大利亚和南非这12 个国家，时期从1921 ~ 1952 年，计算的结果为，消费品工业净产值占工业净产值的比率在33% ~60%，而资本品工业净产值的比例在40% ~67%。③

根据上述分析，霍夫曼得出如下的结论：各国工业化无论始于何时，一般都具有相同的趋势，即在最初阶段，消费品工业占优势；在第二阶段，资本品工业迅速发展，消费品工业的优势地位逐渐趋于下

①②③ 秦宪文：《发展经济学》，经济科学出版社2006 年版，第208 页。

降；在第三阶段，消费品与资本品工业达到平衡，而且有资本品工业快于消费品工业增长的趋势。

10.1.4 工业化的模式

工业化的模式

所谓工业化模式，实际上就是实现工业化的主要途径。工业化的模式不是先验的，而是通过对已经实行工业化的国家进行分析，归纳总结出来的。

1. 世界工业化的不同模式及其特点

纵观世界工业化发展的历史，由于各个国家的自然资源、社会制度以及工业化的具体历史条件不同，其工业化途径也各具特点，从工业化的发动机制看，世界各国的工业化模式大致可分为三种，即民间发动的工业化模式，政府发动的工业化模式，以及政府与民间共同发动的工业化模式。

工业化模式就是实现工业化的主要途径。

（1）民间发动的工业化模式。这是最早走上工业化道路的资本主义国家所采取的一种模式，以英国为典型代表，始于18世纪60年代，完成于19世纪60年代。其后，美国也基本上属于这种模式。这种工业化模式具有以下几个显著特点：

第一，它是在私有制的基础上，依靠私人力量自发地发展起来的。英美两国实行工业化时，都处在以私有制为基础的资本主义自由竞争时代，因而，其工业化的过程都表现为资本主义生产方式自然的发展过程，即由个人发动自然而然地开始和完成的。

第二，在资源配置上，政府的行政干预极少，完全依靠市场自发调节进行。

第三，工业化所需的资本主要来自对国内外进行掠夺而形成的资本原始积累。在此方面，英国的资本原始积累主要是通过“圈地”运动和大规模地对殖民地掠夺进行的。而美国则主要通过奴隶贸易、掠夺印第安人和大规模地对殖民地掠夺进行的。英、美两国进行资本原始积累的具体形式虽然不同，但其实质都是一样的。

第四，投资方向和规模受到利润的引导和制约，工业化进程一般由棉纺织业起步，采取由轻工业到重工业，再到交通运输和其他产业部门的经典路线。

（2）政府发动的工业化模式。这是一种由苏联最先采用，东欧和中国等社会主义国家相继仿效的工业化模式，尤以苏联最为典型。这种模式以高度集中、行政直接指导经济活动以及高速优先发展重工业为本质特征，其形成既与社会主义国家在不发达条件下进行经济建设缺乏足够的经验和理论准备有关，也与社会主义制度刚刚建立所面临的国际环境有关。这种模式的主要特点有：

第一，采取国有化、集体化的形式消灭私有制，在此基础上建立起社会主义的国有经济和合作经济。

第二，在中央政府的指令性计划约束下，高速度地建立起以重工业为核心的工业体系。

第三，市场虽然在形式上存在，但失去了其本来的意义，企业变成了行政命令的被动执行者，价格和利润变成各级政府进行经济管理的计算工具和积累手段。

第四，轻工业和农业落后，消费品工业的发展严重不足，供给短缺，工资和物价被冻结，用票证和配给制度强制性地使供求达到平衡。

第五，表面上实现了充分就业，但实质上存在着大量潜在的失业人口，劳动生产率和经济效益极低。

（3）政府和民间共同发动的工业化模式。以苏联为代表的政府发动的工业化模式，经过几十年的实践，虽然使得各国在较短的时间内建立起了独立的、比较完整的工业体系和国民经济体系，工业化取得了巨大成就，但这一模式也日益暴露了它自身的缺陷，严重地阻碍了生产力进一步的发展和工业化进程的顺利进行。而以英国为代表的民间发动的工业化模式业已时过境迁。因此，各国纷纷对原有的体制进行反思和改革，工业化模式也由单纯的政府发动或民间发动趋向政府和民间共同发动的工业化模式。这种模式尤以改革开放后的中国最为典型。其主要特点有：

第一，采取以社会主义公有制为主体的多种经济形式共同发展的所有制结构，以便更好更快地促进经济的发展和工业化的进行。

第二，在强调企业独立核算、自主经营的基础上，实行国家调控市场、市场引导企业的宏观经济运行机制，使国家对国民经济的管理，从过去单纯使用行政手段转变为经济手段、行政手段和法律手段的综合运用。

第三，重视农业在工业化过程中的作用，以农业促进工业，在工业现代化中谋求农业的现代化，产业结构趋于合理，城乡关系趋于融洽。

第四，工业化的目标由片面追求速度转向谋求效益（包括经济效益和社会效益），把满足人民的基本需要放在首位。

以上三种工业化模式，是对迄今为止世界工业化发展类型的基本概括，它并没有也不可能穷尽世界各国工业化过程中的一切方面。因此，一国在选择自己的工业化道路时，不应照搬任何一种模式，而应从实际出发，综合考虑。

2. 世界工业化不同模式形成的原因分析

通过对工业化三种基本模式及特点的分析，我们不难看出，工业化模式的形成是同一定的政治、经济、历史乃至自然等条件相联系的。条件的差异导致了工业化模式的不同。经验分析表明，各国工业化模式的不同，主要与下列因素有关：

（1）工业化起步时所处的历史时期。从时间顺序来说，各国工业化的发展有先后之别。比如英国是世界上工业化发动最早的国家，其起步时间大约在18世纪70年代；美国、法国、德国、加拿大等西方国家的工业化起步时间大都在19世纪50年代前后，这在时间上比英国晚了将近一个世纪，而广大发展中国家工业化的起步，则大多是20世纪50年代以后开始的。如果我们把18、19世纪开始工业化进程的国家称为先行国，在20世纪才进入工业化进程的国家称为后起国，则先行国和后起国在工业化起步时所处历史时期有显著差别，从而影响到其工业化不同模式的形成。这种差别和影响表现在：

第一，先行国家工业化起步时正值资本主义生产方式的产生和自由竞争时代，虽然整个经济的运行不可能是完全自由竞争和自由放任，但相对而言其工业化过程主要是由一个充满冒险精神和追求商业利润的中产阶级在下面发动和推动的，而不是由政府自上而下进行的。工业化发动时，一个能合理配置资源、协调全部经济活动的市场已比较发达，因而，那时国家没有起什么积极作用。而在后起的工业化国家，由于缺乏不断创新的中产阶级和充满竞争的全国性市场，政府不得不在协调经济运行、合理配置资源方面发挥较大的作用，有的甚至直接经营企业。

第二，先行国家对所有新技术的发明创造以及与工业化相适应的生产组织形式的构建，都无任何先辙之鉴，只有靠自己的长期探索。在这种探索中，挫折和失败在所难免，因而其工业化所经历的时间比较长。而后起的工业化国家则可以利用后起国的优势，通过模仿学习，引进吸收先进国工业化过程中的成功经验，掌握工业化过程的规律性，少走弯路，缩短工业化所经历的时间。

第三，在工业化过程中的技术路线和主导产业选择上，先行国家几乎没有太大的自由，一般先发展消费品工业，再发展资本品工业。而后起国家的工业化过程中，出于迅速增强经济实力与列强抗衡的考虑，一开始就具有优先发展资本品工业的倾向，把战略重点放在重工业和军事工业上。这样做的直接好处是，技术和产业发展的起点较高，花较少的成本缩短了与先行国的技术差距，消极影响是技术、产业的选择和发挥劳动力资源丰富的比较优势相矛盾，从而导致工业化过程中工业份额的变化与劳动力就业份额变化不相吻合的现象，普遍出现二元经济状况。

（2）工业化起步时的人均GNP水平。工业化起步时的人均GNP水平，是影响工业化模式的一个重要因素。表10－1是不同国家或地区在工业化起步时人均 GNP 水平的比较。由此表可以看出，现今的发达国家（除日本以外）在开始工业化时，人均 GNP 水平是相当高的，其范围从 215 美元到 930 美元，也就是说，先行工业化国家都是在人均国民生产总值超过 200 美元的较高水平基础上开始其工业化进程的。相反，20 世纪 50 年代后才步入工业化进程的后起国家和地区，其工业化起步时的人均国民生产总值一般不足 100 美元，也就是说，后起的发展中国家和地区是在人均 GNP 水平远低于先行国家的基础之上开始其工业化过程的。工业化开始时人均 GNP 低水平，显然增加了后起国家或地区在较短的时间内赶上先行国的困难，这就决定了后起者必须用“超常规”的办法实现其目标。通常的做法是动用国家政权，采取种种强制方法，挤压国内居民消费，为经济起飞积累资本，这在政府发动的工业化模式中最为突出。国际经验表明，挤压消费过头，又会反过来阻滞工业化过程。

表 10－1　不同国家或地区工业化起步时的人均 GNP 水平比较

国家或地区	起步时期	人均 GNP（美元）
Ⅰ、先行地区：英国	1765 ~ 1785 年	227
法国	1831 ~ 1840 年	242
比利时	1865 年	483
荷兰	1865 年	492
德国	1850 ~ 1859 年	302
瑞士	1865 年	529
丹麦	1865 ~ 1869 年	370
挪威	1865 ~ 1869 年	287
瑞典	1861 ~ 1869 年	215
意大利	1895 ~ 1899 年	271
美国	1834 ~ 1843 年	474
加拿大	1870 ~ 1874 年	508
澳大利亚	1900 ~ 1904 年	930
Ⅱ、后起地区：日本	1874 ~ 1879 年	74
中国大陆	1952 年	50
印度	1952 年	50
印度尼西亚	1966 年	80
泰国	1966 年	112
中国台湾地区	1953 年	159
尼日利亚	1965 年	67
埃及	1965 年	161

资料来源：荣敬本、刘吉瑞：《比较经济学》，辽宁人民出版社 1990 年版，第 271 页。

（3）工业化起步时工业部门的相对份额。与工业化起步时的人均 GNP 水平一样，各个国家工业化起步时的工业部门相对份额的差异也对工业化模式产生影响。工业部门的相对份额可用两个指标来表现：一个是产值结构指标，另一个是劳动力就业结构指标。根据西蒙·库兹涅茨的研究结果，先行国家（除日本外）工业化起步时，非农产业在国民经济中所占的份额，就产值（GNP）而言都在 50% 以上，其中工业部门份额大都在 25% 以上，劳动力就业份额也表现出类似的特征。而 20 世纪 50 年代开始进入工业化过程的国家，其工业部门的相对份额要小得多。这说明，后起的国家大都是在工业部门相对份额较小的基础上步入工业化过程的，这种起步相对较小的工业份额，使得其在工业化开始时，就具有赶超战略的决策倾向。而这种战略的推行和实施，必须借助于政府的力量。

（4）工业化过程中面临的人口压力。人口历来是工业化发展的一个制约因素。然而不同国家在工业化发展过程中，尤其是在工业化起步过程中，所受到的来自人口方面的压力存在很大差异。根据人口转型理论，在工业化过程中，人口要经历一个从传统的高出生率、高死亡率、低增长率形式，到低出生率、低死亡率、低增长率形式的转变过程，这对世界各国是普遍适用的。但是，在这一转变过程的第二阶段即被称为“人口转型”的阶段，后起国家与先行国之间差异十分显著。在先行国家的人口转型过程中，随着工业化的推进，人均收入的提高，居民饮食质量和结构的改善，医疗卫生保健技术的发展，在不到一个世纪的时间内，先行国家的人口死亡率由 1750 年的 34‰ 持续下降至 1940 年的 14‰，出生率则由 39‰的水平下降至 22‰。这个阶段是先行国人口增长较快的时期，但人口的自然增长率仍未超过 8‰。第二次世界大战以后，先行国的人口模式转向低出生率、低死亡率和低增长率的现代形式。而在后起国家的人口转型中，随着工业化的启动和推进，由于先行国家先进的医疗技术和公共卫生系统的迅速引入，在不到 20 年的时间内，人口的死亡率由 35% 左右急剧下降到 10‰左右，出生率则很少下降，于是人口增长率急剧上升为 20‰ 到 25‰，呈现出一种“人口大爆炸”的现象，这使得后起国家不得不把如何推进工业化和解决剩余人口综合起来考虑，采取有别于先行国家工业化的模式。

（5）工业化起步时的外部环境。一国工业化模式的选择除了与其内部诸条件有关联外，还与其发动时的外部环境有密切关系。这表现在：工业化在先行国是一个由内部力量推动的、瓜熟蒂落的自然发育过程，而在后起国家，则表现为一种在外力推动下强制发动的“危机—变革”过程。在先行国，新教伦理的形成、知识的积累、技术的进步、市场的发育等，均表现为渐进的演化过程，为工业化的发动准备客观条件。但在后起国工业化起步时，正是殖民主义的大肆扩张和帝国主义分割势力范围之时，不仅严重侵犯了后起国的主权和利益，更严重的是威胁到后者的生存。在这种严峻的外部环境下，面对民族危机，民族主义领袖就在经济社会条件尚未成熟的情况下，强制发动了工业化运动，以便及早建立独立自主的大工业体系及强大的防御能力，来保护新生政权。由于重工业与国家防御能力之间的内在联系，优先发展重工业就成为许多后起国家工业化过程中的不二选择。

10.2 城市化问题

世界工业化发展的经验表明，在工业化的发展过程中，都伴随着城市化的发展，城市化反过来又加快了工业化的进程。因而，对工业化和城市化的相互关系的探讨，历来是发展经济学中的一个重要论题。

10.2.1 工业化与城市化的相互关系

1. 城市化的内涵界定

城市化是由于生产力的发展和社会生产方式的变化，而引起现代产业向城市的聚集过程，以及由此决定的人口集中过程和城市生活方式不断扩大过程相统一的社会过程。

城市化是这样三个社会过程的有机统一，即由于生产力的发展和社会生产方式的变化，而引起现代产业向城市的聚集过程，以及由此决定的人口集中过程和城市生活方式不断扩大过程相统一的社会过程。根据对城市化的这种本质理解，可以把城市化的数量特征和空间特征概括如下：

（1）社会农业人口迅速转化为非农业人口；

（2）一定区域内城市数目的增加及城市人口的增长；

（3）城市群、城市系统的形成和城市区域规模的扩大；

（4）城市人口在全国（或地区）人口中的比重不断增加。

对于城市化的质量特征，则用“城市现代化”的概念加以表述，即：

（1）城市经济高效化；

（2）城市社会文明化；

（3）城市环境优质化；

（4）城市管理科学化。

2. 工业化与城市化的相互关系

尽管城市产生于社会分工而并非工业化的结果，然而由于现代城市发展的历史和工业化以及经济发展的进程联系在一起，因而往往使人们把城市化与经济发展等同起来，甚至将城市化——人口由农村向城市特别是大城市迁移，城市规模膨胀的趋势及其相联系的许多问题，看成是经济发展及工业化的必然结果。自从工业革命以来，城市化与工业化几乎同步进行。19 世纪初，英国城市居民只占居民总数的 30%，到 19 世纪末，已达 70% 以上。在今天，随着工业发展而产生的城市化趋势也很明显：当人均收入从大约 200 美元增加到 1 000 美元，工业产值平均从占国内生产总值的 18% 左右增长到 30% 左右，对一个发展中国家来说，其城市人口从仅有总人口的 20% 会增长到 30% ~50% 以上。因此，工业化与城市化之间的关系是十分明显的。

为什么当工业化进行时，城市化也必然会发展？原因有以下几方面：

（1）外部经济效益。制造业厂商设在城市，有许多外部经济效益。由于城市人口众多，会降低各种劳动力特别是技术工人和工程技术人员的成本。在城市，工人通常自己寻找住所，而在农村或小城镇厂商则必须提供这种住所。基础设施（电、水、道路、电信、港口等）在城市是由政府提供的，其成本反映了巨大的规模经济，卫生和教育设施在城市也比较发达，这些都可以使工商企业获得外部经济效益。

（2）聚集经济效益。每家厂商也从同在一个城市的其他厂商那里获得许多好处。许多必要的投入和服务容易得到。制造商如果与供应商邻近，就可以减少许多运输成本和时间，他们也可以接近修理及其他服务而获益。制造商也需要接近银行和其他金融机构，以便得到种类齐全而价格低廉的服务，这也只有在城市才能容易得到。城市由于通信设施俱全，便于厂商同远处的供应商和市场联系。

（3）大市场的吸引力。一个城市一旦建立，它的大市场就会创造自行增强的吸引力。当一家厂商邻近它的最大市场时，运输成本会降低到最低程度。如果产品的运输成本在一家厂商的成本中比重很大时，由于城市大市场的吸引力，该厂商就会被拉进大城市。

总之，在工业化过程中，由于城市具有上述吸引力，使工业向大城市聚集，使得城市逐渐成为工业中心、贸易中心、金融中心、交通运输中心、服务中心和科技中心，促进现代城市的进一步发展，由此引起大量农村人口向城市的转移，使城市化和工业化同步进行。

10.2.2 城市化发展的一般规律

1. 城市化发展的一般规律：先集中后分散

所谓集中性城市化，是指社会经济活动从空间上的分散状态向空间上的集中状态发展的社会过程。这种形式的城市化，表面上表现为人口向城市的不断集中，城市人口比重不断提高，但其内在实质则在于现代产业向城市的积聚，从而引起城市基本性质的变化，使城市由起初的生产中心转化为区域经济发展的贸易中心、金融中心、交通运输中心、科技中心和服务中心，从而吸引农村人口的大量流入。

集中性城市化是城市化初期和中期阶段的基本形式，它不仅表现为一个地区或一个国家新城市的不断产生、城市数量的不断增加和人口规模的扩大，而且表现为城市人口的增长超过农村人口以及总人口的自然增长。

集中性城市化是城市化初期和中期阶段的基本形式，它不仅表现为一个地区或一个国家新城市的不断产生、城市数量的不断增加和人口规模的扩大，而且表现为城市人口的增长超过农村人口以及总人口的自然增长。如 1920 ~ 1980 年，世界总人口增加了一倍多，而城市人口增加了 5 倍。由于这种集中的原动力来自现代产业向城市的积聚，因而，它在城市化的初期和中期阶段具有不可遏制的趋势。

逆城市化是在集中性城市化发展的基础上，城市的功能向城市郊外或更远的农村地区扩散，中心城市人口减少的社会过程。

分散性城市化是在集中性城市化发展的基础上，城市的功能向城市郊外或更远的农村地区扩散，中心城市人口减少的社会过程。这种分散城市化趋势，又称作“逆城市化”浪潮，最早出现在英国，20 世纪 70 年代在美国出现，随后又在西欧和日本发生，80 年代以来，北欧诸国也普遍出现了这种趋势。

“逆城市化”浪潮的出现，引起了西方人口地理学家、社会学家及经济学家的普遍重视。虽然他们的解释不尽相同，但都公认“逆城市化”浪潮的出现与下列因素有关：

（1）交通运输业的变革，大大缩短了空间上的距离和旅途时间；

（2）电信技术的大发展，尤其是长途电话费的大幅度下降，使越来越多的日常工作可通过电话来进行，而不必要求都聚集在有限的空间内；

（3）城市质量升级带来了产业更新，使一部分产业可在郊区设置，加之郊区基础设施功能的健全，对中心城市人口产生一种吸引力；

（4）“城市病”对人口所产生的排斥力；

（5）居民对生活质量的追求等。

以上影响因素虽然很多，但都可以归结为社会生产力发展所致。这种归结可以从两方面得以佐证：一是在发达国家中，从中心城市流出的人口都是有较高收入的阶层；二是时至今日，人口由中心城市流出的“逆城市化”现象在发展中国家还未出现。

通过以上的分析，我们不难得出这样的结论：集中与分散是城市化过程的两个不同阶段，它们分别与不同的社会经济发展水平相适应。从集中走向分散，是城市化的一般规律，其转化的基础在于社会生产力的发展，是以高度发达的生产力水平为前提的，反映了人类社会的进步。

2. 城市化的动力

工业化的进行，现代产业向城市的聚集，必然引起人口由农村向城市的转移和集中及城市的发展。然而，这种发展却是来自农村方面的推力和来自城市方面的拉力共同作用的结果。所谓推力，是指农业劳动生产率的提高，使越来越多的商品化农产品流入城市，为城市扩展和农村人口向城市转移给予有力的支持。所谓拉力，则是随现代化产业向城市的集聚，就业机会增多、收入水平提高对农村人口所产生的吸引力。正是这种推力与拉力共同组成的合力，推动着人口城市化的进程。

3. 城市化的阶段划分

通过对世界城市化资料的分析与整理就会发现，城市的发展表现出明显的阶段性，城市化分为缓增、剧增和减落三个阶段。

（1）缓增阶段：由于受社会生产力的限制，城市人口的增长相当缓慢，产业革命之前的城市发展就属于这一阶段。因为此期城市化具有传统经济结构的特点，人口只有小部分住在城市，此阶段城市人口比重一般低于25%。

（2）剧增阶段：大工业的振兴，交通运输的发展，现代产业的扩张，对劳动力产生了巨大的需求，从而使城市人口剧增，城市人口占总人口的比重由少于25%迅速上升到大约70%。这一阶段在西方国家，一般是在第二次产业革命之后到20世纪上半叶。在发展中国家，则是从50年代才开始。

（3）减落阶段：城市人口的增长开始减慢，呈现出一种平稳的趋向。在这个阶段，城市人口超过了70%。不少发达国家的城市化过程都表现出缓增、剧增和减落的阶段性特征。英国早在18世纪城市化进程就进入了剧增阶段，到20世纪初已达到减落阶段，而美国和日本则分别在19世纪末和20世纪初进入剧增阶段，在20世纪五六十年代到达减落阶段。这些国家城市化进程中阶段性特征的不一致，是由于各国产业革命发生的时间差所致。

10.2.3 发展中国家的城市化问题

在发展中国家城市化的发展过程中，既有城市化与工业化协同性的一面，也存在着违背城市化发展的一般规律的状况，出现了城市化的超前性与滞后性。

1. 城市化发展的超前性

所谓超前性，指在某些发展中国家中出现的城市化速度远高于其农业生产率和工业生产率增长的现象，如表 10 - 2 所示。

表 10 - 2　　1980 ~ 1990 年超前性示例

国别	城市人口增长率	人均农业生产指数增长率	国别	城市人口增长率	人均农业生产指数增长率
世界	1.02	0.57	毛里塔尼亚	4.48	-1.60
发达国家	0.32	0.46	卢旺达	4.28	-2.33
发展中国家	1.99	1.28	尼日尔	3.89	-3.33
莫桑比克	7.13	-1.82	乍得	3.83	-0.64
坦桑尼亚	6.89	-1.70	孟加拉国	3.75	-0.54
博茨瓦纳	6.00	-1.93	安哥拉	2.99	-3.16
斯威士兰	5.13	-1.45	几内亚	2.97	-1.61
尼泊尔	4.50	-0.75	利比里亚	2.73	-3.72

资料来源：张善全：《世界城市化的新趋势》，载于《人口学刊》1992 年第 3 期，第 24 ~ 28 页。

（1）出现的原因。之所以出现城市化的这种超前发展，原因在于这些发展中国家城市化过程的推力和拉力增添了更广泛的内容。

第一，农村贫困对人口外流的极大推动。在发展中国家中，农村经济以传统农业为主体，辅以若干其他传统产业，农业的发展受到了传统技术及资源要素，特别是土地短缺的限制。加之资金不足，难以对传统技术进行改进，因而使得农业传统经济的增长十分有限；另一方面，农村人口的大量增长，更加剧了人与资源的矛盾，从而导致农村的极端贫困，使农民生活艰苦，难顾温饱。在此情况下，农村中越来越多的人不得不放弃农村就业和从业机会而背井离乡，涌入城市。

第二，城市的相对繁荣对人口流动的拉力。发展中国家整体经济发展滞后，并不妨碍城市表现出相对繁荣的景象。按理说，大批农民流入城市，会导致城市失业加剧，工资水平下降，反过来又对人口流入城市起阻滞作用。但发展中国家的实际情况是，在城市失业大量存在情况下，农村人口仍源源不断地流入城市。根据发展经济学家托达罗（M. p. Todoro）提出的“城市预期收入差别”学说，人口之所以流向城市，是因为城市具有高于农村的预期收入。这种预期收入是由城市实际收入（一般估计这种收入城市比农村高 2.5 倍）和就业机会共同决定的。

（2）产生的效应。发展中国家城市化的超前发展，给发展中国家经济带来了一系列问题：

第一，加剧了城市的失业与就业不足。城市居民较高的工资收入和生活水平是农村人口所向往的，然而，农村人口向城市迁移的社会成本很高。城市每创造一个工作机会，就有不止一个移民离开农村，而且移民常常是最年轻，文化水平较高，受过较好训练的人，他们的现实流向决定了城市劳动力供给的竞争加剧和乡村有用人才的空缺。从需求来看，城市职业的创造比农村职业的创造更困难，成本更高。这是由于城市工业部门技术构成较高，而且存在着城市工人要求增加工资和福利的压力；而技术构成提高和工人增加工资福利的要求，只有在生产率提高的基础上才能实现。这样，在城市人口本身的自然增长以史无前例的速度进行的同时，农村人口向城市的大量涌入，造成了城市职业创造的缓慢增长同城市求职队伍的迅速扩大的矛盾，带来了城市剩余劳动力大量的长期性增长，加剧了城市的失业和就业不足的矛盾，同时也削弱了提高农业生产力的潜力。

第二，基础设施问题的日益严重，交通、住宅拥挤，地价飞涨，供水、供电、基础设施日益紧张。

第三，环境污染，治安混乱，贫民人数增加。由于人口过分流入城市及工业的过分集中，使得城市的污染问题严重，卫生条件日趋恶化，噪音、废水、废气、废渣困扰着市民。同时，由于人口过分膨胀，吸毒、抢劫、盗窃等刑事犯罪日益严重，社会秩序混乱。如今在一些发展中国家的城市中，贫民区的居民已占其人口总数的60%以上。

（3）对策。要控制发展中国家城市化的超前发展，必须使城市化与工业化同步进行。国家应采取相应政策尽力缩小城乡差别，以控制人口向大城市的流动。通常办法是提高农产品价格或增加其补贴，提高农民收入，同时限制城市工资率过快增长，以抑制城市化的发展速度。然而，在发展中国家限制工资率上涨可能会带来政治社会问题，提高农产品价格也许仅有利于有地的地主或富裕阶层，无地或少地的小农却得不到益处，而这些小农正是流动的主力军。从目前发展中国家的经济状况来看，要从根本上解决城市化超速问题，还必须从加强农村地区的综合开发入手，逐步实现农村经济现代化，农村就地工业化和城市化，消除了二元经济结构。农民在农村就可以过上和城市居民相近的生活，农民就会在农村安居乐业，城市化超过工业化水平的矛盾就可得以解决。

2. 城市化发展的滞后性

城市化的滞后性是指城市化发展严重滞后于工业化发展的国家。这以中国、印度等亚洲国家较为典型。

（1）中国城市化的现状。中国的城市化过程既与发达国家不同，也与其他发展中国家不同，既不表现为城市化与工业化同步，也不表现为城市化超前于工业化，而是城市化的严重滞后。

新中国成立后，政府依靠社会主义制度和高度集中的计划经济体制，在短短的几十年时间里集中有限的社会资源初步实现了工业化，形成了比较完整的工业体系，奠定了城市文明加速普及的城市化基础。同时中国政府通过城乡户籍管理制度，避免了一般发展中国家的“过度城市化”问题。但是，中国却走向了另一个极端，出现了城市化水平严重滞后状况：

第一，根据钱纳里对 101 个国家从 1950 ~ 1970 年的统计分析，得出当一国人均国民生产总值达到 300 美元时，城市人口占总人口比例应为 43.9%。中国 1980 年人均国民生产总值达到 300 美元，而城市人口所占比例却远未达到按钱纳里所计算的应达到的水平，城市化水平只有 19.4%。直到 2019 年，中国的户籍人口城镇化率才达到 44.38%，而人均国民生产总值已近 1 万美元。①

第二，中国的城市化发展之所以出现严重滞后的现象，与中国几十年中执行的严格的城乡分离制度有极大关系。这些制度包括户籍制度、粮食供给制度、副食品及燃料供给制度、住宅制度、生产资料供给制度、教育制度、就业制度、婚姻制度和生育制度等。它们的共同作用，形成了一个牢不可破的壁垒，使城市在一个封闭的圈子里自我循环，使得城市化的进程严重受阻。长久积累下来的城市产业结构不合理，基础设施差的问题难以解决，也使得城市化的进程难以加快。

中国城市化发展的滞后性，对中国经济的发展产生了许多负效应：

第一，农村经济增长明显，但发展不足。从经济增长来看，成就显著，农副产品的平均增长率均高于同期其他发展中国家的水平。但从经济发展来看，则严重不足，一是农村产业结构呈稳固状态，农业产值占农村总产值的比重下降幅度不大；二是农村就业结构呈稳固状态，农林牧副渔业劳动力始终占农村劳动力的绝大多数；三是农村的技术结构未发生明显改进，传统的农业技术始终占主体地位；四是农业生产的商品化程度提高缓慢。

第二，城乡经济发展不平衡，居民生活水平差距悬殊，2017 年城乡居民消费水平差距为 2.23 倍。

第三，影响了城市中心功能的发挥和效益的提高。城市在自我封闭、自我循环的条件下发展，缺乏与广大乡村的直接联系，一方面使得城市的辐射功能发挥不出来，另一方面城市本身也没有得到提高。

第四，农民与市民在社会身份地位上的不平等。

---

① 单晓冰：《国家统计局：2019 年中国城镇化率突破 60%　户籍城镇化率 44.38%》，中国经济网，2020 年 2 月 28 日，http://www.ce.cn/xwzx/gnsz/gdxw/202002/28/t20200228_34360903.shtml。

第五，严重抑制了商品经济的发展和现代文明在农村的渗透。

（2）中国城市化的道路与模式选择。由于中国城市化进程的滞后性，各地区发展的不平衡性，加之未来几十年中人口高速增长的巨大惯性而产生的人口压力，使得未来中国城市化道路的选择较为复杂，“多层次、非均衡、逐步推进、协调发展”是中国的城市化道路的正确选择。“多层次”指大中小规模的城市都要获得发展，不能只强调一个方面。“非均衡”指针对不同的经济地带，经济区域，采取突出重点，而非齐头并进的发展模式。“逐步推进”包含两层含义，一是指各个层次的城市都要根据其未来的发展潜力，使其逐步向更高一级有序发展；二是指中国的城市化必须遵循世界城市化的一般规律而不能超阶段。“协调发展”指城市化过程中，不仅要实现人口的城市化，而且要进行城市产业结构的更新和现代化，同时带动社会经济的协调发展。之所以选择这样的城市化道路，是基于以下几点考虑：第一，中国的城市化进程明显滞后于工业化，因而，城市化进程必须加速；第二，中国经济发展的不平衡及现有城市在地区间的分布差异使全国城市化不可能采取同一模式，走同一条道路；第三，由于城市化是社会经济综合发展的动态过程，因而，城市化道路的选择不能只局限于某种规模的城市，而应从整个社会经济的整体去考虑，不仅仅把城市化看作是社会经济发展的必然结果，更应把它看成是促进社会经济发展的有力措施。

根据上述城市化的总思路，结合东、中、西三大地区的经济发展水平及城市结构状况，应当指出的是：第一，中国的大城市数量与国土面积相比较，仍显得太少而不是太多。失去大城市的依托和辐射，中小城市的发展是难以进行的。因此从长远来看，东、中、西二大地带的大城市都应获得不同程度的发展。但各区域大城市发展的方式应有所差异。东部地区大城市发展应走内涵发展道路，即以城市内部产业改造，更新换代为主，提高城市的吸引力和辐射力，控制城市规模。中部地区应走内涵发展与外延发展并重的道路，一方面加速城市内部改造，另一方面扩大城市数量和现有城市规模。西部地区则应走以外延发展为主的道路，重点增加大城市数量和扩大现有城市规模。第二，在各区域推进大中城市发展的过程中，对于小城市及小城镇也要有选择地发展。因为，一方面耕地短缺是中国未来经济发展的一个制约因素，小城市及小城镇的发展必须注重节约用地原则；另一方面，我国需要转移的农业劳动力数量巨大，而素质普遍较低，即使城市的吸收能力很强，仍需小城镇吸纳相当一部分。因此，小城镇既不能不发展，也不能盲目发展，而应有所选择，即应以质量提高为主，走“调整、改造、提高”的道路。所谓“调整”就是调整小城镇的发展思路，由天女散花式的平面扩展转变为有选择的区域重点发展；

所谓“改造”就是对小城镇的产业构成进行改组，降低农业成分，扩大现代产业比例，以增加对农业剩余劳动力及农业人口的吸纳能力；所谓“提高”就是在产业改组的基础上，有选择地把其中一部分县城及建制镇发展成小城市及中型城市，以提高和扩大对周围地区的引力作用和辐射作用。

（3）加速中国城市化进程的政策选择。

第一，充分利用大中城市的基础和潜力，以大中城市为主导，推动城市化的全面发展。

第二，大力推动服务经济化，促进第三产业的发展。国际比较研究表明，中国第三产业的就业份额严重滞后，对大中城市吸纳劳动力的能力造成很大阻碍，因而，在各种类型的城市中，对第三产业的发展要给予足够的重视。在城市要大力发展生产性第三产业，在农村城镇则要通过发展农业的产前、产后服务行业，推动农村社会化服务体系的建设。

第三，加强农村小城镇建设。随着广大农村经济发展水平的逐步提高，农业生产的商品化、社会化程度不断提高，农村经济的发展越来越依赖于小城镇的建设，小城镇在发展农村市场经济中的作用也将日益突出。小城镇不但为农村市场经济的发展提供交换场所，同时也为其提供技术、信息、人才、运输、加工等方面的服务，提供乡镇企业的集聚点，为农村办企业和剩余劳动力进镇办店提供各种基础设施。因此，中国的城市化过程中必须加强小城镇建设。

第四，规范农村乡镇企业的发展。为了推动农村工业化与城镇化的同步发展，应该提倡技术层次比较高、发展基础比较好的现代加工型乡镇企业和服务面广的第三产业向城镇集中，而且要使这些集中起来的企业的工人在身份上由农民变成市民，同时由农村居住地转入城镇居住地。对于那些外部经济不明显的资源依赖型企业和传统加工型企业，可让其仍旧分布于乡镇间，但政府要以城镇为中心，通过一定的组织形式，加强同这些分散的乡镇企业的信息、技术、物资方面传递机制的建立。

第五，对交通、通信等基础设施的建设采取投资倾斜。各国发展的经验告诉我们，要保证城市化和工业化的不断发展，交通和通信类基础设施必须超前发展。因此，政府必须对基础设施进行更大的建设投资倾斜。同时，实行投资主体的多元化，以政府和企业共同承担的方式，加快发展步伐。

本章重要术语

工业化、工业化模式、城市化、集中性城市化、逆城市化、霍夫曼比例

本章小结

发展的概念与工业化过程密切相关。工业化的实质是经济结构的转化，是农业份额的下降和非农业份额的上升，这种转化的结果是一个国家从农业国转变为工业国。工业化是经济发展的重要阶段，是发展中国家经济发展的主题，发展中国家从一个主要从事落后农业生产的社会转变为现代化的工业和服务性社会的唯一选择就是工业化。工业化的发展过程大致要经历三个阶段：第一阶段，消费品工业在工业结构中占据优势地位；第二阶段，消费品工业和资本品工业发展达到平衡；第三阶段，资本品工业取代消费品工业而占据优势地位。工业化的模式主要有以下三种：①民间发动的工业化模式；②政府发动的工业化模式；③政府与民间共同发动的工业化模式。

在工业化的发展过程中，都伴随着城市化的发展，城市化反过来又加快了工业化的进程。城市化是这样三个社会过程的有机统一，即由于生产力的发展和社会生产方式的变化，而引起现代产业向城市的聚集过程，以及由此决定的人口集中过程和城市生活方式不断扩大过程相统一的社会过程。城市化的发展来自农村方面的推力和城市方面的拉力的共同作用。城市化发展的一般规律是先集中后分散，其转化的基础在于社会生产力的发展。发展中国家城市化的发展过程中，既有城市化与工业化协同性的一面，也存在着违背城市化发展的一般规律的状况，出现了城市化的超前性与滞后性。

延伸阅读

关于政府与民间共同发动的工业化模式，可进一步参阅李忠民主编的《发展经济学：中国经验》，高等教育出版社 2011 年版。——**理论自信与中国道路。**

关于中国工业化与城市化的关系，可进一步参阅简新华主编的《中国工业化与城镇化专题》，经济科学出版社 2007 年版。——**中国新型工业化和城镇化道路。**

复习与思考

参考答案

1. 单选题

(1) 工业化的正确表述是（　　）。

A. 人民生活水平提高和收入分配状况改善

B. 国民生产总值的增长速度不低于 10%

C. 文教卫生事业取得显著进步

D. 自然环境和生态系统失衡的状况有所改善

E. 经济结构的转化

（2）恩格尔系数与经济发展水平的关系表述正确的是（　　）。

A. 恩格尔系数越大，经济发展水平越高

B. 恩格尔系数越大，经济发展水平越低

C. 恩格尔系数越小，经济发展水平越低

D. 恩格尔系数越大，表明农业占国民经济的比重越大

（3）德国经济学家霍夫曼用制造业中消费资料工业净产值和生产资料工业的净产值比例衡量工业化程度，其中世界各国工业化程度最高的霍夫曼比例是（　　）。

A. 小于1　　B. 1±0.5

C. 2.5±1　　D. 5±1

（4）从理论上讲，在发展中国家进行资本积累比较适宜的农业税种是（　　）。

A. 农产品税　　B. 土地税

C. 土地转让税　　D. 农产品出口税

2. 多选题

（1）拉丁美洲大部分发展中国家城市化超前的主要原因有（　　）。

A. 农村贫困对人口外流的极大推动

B. 就业人口增长过快

C. 城市的相对繁荣对人口流动的拉力

D. 工业增长速度太慢

（2）衡量工业化程度，需要综合考察（　　）。

A. 工业总产值占国民生产总值的比重

B. 农业劳动力占社会劳动力总数的比重

C. 工业自身的物质技术装备水平

D. 农业的工业化水平即农业机械化的实现

E. 第三产业在国民生产总值中的比重

（3）城市化的数量特征有（　　）。

A. 城市数量增多

B. 农村人口转化城市人口

C. 高楼大厦增加

D. 以机器生产代替手工劳动

E. 城市区域规模扩大

3. 简答题

（1）谈谈工业化与经济发展的关系。

（2）谈谈工业化的发展阶段。

（3）工业化与城市化的关系如何?

（4）比较工业化的三种模式。

（5）城市化发展的一般规律是什么？

4. 案例分析题

新加坡的城市建设对中国新型城镇化的启示

新加坡地处世界地理位置的十字路口之一，作为一个没有腹地、缺乏自然资源的城市岛国，新加坡政府在独立之初就审时度势，以工业化促进城市化，提出向商业、运输、通信、旅游中心发展的目标。

（1）城市化目标的科学性统一。1964 年新加坡开始实行“居者有其屋”计划，通过建屋发展局着手兴建公共组屋，并从 1968 年起允许购屋者动用中央公积金存款购屋。这样，居住的相对集中和有序分布为农村人口向城市转移，从业人员从第一产业向第二、三产业转移创造了条件。与此同时，一方面，政府通过改善基础设施，实行税务优惠，提供银行贷款服务，鼓励本地投资创业等措施发展资本密集型制造业，力求最大限度解决失业问题，实现全民就业。另一方面，在城市化进程中引入“花园城市”理论，指导城市建设，不仅为新加坡人民提供了一个十分舒适的生活工作环境，也吸引了世界各地众多游客前来观光、度假，推动了当地的经济发展，并使旅游业成长为新兴的支柱产业。

（2）城市化规划的原则性统一。规划是城市建设发展的龙头，是人们观念、理念、远见、创见、精神、素质、能力、水平等各方面的综合表现，同时也是经济、政治、文化、科学、艺术等各领域的集中亮相。新加坡城市建设的目标就是让人们在走出办公室、家或学校时，感到自己身处于一个花园之中。从实践来看，新加坡城市化规划体现了三条原则：一是前瞻性，即把规划放在较高的位置；二是时序性，即突出规划在不同时间的不同重点；三是特色性，即努力打造城市的整体风格和形象优势。这些原则融汇统一在“花园城市”的规划建设中。为此新加坡达到了如下指标：在公寓型的房地产开发项目中，建筑用地应低于总用地的 40%；在每个房屋开发局建设的镇区中应有一个 10 公顷的公园；在每个房屋开发局建设的楼房居住区，500 米范围内应有一个 1.5 公顷的公园；在房地产项目中每千人应有 0.4 公顷的开放空间。

（3）城市化发展的整体性统一。发展不能靠一条腿走路，新加坡抓住农民向第二、三产业发展的需求机遇，通过城市化合理规划产业结构和产业布局，提升和完善硬件设施和经济服务功能，积极培育和拓展城镇聚集人口、产业、资金、技术、信息等功能优势，承载和牵动当地产业结构向第二、三产业转移，从而带动第一、二、三产业协调发展。近年来，新加坡农业逐步完成了由传统农业向都市农业、生态农业、休闲农业的过渡，工业则由独立初期的劳动密集型工业逐步过渡到具有高附加值的资本、技术密集型工业和高科技产业，进而发展到目前的信息产业等知识密集型工业。服务业则从自然状态起步，通过边贸交易、商贸流通、旅游物流而发展成与制造业并重的“经济发展的双引擎”之一。

(4) 城市化实施的多元性统一。在“花园城市”从理论走向实践的过程中，新加坡政府占据着主导地位，包括必要的财政经费投入，制定实施法律法规和将部分私人企业无法经营的公司收为国有等政府行为。然而即使是经济发达的新加坡，对庞大的经费开支还是感到压力沉重，所以在城市公共设施和基础设施建设方面，不再由政府大包大揽而辅之以市场运作手段。现已逐步将供电、煤气改为私营性质（由于新加坡向马来西亚借水涉及国际交往，故供水仍由政府出面承担）。为杜绝官商作风，新加坡一方面在基础设施供应上实现行业内部竞争，另一方面要求各政府机构和国有企业加强客户服务意识，每个机构都设有客户投诉电话和场所，一有投诉迅速处理，以防事态恶化。新加坡城市政府办事完全按市场规律操作，不仅具备很强的计划调控能力，而且有效防范了政府公共部门特权垄断的负面影响。

（资料来源：高晓丹、吕云涛：《新加坡城市建设对中国新型城镇化的启示》，载于《中国市场》2016 年第 25 期，第 59 ~ 60 页。）

问题：新加坡城市化发展的启示。

5. 讨论题

发展中国家城市化发展存在哪些问题？

网络练习

鼓励学生通过互联网查找资料，对本章讨论题进行调查，并写出一篇小论文。

第 11 章

收入分配与经济发展

学习目标

了解：收入分配与经济增长的关系。
理解：收入分配不平等的度量方法。
掌握：库兹涅茨倒 U 形假说。

引导案例

巴西的基尼系数

巴西经济研究机构瓦加斯基金会（FGV）2017 年 8 月公布的数据显示，随着失业率和通胀率的下降，二季度巴西衡量家庭人均收入公平程度的基尼系数由 0.5901 减少至 0.5875。

虽然基尼系数下降，但巴西的收入不公平程度依然很高。过去两年巴西的经济危机导致失业率攀升，也加重了社会不平等，低收入人群是受经济危机影响的最严重阶层。巴西应用经济研究院（Ipea）的数据显示，2014 ~2015 年，贫困人口增加了 410 万。

巴西财政部部长恩里克·梅雷莱斯（Henrique Meirelles）表示，最近4 个月巴西工作岗位的增加有利于基尼系数的下降，这是自 2014 年以来，首次出现收入分配不均情况减少的情况。他还强调，巴西经济好转、不平等现象减少也反映出了巴西政府为重新发展经济做的努力，比如修改宪法限制公共开支、采取结构性改革措施等，这些举措让巴西的发展变得更有效率。梅雷莱斯重申，巴西的经济重新开始以可持续的方式增长。他说，“过去两年巴西陷入了经济衰退，通胀率和利率都处于高位，如今通胀率和利率都在下降，经济衰退已经过去。”

（资料来源：孔庆玲：《数据显示巴西基尼系数下降　收入分配改善》，中国新闻网，

2017 年 8 月 22 日，http：//www. chinanews. com/gj/2017/08 - 22/8311057. shtml。）

20 世纪 70 年代以来，由于发展中国家收入分配不平等的问题日益严重，所以，经济增长中的收入分配问题引起了发展经济学家的重视。在发展中国家，较低的人均收入与收入分配的高度不平等联系在一起，产生了大量的贫困人口和严重的贫困问题。本章的任务，在于阐述收入分配不平等的度量方法，分析收入分配与经济增长的关系，介绍收入分配战略产生的背景、主要内容和实际效果，研究库兹涅茨倒 U 形假说。

11.1 收入分配与经济增长

经济增长与收入分配的相互关系及其变动规律，是经济学产生以来一直关注的研究课题。经济发展最重要的目标之一就是提高人们的收入，改善人民的生活水平，否则就不能称其为经济发展。经济发展之所以会提高人们的收入，主要在于生产力的提高，技术的进步和效率的提高能够带来更多的产出和更好的产品。这些产出和产品如果能够获得市场的认可和接受，那就实现了新的经济增长。经济增长的成果落实到人们的福利上就是收入的增加。不过，这种增加不是完全均等地分配给每一个人，因为这当中每个人的贡献是不同的。第一种不同，经济增长过程中不是所有企业和行业都是同步的进步，理所当然进步快的获得的报酬也高。第二种不同，即使在同一个企业或行业，每个人的作用和贡献是不同的，因此报酬也是不同的。不管怎样，市场倾向于扩大人们收入的差距和不平等。

这就可能出现一个现象，即随着经济发展人们的收入分配会越来越不平等。如果这样，那么就有可能出现贫富差距的扩大，进而产生两极分化。如果这样，这种经济发展并不是人们所追求的，至少不是理想的。根据各国的经济发展经验，这种贫富差距问题，结果是不一定的。有些国家的经济发展惠及了大多数人，不仅贫富差距不大，而且整体上比较稳健；另一些国家则出现了上述情况，少数人获得了更多的财富，而多数人则生活贫困。

11.1.1 发展中国家收入分配不平等

发展中国家人均收入水平远远低于发达国家，而收入分配不平等程度要比发达国家严重。对于发展中国家来说，在经济发展的初期和中期除了会产生贫富差距拉大的问题之外，还会出现所谓“绝对贫困”（absolute poverty）问题，也就是会出现一些人生活在“贫困线”（poverty line）之下。所谓贫困线，通常指的是维持人的基本生存的水平。这与经济发展本身密切相关，因为经济发展的目的就是为了改善和提高人们的生活水平。在经济发展的初期，由于生产力低下，大多数人生活在只能维持生存的水平上，换言之就是生活在“马尔萨斯陷阱”当中。当经济发展有了一定程度的进步之后，就可能出现上述收入差距扩大的问题：一部分人收入提高很快，而另一部分人则提高很慢，甚至没有提高。因此，在经济发展初期和中期都会存在大量的贫困人群，只有经济发展到更高的阶段才能实现一个比较健全的收入分配结构，尽管依然存在一定程度的收入差距。

首先，发展中国家人均收入水平是大大低于发达国家的，在这样两类收入水平悬殊的社会里，虽然都存在着收入分配不平等的现象，但是对于具体成员来说，其实际的经济状况和生活水平却存在着很大差别。同是处于低收入阶层，发展中国家的贫困程度大大重于发达国家的同一阶层的人群。由于收入绝对水平的差异，在发达国家不仅高收入阶层，而且中等收入阶层甚至低收入阶层都可能有储蓄。但是在发展中国家恐怕只有高收入阶层才会有储蓄，低收入阶层常常连最基本的生存需求都得不到满足。这种状况在一些低收入的亚洲和非洲的发展中国家是普遍存在的。从全社会的角度看，上述现象说明，储蓄和财产的集中在发展中国家比发达国家更严重，如果没有抑制因素，累计循环作用会使这种不平等状况继续恶化，发展中国家收入分配不平等可能会扩大。

其次，发展中国家必须正视并正确处理日益扩大的收入分配不平等现象，以保持社会的稳定。库兹涅茨根据经济发展中存在着使收入分配不平等扩大的推动因素和抑制因素的分析方法，认为发展中国家由于缺乏相应条件，不能随着经济发展产生一些抑制因素，使经济发展初期出现的收入分配不平等不断扩大的趋势受到扼制，使之趋于缓和。发展中国家这种不同于发达国家的收入分配不平等的变化趋势可以归因于工业化初期的错位效应。这种效应使得低收入阶层从经济增长中获得的机会相对于经济增长对其原来所处位置的冲击小得多。这种收入分配不平等扩大的压力可能会引起政治变革，甚至引起严重冲突。因此，对于发展中国家来说，如何适应经济增长和工业化进程而适时地、适当地进行社会制度改革和结构调整，以避免收入分配差别过大引起的社会冲突和政治危机，保证经济持续稳定增长是非常重要的。

库兹涅茨
倒 U 形假说

11.1.2　库兹涅茨倒 U 形假说

传统西方经济学对收入分配的研究，是围绕国民收入在各个要素之间的分配进行的，主要是解释要素价格的形成和各种生产要素的报酬在国民收入中的所占比例。这种分配被称为功能性分配。福利经济学侧重于国民收入在家庭或个人之间的分配，目的在于分析个人收入分配的均等程度和社会成员从经济增长中所获得的福利水平。发展经济学一方面继承了西方经济学的传统，探讨经济增长与功能分配的关系，另一方面更重视收入分配的均等问题。库兹涅茨对发展中国家个人收入分配发展趋势的研究，对发展中国家的个人收入差别问题的研究有非常重要的影响。

1955 年 3 月，库兹涅茨在《美国经济评论》第 45 卷第 1 期上发表了《经济增长与收入不平等》一文。其主要观点是，在经济发展过程中，收入分配差别的变动的长期趋势是先扩大，再缩小，即长期变动轨迹呈倒 U 形。

1. 倒 U 形轨迹形成的原因

库兹涅兹认为，经济发展中存在着使收入不平等扩大的因素。其中一个因素是储蓄和积累在少数高收入阶层的集中。经济增长随储蓄和积累的变化而变化。当储蓄的绝大部分集中于少数最富裕阶层时，储蓄又成为他们获得更多收入的手段，导致下一个时期收入分配不平等的加剧。如果没有抑制因素，收入分配将越来越不平等，个人之间收入差距将不断扩大。另一个因素是经济发展中工业化和城市化所引起的收入分配恶化，即农村与城市中收入分配差距拉大，使经济中不平等的范围扩大。库兹涅茨认为，随着收入不平等的加剧，还会出现一些抑制因素，使收入分配不平等趋势逐步缓和。这些因素是：

（1）法律和行政干预。随着人们对收入分配的关注加剧，对收入不平等的不满情绪也会增强，由此对国家的法律和政策产生压力，政府就会通过累进所得税、遗产税以及转移支付的方式来缓和收入分配差别过大的趋势。这些干预措施使得储蓄和积累集中的倾向受到抑制。

（2）人口变动因素。高收入阶层的人口增长率处于下降趋势，但高收入人口在总人口中的比例是相对固定的，于是一些来自中等收入甚至较低收入阶层的人进入高收入阶层，以维持其固定的比例。这样，导致高收入阶层整体收入水平下降，一定程度上抑制了收入分配不平等的扩大。

（3）产业结构调整因素。由于科学技术迅速发展，新兴产业不断出现并高速增长，持有这些新兴产业资产的人，其收入增长速度必然快于那些旧产业资产持有者的收入增长速度。在总资产收入中来自新兴产业的比例呈上升趋势，与此相对应，旧产业所占比例是逐渐减少的。库兹涅茨认为，在动态经济社会中，由于存在着上述因素，因此形成抑制社会收入分配差别过大的机制，这就是随着经济发展，社会收入分配不平等先扩大后缓和呈倒 U 形轨迹的主要原因。

2. 对倒 U 形理论的不同看法

库兹涅茨的倒 U 形假说在学术界存在着不同看法，其在发展中国家是否适用，值得商榷（World Bank，2004）。奈特和宋（Knight & Song，1993）利用中国各省份和分区县的横截面数据对倒 U 形曲线假说进行过验证，但是没有得到统计上的支持。王晓鲁，樊纲（2005）利用 1996 ~ 2002 年我国的各省份数据得到城乡收入差距变动曲线近似具有库兹涅茨曲线上升阶段的特征，但是从现实角度出发，它们的下降都不能确证，说明中国的收入差距并不随着经济发展水平上升而无条件的下降。总之，一系列实证分析和理论论证证明，在经济结构的转换过程中，在一定条件下，个人收入分配不平等的变化可能是呈倒 U 形变化轨迹，但也可能不具有这种特征。从发展经济学已有成果看，库兹涅茨理论仍是待实证检验和理论论证的假说。

在经济发展过程中必然出现收入分配差距扩大和贫困问题，这两个问题既有千丝万缕的联系，也有可以分割的余地。一些国家可以避免出现大面积的贫困而比较顺利地分享经济发展的成果，另一些国家则往往陷入收入差距过大而导致的社会和经济混乱不能自拔。这当中，除了经济本身的原因之外，也存在着某些政治和文化的原因。一般而言，东亚地区比较成功发展的经济体大多收入分配差距不大，如日本和四小龙。与此相对照，拉丁美洲国家大多收入差距较大，进而限制了这些国家进一步经济发展。

通常，发达国家的收入差距不大，因此社会比较稳定，很少出现大幅度的激烈的源于收入差距的社会动荡。这一方面体现了这些国家的社会福利比较发达，更多人能够享受到的最低的社会保障，较少出现流离失所和绝对贫困的现象；另一方面，这些国家强大的人力资源和科学技术保障了这种高生产力，进而维持发达的产出和收入。例如，北欧很多国家人口规模不大，但是都维持着很高的生产力水平，因此才有条件实现所谓“福利国家”的目标，收入差距较小。当然，各国的社会政策和自然条件也发挥着相当大的作用，而且是不可忽视的因素。

11.1.3 收入分配与经济增长间的关系

经济增长过程会导致收入分配不平等程度呈现倒 U 形变化；收入分配的不平等也通过多种渠道（如储蓄、投资和政治稳定性）作用于经济增长，这就是收入分配不平等的功能性影响。

1. 收入分配不平等对储蓄的影响

传统的观点认为，收入分配的不平等，可以使财富聚集在那些愿意储蓄的人手中，进而可以促进经济增长。在很多情况下，这种观点被人们用来说服政府不应该对收入分配不平等采取行动。但是，也有相反的观点认为，对不平等收入的重新分配能够增加储蓄和促进经济增长。

上述观点分歧的产生在于人们对边际储蓄率变化的理解不同。如果随着收入的增加，边际储蓄率也上升，在这种情况下，如图 11－1（a）所示，将收入从富人转移到穷人，将降低一个社会的平均储蓄率（由 *C* 点降至 *D* 点）。相反，如果随着收入的增加，边际储蓄率却下降了，那么，如图 11－1（b）所示，将收入从富人转移到穷人，平均储蓄率将上升（由 *E* 点升至 *F* 点）。也就是说，如果边际储蓄率是递增的，收入分配不平等程度的降低会减少储蓄；如果边际储蓄率是递减的，收入分配不平等程度的降低会增加储蓄。进一步，如果边际储蓄率不受收入的影响，也就是储蓄函数是一条直线，不平等程度的变化对一个社会的平均储蓄率没有任何影响。

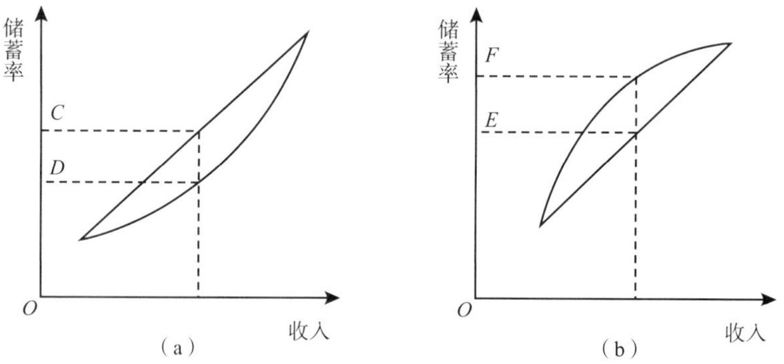

图 11－1 收入与储蓄：两种类型

资料来源：郭熙保：《发展经济学》，高等教育出版社 2011 年版，第 76 页。

问题是，在现实生活中，随着收入的增加，边际储蓄率将如何变化呢？在对这个问题进行判断之前，首先对各个不同收入阶层的储蓄倾向有一个了解。一是维持生存的需要。对于收入水平低下的家庭来说，首先就是要满足吃穿住这些最基本的需要，因此没有留下多少积蓄，储蓄倾向较低。二是炫耀性消费。这是发展中国家最富有阶层的专利品，在炫耀性消费心理的作用下，这些富人极为奢华，甚至比发达国家的富人更加富有。因此他们的平均消费率离，而相应的储蓄率也不高。三是对未来的期望。这主要是针对发展中国家的“中产阶级”而言的。中产阶层对未来更高的生活质量充满了期望，试图通过几代人的共同努力进入高收入阶层，所以，为了实现这一期望，他们的边际和平均储蓄率比较高。

根据以上分析，我们可以粗略地描述不同的收入阶层的储蓄率差异。如图 11－2 所示，为了维持生存的需要，穷人的储蓄率较低；旨在实现未来的期望，中产阶级的储蓄率较高；受炫耀性消费的不利影响，富人的储蓄率居两者之间。所以，与传统的储蓄理论不同，储蓄不仅决定于收入，而且受到不同收入阶层结构的影响，而后者又决定于一个社会的收入水平及其分配的不平等程度。

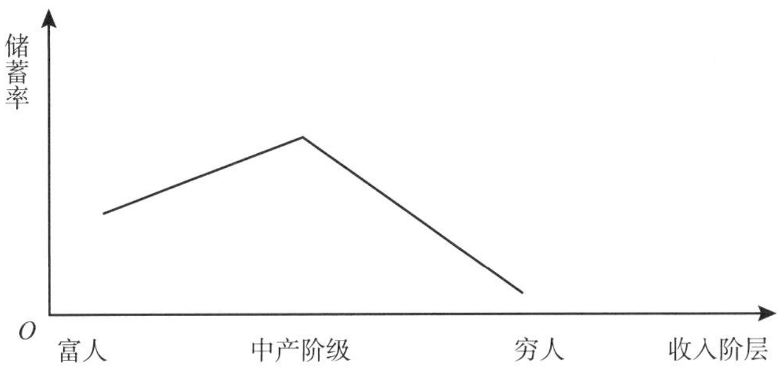

图 11－2　收入阶层与储蓄率

资料来源：郭熙保：《发展经济学》，高等教育出版社 2011 年版，第 76 页。

进一步，按照上述逻辑，我们可以发现比较符合现实的收入与储蓄的关系。如图 11－3 所示，当收入水平比较低时，储蓄为负值（维持生存的需要）；随着收入的增加，储蓄开始为正，并随着边际储蓄率递增（对未来的期望）；但是，当收入达到高水平后，边际储蓄率开始递减（炫耀性消费）。

与图 11－1 进行比照，不难发现图 11－3 的 *OA* 段与图 11－1（a）类似，*AB* 段与图 11－1（b）相似。这一方面说明现实生活中收入与储蓄关系变化的复杂性；另一方面，我们不妨将前面对图 11－1 的分析得到的结论作一个延伸，并得到关于收入分配不平等程度与储蓄关系的两个重要观点。第一，在一个贫穷的国家（人均收入处在 *OA* 段），不平等的收入分配有利于增加储蓄，降低收入不平等的再分配政策可能会减少储蓄。特别是在人均收入极低的情况下，只有极端的不平等才能形成对未来充满期望且有能力储蓄的阶层；相反，这种情况下的完全平等分配，所有的人都将收入用于维持生存需要，全社会的储蓄变为零。第二，对于中等收入的国家而言（人均收入处在 *AB* 段），情况就完全不同了。不平等的收入分配不利于储蓄，降低不平等的收入再分配政策将增加储蓄，因为这样做可以产生一个规模很大并对未来充满期望的中产阶级，收入再分配的结果相当于将储蓄率不高的富人的收入，转移到储蓄率较高的中产阶层，于是储蓄增加了。

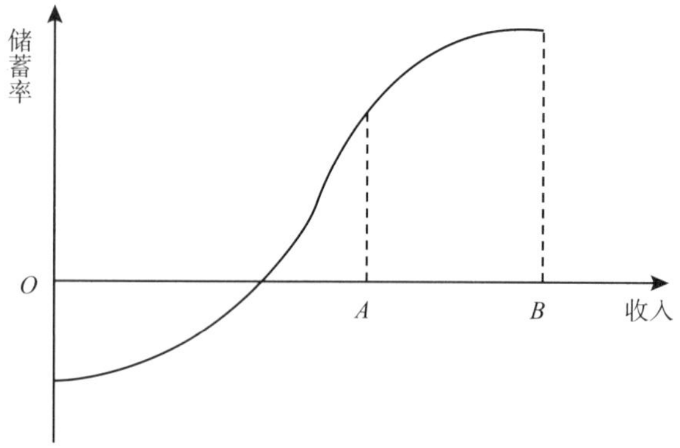

图 11－3　收入与储蓄：现实的描述

资料来源：郭熙保：《发展经济学》，高等教育出版社 2011 年版，第 76 页。

第二个观点的政策含义就是：对于具有中等收入的发展中国家，从增加储蓄和促进增长的角度看，政府应该实行改善收入分配的政策。但是，由第一个观点引申政策含义要倍加小心。能不能说在贫困国家中，因为不平等可以增加储蓄，所以政府对不平等应该置之不理，甚至采取扩大两极分化的政策呢？显然不能，不平等的扩大固然可能增加储蓄，但是这样做既不道德，也不利于投资和政治的稳定。

2. 收入分配不平等对投资的影响

一般而言，投资或成为企业家的一个前提条件是，能够获得银行贷款。在商品市场，买卖交易几乎是同时发生的。例如，到超市买东西，你在付钱的同时也得到想要的商品，超市在交付商品的同时也得到了钱。与商品市场不同，信贷市场的“放贷”和“还款”并不是同步的，存在一定的（有时可能比较长的）时间差。在这种情况下，个人的赖账行为就可能出现。对于银行来说，判断个人是否到期还本付息的标准有两个：一是客观上，他是否有这种能力。这决定于其财富的数量，以及投资企业的盈利能力；二是主观上，他是否有这种意愿。这受到社会法律规则对赖账行为的惩罚程度的影响。正是根据这些标准，银行决定是否放贷，以及发放多少贷款。

初始财富、银行信贷与投资之间的逻辑关系说明，在人均收入既定的条件下一个国家的收入分配越不平等，能够跨越银行信贷市场的初始财富门槛的阶层的人数越少，社会的总投资规模也就越小，经济增长越慢。反之，如果收入分配较为平等，中产阶级规模较大，跨过投资门槛的人就会较多，投资就会更为活跃，从而推动经济增长。所以，对于一个中等收入国家而言，改善收入分配不平等的措施，不但有利于增加储蓄，而且对投资、经济增长也有积极的促进作用。此外，健全法制，加大对赖账行为的查处，提高对赖账行为的经济、刑事处罚力度也有利于投资和经济增长。

3. 收入分配不平等对政治稳定的影响

对收入分配不平等的功能性影响，阿利西那和佩罗蒂（Alberts Alesina & Roberto Perotti）强调了另一个方面。他们认为，收入分配的不平等会增加社会的不满，导致社会动荡和政治不稳定，进而影响投资和经济增长。

首先，高度的收入分配不平等，对政府的再分配产生巨大的政治压力。在这种情况下，政府的再分配政策有两种选择：一是对财富的存量进行再分配，如土地改革，直接没收大地主的土地，将其重新分配给没有土地或只有极少土地的农民；二是对财富的增量（收入）征税，如对高收入征收较高的边际税率。

不言而喻，如果政府对财富（例如土地或其他形式的财富）进行再分配，一国的收入分配不平等问题就会很快得到根本解决。然而，在现实生活中政府难以实施这一政策措施，因为在大多情况下，政府官员自己通常拥有大量的土地，他们不会出台对自身不利的政策；从整个社会利益出发，即使政府官员提出诸如此类的政策，因为大的土地所有者通过买选票的方式，使这些提议在公共选择方面也不可能被通过。此外，即使此政策被通过，也会因为缺乏相关的数据，在政策的执行上困难重重。对于非土地财富，政府可能不知道谁拥有大量的财富的准确信息；对于土地可能不存在这一问题，但是，作为大土地所有者，他可以将土地分散在家庭内部不同成员之间，使每个成员拥有的土地低于政策规定的没收上限。

所以，对于严重的收入分配不平等，政府通常只能对财富的增量（收入）征税，而很难对财富的存量进行调整。比如，在商品流通环节征收增值税、消费税，对企业和个人征取高边际税率的所得税。但是，高边际税率的所得税，降低了企业的投资实际利润率、个人的劳动供给的实际所得，进而减少了一个社会的资本和劳动要素的投入，从而不利于经济增长。因此，所得税的边际税率不易过高。

其次，收入分配高度不平等引起的社会动荡，会干扰正常的生产行为，导致劳动和资本的生产率下降。更为重要的是，当社会动荡广为传播后，社会政治的不稳定性就加大了，政府被颠覆的可能性就会增加，从而使得未来的经济政策，甚至对财产权利的保护也变得不确定了，因为预谋和成功的政变的发生意味着一国的法律制度会被废弃，进而威胁到基本的财产权利制度。面对政治不稳定带来的不确定性，投资者的理性选择就是更多的消费、延迟投资以及资本外逃，于是经济增长将受到严重的打击。

实证方面，阿利西那和佩罗蒂运用71个国家1960~1985年的数据，对收入分配不平等，政治稳定性和经济增长的关系进行研究。他们根据以下5个变量来构建政治不稳定性指标：一是政治暗杀的次数；二是在大规模的暴力冲突中死亡的人数；三是成功的政变的次数；四是政变失败的次数；五是民主虚拟变量，民主社会取1，亚民主社会取0.5，独裁社会取0。他们的研究发现，根据样本国家1960年的人均收入由低到高进行排列，人均收入与政治不稳定性呈反向关系。就收入分配而言，越不平等，社会政治越不稳定；社会政治越不稳定，投资率越低。另外，一个国家中产阶级的规模越大，政治稳定性越高。据估计，一个标准差的中产阶级的收入上升，产生大约5.7的政治不稳定指标的下降，以及2.85%左右的GDP的投资增加。

11.2 收入分配不平等及其度量

总量分配是指按照个人或总量收入分配进行估算的方法，也就是个人或家庭的总体收入多少，而不考虑这些收入的来源和渠道。

功能性分配是指国民收入（或企业收入）按照投入要素（土地、资本、劳动）的贡献大小进行的分配。

11.2.1 收入分配的类型

1. 短期分配与长期分配

按不同的时间跨度可以分为短期分配和长期分配，衡量收入分配不平等应取长期分配，最好是累积的终身分配。

2. 功能分配与规模分配

衡量收入不平等，通常有两种方法和角度。一种是总量分配或规模分配，另一种是功能性分配。前者是按照个人或总量收入分配进行估算的方法，也就是个人或家庭的总体收入多少，而不考虑这些收入的来源和渠道。所谓来源和渠道指的是工资、利息、租金、赠予或遗产等各种途径，也不考虑人们的职业、居住地区。后者是根据经济学的分配理论，将收入分为劳动、资本、土地等生产要素的报酬，也就是在生产过程中投入获取的回报。

收入分配的另一种形式被称为功能性分配或要素收入分配，指的是国民收入（或企业收入）按照投入要素（土地、资本、劳动）的贡献大小进行的分配。在衡量各种要素的贡献时，主要依据这些要素的总的投入量和要素价格这两个因素。也就是用要素的投入量乘以要素价格，从而获得各种要素总的贡献。市场上劳动的供给和需求决定了工资，用工资乘以总的劳动数量就获得了工资总额。

功能性分配及其与规模分配的关系是我们理解个人收入分配状况变化的基础。例如，对经济增长过程中收入分配状况变化的研究，只是局限于跟人收入分配本身的分析是远远不够的，必须考察此过程中生产要素在家庭之间分布及要素价格的变化。另外，对于家庭而言，同样 100 元收入，劳动所得与从慈善或社会福利机构领取之间的感受是完全不同的，这里面涉及个人或家庭的自尊或自我价值实现的重要区别。正如阿玛蒂亚·森（Amartya Sen）所言："受到雇佣是获得自尊的因素之一，也的确能获得别人的尊敬"。

11.2.2　收入分配不平等度量的准则

在现实社会中，面对收入分配的复杂性，如何度量收入分配，以及采取什么标准判断不同国家或地区的收入分配不平等程度的差异，这就涉及应采取何种准则，构建比较合理的收入分配的度量指标问题。

假设社会中有 n 个人（或家庭），我们用 γ_i（$i=1,2,3,\cdots,n$）表示第 i 人的收入水平，那么社会的收入分配状态可以描述为：$(\gamma_1,\gamma_2,\gamma_3,\cdots,\gamma_n)$，定义收入分配不平等指数为：$I=I(\gamma_1,\gamma_2,\gamma_3,\cdots,\gamma_n)$。如果度量这个社会的收入分配不平等程度，在度量指标构建上应该遵循以下基本准则：

1. 匿名准则

今年小张的收入为 2 万元，小李收入为 10 万元。如果他们的收入状况发生如下变化：小张为 10 万元，小李为 2 万元，那么从个人角度看，小李肯定不喜欢这一改变，小张则相反。但是从社会的角度讲，这一改变对社会收入分配不平等没有丝毫影响，这就是匿名原则。也就是说，对于收入分配不平等而言，重要的是个人收入的分布状态。于是，对社会收入分配的状态由最穷到最富进行如下排序：

$$\gamma_1\leqslant\gamma_2\leqslant\gamma_3,\cdots,\leqslant\gamma_n \tag{11-1}$$

2. 人口比例准则

如果社会人口数增加到 $2n$，同时总收入也增加 1 倍，但是，社会个人收入的分布状态不变。那么，n 个人的社会与 $2n$ 个人的社会的收入分配不平等程度没有差异。简单地讲，2 个人的收入状态（2，10）与 4 个人的收入状态（2，10，2，10），在收入分配的不平等程度上是一致的。这就是人口比例准则：在收入分配不平等方面，人口的规模并不重要，重要的是不同收入水平上的人口比例。也就是

$$I(\gamma_1, \gamma_2, \gamma_3, \cdots, \gamma_n) = I(\gamma_1, \gamma_2, \gamma_3, \cdots, \gamma_n; \gamma_1, \gamma_2, \gamma_3, \cdots, \gamma_n) \tag{11-2}$$

3. 相对收入准则

与人口规模一样，收入的绝对水平也没有多少意义，对于收入分配不平等而言，有意义的是相对收入。如果社会中每个人的收入增加或减少相同的比例（相对收入不变），那么其收入分配不平等的程度不会改变。例如，每个人收入都增加 1 倍，两个人组成的社会收入分配状态由（2，10）变成（4，20），不会影响收入分配不平等的程度。这就是相对收入准则：收入水平本身在度量收入分配不平等程度上没有实际意义，有意义的是个人相对收入。也就是

$$I(\gamma_1, \gamma_2, \gamma_3, \cdots, \gamma_n) = I(\lambda\gamma_1, \lambda\gamma_2, \lambda\gamma_3, \cdots, \lambda\gamma_n) \quad \lambda \neq 0 \tag{11-3}$$

所以，虽然绝对人均收入是我们衡量一国经济增长水平的重要指标，但是在度量收入分配时就不再重要。如果不考虑其他因素，至少在统计学意义上讲，经济增长对收入分配不平等程度的影响是中性的；反过来，收入分配不平等程度对经济增长的影响也是中性的。一个国家所有人收入同时增加相同的倍数，或以不同的货币计量，收入分配的不平等程度没有变化，重要的是收入的相对份额的变化。

4. 达尔顿准则

这是度量收入分配不平等程度的最后一个准则，由达尔顿（H. Dalton）1920 年提出，它是构建度量不平等指标的重要基础。其基本思想为：在社会收入分配状态（γ_1，γ_2，γ_3，…，γ_n）中，考虑两种收入 $\gamma_i \leqslant \gamma_j$；如果将收入 θ 由比较穷的个人 i 转移给比较富的个人 j，那么这种转移称之为累退式转移。达尔顿准则认为，如果一种收入分配是由另一种分配经过一系列的累退式转移得到的，前者一定比后者更不平等。也就是

$$I(\gamma_1 \cdots \gamma_i \cdots \gamma_j \cdots \gamma_n) < I(\gamma_1 \cdots \gamma_i - \theta \cdots \gamma_j + \theta \cdots \gamma_n) \quad (\gamma_i \leqslant \gamma_j \quad \theta > 0) \tag{11-4}$$

根据达尔顿准则，我们不难发现按收入从低到高进行分组，并通过每一组的收入份额或各组收入份额的比值衡量收入分配不平等程度

的局限性。也就是，如果累退性转移发生在各分组内部，收入分配不平等程度就不会发生变化，这显然与达尔顿准则不相吻合。

11.2.3 收入分配不平等度量的方法

收入分配不平等度量的方法

1. 库兹涅茨比率

1975 年诺贝尔经济学奖获得者西蒙·库兹涅茨（S. Kuznets）在研究收入分配差距及其度量时提出库兹涅茨比率。库兹涅茨比率是指一个以数值反映总体收入不平等状况的指标。它把各个阶层的收入比重与人口比重的差额的绝对值加总起来。

$$R = \sum_{i=1}^{n} |y_i - p_i| (i = 1, 2, \cdots, n) \qquad (11-5)$$

其中：R 为库兹涅茨比率，y_i、p_i 分别表示各阶层的收入份额和人口份额。

如果计算得到的结果 R 越大，表示收入差距就越大，反之，收入差距就越小。

2. 洛伦兹曲线和基尼系数

1905 年，美国统计学家 M. O. 洛伦兹提出了著名的洛伦兹曲线，如图 11-4 所示。洛伦兹曲线用以比较和分析一个国家在不同时代或者不同国家在同一时代的财富不平等。该曲线作为一个总结收入和财富分配信息的便利的图形方法得到广泛应用。

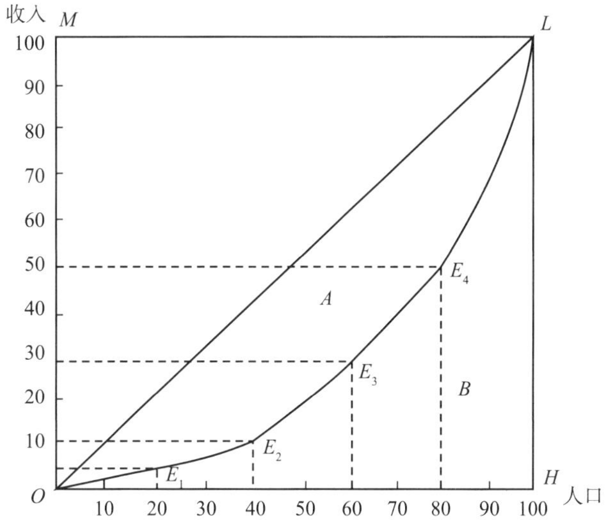

图 11-4 洛伦兹曲线

通过洛伦兹曲线，可以直观地看到一个国家收入分配平等或不平等的状况。画一个矩形，矩形的高衡量社会财富的百分比，将之分为五等分，每一等分为 20 的社会总财富。在矩形的长上，将 100 的家庭从最贫者到最富者自左向右排列，也分为 5 等分，第一个等分代表收入最低的 20 的家庭。在这个矩形中，将每一等分的家庭所有拥有的财富的百分比累计起来，并将相应的点画在图中，便得到了一条曲线就是洛伦兹曲线。整个的洛伦兹曲线是一个正方形，正方形的底边即横轴代表收入获得者在总人口中的百分比，正方形的左边即纵轴显示的是各个百分比人口所获得的收入的百分比。从坐标原点到正方形相应另一个顶点的对角线为均等线，即收入分配绝对平等线，这一般是不存在的。实际收入分配曲线即洛伦兹曲线都在均等线的右下方。

洛伦兹曲线的弯曲程度有重要意义。一般来讲，它反映了收入分配的不平等程度。弯曲程度越大，收入分配越不平等，反之亦然。特别是，如果所有收入都集中在一人手中，而其余人口均一无所获时，收入分配达到完全不平等，洛伦兹曲线成为折线 OHL。另一方面，若任一人口百分比均等于其收入百分比，从而人口累计百分比等于收入累计百分比，则收入分配是完全平等的，洛伦兹曲线成为通过原点的 45 度线 OL。

一般来说，一个国家的收入分配，既不是完全不平等，也不是完全平等，而是介于两者之间。相应的洛伦兹曲线，既不是折线 OHL，也不是 45 度线 OL，而是像图中这样向横轴突出的弧线 OL，尽管突出的程度有所不同。

将洛伦兹曲线与 45 度线之间的部分 A 叫作“不平等面积”，当收入分配达到完全不平等时，洛伦兹曲线成为折线 OHL，OHL 与 45 度线之间的面积 $A+B$ 叫作“完全不平等面积”。不平等面积与完全不平等面积之比，成为基尼系数，是衡量一国贫富差距的标准。基尼系数 $G=A/(A+B)$。显然，基尼系数不会大于 1，也不会小于零。

基尼系数值的大小表示收入不平等的程度，系数值越大，表示收入不平等程度越大；相反，系数值越小，表示收入不平等程度越小。在极端情况下，如果基尼系数为 0，则表示收入完全平等，即 A 为 0，洛伦兹曲线就是对角线；如果基尼系数为 1，则表示收入完全不平等，即 B 为 0，A 与 $A+B$ 相等，洛伦兹曲线就由纵轴和横轴组成。一般情况是，分配高度不平等的国家的基尼系数通常在 0.5 到 0.7 之间，收入相对较为平等的国家在 0.2 到 0.35 之间。

11.3 收入分配战略

11.3.1 先增长后分配战略

在20世纪50年代和60年代，追逐高增长率几乎成为所有发展中国家的经济首选目标。早期发展经济学的代表性理论，如刘易斯的“二元结构模型”、纳克斯的“贫困恶性循环”理论、纳尔逊的“低水平收入陷阱”理论，都极力强调增长第一的观点，为先增长后分配战略提供了理论依据。

早起的经济发展理论认为，发展就是增长，就是国内生产总值的增加，只要经济总量增长了，其他一系列社会为都会迎刃而解。这种理论认为社会存在一种“滴落效应”（trickle down effect），经济增长的果实可以滴落到穷人。这种观点认为，虽然经济增长不可避免会出现贫富分化和不平等，但是，富有阶层的积累是克服贫穷的物质基础，富有阶层的财富可借助于政府的调节实现重新分配。所以，它们的口号是“先增长，后分配”。在这种理论指导下，发展中国家把追求国内生产总值增长作为经济发展的唯一目标，期望通过国内生产总值的增长实现国家的繁荣强大和人民大众的富裕。从发达国家实践来看，这种发展战略似乎得到证实。发达国家都经历了早期收入分配不平等持续扩大，随着经济发展和社会结构变化，又趋于缓和的历史过程。但是今天的发展中国家无论是外部环境还是内部境况，都不同于当时的发达国家。高收入并不一定带来高积累；高积累高投入，也不一定带来经济的高速增长。

首先，发展中国家面对的是一个经济全球化不断发展的国际社会，资本流动的空间早已超出了国界，即便是高收入阶层确实具有较高的边际储蓄倾向，这些储蓄也未必就投资于国内，很可能受高利率诱惑投向国外。储蓄者也可能为避免发展中国家常出现的政治动荡和经济风险，将资金存入相对安全的发达国家。还有一种可能是高收入阶层并没有高储蓄行为，而是受国际消费示范作用的影响，追求高消费，将钱用于非生产定性支出。在许多发展中国家，这是屡见不鲜的现象。

其次，假设实现了资本的大规模投入，那么引进的先进技术能否推动发展中国家的经济增长，也要看发展中国家对先进技术的吸收和消化能力，并能否实现现代化管理。发展中国家的实际情况往往是人力资本较之物质资本更为稀缺，而且制度不健全、管理落后。因此，即使有大量资本投入，也并不能一定保证经济实现高速增长。

从需求看，如果大多数居民的收入长期不能得到提高，势必影响其消费水平，需求增长缓慢或严重滞后，必然导致供求失衡，经济增长由于缺乏需求拉动而难以加快。总之，受一系列条件的约束，先增长后分配的发展战略在发展中国家会由于受到许多限制而难达到加快经济增长，并最终使收入分配不平等趋势改善的目标。

11.3.2 先分配后增长战略

与早期发展经济学所倡导的先增长后分配战略相反，第二次世界大战后一些发展中国家和地区实施的是先分配后增长战略。

根据经济体制和资源配置机制的差别，实现先分配后增长战略的国家和地区可划分为两类：一类是采取苏联传统计划经济模式的国家；另一类是采取东亚模式即政府指导下的市场经济的国家和地区。

采取苏联经济体制模式的国家，通过对地主、资本家（在中国对民族资本实行购买政策）的土地和资产的剥夺，消灭私有制，建立了集体所有制和全民所有制及其适应的管理形式，收入归国家和集体占有，为收入分配权力高度集中创造了条件。政府不仅拥有再分配权力，即利用财政信贷等手段，通过资金调拨和转移支付等方式，对初次分配的结果实行收入再分配，而且直接掌握了初次分配的权力，具体表现在：计划部门直接决定了工资等级和控制工资总额，规定调整工资的时间、数量、比例和具体分配方法，规定奖金按照工资总额的固定比例提取和发放，等等。这样的分配制度既保证了收入分配的平等化，也为实现高积累、低消费的政策提供了制度保证。这正是改革前中国在近 30 年时间基本维持了收入分配差距较小的制度的原因。

第二次世界大战后，东欧、中国及其他一些亚洲国家都追随苏联实施重工业优先发展的战略。在 20 世纪五六十年代推行高积累、低消费的分配政策。由于经济增长带来的收入通过高积累转化为国家的财富，居民收入分配差距不大，在这些国家，收入分配不平等的现象虽然没有发生，但是，人民也没有享受到经济增长带来的物质利益。而低水平的收入分配均等化对于长期的经济发展是有害的。

韩国是通过土地再分配和没收日本殖民地统治时期的企业，实现物质资本再分配的。同时又把政府的经济政策与市场机制协调起来，制定了能发挥本地资源比较优势的外向型工业化战略，使经济增长与就业增长相协调。韩国、新加坡在 20 世纪五六十年代基本普及了小学和初中教育，教育的超前发展，促进了人力资本的平等分配，而收入的均等化和不断提高又增加了人力资本投资的能力，为加快经济增长积累了足够的人力资本。

先分配后增长战略是把平等分配作为经济增长的必要条件，其主要理论依据是：首先，收入分配平等有利于人力资本积累。发展中国家不仅缺少物质资本，更缺少人力资本，收入分配均等化可以提高绝大多数人的收入水平，有利于人力资本投资，有利于提高劳动力素质，有利于促使劳动生产率上升。其次，储蓄水平的提高是全体人民收入水平提高的结果。不能假设储蓄只是高收入阶层的行为，在收入分配均等化的前提下，低收入阶层随着收入水平的提高也会有储蓄。最后，低收入阶层收入水平的提高有利于生活必需品需求的增长，这对于促进经济增长也是非常重要的。

如果先分配后增长战略既能保证收入分配的平等，使全体居民享受到增长的利益，又能保证经济效率提高使经济快速增长，无疑是一个非常有吸引力的发展战略。但是，政府的干预和市场机制的协调并非是轻而易举的事，市场机制在促进效率方面是有效的但不能保证平等；政府在调节收入分配，实施干预时并不一定能保证其目标函数永远符合公众利益，寻租也是政府常有的行为。即使政府的干预目标和公众利益是一致的，政府的政策是否科学合理并得以执行，还取决于政府官员的决策水平和管理效率。

11.3.3　增长中的再分配战略

20 世纪 70 年代以来，世界银行资助了一系列有关发展中国家经济增长与收入分配方面的研究项目。在增长中再分配或“边增长边分配”战略是钱纳里等人提供的一项研究报告中提出来的。它的基本思路是：政府通过政策调节，使经济增长为低收入阶层创造更多增加收入的机会，并为他们利用这些机会提供资源条件。增长中的再分配战略基于如下的价值判断：收入分配应纳入发展战略，以收入分配差距的扩大来换取经济增长的战略是不足取的。

1. 增长与分配目标相结合的社会福利标准

这一福利标准不仅考察收入份额的变动，而且考察低收入阶层的收入水平和增长状况的变动。它根据资产、收入水平和经济职能把社会成员划分成若干个社会经济阶层，每个阶层的收入增长率被视为衡量该阶层在某一特定时期内社会福利增长的指标，那么，整个社会福利的增长率就可定义为所有阶层收入增长的总和。其含义用公式表述为：

$$G = w_1 g_1 + w_2 g_2 + \cdots + w_n g_n \quad (11-6)$$

式（11-6）中，G 为整个社会福利的增长率，g 为各个阶层的收入增长率，w 是为相应的社会经济阶层的收入增长所设计的福利权数。w 的选择存在三种加权方法：第一，GNP 权数。GNP 的增长速度是衡量经济成就的一个最通用的指标。但是，当用 GNP 的增长率作为衡量经济发展的成就时，实际包含这样一个假定：不管收入者的收入水平如何，增加一单位货币的收入创造了相等的社会福利增量，在存在收入份额差别的情况下，高收入阶层一个既定的收入增长率就比低收入阶层同等的收入增长得到更大的权数。因此，GNP 权数不可能用来做出有利于低收入阶层的人增长的福利判断。第二，平均权数。这种方法对每个社会阶层收入增长的一个既定百分比都给予相同的权数，它是通过总人口而不是总收入的比例来对每一阶层的收入增长进行加权处理的。第三，贫困权数。这种方法的前提是国家以低收入阶层的收入增长为社会目标，它是通过对低收入阶层的收入增长规定较高的权数，而对高收入阶层的收入增长规定较低的权数来体现。

钱纳里等人的这种社会福利指标和加权方法是根据收入增长的分配形式，而不只是根据 GNP 的增长来确定发展的目标，衡量发展的成就。钱纳里等人对收入分配平等化的程度，就是利用平均权数和贫困权数与 GNP 权数的增长率的对比来判定的。如果前两项权数增长率超过 GNP 权数的增长率，那么意味着收入分配的平等程度增加。反之，如果前两项权数的增长率低于 GNP 权数的增长率，就意味着收入分配不平等扩大。由此可见，钱纳里等所使用的分析方法是把经济增长与收入分配的目标结合起来了。

2. 边增长边分配模型的基本结构

钱纳里等根据物质资本、人力资本的存量和获得生产性资产的差别，把社会分成：高收入、中等收入和低收入三个阶层。资本被区分为产生收入联系的资本和不产生收入联系的资本。人力资本存量通过工资水平反映出来，每个阶层的收入由工资和非工资收入构成。资本积累、人口增长和生产率的变化是影响分配与增长的动态因素。其中资本积累的速度与构成决定经济增长与收入分配；人口增长是通过对储蓄率的影响，再来影响经济增长和分配的。较高的人口增长率会使人均收入下降，从而降低储蓄。如果低收入阶层的人口增长率高于高收入阶层的人口增长率，人口的增长会扩大收入分配的差距。生产率变化对增长与分配的影响取决于技术进步的种类和速度。资本的生产率提高会促进经济增长，它对收入分配的影响取决于占有情况；劳动生产率的提高在工资参数不变情况下，会使所有阶层都受益。这个分析模型是以哈罗德－多马模型的分析方法为基础，加上新的假设条件后构建起来的。用资本积累率、人口增长率和生产率三个变量把经济增长分析和收入分配分析统一起来。

3. 边增长边分配战略与政策选择

为了使低收入阶层有更多增加收入的机会，使他们从经济增长中不断提高收入水平，政府可以通过积极的政策，加快低收入阶层的收入增长。根据钱纳里等人的报告，可供选择的政策措施有：第一，干预要素相对价格的形成，鼓励使用非熟练劳动力，以此增加低收入阶层的收入。第二，增加政府对低收入阶层投资领域（如家庭小农场和小开支零售业等）的投资，创造更多使低收入阶层增加收入的机会。第三，采用有利于低收入阶层的累进税制，以此减缓由市场机制决定的收入分配差距。第四，加强教育和培训，加快低收入阶层的人力资本积累，使之有资格进入高收入部门。第五，增加公共消费品供给和转移支出。第六，利用税收、补贴和数量限制措施对商品市场实施干预，为低收入阶层提供更多帮助。上述政策的选择要和发展中国家具体的社会经济情况结合起来。

边增长边分配战略主张通过提高低收入阶层的收入水平来改善收入分配不平等的状况。它主张通过政府的投资转移，使资源发生有利于低收入阶层的流动，实现资产的动态再分配而不是通过改变已有资产高度集中的状况来实现收入分配的平等化。它着眼于资本增量配置的改善，主要是借助于政府的投资转移政策。显然，不可能通过大规模的投资转移来迅速解决资本占有严重不平等的格局，对长久等待的失望促使人们去探讨新的分配与增长战略。

11.3.4　满足基本需要战略

满足基本需要战略是基于人们希望快速改善低收入阶层生活条件的愿望制定出来的。它与边增长边分配战略的目标是一致的，所不同的是边增长边分配战略试图通过低收入阶层购买力提高的办法实现这一目标；而满足基本需要战略则主张通过发展满足基本需要的公共服务设施，如医院、学校、饮用水供给系统等向穷人提供一些基本生活品和服务，包括食物、住房、自来水、初等教育、卫生保健等，来使低收入阶层摆脱贫困。这一发展战略的核心是强调穷人有获得基本需要的权利，政府应努力保障穷人的这些权利。

满足基本需要战略与人力资本理论有着密切联系。这个战略所提出的基本需要，无论是食物、水，还是教育、卫生保健都有利于人力资源质量的改善和人力资本的形成。人力资本积累可以有效地提高穷人的劳动生产率，为他们减轻和最终摆脱贫困创造最基本的条件。因为工资水平低是发展中国家大多数劳动力的特征之一，而这一特征又与劳动力素质低下直接联系在一起。另外，在发展中国家，不同教育程度和水平人员的工资差别比发达国家更大，劳动力的这一特征是由发展中国家缺少高素质的人才决定的。

满足基本战略主要通过公共服务部门（例如教育、保健、自来水、卫生等）提供物品或服务来实施。为此，首先必须有足够的财政支出来补贴满足基本需要的商品和服务的价格，使穷人能够买得起。为保证足够的财力必须改进税收制度，目前，许多发展中国家的财政收入已占 GNP 的 20% 甚至更高。其次，在改善公共设施利益的分配方面，发展中国家不必做出大的调整。许多发展中国家主要在首都大城市发展公共服务事业，这些地方有设备精良的现代化医院，有政府兴办的大学及其他公共设施，而在农村或城市的贫民区连简单的诊所和小学都没有，或者有些简单的诊所和学校，又缺乏称职的医务人员和教师。因此，在公共服务部门的布局上要面向农村和城市贫民区，否则穷人得不到这些基本服务，满足基本需要战略就不能落实。

满足基本需要战略主张将更多的资源用于教育、卫生保健、饮用水供给系统这样一些公共服务事业和向穷人提供含有人体所必需营养的食品，以满足人们的基本需要，从而提高劳动力素质，使之具备获取更高收入的能力，这无疑有利于解决发展中国家贫富两极分化现象。但是首先，大多数发展中国家由于生产力发展水平比较低，利用累进税制和增加政府在公共服务项目上的投资，在实行过程中有很大困难。其次，政府追求的目标通常是多元的，出于国内或国际政治上的原因，很多时候军备开支占有更重要的地位，用于公共服务项目和转移支付方面的开支并不能得到保障。最后，在许多发展中国家，由于法律或制度上的缺陷，政府的政策常常变化不定。加上一些发展中国家民族和宗教关系错综复杂，社会极不安定，要实施具有长期性的满足基本需要的发展战略是没有保证的。自第二次世界大战结束至今已半个多世纪，许多发展中国家人民的基本需要还远远得不到满足已经说明了这一点。

本章重要术语

倒 U 形假说、功能分配、规模分配、库兹涅茨比率、基尼系数、洛伦兹曲线、先增长后分配、先分配后增长、边增长边分配

本 章 小 结

发展中国家人均收入水平远远低于发达国家，而收入分配不平等程度要比发达国家严重，所以发展中国家必须正视并正确处理日益扩大的收入分配不平等现象，以保持社会的稳定。对于发展中国家来说，如何适应经济增长和工业化进程而适时适当地进行社会制度改革和结构调整，以避免收入分配差别过大引起的社会冲突和政治危机，

保证经济持续稳定增长是非常重要的。

库兹涅茨的倒U形曲线解释了经济发展过程中收入分配差别变动的长期趋势，但是，各国的社会政策和自然条件也在收入分配差别变动中发挥着相当大的作用。收入分配不平等的度量准则包括匿名准则、人口比例准则、相对收入准则和达尔顿准则，其度量方法包括库兹涅茨比率、洛伦兹曲线和基尼系数。对于不同的收入分配战略而言，侧重点和优劣势各有不同，不同国家应根据自己的实情灵活选择。

延伸阅读

关于收入分配问题，可以进一步阅读马丁·布朗芬伯伦纳的《收入分配理论》，华夏出版社2009年版。**——分配正义的天平向最不利者倾斜。**

关于中国收入分配制度的发展问题，可以进一步阅读贾康等著的《深化收入分配制度改革研究》，企业管理出版社2018年版。**——收入分配面临的问题与应对方法。**

复习思考题

参考答案

1. 单选题

(1)（　　）是按照个人或总量收入分配进行估算的方法，也就是个人或家庭的总体收入多少，而不考虑这些收入的来源和渠道。

A. 功能性分配　　B. 要素收入分配

C. 规模分配　　D. 总量分配

(2) 基尼系数值越大，表示收入不平等程度（　　）。

A. 越小　　B. 一样

C. 越大　　D. 无法判断

(3)（　　）是指国民收入（或企业收入）按照投入要素的贡献大小进行的分配。

A. 总量分配　　B. 规模分配

C. 功能性分配　　D. 收入分配

(4)（　　）把各个阶层的收入比重与人口比重的差额的绝对值加总起来。

A. 基尼系数　　B. 库兹涅茨比率

C. 洛伦兹曲线　　D. 达尔顿比率

2. 多选题

(1) 度量社会的收入分配不平等程度的准则有（　　）。

A. 匿名准则　　B. 人口比例准则

C. 相对收入准则　　D. 达尔顿准则

(2) 库兹涅茨认为收入分配差距的倒U形轨迹形成的原因有(　　)。

A. 储蓄和积累在少数高收入阶层的集中

B. 高收入阶层的人口增长率处于下降趋势

C. 经济发展中工业化和城市化所引起的收入分配恶化

D. 产业结构的调整

(3) 收入分配不平等对政治稳定的影响表现在(　　)。

A. 对政府的再分配产生巨大的政治压力

B. 引起的社会动荡

C. 促进国际资本的流入

D. 提高了个人的劳动实际所得

3. 简答题

(1) 处理好增长与分配的关系对于经济发展有什么意义?

(2) 阐述收入分配不平等的度量准则。

(3) 怎样看待倒U形假说?

(4) 试比较分析不同的收入分配战略的利弊。

4. 案例分析题

中国的收入分配问题

国家统计局正式公布的中国基尼系数自2003年开始，该年基尼系数达到0.479，此后始终超过0.46，2008年达到顶点0.491，此后虽连续七年下降但降幅有限，2016年略有回升至0.465。值得警惕的是，中国收入分配差距处于高位的时间已经较长，负面影响正在显现。当前应凝聚社会共识，采取更有力的举措，逐步缩小收入分配差距。

从国际经验看，收入分配差距长期处于高位会带来严重负面影响。

一是构成经济危机的深层根源。发达国家在19世纪至20世纪初与20世纪80年代后两次经历收入分配差距持续扩大，而后在1929年和2008年暴发经济危机并非巧合，两次危机的根本原因是收入分配差距扩大造成有效需求不足。

二是阻滞经济转型。对于后发国家而言，随着增长阶段演进，增长条件会发生重大变化，需要相应转换增长动力实现经济转型。而较高的收入分配差距，在需求侧，会抑制消费的扩大与升级，导致新产业、新业态的发展缺乏足够的市场支撑；在供给侧，会导致低收入群体对人力资本投入不足，弱化新产业、新业态发展的内生动力。当前我国正处于新旧动能转换的关键节点，须警惕高收入差距的制约效应。

三是固化社会流动。父辈收入差距越大，子女间竞争条件越不平等，社会流动性越低。可见，机会平等与结果平等不可割裂。发达国家20世纪80年代后收入分配差距持续扩大，导致不平等代际传递明显增强。在中国，改革开放初收入分配差距较小，人们有相对平等的机会“先富起来”，而随着收入分配差距长期处于高位，“先富”与“后富”的机会不平等迅速增加，社会流动性减弱，产生一系列社会问题。

（资料来源：施戍杰：《用政策“组合拳”切实缩小收入分配差距》，中国经济时报，2018年9月28日，http：//jjsb. cet. com. cn/show_503245. html。）

问题：

如何缩小发展中国家的贫富悬殊？

5. 讨论题

中国目前可以从哪些方面入手缩小收入分配差距？

网络练习

探讨我国目前个人收入差距拉大的原因。同学们可通过互联网查找资料，对上述讨论题进行调查，并写出一篇小论文。

第12章 对外贸易与经济发展

学习目标

了解：对外贸易在经济发展中的地位和作用。
掌握：对外贸易乘数原理及在发展中国家的实践应用。
熟悉：自由贸易和贸易保护理论的主要内容。

引导案例

自由贸易有利于经济增长吗?

从亚当·斯密以来，经济学家就把自由贸易作为促进国家繁荣的政策来倡导。斯密在其经典著作《国富论》中是这样论证的：

每一个精明持家的高手都会遵循的准则是，如果自制的成本高于购买，就一定不要试图自制。裁缝不会试图自己做鞋，而是从鞋匠处买鞋。鞋匠不会试图自制衣服，而是雇裁缝做衣服……

每个家庭的行为中的精明之处对一个伟大的王国也几乎不会是愚蠢的。如果外国能够以比我们自制还便宜的价格提供一种产品，我们最好用我们具有某种优势的行业所生产的部分产品来购买外国提供的便宜产品。

今天，经济学家依赖李嘉图的比较优势理论和现代的国际贸易理论更严谨地论证了这一点。根据这些理论，开放贸易的国家可以通过专业化生产该国具有比较优势的产品来达到更高的生产效率和更高的生活水平。

怀疑者可能说这仅仅是理论。证据呢？允许自由贸易的国家实际上更繁荣吗？大量文献精确地讨论了这一问题。一种方法是考察国际数据，看看开放国家是否更加繁荣。经济学家安德鲁·沃纳和杰弗里·萨克斯研究了这一问题。他们考察了1970～1989年，在发达国家中，开放经济每年增长2.3%，而封闭经济每年增长0.7%。在发展中国家中，开放经济每年增长4.5%。从他们的研究中得出的证据的最重要的价值是证明了亚当·斯密是正确的。开放国际贸易对于经济增长是有益的。

（资料来源：N·格里高利·曼昆：《宏观经济学》（第七版），中国人民大学出版社2011年版，第199～200页。）

国际贸易通常被看作经济增长的发动机，发达国家和新兴市场经济国家通过对外贸易实现了工业化。即使国际贸易实践结果有时并不令人满意，大多数发展中国家仍旧认可对外贸易在经济发展中的重要作用。

12.1　对外贸易在经济发展中的地位和作用

当今世界，几乎所有国家都会与别的国家进行一些的经济往来，会出现劳动力、资本、技术等国际间的流动，尤其是国与国之间的商品和劳务贸易更是一个国家经济发展中不可忽视的因素。

12.1.1　对外贸易的调节作用

在封闭条件下，一个国家的国民收入流量仅在国内循环流动，从总需求角度国民收入恒等式可以表述为：

总需求＝国内对消费品的需求＋国内企业对投资品的需求
　　＋本国政府的需求
　　＝消费＋投资＋政府支出　　（12－1）

总供给＝国内要素供给＋政府“劳务”的供给
　　＝国内要素供给的报酬＋政府“劳务”的报酬
　　＝工资＋利息＋地租＋利润＋各种租金　　（12－2）

考虑到各种报酬在社会经济生活中的具体去向和用途，则有：

总供给＝消费＋储蓄＋税收　　（12－3）

随着世界市场的形成，几乎所有国家都参与到世界市场中，并形成日益紧密的经济联系。在开放经济条件下，一国的国民收入流量不仅包括国内经济部门的循环运转，而且包括开放部门通过进出口贸易与世界市场相联系的循环运转。世界市场发挥着三方面的作用：

第一，作为供给者提供商品、劳务，弥补国内的不足。对发展中国家来说，这意味着商品和劳务的进口和国际收支的增加。

第二，作为需求者，向国内购买商品、劳务。对发展中国家来说，这意味着出口和收入的增加。

第三，关税的支付。

因此，如果将对外贸易考虑进去，一个国家的国民收入恒等式变成：

总需求 = 国内对消费品的需求 + 国内企业对投资品的需求
+ 本国政府的需求 + 世界市场（国外企业和消费者）的需求
= 消费 + 投资 + 政府支出 + 出口 (12-4)

总供给 = 国内要素供给 + 政府“劳务”供给
+ 国外生产要素的供给
= 国内要素供给的报酬 + 政府“劳务”报酬
+ 国外生产要素供给的报酬
= 工资 + 利息 + 地租 + 利润 + 各种租金
+ 国外企业从本国得到的收入
= 消费 + 储蓄 + 各种税收（包括关税）+ 进口 (12-5)

由于加入了进出口变量，在总需求和总供给不平衡时可以通过增减进出口的办法进行调节，这就是对外贸易的调节作用。

当总需求大于总供给时，即消费 + 投资 + 政府支出 + 出口 > 消费 + 储蓄 + 各种税收 + 进口时，就会出现过度需求，导致通货膨胀。在这种情况下，可以通过减少出口或者增加进口来达到降低总需求或者增加总供给的目的，使总需求和总供给恢复均衡。

当总需求小于总供给时，即消费 + 投资 + 政府支出 + 出口 < 消费 + 储蓄 + 各种税收 + 进口时，就会出现经济萧条和失业。在这种情况下，可以通过增加出口进而增加总需求，或者减少进口进而减少总供给，使总供给和总需求重新恢复均衡，消除经济萧条和失业。

由此可见，在开放经济条件下发展中国家政府通过调节进出口贸易量，可以调节国内经济，达到综合平衡。

12.1.2 对外贸易的传导作用

许多发展中国家国内市场狭小，对世界市场的依赖性比较强，国民经济的变动很可能来源于外部世界的冲击，于是产生了传导问题。一般来说，在开放经济条件下，一个国家经济对外依赖性越强，则国内经济受其他国家的影响越大。一个国家，尤其是美国、欧盟这样大的经济体，经济局势发生的变化，将会对别的国家经济产生较大的影响。如果发达国家经济繁荣，通过国际贸易传导给发展中国家的一般是经济稳定和持续发展；如果发达国家经济不景气，通过国际贸易传导给发展中国家的往往是通货膨胀或经济衰退。

1. 影响传导作用的因素

从单个发展中国家角度分析，世界市场供求关系及价格发生大幅度波动时，首当其冲受到影响的是该国进出口部门，其产品价格将随之出现波动，产量将增加或减少，经济增长将加速或停滞。随后，上述变化又通过进出口部门影响到非开放部门，影响其他产品的价格和产量，从而使整个国民经济都受到世界市场的影响。这种传导作用的大小取决于以下三个因素。

第一，本国进出口额在世界进出口额中的比重，以及本国对某些世界性商品（例如石油、钢材等）的供求量占这些商品总供求量的比重。如果考虑两个国家贸易的相互影响程度，则要看各自对对方国家的贸易额占该国全部贸易的比重，以及对对方产品的需求强度，即对于对方产品需求迫切程度的大小。

第二，本国的贸易依存度，即国民经济中对外开放部门所占的比重，以及该国对“世界性商品”的供求状况，即这类产品的进口量、出口量、国内生产量、国内消费量，以及在该国国民经济中的重要性及其近期变动趋势。

第三，各国政府所采取的利用世界市场形势以促使本国经济增长，或防止本国经济遭受世界市场冲击的政策。

2. 对外贸易的传导作用

对外贸易能否发挥传导作用进而带动发展中国家的经济发展，主要取决于以下方面：第一，取决于一国国内原有的经济基础。如果基础设施比较完备，产业结构比较合理，人口素质比较高，影响资源配置的价格扭曲比较小，那么，国内经济部门就有灵活的反应能力和较高的出口供给弹性，贸易扩张对经济增长的带动作用也就比较强。第二，出口产品生产过程的技术特点、加工程度、生产函数性质及要素投入比例，对其他经济部门的扩张具有十分明显的影响。加工程度越高，使用的技术越先进，就越能通过新技术的传递和示范，劳动力的培训及管理经验的积累给其他经济部门带来利益。反之，如果出口部门的生产技术早已在其他部门使用，或者出口部门只是简单地扩大再生产而不是变更生产函数，则其传导作用就较弱。因此，使用较高技术劳动力生产的出口产品对经济产生的带动作用要大于使用非技术劳动力生产的商品。第三，出口部门必须和国内的其他经济部门保持有机的联系和合理的结构。这样，一旦出口部门出现扩张，和该产业相关的上、下游产业部门也能相应扩张，进而对国民经济产生带动作用。一般来说，原料性初级产品对其他产业带动作用小，而资本密集型或劳动密集型制成品对其他产业的带动作用要大。第四，出口商品的要素密集度（要素投入的组合比例）影响着出口收入在不同社会阶层、集团的分配，进而影响着国内需求结构和就业状况。出口商品生产过程中投入的要素比例不同，决定了工资、利润、利息和地租的分配比例不同。如果出口商品为劳动密集型商品，则能促进国内就业水平，提升消费水平。如果出口收入增加的是进口品消费，则对本国经济带动不大，如果增加的是本国生产用的产品，则对本国经济带动作用大。另外，出口收入的稳定性也是影响经济增长的一个关键因素。出口收入波动越大，对一国的实际收入、政府税收、资本形成等的扰乱作用也越大，这将破坏经济发展的持续性和稳定性。在极端的情况下，甚至可能造成发展过程的中断。

外贸乘数

12.1.3 对外贸易的乘数作用

在开放经济条件下，一个国家对外贸易的增加可以使该国国民收入成倍数的增长，这就是对外贸易乘数原理。对外贸易乘数原理重点分析一国对外贸易与国民收入、充分就业之间的相互影响、相互制约的关系，描述了开放经济条件下出口影响经济增长传导机制的动态过程。

1. 外贸乘数

外贸乘数是指一国的出口增长代表一种有效需求的增加，它将一轮接一轮地引起与这一出口增量直接或间接有关的国内其他产业发生连锁反应，从而对该国的国民收入产生成倍扩大效果（进口增长的效果则反之）。

外贸乘数是指一国的出口增长代表一种有效需求的增加，它将一轮接一轮地引起与这一出口增量直接或间接有关的国内其他产业发生连锁反应，从而对该国的国民收入产生成倍扩大效果（进口增长的效果则反之）。

对外贸易乘数原理主要说明，当边际储蓄倾向和边际进口倾向之和小于1的条件下，增加出口有利于提高总需求水平并有利于增加国民收入和国内就业量。它分析的是每增加一元出口额使国民收入增加多少元（每增加一元进口使国民收入减少多少元）。下面将对外贸乘数进行推导。

开放经济下，一国国民收入的均衡条件是：

$$C + I + G + X = C + S + T + M \qquad (12-6)$$

式（12-6）中，C代表消费，I代表投资，G代表政府支出，T代表税收，X代表出口，M代表进口。

假设$G=T$，即政府支出等于政府税收，同时消去两侧的C，则有式（12-7）：

$$I + X = S + M \qquad (12-7)$$

再设ΔI为投资增量，ΔS为储蓄增量，ΔX为出口增量，ΔM为进口增量，ΔY为国民收入增量。为保持国民收入动态平衡，则有式

（12－8）：

$$\Delta I+\Delta X=\Delta S+\Delta M \tag{12-8}$$

变形后得到：$\Delta I+\Delta X=\left(\frac{\Delta S}{\Delta Y}+\frac{\Delta M}{\Delta Y}\right)\Delta Y$

$$\Delta Y=\frac{1}{\frac{\Delta S}{\Delta Y}+\frac{\Delta M}{\Delta Y}}(\Delta I+\Delta X) \tag{12-9}$$

式（12－9）中，$\Delta S/\Delta Y$ 被称为边际储蓄倾向（marginal propensity to saving），即增加的收入中用于储蓄的比例；$\Delta M/\Delta Y$ 被称为边际进口倾向（marginal propensity to import），即增加的收入中用于进口的比例。

令 $\Delta I=0$，即不考虑国内投资的因素，只考虑出口贸易的作用，则式（12－9）可改写为式（12－10）。

$$\Delta Y=\frac{1}{\frac{\Delta S}{\Delta Y}+\frac{\Delta M}{\Delta Y}}\cdot\Delta X \tag{12-10}$$

则，对外贸易乘数：

$$K_F=\frac{\Delta Y}{\Delta X}=\frac{1}{\frac{\Delta S}{\Delta Y}+\frac{\Delta M}{\Delta Y}}=\frac{1}{MPS+MPM} \tag{12-11}$$

式（12－11）中，MPS 为边际储蓄倾向，MPM 为边际进口倾向。

即外贸乘数等于边际储蓄倾向与边际进口倾向之和的倒数。边际储蓄倾向与边际进口倾向之和越小则外贸乘数越大，反之，国民收入增加的倍数就越小。

由以上公式推导可知，一国的外贸乘数效应的大小是由其边际储蓄倾向和边际进口倾向决定的。在开放经济条件下，一国由于出口而增加的国民收入在使用上可分为三个部分：第一部分用于购买本国产品；第二部分用于购买外国产品；第三部分作为储蓄。一般说来，用于购买本国产品的那一部分不会为零，所以边际储蓄倾向与边际进口倾向之和必小于1。如此一来，外贸乘数就必大于1。当然，因出口扩大导致国民收入增加的这一外贸乘数效应有一个必要条件，这就是国内处在未充分就业的均衡状态。由于发展中国家大都长期存在失业问题，所以出口的增加引起国民收入的成倍增加在发展中国家更具现实的可能性。

2. 外贸乘数原理的政策含义

外贸乘数原理的政策包括以下几个方面：第一，发展中国家应当积极扩大出口；第二，发展中国家应当尽可能将出口增加的收入用于购买本国生产的产品，努力实现最终产品和中间产品的替代，防止有效需求过多转移到进口品；第三，扩大出口带来的收入增加只有在能引起投资增加、生产能力和供给增加的情况下，才能推动经济增长。如果本国已经实现充分就业，出口的增加只能造成过度需求进而导致出现通货膨胀；第四，即使边际消费倾向和边际进口倾向之和小于1，而且国内尚没实现充分就业，但是如果世界主要经济体经济衰退，进口意愿下降，发展中国家想扩大出口也是比较困难的。可见，世界经济形势也是影响外贸乘数发挥作用的重要因素。

12.2 比较优势与贸易条件

12.2.1 比较优势

比较优势是传统国际贸易的核心内容。传统的国际贸易理论主要包括古典学派李嘉图的比较利益论和新古典学派赫克歇尔－俄林的要素禀赋论。

1. 比较利益理论

1817年，李嘉图提出比较利益理论（comparative advantage theory），又被称为比较成本论。这一理论一直是传统贸易理论的主要内容之一。这一理论的假设前提是：第一，假设参加贸易的只有两个国家，只生产两种产品；第二，劳动是唯一的投入生产要素；第三，两国的资源禀赋既定，并按同一固定比例要素组合进行生产；第四，所有要素都被充分利用；第五，不存在技术进步；第六，消费者偏好既定；第七，生产要素市场和产品市场都是完全竞争市场；第八，生产要素（劳动力）只能在一国内部流动而不能在国际流动；第九，假设国家间不存在运输成本，也不存在贸易壁垒。

在严格假设条件下，李嘉图提出的比较利益理论认为：第一，国际贸易发生的基础是同一产品在各国国内的相对投入成本有所不同。每个国家都应按照两利相权取其重和两弊相衡择其轻的原则参加国际分工，各自专业化生产成本相对低的产品和劳务。也就是说，在两种商品的生产中都具有优势的国家，可以选择自己优势大的产品，两种商品生产即使都处于劣势的国家也可以生产自己劣势小的产品。第二，两国生产并出口各自具有比较优势的产品，每个国家都能消费自己不能生产的产品，增进自己的福利。所以，国际贸易的结果是使双方从中获益。第三，通过自由贸易，两国的生产资源得到充分利用，整个世界的产出将增加。由此进一步得出的结论是各国应实现生产专业化并开展充分的自由贸易。

李嘉图的比较利益论是以各国劳动生产率的差异为分析基础的，是劳动价值论在国际贸易领域的推广使用。这一理论学说成为西方国际贸易理论的重要内容。

2. 要素禀赋理论

20世纪初，瑞典经济学家赫克歇尔和俄林（E. F. Heckscher & B. Ohlin）对比较利益理论进行了修正和补充，提出了要素禀赋论（factor endowment theory），又被称为赫克歇尔—俄林定理（heckscher-ohlin theory，H－O理论），还被称作要素比例理论（factor proportion theory）。该理论从新古典学派的观点出发，提出比较利益理论本质上是静态的，且假设仅有一种投入要素，否定生产过程中要素组合比例的可变性，假设消费偏好不变，忽视了需求变化对国家贸易的影响。这些假设条件都是值得质疑的。

要素禀赋理论认为，国际贸易发生的基础不是各国劳动生产率的差异，而是各国具有不同的资源禀赋条件。该理论认为：一国应专业化生产并出口相对密集地使用其相对丰裕生产要素进行生产的商品，同时进口相对密集地使用其相对稀缺生产要素进行生产的商品，通过贸易双方都会从中获益。

要素禀赋学说认为，任何一个国家在给定的时间里，所有商品的价格和生产要素都是由它们各自的供求关系决定的。在需求方面，一种决定因素是消费者的欲望和偏好；另一种则是生产要素拥有者的个人收入分配状况。在供给方面，一种决定因素是生产要素的供给，即资源禀赋状况；另一种则是生产的物质条件，这些物质条件决定了商品生产中投入要素的组合比例，即生产要素的相对密集程度。由这四种基本因素所决定的价格机制，在同一时间内决定了该国所有商品和生产要素的定价。在假定商品和要素需求不变的情况下，如果两国生产要素的供给不同，它们的相对价格就不同，生产要素的组合比例和商品的相对价格也就不相同。劳动力丰富而资本缺少的发展中国家，劳动力要素的价格必然比较便宜，它们就能够便宜地生产大量使用这类廉价要素的商品，从而在劳动密集型产品（例如初级产品和某些制成品）的生产上拥有成本和价格的相对优势。因此，发展中国家应集中力量生产并出口劳动密集型产品，同时进口资本密集型产品。对资本丰裕而劳动力匮乏的发达国家来说，由于在资本密集型产品（如中间产品和最终耐用消费品）生产上享有成本和价格的相对优势，故应集中力量生产并出口资本密集型产品，进口劳动密集型产品。总之，每个国家将出口那些在生产中密集地使用本国相对丰裕的生产要素的商品，同时进口那些在生产中密集地使用了本国相对稀缺的生产要素的商品，利用国际贸易的转换机制，发挥自己在某些生产要素上的优势和充裕条件，缓解自己在某些生产要素上的劣势和匮乏状况。这样，要素禀赋学说就解释了比较优势基础、来源以及由此引致的国际分工和贸易格局。和古典学派的比较利益学说一样，要素禀赋学说的基本结论仍然是：自由贸易可以使全世界的产出量达到最高水平，可以使各国分享国际分工和贸易的利益。所不同的是，赫克歇尔和俄林进一步强调，外贸促进经济发展的原因是参与外贸的国家能更有效地配置和更充分地利用本国的生产资源。无论是古典学派的比较利益学说还是现代的要素禀赋学说，对国际贸易都有着共同的观点：贸易是刺激各国经济增长和发展的“引擎”，自由贸易可以为各国带来最大的经济利益；各国应当积极参加以比较优势为基础的国际分工和贸易，采取外向型的经济发展战略。然而，此结论是否适合发展中国家的国情呢？不少发展经济学家的回答是否定的。他们认为，传统贸易模式与许多发展中国家历史的和当代的实践相左，他们集中抨击传统贸易理论的基本假定，认为这些假定与现实严重背离。

新贸易理论

12.2.2 新贸易理论

传统贸易理论并非贸易理论的全部，也不能解释所有的国际贸易行为和贸易模式。第二次世界大战以后，一些发展经济学家在批评传统贸易理论的同时，提出了新贸易理论。与传统贸易理论相比，新贸易理论强调科学技术、研究开发对比较优势形成的作用，即把技术进步本身看成一种崭新的生产要素和独立的经济变量，是突破要素禀赋静态格局的生产力基础，它能够突破物质要素组合的局限性使之在新的技术基础上形成新的结构比例，裂变出新的比较优势和比较利益。

1. 产品生命周期论

20 世纪 60 年代，美国经济学家雷蒙德·弗农（Raymond Vernon）所概括的产品生命周期理论认为，每种技术或产品的进化要经历三个阶段，即引进创新阶段、逐渐成熟或工艺发展阶段、标准化完全成熟阶段。在各个阶段上，不同类型的经济在制造产品和零部件方面拥有各自的比较优势。技术优势的变化和转移，可以说明国际贸易的格局和国际生产配置状况。发展中国家在产品生命进入成熟期后将拥有后发性的比较优势（后发优势），生产地点可能从发达国家向发展中国家转移。

2. 国际垄断竞争论

传统的比较成本学说并不能解释当今国际贸易中为什么许多国家在进口某种商品的同时，又出口同样的一些商品。20 世纪 70 和 80 年代以来，以色列经济学家埃尔赫南·赫尔普曼和美国经济学家保罗·尼·克鲁格曼等人将不完全竞争、规模经济、产品差异等引入了比较优势的理论模型中，对这一经济现象进行了解释，这就是国际垄断竞争论。

这一理论确认，相互出口的产业内贸易产品是同类而又有差异的产品，产品差异吸引了具有各种不同偏好的消费者。这类贸易不是完全竞争条件下的贸易，而是垄断性竞争贸易。能够制造差异产品是公司的一种无形资本，是公司比较优势的来源。贸易国各公司拥有自己的优势，可以相互出口同类产品以满足不同的市场需求，这就为进一步扩大生产以实现规模经济创造条件。即使没有劳动生产率和要素禀赋的国际差异，生产中的规模经济也能为一国的专业化分工和对外贸易提供动力。随着国际市场的拓展，生产规模的扩大，资本设备分工的进一步深化，出口企业平均生产成本（包括平均固定资本和研究开发费用）将随产品规模的增加而递减，从而表现为规模收益递增。这种规模递增收益已成为贸易利益的重要源泉之一。

3. 新生产要素论

该理论对传统的生产要素禀赋学说进行了一些改良，一个国家的禀赋不只是限于这个国家的地理位置，人力资本的禀赋状况及其变化也构成影响比较优势的极其重要的因素。

随着科学技术的迅速发展，知识在经济发展中的作用越来越重要。科学技术、知识创新推动着世界经济高速增长，同时也对国际贸易格局产生重大影响。新生产要素学说试图对国际贸易所产生的这种重大变化给予解释。新要素学说对传统的生产要素禀赋学说进行了一些改良，给予生产要素以新的含义。它认为传统的国际贸易理论往往将一个国家的比较优势界定在国家的自然禀赋上，这种由自然条件决定比较优势的地理决定论已经落伍了。在当今技术飞速发展的条件下，许多国家可以通过努力获得比较优势，而不必只考虑自然赋予的比较优势。因为一个国家的禀赋不仅局限于这个国家的地理位置，人力资本的禀赋状况及其变化也构成影响比较优势的极其重要的因素。人力资本是相对于物质资本而言的，指人们所拥有的能够取得收入的技术和能力。如果通过正式的或非正式的教育和培训，人们获得新的技术和技能，就是创造了人力资本。一个国家可以通过教育等途径，增加对劳动者的智力投资，改善劳动者素质，带动科学的进步和技术的创新，提高生产效率和资源配置效率，从而取得那些需要有技术、知识的劳动力产品生产上的比较优势，促进贸易的开展。根据新生产要素学说，比较优势与专业技术知识的积累密切相关。在现代经济中，不仅对资源进行加工非常重要，更重要的是，具有有效生产利用那些资源的知识。日本成为国际贸易大国并不是因为它是资源大国，而是因为取得了利用资源的知识上的优势；瑞士在钟表生产上的比较优势也不是因为它拥有更多生产钟表的物质资本，或在生产钟表的材料上有自然条件方面的优势，而是因为它长期积累了更多的更好生产钟表的专业知识和技术。发展中国家通过建立或增加在某些特定领域的技术知识来取得比较优势，可以超越自然禀赋的局限，改变旧的国际贸易格局。

4. 竞争优势论

20 世纪 90 年代，哈佛大学教授迈克尔·彼特提出了国家竞争优势论，在整合、补充和完善比较优势论的基础上，重新诠释国际贸易产生的动因，探讨竞争优势的来源，并提出培植竞争优势的政策主张。竞争优势论日益成为发展中国家关注的新贸易理论。波特对竞争优势的研究经历了从企业和产业层面向国家层面、从参与国内竞争向参加国际竞争演进的过程。80 年代，波特在分析产业结构的基础上提出了竞争优势的概念，并逐步认识到，虽然劳动力、自然资源、金融资本等要素禀赋对一国竞争力仍然有重要意义，但是，在经济全球化条件下，其作用正在下降。创造一个良好的竞争与创新环境、建立并完善相关的支持系统，形成产业集群、产业竞争力和国家竞争力，拥有竞争优势，才具有更加重要的意义。迈克尔·波特认为，企业要想在国际竞争中获胜，它的竞争优势不外乎以较低的生产成本或与众不同的产品特性来取得最佳价格。企业在国际上的竞争优势来源于其所在国的国家竞争优势。国家竞争优势表现为一个国家在某个或数个产业领域中的竞争优势，而产业竞争优势的建立取决于四个关键因素。第一，要素条件。生产要素分为初级生产要素和高级生产要素。初级生产要素包括天然资源、气候、地理位置、非技术工人和半技术工人等，这些要素是被动继承的，或仅需要简单的投资就能拥有。高级生产要素包括现代化通信的基础设施、知识、科学技术以及大学研究所等，它们是创造出来的。除了主要依赖自然资源的产业以及对技术要求不高或技术已经普及的产业外，初级生产要素的重要性已经越来越低。初级生产要素的数量与素质是创造高级生产要素不能缺少的基础。但一个国家想要通过生产要素建立起产业的持久竞争优势，必须发展高级生产要素。高级生产要素的标准是持续发展的，政府、企业、行业协会和个人应共同对高级生产要素进行持续性的投资，刺激其发展。第二，需求条件。国内市场的需求会刺激企业的改进和创新，是产业发展的动力，同时，内需市场的大小对企业能否形成规模经济有着重要的影响。即便是需求结构相似的国家，仍然存在着各自特有的需求特点。正是这些需求的差异使不同国家在不同产品或产业上具备了竞争优势。第三，供应商及相关的支持产业。一个产业若要形成竞争优势，就不能缺少世界一流的供应商，而且彼此之间必须维持紧密的合作关系。如果在一个国家的一定区域内能为某个产业聚集起健全而且具备国际竞争力的支持性产业，形成强大的产业集群，有利于降低交易成本。改进激励方式，创造出信息、专业化制度、名声等集体财富，更能改善创新的条件，形成产业的竞争优势。第四，企业战略和同业竞争。企业的目标、战略和组织结构往往因产业和国情的差异而有所不同，各种差异条件的最佳组合便形成了国家竞争优势。来自本国竞争者的压力会使企业时时有害怕落后的忧患意识和超前的欲望，这是推动企业创新的动力。强劲的良性国内市场竞争和随之而来的长期竞争优势是外国竞争者无法复制的。上述四个关键因素不是相互独立的，而是相互依赖、相互强化的一个系统，每个要素的效果都建立在与其他要素的配合上。

12.2.3 贸易条件

对传统的国际贸易理论应用于发展中国家对外贸易局限性的批评，还集中在发展中国家出口产品的贸易条件长期以来呈恶化的趋势上。贸易条件（terms of trade）是一种指数，是一国出口商品价格对进口商品价格的比率，简言之即单位出口所能换回的进口，或单位进口所需要的出口量。

假设：Px 代表出口商品价格指数；Pm 代表进口商品价格指数。贸易条件用公式表示为：贸易条件 $=(Px/Pm)\times 100\%$，如果出口商品价格比进口商品价格相对上涨，即 Px/Pm 变大，称为贸易条件改善；反之，如果出口商品价格比进口商品价格相对下跌，即 Px/Pm 变小，称为贸易条件恶化。关于发展中国家的贸易条件，普雷维什和辛格（R. Prebisch and H. W. Singer）1950 年在“中心—外围”学说的基础上提出了闻名遐迩的“贸易条件恶化论”。阿根廷经济学家普雷维什对 1876 ~ 1938 年英国贸易条件的历史统计资料所作的分析表明：发展中国家的初级产品与发达国家的工业制成品进行贸易时，初级产品的价格比制成品的价格下降幅度大得多，换言之，发展中国家必须出口越来越多的产品才能换回既定数量的进口品，其相对贸易条件呈现恶化趋势。普雷维什和辛格认为，作为世界经济“中心”的发达国家和处于“外围”地位的发展中国家，在影响劳动力的供求和价格等因素方面，情况是各不相同的；在初级产品和制成品的供求条件方面，情况也是各不相同的。其结果是引起发展中国家贸易条件的日益恶化。他们的主要论据是：第一，初级产品和制成品的需求弹性不同，因而需求增长率不同。作为投入物，农矿初级产品需求的价格弹性较低，在价格降低的情况下，扩大出口量并不会带来出口收入的同比例增加，不仅如此，在恩格尔定律的作用下，农产品需求的收入弹性也较低，这意味着实际收入的增量中用于购买农产品的支出部分所占比例趋于缩小，农产品需求扩大的余地小于制成品需求。初级产品需求的这种低弹性与供给的低弹性结合在一起，恶化初级产品的贸易条件。第二，初级产品的节约和替代技术的发展进一步减少了原料性初级产品的世界性需求。技术进步降低了工业生产中原料的消耗系数，使对发展中国家原料的出口需求并不随工业生产规模同步扩大；人工合成代用品的开发则直接替代了相当部分的原料需求。第三，工业国的企业（特别是大型跨国公司）拥有技术优势，工业制成品的技术含量较高，因而制成品的出口价格中包含着技术创新租金；由于跨国公司的规模和实力，工业制成品的出口价格中还含有垄断利润。第四，“中心”国家和“外围”国家的商品市场及劳动市场结构不同，技术进步所产生的利益分配方式也不同。位于世界经济“中心”的发达国家，由于工会的强大压力和产品市场上垄断势力的存在，技术进步和生产率提高的成果会带来工资和利润的增加，即转化为生产要素拥有者的收入增加，而不是通过降低价格的形式馈赠给消费者。而发展中的“外围”国家，由于劳工的组织程度低，工会的压力相对较小，加之剩余人口所造成的劳动力的无限供给，工资遂被压到最低生存水平上。另一方面，生产初级产品的厂商亦无良好组织，竞争激烈，因而将产品价格压到平均成本水平。在这种情况下，即使存在技术进步和劳动生产率提高，由此取得的利益也会以价格下降的形式全部或部分地转移到“中心”国家的买主手里。这价值跨国转移的过程就是发展中国家贸易条件日益恶化的过程。正是循着上述思路，普雷维什将实行“进口替代工业化”作为“贸易条件恶化论”的逻辑推论和主要政策建议，并将“贸易条件恶化”作为发展中国家要求国际社会进行收入再分配、稳定和提高初级产品价格的重要理论依据。自20世纪50年代以来，普雷维什和辛格的命题在发展中国家（尤其是拉美国家）颇受青睐，曾得到广泛的应用和推行。初级产品的贸易条件是否长期恶化，引起外贸对经济增长作用的激烈争论，争论的焦点直指传统的自由贸易理论和政策赖以建立的基石。以维纳（J. Viner）和哈勃勒（G. Haberler）为代表的经济学家竭力反对普雷维什的观点，从20世纪50年代初起便与之展开了激烈的论战；而支持并发展普雷维什观点的经济学家也大有人在，如提出“要素贸易条件论”的刘易斯，提出“贫困化增长论”的巴格瓦蒂，以“依附论”和“不平等交换论”著称的激进主义学者伊曼纽尔（A. Emmanuel）、阿明（S. Amin）和弗兰克（A. G. Frank）等。在长达数十年的论战中，发展经济学关于贸易对经济发展影响的认识逐步得到深化。70 年代以来，随着世界经济形势的变化，初级产品价格一度反弹，发展经济学家在“发展中国家贸易条件是否恶化”问题上产生了新的争论。但进入 80 年代以来，发展中国家的贸易条件仍在继续恶化，到了 90 年代，初级产品的价格处于历史最低水平。事实表明，发达国家在国际贸易中仍处于有利地位，而发展中国家则处于越来越不利的境地。然而，由于各种条件使然，发展中国家却仍在不利的环境中主动地扩大出口，希望以此带动经济发展。发展中国家贸易条件的日益恶化，无疑是其对外贸易乃至经济发展的一大障碍。迄今为止，发展中国家初级产品出口所占的比重仍较大。所以，如何提高或稳定初级产品的价格，成为改善发展中国家经济和贸易地位的关键环节，这也是发展中国家强烈呼吁建立国际经济新秩序的一项主要内容。在构想的国际经济新秩序中，发展中国家试图通过初级产品生产国和消费国互订国际商品协定来提高初级产品价格，或制订国际缓冲存货计划来稳定初级产品价格，这两者都要求对现行的自由贸易体制和自由市场机制进行全面干预，以实现有利于发展中国家的收入再分配。但是，发展中国家的这些要求，始终未能得到发达国家的积极响应。在 70 年代，石油输出国组织（OPEC）提价一举成功，曾使发展中国家受到鼓舞和启发。石油这种初级产品之所以提价成功，一是因为石油需求量迅速增大；二是 OPEC 以外的生产石油的国家虽然不少，但出口供给弹性低，不会因为石油提价而大幅度增加出口量，因此，OPEC 得以控制石油市场供给，提高出口价格。但由于北海油田的发现，替代能源的开发，以及 OPEC 内部的矛盾，OPEC 提价计划也曾遭受挫折。由于发展中国家生产的其他初级产品，其地位既不如石油那么重要，供求弹性也不具备石油那样的特点，故以初级产品为武器、争取改善贸易条件、提高出口商品价格的作用仍是有限的。尽管发展中国家也曾仿效 OPEC 建立其他初级产品的国际生产者卡特尔，然而，成功者寥寥无几。此外，努力改善出口商品结构，降低初级产品出口的比重，增加技术含量高的工业产成品的出口份额，成为越来越多的发展中国家改善贸易条件的选择。

12.3 贸易保护与自由贸易

从世界资本主义发展史看，大凡经济增长迅速、发展顺利的阶段，自由贸易理论就占统治地位。相反，世界经济转入萧条、停滞时，贸易保护的主张便甚嚣尘上。从一个国家看，在经济上占优势、向外扩张时期，就主张自由贸易和门户开放，而处于落后阶段、经济居劣势的国家自然会倾向于保护或闭关自守。自由与保护这两种贸易理论和政策的对立运动既是贯穿于国际贸易学说史的主要矛盾，也是当代国际贸易的实践活动在理论上的总结和反映。

12.3.1 贸易保护

马克思说过："保护关税制度把一个国家的资本武装起来和别国的资本作斗争，加强一个国家的资本反对外国资本的力量"。当然，加强一个国家的资本反对外国资本的力量的保护措施，不限于关税保护，还有非关税壁垒。因此，人们把国家通过关税、限制进口数量、发放出口补贴以及更广泛的产业政策等，即一方面防止外国竞争，另一方面扶植、保护和发展本国产业的政策，称为贸易保护或保护贸易政策。

人们把国家通过关税、限制进口数量、发放出口补贴以及更广泛的产业政策等，即一方面防止外国竞争，另一方面扶植、保护和发展本国产业的政策，称为**贸易保护**或**保护贸易政策**。

1. 发展中国家实行贸易保护政策的理论

（1）幼稚工业论。这一理论最早由美国的汉密尔顿（A. Hanmilton）和德国的李斯特（F. List）提出来的，并成为当时处于发展进程中的美国、德国抵御和抗衡强大的英国工业资本海外扩张的理论武器。他们认为，一国应选择某些具有潜在比较优势和发展前途的幼稚产业，给予适当的、暂时的关税保护，以便逐步扶植其国际竞争能力。在这种保护初期，由于缺乏有经验和训练有素的熟练劳动力，加之资本市场的不完善，初始的投资必然昂贵、生产成本很高，消费者不得不支付较高的价格。然而，一旦这些幼稚工业成长起来，降低生产成本，达到与外国同类产品生产者相同的效率水准，消费者就会从今后的价格下降中得到利益，届时贸易保护便宣告取消。相反，如果国家在新兴工业创建初期不对其予以保护，脆弱的幼稚工业在强大的外国竞争压力下必遭夭折，本国的民族工业体系便永无建树之日。后来，一些经济学家进一步发展了幼稚工业论的观点。他们认为，某些新兴产业虽然对整个社会经济具有积极的外部经济或"外部效应"，但率先引进这类新兴产业的先行企业在学习过程中常常要花费巨额成本，承担巨大风险，也就是说，存在着先行企业收益难抵成本，即私人成本和社会宏观效益相偏离的扭曲现象。为了克服先行企业投资于新兴产业时遭遇到的障碍，政府有必要采用关税保护或补贴的形式给予其相应的补偿。

幼稚工业论的主张有助于发展中国家幼稚工业的独立发展和生产

多样化，有助于实现最终产品不同程度的自给和产业结构的优化，故对处于沉睡状态的发展中国家极富吸引力。不过，在实际运用该理论时必须注意以下几点：第一，正确选择确实具有发展潜力的保护对象；第二，保护是临时的，谨防某些既得利益集团企图将保护永久化；第三，即使是保护，采用补贴形式要比关税保护更好些，因为补贴在财政上比较公开透明，也便于随时取消；第四，在较大的发展中国家，发展幼稚工业有可能形成适度的规模经济，而较小的发展中国家在多数产品的生产上很难达到最低限度的规模经济，这是它们建立幼稚工业时所必须考虑的制约因素；第五，各国均想发展别国已拥有比较优势的新工业，但促使比较优势转移的更有效的途径是国际技术转让和国际资本流动，而不是关税保护。

（2）萌芽经济论。萌芽经济论认为，在发展中国家或地区，新兴工业最初之所以缺少竞争力，并非因某个工业部门缺乏效率，而是国民经济总体发展水平滞后所造成的。主张提高一般关税水平，对所有工业进行贸易保护，而不是仅仅对少数幼稚工业部门实施关税保护。

萌芽经济论与幼稚工业论既有联系也有区别。由于熟练劳动力普遍缺乏，电力及其他基础设施不足，消费者的购买力低，大多数工业品的市场扩大受到限制；由于资本市场缺乏或不健全，借款利息过高，造成现有可供投资的资本不足，企业家对工业投资缺乏信心，加上资源配置机制的运行缺乏效率，工业生产效率降低。可见，这些问题并非由哪个工业部门单独造成，而是与整个社会有关。因此，只有众多工业部门同时成长，这种状况才能有所改变。萌芽经济论主张提高 ·般关税的水准，对所有工业进行贸易保护，而不是仅仅对少数幼稚工业部门实施关税保护。只有百业俱兴，平衡增长，才能消除工业化发展的阻力。在这一意义上，关税提高是推动经济发展所必须付出的代价，直到新兴工业的盈利能力提高到人们愿意投资的水平。然而，对所有工业的贸易保护意味着对任何工业都不实行特殊的保护。

（3）未利用资源论。未利用资源论又称剩余出路论。这种观点认为，发展中国家普遍存在着资源闲置、就业不足和大量人力资源不得其用的状况。人力资源——劳动力的闲置问题尤为突出，即使劳动力并不完全闲置，多数也是用在并非真正需要的地方，存在所谓的“隐性失业”，其边际生产率几近于零。由于闲置的资源不能增加一国的国内生产总值，因此通常被人们看作“不必付出代价”的资源。如何解决这些剩余、闲置资源的出路问题呢？关税保护可以视为一种充分利用资源的手段。由于关税实际上是消费者对国内生产者的一种间接补贴，进口关税可以调节国外产品的进口价格，而当进口价格足够高时，就可以吸引国内厂商利用闲置资源进行该产品生产，从而以前闲置的劳动力和其他尚未利用的资源将得到充分利用，国民收入和就业将迅速扩大，国内生产水平和消费水平也将同时得到提高。

（4）有效保护论（effective protection argument）。有效保护论也称关税结构论。主张发展中国家普遍采用关税保护政策来促进本国进口替代工业的发展。发展中国家普遍采用关税保护政策，来促进本国进口替代工业的发展。其作用方式有两种：第一，通过提高竞争性制成品的进口关税来影响该产品的国内价格，从而影响消费者的决策；第二，通过降低中间投入品（原材料、中间产品和资本品）的进口关税来降低国内生产者的成本，扩大生产加工过程中的增加价值，从而影响生产者的选择。无论对最终产品本身加征关税，还是对中间投入品减免关税，或者两者同时并用，都会增加本国生产者的收入，有效保护本国工业。关税结构的这种双重影响被称作有效保护。

（5）战略性贸易政策（strategic trade policy）。战略性贸易政策是 20 世纪 80 年代出现的一种新保护主义的贸易政策理论，这种理论认为，假如两国要素禀赋及各方面条件完全相同，本无贸易发生，但在不完全竞争和存在规模经济条件下，本国政府通过对国内高技术企业进行生产补贴和出口补贴，仍可引发贸易。更有甚者，实行这种扭曲性贸易政策的国家的福利水平不但不会像传统理论所断言的那样有所降低，反而会有所提高。这是因为，该国企业在政府补贴的支持下，不但有力量挤占更多的国际市场份额，赢得大规模生产的经济效益，而且还可以趁机分割别国企业原先享有的经济利润，在高新技术领域捷足先登。日本当年补贴其汽车、半导体厂商获得成功，堪称这方面典型事例。近年来有经济学家提出质疑：各国实际上都在推行某种战略性贸易政策，彼此的作用理应相互抵消。在这种情况下，仍有少数国家脱颖而出，但这决不能归功于战略性贸易政策，而是战略性增长政策（strategic growth policy）起了作用。后者注重技术进步、教育和观念交流等动态增长因素，无须实行扭曲性政策，故优于前者。

总之，发展中国家为了摆脱贫困、落后和依附的地位，实现经济增长和稳定的目的必然要推动工业化，而为使新兴的幼稚产业免遭已有稳固工业基础的发达国家的竞争，就需要适当给予保护。适当的工业保护，可以使受保护的厂商在保护期间逐步发展相对优势，从而奠定自力更生的基础。对整个经济而言，可借助于贸易条件的改善促进工业化，进而使全国的生产、收入与就业增加。

2. 贸易保护对经济的不利影响

不论是采取保护关税、进口配额、禁止进口、管制进口，还是其他保护措施（给予生产补贴、出口补贴等），从短期效应来看，总是会提高被保护产品的国内市场价格，增加消费者的负担。更重要的是，贸易保护会给整个经济长期发展造成以下几个方面的不利影响。第一，浪费经济资源。对国内生产者加以保护的结果是被保护产品价格提高，本国产品进而形成一统天下的垄断局面。若该产品需求弹性小，属于生活必需品，消费者将不得不支付较高的价格，这无异于对生产者进行间接的补贴。不管生产效率如何，受保护的生产者因产品提价而获得超额利润，因而有能力以较高的价格浪费性地购进所需的生产要素，这就必然会与其他未受保护的高效部门争土地、资本、原料、人力、电力和其他能源以及交通运输等基本设施的使用权，从而影响后者的发展。第二，转移收入分配。如果消费者的收入保持不变，而受保护产品又是需求弹性小的重要必需品，价格提高的结果必然使对其他未受保护产品的需求减少，高效率部门的产品市场将因此萎缩。这意味着高效率部门的收入转移到低效率部门。未受保护的高效率部门的发展一旦受阻，整个经济增长都将受到不利影响。第三，加大国际收支的不平衡。一国传统的出口工业部门往往具备比较优势而有较高的效率。保护新兴部门，不但有可能挤占这些出口创汇部门所需的生产资源，与之争电力、运输等基础设施的使用权，而且还会提高这些部门的生产成本和物价水平。从国际收支的角度看，受保护的低效率部门的存在，有提高生产成本并使进口更有利、出口更为困难的倾向，其结果是，一方面提高了进口需求，使外汇支出增加，另一方面也降低了借助于扩大出口增加外汇收入的可能性。结果，发展中国家的国际收支失衡将更趋严重，经济发展必将受到阻碍。第四，阻碍生产力提高。实行保护政策，由于国内市场规模狭小以及其他不利因素的存在，往往会使受保护产品的成本增加。而且，在垄断的局面下，厂商也往往不追求提高生产效率和改进产品质量，在这种情况下，厂商为谋求自身的生存，对政府保护的依赖程度会越来越大，保护的期限也会一延再延。在长期的保护下，应用现代生产技术的诱因必然减少，从而将阻碍生产力的提高。结果，整个产业乃至国民经济长期处于停滞落后的状态。第五，导致生产效率下降。受保护的部门必然是生产效率低下的部门。然而，在整个国民经济体系中，各部门之间存在着广泛密切的联系，一种受保护部门的产出很可能就是另一种部门的投入。因此，通过投入产出连锁反应，受保护部门的低效率可能延伸到其他部门。所以，进入 20 世纪 80 年代以来，发展中国家相继采取放宽或取消进口许可证制度、改革关税制度、减少乃至取消出口补贴等措施，降低保护程度，以扩大对外贸易，促进经济全面发展。

12.3.2 自由贸易

所谓自由贸易，就是排除贸易的行政干预，放任厂商自由从事进出口活动。

自由贸易，是指排除贸易的行政干预，放任厂商自由从事进出口活动。

马克思指出："在现代的社会条件下，到底什么是自由贸易呢？这就是资本的自由。排除一些仍然阻碍着资本前进的民族障碍，只不过是让资本能充分地自由活动罢了。"贸易保护主义犹如一柄"双刃剑"，它不仅损害了贸易伙伴国的利益，而且任何保护措施过度或保护时间过长也会对本国的经济发展、经济效率造成不利影响。更何况在双边贸易中，对方国家也可能施以相同程度的报复性保护措施，使原先的保护政策变得毫无意义。不但如此，各国相继采取保护措施引起连锁反应的结果会不断缩小世界贸易额，现实的和潜在的贸易利益将受到严重侵蚀，原本十分紧张的世界市场竞争将更加激烈。20 世纪 70 年代初爆发石油危机后，世界资本主义经济陷入停滞，市场萧条，保护主义重新抬头，发展中国家在贸易条件恶化、债务危机沉重、国际收支逆差扩大的不利形势下，极力设法调整产业结构，推行工业升级和经济转型。发达国家政府和各国际经济组织则在大力鼓吹"贸易自由化"。然而，自由竞争的完全放任不过是一厢情愿，其实现的条件在现实世界中并不存在，相反，保护主义却仍在当今世界中广为蔓延。在这种情况下，传统的自由贸易理论显然已不足以应付新形势，于是"修正的自由贸易理论"便应运而生。所谓"修正的自由贸易"（modified free trade）是英国经济学家米德（J. E. Meade，1997 年度诺贝尔经济学奖获得者）提出的。他认为，贸易限制包括对生产要素在国际间自由流动的限制，在经济理论上是不足取的。因为保护主义政策不能真正使一国的国内经济和对外收支都平衡，也不能使世界资源得到充分有效的利用，以创造最高的国民收入，并在各国间实现合理的分配。米德说："在现代世界中恢复一个自由的经济秩序，并不意味着仅仅是自由放任的一种消极行动，它需要国际经济组织的大发展，即要有国际机构的协调与监督。"可见，米德所主张的并不是无条件的自由放任，而是一种有监督的、自由的国际经济秩序。在旧的南北关系下，国际经济仍然维持弱肉强食的森林秩序。然而，近年来许多国际会议和机构特别是世界贸易组织研究并强调对外政策的协调，都反映了米德当年的论证正在成为西方发达国家乃至更广泛的国际社会的迫切需要。

本章重要术语

绝对优势、比较优势、对外贸易乘数、贸易条件、自由贸易、贸易保护

本章小结

国际贸易在发展中国家经济发展中有重要地位和作用，对经济发展发挥着调节作用、传导作用和乘数作用。国际贸易理论包括传统的国际贸易理论和新贸易理论，传统的国际贸易理论主要包括绝对优势理论、相对优势理论和赫克歇尔－俄林理论，新贸易理论包括产品生命周期理论、国际垄断竞争理论、新生产要素理论等。现实生活中存在贸易保护和自由贸易两种不同的政策，贸易保护理论主要包括幼稚工业保护论、萌芽经济论、未利用资源论等。

延伸阅读

关于传统贸易理论，可以进一步参阅大卫·李嘉图（David Ricard）的《政治经济学及赋税原理》，光明日报出版社2009年版。——比较成本学说。

关于新贸易理论，可以进一步参阅《克鲁格曼国际贸易新理论》，中国社会科学出版社2001年版。——一系列关于国际贸易的原因。

复习与思考

参考答案

1. 单选题

(1) 要素禀赋理论的提出者是（　　）。

A. 亚当·斯密　　B. 赫克歇尔和俄林

C. 李斯特　　D. 李嘉图

(2)“有效保护论”又称（　　）。

A. 未利用资源论　　B. 关税结构论

C. 剩余出路论　　D. 幼稚工业论

(3) 外贸乘数是指（　　）。

A. 一国的进口增长

B. 代表一种有效供给的增加

C. 每增加一元进口额使国民收入增加多少元

D. 每增加一元进口额使国民收入减少多少元

2. 多选题

(1) 世界市场发挥的作用包括（　　）。

A. 作为供给者提供商品劳务，弥补国内的不足

B. 作为需求者，向国内购买商品劳务

C. 关税的支付

D. 外汇的来源

（2）对外贸易能否发挥传导作用进而带动发展中国家的经济发展，主要取决于以下方面（　　）。

A. 一国国内原有的经济基础

B. 出口产品生产过程的技术特点

C. 出口部门和国内的其他经济部门之间的有机联系

D. 出口商品的要素密集度

E. 出口收入的稳定性

（3）新贸易理论包括（　　）。

A. 产品生命周期论　　B. 国际垄断竞争论

C. 新生产要素论　　D. 竞争优势论

3. 简答题

（1）对外贸易在发展中国家的地位和作用如何？

（2）简述比较利益理论的主要内容。

（3）简述对外贸易乘数原理的主要内容及政策含义。

（4）为什么有些国家会推行贸易保护？有哪些主要贸易保护理论？

4. 案例分析题

中美贸易战

2018年6月15日，美国总统特朗普批准对约500亿美元的中国商品征收关税，并在6月18日威胁中国，若中国继续反击，将再对2 000亿美元中国商品加征10%关税。作为回应，中国表示，若美方一意孤行，中国将不得不采取“数量型和质量型相结合”的综合措施进行反制，且中美双方此前磋商达成的所有经贸成果将不再有效。7月6日，美国正式对第一批清单上价值340亿美元的中国商品加征25%关税；作为反击，中国也于同日采取同等规模和力度的征税措施，并就美国对华“301”调查项下正式实施的征税措施在世界贸易组织（WTO）追加起诉。至此，中美贸易摩擦正式升级为贸易战。

7月10日，美国又公布针对中国2 000亿美元进口商品加征10%的详细清单，更有甚者，8月3日美国表示将2 000亿美元进口商品关税提升至25%；作为反制，中国依法对自美进口约600亿美元商品加征关税。

（资料来源：陈继勇：《中美贸易战的背景、原因、本质及中国对策》，载于《武汉大学学报》2018年第5期，第72～81页。）

问题：

美国对中国发动贸易战的原因是什么？

5. 讨论题

国际贸易在中国这样的发展中国家经济发展中的作用体现在哪些方面？

网络练习

鼓励学生在互联网上查阅资料，分析中美贸易战产生的原因。

第13章

外部资源与经济发展

学习目标

了解：外部资源对发展中国家经济发展的重要性。

掌握：两缺口分析模型。

熟悉：借助外部资源发展本国经济的主要途径。

引导案例

外企对国民经济贡献提升

商务部2017年10月12日例行发布会上发布：过去5年，中国利用外资质量不断提高，外资对国民经济的贡献提升。数据显示，外资企业数量不到全国企业总数的3%，创造了近一半的对外贸易和1/5的财政收入。商务部新闻发言人高峰表示，党的十八大以来，中国利用外资规模保持稳定，在全球跨国直接投资下降2%的大背景之下，2016年中国实际利用外资达到了8 644亿元人民币，同比增长3%。2013年到2016年，全国累计新增外商投资企业10.1万家，实际引进外资5 217亿美元。中国引进外资已连续25年位居发展中国家首位。数据显示，中国利用外资的质量不断提高。外资更多流向高新技术产业，2016年高新技术产业引进外资占比达到19.1%，比2012年提高5个百分点。2016年，外资企业固定资产投资增长15.6%，高于全国平均增速7.5个百分点；外资企业出口占全国的43.7%，纳税占18.3%，外资企业数量不到全国企业总数的3%，创造了近一半的对外贸易和1/5的财政收入。

（资料来源：冯其予：《引进外资连续25年居发展中国家首位，利用外资质量不断提高——外企对国民经济贡献提升》，经济日报，2017年10月13日第4版。）

发展中国家一般收入水平较低，国内储蓄往往不能满足经济发展对资本的需求。而且，发展中国家的技术和管理水平也相对落后。在这种情况下，通过引进外部资源可以缓和国内资源不足的困境，进而促进经济发展。本章将介绍引进外部资源的基本理论，并探讨利用外部资源与本国经济发展的关系。

两缺口分析

13.1 两缺口模型

一个国家可利用资源包括国内资源和国外资源，国内资源部分是基础，而国外资源部分则是重要的补充。许多发展中国家经济发展实践证明，在国内资源满足不了经济增长速度时，引进外部资源是弥补国内资源稀缺，实现经济发展目标的重要途径。1966 年由美国著名经济学家钱纳里和斯特劳特提出的“两缺口分析”或“两缺口模型”，对引进外部资源的必要性、外部资源与一国经济发展的关系等，做了系统的理论说明。“两缺口分析”的中心思想说明：当发展中国家实现其经济发展目标所需资源的数量与国内最大有效供给之间存在着缺口时（如在储蓄、外汇、政府收入、技术等方面），引进外部资源是弥补这些缺口的必要条件。

13.1.1 “两缺口分析”的基本模型

钱纳里认为，在经济发展过程中，发展中国家往往会遇到技术、储蓄和外汇等方面的约束。技术方面的约束是指由于本国技术水平、管理水平、人才资源等方面存在的问题，致使无法充分有效地利用可以获得的各种资源；储蓄方面的约束是指本国的储蓄无法满足投资扩大的需求；外汇方面的约束是指本国进、出口之间的矛盾，所持有的外汇难以满足本国经济发展的需要。在发展实践中，一国必须依次克服技术吸收能力、储蓄、外汇等方面的约束，才能顺利地实现经济发展。

“两缺口分析”主要考虑的是储蓄缺口和外汇缺口。从国民经济核算的基本恒等式总收入等于总支出中，可以得出：总收入（即总供给）$Y=C+S+T+M$，其中：Y 为国民生产总值，C 为消费，S 为储蓄，T 为政府收入，M 为进口。总支出（即总需求）$Y=C+I+G+X$，其中 I 为投资，G 为政府开支，X 为出口。

假使政府收支相抵，则 T 与 G 消除，等式两边 C 亦可消除。

消除后移项可得：$S+M=I+X$ 或 $I-S=M-X$

公式等号的左边（$I-S$）是投资与储蓄之间的差额，即储蓄缺口。公式等号右边（$M-X$）是进口与出口之间的差额，即外汇缺口。从上式可知，两缺口应相等，即储蓄缺口 = 外汇缺口，只有在这种情况下经济才能均衡发展。

上述情况说明，只要公式出现不等，发展中国家不是遇到与投资相对而言的国内储蓄的短缺，就是遇到进口资本品或中间产品所需外汇的短缺。根据两个缺口应该平衡的原理，如果出现投资大于储蓄的情况，即国内储蓄方面有了缺口时，应靠外汇缺口的加大来平衡，也就是靠进口大于出口的余额来弥补国内储蓄的不足。当进出口方面出现缺口时，也可以靠储蓄方面的变动来平衡。应该指出的是，在这个公式中，由于储蓄、投资、进口、出口这四个变量都是独立变动的，因此储蓄缺口与外汇缺口很难恰好相等，两个缺口的平衡只能是事后的平衡，即经过调节后取得平衡。

两缺口分析有一个重要的假设前提：在既定时点上，储蓄缺口与外汇缺口之间不仅大小不等，而且彼此间没有互补性或替代性，即外部资源不能作为国内储蓄的替代物。因此，无论是储蓄缺口还是外汇缺口都对发展中国家的经济发展有很大的约束性。

储蓄缺口和外汇缺口之间不存在替代、互补关系的假设受到了来自各方面的批评，事实上引进外资在一定条件下可以同时对两个缺口发生作用。例如，当外资以机器设备的形式流入发展中国家，一方面代表了进口，但它却无须以出口来支付，另一方面，又代表了新的投资，但它又无须用国内储蓄提供。因而，这样的外资引进能够同时对外汇、储蓄的不足产生积极的作用。但是，上述假设为了方便分析还是需要的。

13.1.2 两缺口分析的意义

1. 两缺口分析强调了利用外部资源对于发展中国家的重要作用

从发展中国家普遍存在的国内资源不足和经济结构不平衡出发，两缺口分析强调了利用外部资源对于发展中国家的重要作用。第一，无论是直接用于促进出口的生产项目，还是间接用于能够降低出口产品生产成本的基础设施或配套工程，都可以使一国的出口能力得到增强。第二，可以通过提高投资率的途径，促进经济发展，收入增加；而这又将使国内储蓄率提高，促使资本进一步形成，经济进入良性循环。国民收入的增长也会使政府财政收入提高，从而增加政府对于国民经济的调整干预能力，有利于经济的进一步发展。第三，可以通过使国内、国外的资源进一步合理配置，提高资源的使用效益和产出水平，从而使一国的劳动生产率提高，社会福利水平得到增长。

2. 两缺口分析揭示了发展中国家进行经济结构变革的必要性

从前述公式可以了解到，两个缺口的不平衡确实可以通过引进外资进行调节和弥补。但一个国家，尤其是发展中国家，长期依靠外援推动经济发展存在着许多弊端。因此，两缺口的最终平衡、经济发展的根本出路应该是进行经济结构的调整和经济体制的改革。外资的引进应该为此服务。许多发展中国家的实践表明，合理地引进、利用外部资源来发展国内生产，促进出口，可以使国民收入水平提高，从而使储蓄率和财政收入增长，这又为充分利用国内资源奠定了基础。这样，引进外部资源对发展中国家经济会产生双重影响。一方面能增强一国的商品出口能力，创汇能力；另一方面，提高国内储蓄水平，改善国内资金供应状况，两个缺口对经济发展的制约将被消除，一国经济就可以逐步减少对外部资源的过分依赖，而主要依靠经济内部所具有的动力，以及与世界其他国家相互依存和交换来推动经济的持续发展。反之，如果引进的外部资源不能发挥两缺口模型中所含有的推动经济结构变革的作用，即外资的引进没有促进出口的扩大和储蓄率的提高，两缺口将继续存在，对经济发展的约束将继续存在，因对外资的过分依赖而导致国际收支长期失衡，债务负担过重，使经济停滞，甚至倒退。

3. 两缺口分析强调了政府对经济进行调控的重要作用

在经济发展过程中，政府对经济应该进行必要的调控。储蓄缺口与外汇缺口之间不具有替代性和互补性，因此平衡缺口不宜采取压缩国内投资或进口的措施，而应采用引进外资的办法。但引进多少外资，引进的结构如何，外资的流向等，都需要人们根据经济发展目标和发展计划来确定，以便使国外引进的资源与国内需要追加的资源数量相符合。这样才可以从积极方面调整两个缺口的失衡，使经济持续协调地发展。否则将会出现引进外资上的盲目行为，不是利用外资不到位，难以充分发挥经济发展的潜力，就是借贷过多超过偿还能力，造成债务负担过重。

4. 两缺口分析的政策意义

从两缺口模型的理论意义中可以引申出它所具有的政策含义——发展中国家应该改革开放。第一，发展中国家应该实行对外开放，积极引进和利用外资来为本国的经济发展服务；第二，发展中国家为了更好地引进和利用外资，需要进行经济结构和经济运行机制方面的调整或改革，同时外资的使用也应该更好地为经济结构的变革服务。

13.1.3 两缺口分析的缺陷及其发展

1. 两缺口分析的不足

两缺口分析在理论上有重要贡献。传统发展理论认为外资只能弥补国内储蓄的不足，但两缺口理论认为，在存在外汇短缺的情况下，外资能起到弥补国内储蓄和外汇缺口的双重效果。两缺口理论在发展中国家有着广泛的影响，曾经被许多国家当作制定引进和利用外资政策的理论依据。但是，从许多发展中国家引进外资的实践，以及它们在引进和利用外资中积累的经验教训表明，两缺口分析与其他经济发展理论一样，存在着缺陷和不足。

（1）唯资本论。两缺口分析过分强调资本对经济发展的作用。过分强调资本形成在经济发展中的作用，容易使人们忽视其他发展因素的作用。经济发展是若干因素综合作用的结果，其中包括人力资源（规模、素质、主动性、参与程度等）、资本（数量、结构、技术密集程度等）、科学技术（设备存量、水准、工艺、专利等）、自然资源（土地、矿藏等）以及制度和组织上的因素，等等。从实践看，资本对发展中国家虽然重要，但起决定作用的因素是人，不是物。人的问题没有解决好，愚昧或素质差，即使从国内外获得大量资本，也难使经济持续、稳定、协调地发展。两缺口分析只是从资本形成的角度出发，难免不使模型在经济发展中的作用受到限制。

（2）只有总量分析，缺乏结构分析。两缺口分析的基础是总量分析，但对国内所需追加资源的结构特征以及国外资源的结构特征缺乏深刻的理论分析，同时对引进外资的流向也未作更多的描述。因为引进的外部资源可以被用于生产，也可以被用于消费，如果是大规模流向消费领域将使引进外部资源的意义被削弱。

（3）强调了国外资源，忽视了国内资源。两缺口理论是建立在国内资源与外汇资源完全不可替代这一严格极端的前提条件下展开论述的。实际上，这一假设不太符合发展中国家的事实。其实，国外资源和国内资源有一定的替代性。比如在外汇短缺时，国内可以通过调整产业结构和产品结构，促进出口，或者采取进口替代战略，通过削减进口，进而实现国内资源替代国外资源。

（4）强调利用外部资源的积极作用多，忽视消极作用。两缺口分析从纯理论的角度论述引进和利用外部资源的积极作用较多，而对于实践中利用外资可能产生的消极作用提到的较少。发展中国家的问题很多源于政策的失当，但也有许多问题源于它们所无法控制的外部环境的变化，这导致外部资源在经济发展中起了副作用，如债务负担加重、对外资过分依赖等。这些问题没有在理论上阐明，因而使它在应用中具有较大的局限性。

2. 两缺口分析的发展

一些发展经济学家在两缺口分析的基础上，将该模型扩展为三缺口和四缺口分析，即增加了技术管理和企业家方面的缺口，以及政府税收的缺口。

（1）三缺口分析。发展经济学家赫尔希曼（A. O. Hirschman）等认为，资本稀缺是发展中国家经济发展的重要约束，但不是最关键的约束。在经济发展的过程中，除了储蓄和外汇两个缺口外，还存在着第三个缺口，即技术缺口，也就是技术知识、管理和企业家的缺乏。从发展中国家的实践来看，技术知识、管理与企业家的缺口，仅靠国内资源几乎无法弥补，大多要依赖从国外引进技术、先进的管理经验和人才来满足本国经济发展的需要。所以，国外资本在填补储蓄和外汇缺口的同时，又填补了技术缺口。

（2）四缺口分析。四缺口分析除了涉及储蓄、外汇、技术等三个缺口之外，还探讨了政府支出与税收之间的缺口，即税收缺口。大部分发展中国家的经济发展计划和目标，如基础设施建设、人力资本形成都要靠政府投资来促进完成。这些发展计划实施需要政府巨额支出来支撑，但发展中国家低收入水平抑制了税收收入。于是，政府支出快速增长和税收收入缓慢增长之间的缺口就出现了，即税收缺口。为填补这一缺口，发展中国家可以利用国外资本。国外资本对税收缺口的影响体现在两个方面：积极方面表现在通过向跨国公司征税能增加发展中国家的财政收入；消极方面是发展中国家为吸引外资，必须加大基础设施和人力资本投资力度，将会进一步增加政府开支。国外资本对税收缺口的最终影响取决于上述两方面的作用强弱。从长期、动态的角度分析，国外资本可以通过促进发展中国家的经济发展，提高其税收能力，进而填补税收缺口。

13.2 外援、外债与外国直接投资

13.2.1 外国援助

1. 外援及其特点

外援是一种发展援助，指外国政府（双边）或国际机构（多

边），通过一定的让与条件，对发展中国家的资源转移。发展援助源于第二次世界大战后的国际经济援助。战后初期，西欧各国及日本急需恢复遭战争破坏的经济，但缺乏必需的资金和设备。美国当时通过马歇尔计划向欧洲提供了巨额的经济技术援助，同时通过占领区救济基金和占领区经济复兴基金的方式向日本提供了大量援助。20世纪50年代以来，西方主要资本主义国家的经济得到恢复，实力不断增强，国际经济援助的重点渐渐转向发展中国家。美国、西欧和日本等主要发达国家，为了增强自己在发展中国家的政治影响和经济控制，对发展中国家提出的经济援助要求，给予了有条件的满足，提供了一定数量的资金。从发展援助的定义看，主要有以下三个特点：

（1）非营利性。非营利性是发展援助最主要的特点。发展援助的提供者大多为发达国家政府或多边国际机构，接受者是发展中国家，援助大多被要求用于特定的项目（项目援助）。发达国家的援助主要是使用国家财政收入的资金，通过预算来支付。

（2）具有较大的让与成分。发展援助，除了无偿赠予之外，也包括优惠条件贷款，利息较低或无息。偿还期限也比较长，一般是20～30年或更长。即通过无息或低息（至少应包含25%以上的让与成分，即指借贷金额与需要偿还金的现值之间的差额）向发展中国家提供的贷款。外援贷款的让与成分一般是通过下列方式进行的：第一，贷款以低于国际金融市场的利率计息，贷款数额越高，贷款利息率与市场利息率差额越大，则让与成分越多。第二，援助贷款偿还期限长于一般商业贷款，往往可达20～30年，甚至50年。在此期间，受援国可以充分利用贷款并产生效益，偿还期限越长则让与成分越多。第三，援助性贷款大多具有“宽限期”，在此期内，受援国只需付息不必还本（援助国一般总是将援建项目的初创期划为宽限期，大多为5～10年）。只要贷款利率低于市场利率，宽限期越长，让与成分越大。此外，发达国家有时对发展中国家产品的进口给予优惠，如减免关税，实际上也是向发展中国家转让一定数量的资源。

（3）目的性。援助的目的是促进经济发展。发达国家对发展中国家的援助，有时虽然也具有非营利性和让与成分，但并非以促进经济发展为目的，如军事援助有时甚至会阻碍经济发展的作用，因此不能被列入发展援助。

2. 外援的形式与机构

（1）外援的形式。外援的形式多种多样，可以从不同角度予以划分：

第一，从是否需要偿还的角度可以划分为“赠予”和“贷款”

两类；

第二，从援助的使用去向可分为“项目援助”（专款专用）和“规划贷款”（使用较自由）；

第三，从是否附带条件可分为具有限制性条件（如指定须购买援助国的商品、劳务）和无附带条款的援助；

第四，从援助贷款期限看，可分为中、长期贷款和短期贷款两种；

第五，从援助的来源看，可分为外国政府的双边援助和国际机构的多边援助。

（2）外援的机构。外援的来源主要是西方发达国家、国际经济机构、部分较富裕的发展中产油国家和发达国家的非官方组织。在西方发达国家，政府一般都设有负责对外援助的专门机构，如美国的国际开发署、日本的海外协力基金、英国的海外开发部、德国的经济合作部等。国际机构包括世界性和区域性两类，如经济合作与发展组织（OECD）的发展援助委员会、欧洲经济共同体（EEC）、国际货币基金组织（IMF）、世界银行（IBRD）、国际开发协会（IDA）、联合国教科文组织（UNESCO）、联合国工业发展组织（UNIDO）、联合国人口活动基金（UNIFPA）、联合国资本开发基金（UNCDF）、联合国开发计划署（UNDP）、国际农业发展基金（IFAD）、亚洲开发银行（ADB）、亚洲基础设施投资银行（AIIB）、非洲开发基金（ADF）、非洲开发银行（ADB）等。20世纪70年代中期，由于石油价格上涨，一批发展中的石油输出国家积蓄了大量财富（石油美元），第三世界第一次有了从自己内部获得发展援助的可能，通过南南合作也确实得到了一定数量的援助。亚洲基础设施投资银行（AIIB）于2016年1月正式营业，从第一天就开始了贷款业务，在第一年运营结束时，一共批准了价值17亿美元的4个基础设施项目。到2018年底，在三年运营中，一共为35个项目带来了79亿美元。

3. 外援的作用

对于发展援助的效果，有两种截然相反的意见，在理论分析与实际做法上也存在着种种的矛盾现象。

（1）不少激进学派的学者认为，来自发达国家的援助在许多情况下是代替而不是增补本国的储蓄。由于援助国首先考虑的是自己的利益，因此来自发达国家的援助几乎都带有附加条件，这往往降低了援助的价值，扩大了发展中国家的进口，反而加大了发展中国家国际收支逆差，甚至背上了沉重的债务负担，阻碍了经济的发展。另外，由于外援项目往往集中于现代化部门，这些部门迅速增长的结果是使二元结构加重，贫富悬殊和城乡对立状态更加严重。并且援助在很多情况下没有给予最需要的国家，因此，许多发展中国家对于外援，尤其是对附带条件的外援丧失了信心。从援助国方面来看，发达国家国内经济问题日益严重，向外提供援助的态度也逐渐冷淡，这些国家的大众对于自己纳税提供的援助为某些发展中国家的权贵所挥霍十分不满。总之，与以前相比，外援已经不再是发展中国家获得外部资源的最主要途径了。

（2）与激进学派的观点相反，多数西方经济学家认为援助的确有助于发展中国家的经济增长和结构的变革。即使是有附带条件的项目贷款，贷款资金也可以互有融通，而且在援助国的监督下，项目工程周期可以缩短，项目效益可以提高。从经济发展的实践看，外援如果使用得当，对本国资源开发、工业水平提高、出口能力的增长、经济的发展都具有很好的促进作用。因此，尽管发展中国家的激进学派学者对于外援的缺陷作了详尽的分析，但在实践中发展中国家还是非常欢迎发展援助的，甚至在援助额有限的情况下，为争取到对自己有利的发展援助出现了彼此之间的竞争。

13.2.2 外债问题

外债包括来自外国政府的优惠性贷款（即双边援助）和国际金融机构（主要是世界银行、IMF）的长期低息贷款（即多边援助），以及商业银行的非优惠贷款（即商业性贷款）。

1. 发展中国家的外债状况

发展中国家通过借款获得资金，利用这些资金可以加强国内的基础设施建设，可以进口国家急需的资本品和中间品，也可以由国内企业家创办企业。但是，只要是借款就是负债，到期必须偿还本金和利息。如果负债规模比较合理，外债对国家发展是有帮助的。

20 世纪 70 年代以前，发展中国家的外债规模比较小，到 1970 年，发展中国家的全部外债存量大概是 630 亿美元，占 GDP 的比重仅有 14%；而且，外债主要以官方贷款为主，利率较低，偿还期限较长。但是，从 70 年代中期开始，发展中国家的外债规模急剧增大，1983 年的外债规模达到 6 440 亿美元，是 1970 年的 10 倍多。而且，外债结构发生了很大变化，商业银行贷款增加速度远远超过官方贷款，1983 年来自于商业银行的贷款占全部贷款的比重达到了 52%。到 90 年代，外债的规模进一步增大，1992 年的外债规模达到 13 080 亿美元，1997 年更是高达 17 830 亿美元的规模。

发展中国家外债，尤其是商业银行借款的急剧增加，在很大程度上和 20 世纪 70 年代爆发的两次石油危机有关。在 60 年代末和 70 年代初，发展中国家经济增长迅速，年均增长率达到6.6%，尤其是拉美一些新兴工业化国家的经济增长率更高。在这种情况下，这些发展中国家为满足工业高速增长对进口资本品和中间品的需求，进口量大增。虽然官方贷款在这一段增长也很快，但仍旧满足不了这些国家的需求。于是，那些发展较快的中等收入水平的发展中国家开始接受外国商业银行的贷款。另外，石油输出国组织成员在70年代的两次石油危机中由于油价大幅度上涨而获得大量的剩余石油美元。这些国家将石油美元存放在美国的商业银行里获利。在1976～1982年，西方商业银行中的石油美元存款累计达到3 500亿美元。美国商业银行有强烈的意愿把这些石油美元投资而获利。当时发达国家正处于经济衰退和通货膨胀的滞胀时期，投资意愿低迷，利率较低。而新兴工业化国家由于经常项目赤字需要大量资金弥补缺口，再加上贷款是由政府担保的，商业银行认为资金是比较安全的。于是，发展中国家的外债规模迅速增长。这些贷款的利率较高，期限较短，更重要的是，利率是不固定的，而是随发达国家通货膨胀波动而调整。这些特点导致发展中国家的债务负担和不确定性大大增长。

债务危机的原因

2. 债务危机的原因及后果

所谓债务危机就是债务国外汇出现短缺，无力用外币（主要是美元）来支付到期的债务和利息，因此出现的大面积违约现象。如果20世纪70年代末80年代初西方国家不出现滞胀问题，而且发展中国家经济一直保持高速增长，债务规模即使很大仍旧能按时偿还。但是，70年代发生的两次石油危机，尤其是第二次石油危机导致世界经济陷入混乱状态。在此背景下，发展中国家的债务危机发生了。1982年8月，墨西哥首先对外公开宣布不能按期偿还债务和利息，随后拉丁美洲其他重债国也纷纷宣布无法按期偿还本金和利息，到1987年债务被重新安排的国家增加到20多个。从1983～1987年，一共有3 000亿美元的债务被重新安排。

（1）债务危机的原因分析。债务危机的爆发既有外部原因，也有债务国内部的原因。从外部原因来分析，债务危机的爆发原因出现体现在以下几个方面：首先是全球经济衰退和贸易条件恶化。20世纪70年代的两次石油危机导致世界经济出现衰退。发达国家由于经济严重衰退，增长下降，失业增加，导致对发展中国家出口产品需求减少。再加上发达国家在经济衰退时采取贸易保护政策，对发展中国家出口的需求进一步减少。另外，两次石油提价导致非产油发展中国家贸易条件恶化，加重了这些国家对外支付的负担。其次是发达国家利率上升和美元升值。70年代中期以来，发达国家商业银行常常执行浮动利率，70年代末80年代初世界性的通货膨胀导致利率大幅度的上升，发展中国家到期支付的贷款利息比借款时增加很多。另外，这个时期美元相对于其他发展中国家的货币出现升值，结果，用美元偿还的外债数额进一步增大。也就是用更多的本国货币才能支付原先一个既定数额的外债。再次，资本外逃，外汇储备枯竭。在债务积累期，发展中国家尤其是债务严重的拉美国家，由于当时严重的通货膨胀导致本国实际利率为负和本币大幅度的贬值，在此情况下，这些国家的资本外逃严重，导致这些国家的外汇储备枯竭，更是无法偿还外债。

从内部原因分析，一些发展中国家追求发展的高速度，过高估计了本国发展潜力，没有充分考虑还债能力，盲目借款，导致债务占GDP比重过高，到期还本付息占出口收入比重过高，超出了偿还能力。有的发展中国家将借款用在公共工程建设和非生产性支出方面，而不是用在发展生产和出口创汇方面，或者即使用于生产性投资，也由于缺乏其他投入和有效管理，导致投资效率低下。有的发展中国家发展战略有误或受到无法预料因素的影响，如巴西水力资源丰富，却耗巨资建造周期很长的核电站。另外，大多数发展中国家既没有形成和建立一套科学合理的外债管理体制，同时又缺乏借债的经验和相关知识。

（2）债务危机的后果。债务危机的后果是严重的，不仅给负债国带来灾难，而且对于世界经济也产生了很大的破坏作用。债务危机对广大发展中国家，尤其是拉美重灾区造成巨大灾难。首先，沉重的债务负担导致外汇紧缺，发展中国家无法进口急需的物品，影响了工业化进程。其次，债务国要筹集大量资金偿还到期的巨额债务，导致国内储蓄和投资大幅度减少，从而降低经济增长速度。再次，由于债务负担重，政府不得不增加税收或者提高通货膨胀以筹款，导致人民生活水平下降和投资减少，资本外逃。另外，由于无法如期偿还外债，债务国信誉降低，借款更加困难，借债成本更高，进一步加重了债务危机。据统计，拉美国家在1982～1990年向发达国家支付债利2 000多亿美元，成为资本净流出地区，国内生产总值由6%降为1.4%，人均收入自1983年以来下降了7%。总之，债务危机使发展中国家陷入了长期的经济衰退，尤其是拉美国家更是陷入了“失去的十年”。

3. 债务危机的解决方法

20世纪80年代债务危机爆发后，发达国家出于自身利益，陆续出台了一系列解决债务问题的“一揽子”计划，如贝克计划、宫泽计划、密特朗计划、布雷迪计划等。国际社会为缓和债务危机也做出了大量努力。如国际货币基金组织（IMF）为进行宏观调整的发展中国家提供优惠贷款，世界银行对某些国家债务给予了减免。进入 90 年代以来，世界经济整体出现复苏，而且欠债的发展中国家努力调整经济结构和外债规模，再加上国际社会的共同努力，发展中国家的债务危机得到缓和。发展中国家的长期债务占 GDP 的比重，由 1982 年的 43% 下降到 1992 年的 29%，还本付息债务总额占出口收入的比重由 33% 降为 19%。

尽管如此，债务危机仍旧没有得到根本解决，有些发展中国家的债务负担仍旧是很重的。正如托达罗指出的那样，“债务危机远没有死亡，顶多只是睡着了而已”。要解决债务问题，避免债务危机重新爆发，发展中国家应该采取相应的措施：首先，积极鼓励出口，利用发展中国家劳动力丰裕的优势大力发展出口导向战略，增加外汇收入，提高偿债能力；其次，要把外资尽量用在生产性出口创汇部门；再次，要控制外债规模，调整外债来源和结构。国外借款必须要有一个适度规模，不能过度借贷超出本身偿还能力。在外债来源方面，谋求来源的多样化，防止借款集中在一两个国家。调整外债结构，主要是积极争取利率低期限长的贷款，并且将具有不同偿还期的债务保持在适当比例上，避免集中在某一年或某几年集中还债。另外，发展中国家应该加强团结，共同谋求建立以平等互利为原则的国际经济新秩序，努力改善自身的国际经济地位。

从长远看，债务危机的解决主要是靠发展中国家对经济结构的调整和发达国家的政策协调，同时发达国家对发展中国家开放市场，制止贸易保护主义。

13.2.3　国外投资

国外投资

发展中国家引进外部资源的形式除了外援、外债外，还有来自国外的投资。20 世纪 80 年代以来，在跨国公司利益驱动及发展中国家吸引外资政策引导下，国外投资成为发展中国家获得外部资源的重要方式。国外投资从形式上可以区分为直接投资与间接投资两种。

国外直接投资是指在投资人以外的国家所经营的企业拥有持续利益的一种投资，其目的在于对该企业的经营管理具有发言权。

1. 国外直接投资

国外直接投资（foreign direct investment，FDI）是由一国通过资本的国际转移，将其某种特定商品的生产过程转移到其他的国家。FDI 是现代的资本国际化的主要形式之一。按照国际货币基金组织的定义，FDI 是指在投资人以外的国家所经营的企业拥有持续利益的一种投资，其目的在于对该企业的经营管理具有发言权。

根据联合国贸发组织（UNCTAD）发布的《全球投资趋势监测报告》显示，2017 年全球范围的国外直接投资（FDI）为 1.52 万亿美元。20 世纪 80 年代中期以后全球经济高速增长、兼并和收购高潮的出现是导致直接投资增长的短期原因；发展中国家吸引外资政策和世界经济结构性转变是促进直接投资增长的长期因素。

发展中国家的国外直接投资主要由跨国公司（多国公司）提供。跨国公司，又称多国公司、国际公司、超国家公司和宇宙公司等，根据联合国定义，跨国公司主要是指发达资本主义国家的垄断企业，以本国为基地，通过对外直接投资，在世界各地设立分支机构或子公司，从事国际化生产和经营活动的垄断企业。跨国公司是在两个以上的国家生产并把国外经营作为其重要盈利来源的企业。

跨国公司主要是指发达资本主义国家的垄断企业，以本国为基地，通过对外直接投资，在世界各地设立分支机构或子公司，从事国际化生产和经营活动的垄断企业。

跨国公司对发展中国家经济发展的影响主要体现在以下方面：首先，跨国公司对外直接投资和私人信贷，补充了发展中国家进口资金的短缺。其次，跨国公司的资本流入，加速了发展中国家对外贸易商品结构的变化。发展中国家引进外国公司资本、技术和管理经验，大力发展出口加工工业，使某些工业部门实现了技术跳跃，促进了对外贸易商品结构的改变和国民经济的发展。再次，跨国公司的资本流入，促进了发展中国家工业化模式和与其相适应的贸易模式的形成和发展。发展中国家利用外资，尤其是跨国公司的投资，实施工业化模式和与其相适应的贸易模式，促进了工业化和国际贸易的发展。

2. 国外间接投资

国外间接投资亦被称为“国际证券投资”，在国际证券市场上通过购买外国企业发行的股票和外国企业或政府发行的债券等有价证券，来获取利息或红利的投资行为。国外间接投资以取得一定的收益为目的，一般不存在对企业经营管理权的控制权问题，即使是在对股权证券进行投资的情况下，也不构成对企业经营管理的有效控制。

国外直接投资与国外间接投资的根本区别在于是否获得被投资企业的控制权，因为 FDI 所形成的无形资产处于核心地位，而货币资本则处于非常次要的地位，只能进行间接投资，所以，FDI 不仅直接参与经营管理，而且其直接目标就是获得被投资企业的控制权。

跨国公司在给发展中国家带来积极影响的同时，也带来不少的消极影响。首先，跨国公司控制了许多重要的制成品和原料贸易。跨国公司 40% 以上的销售总额和 49% 的国外销售集中在化学工业、机器制造、电子工业和运输设备等四个部门。其次，跨国公司控制了国际技术贸易。在世界科技开发和技术贸易领域，跨国公司，特别是来自美国、日本、德国、英国等 12 个发达国家的跨国公司，发挥着举足轻重的作用。因此，东道国要采取适应政策积极引导跨国公司在本国规范发展，同时要规避跨国公司带来的霸权、垄断等风险。

本章重要术语

两缺口模型、三缺口模型、四缺口模型、外债、债务危机、对外直接投资

本章小结

本章主要介绍引进外部资源的基本理论并探讨利用外部资源与本国经济发展的关系。明确两缺口分析的方法及意义，理解外资对经济发展的影响，认识合理利用外资的重要性。

两缺口模型的中心思想是：当发展中国家实现其经济发展目标所需要资源的数量与国内最大有效供给之间存在着缺口时，引进外部资源是弥补这些缺口的必要条件。三缺口分析和四缺口分析发展了两缺口分析。

发展援助是指国际机构或外国政府通过货币或实物形态，将资源转移到发展中国家，以促进受援国经济发展的过程。对发展援助的效果有无效和有效两种截然不同的看法。

债务危机就是债务国外汇出现短缺，无力用外币（主要是美元）来支付到期的债务和利息，因此出现的大面积违约现象。债务危机的产生既有外部原因，也有债务国内部的原因。

国外投资成为发展中国家获得外部资源的重要方式。国外投资从形式上可以区分为直接投资与间接投资两种。

延伸阅读

关于两缺口模型，可以进一步参阅钱纳里和斯特劳特在《美国经济评论》（The American Economic Review）1966 年 9 月发表的《外援与经济发展》一文。**——利用外部资源可以同时解决储蓄缺口和外汇缺口。**

关于外部资源的合理利用，可以进一步参阅隆武华的《外债两重性：引擎？桎梏》，中国财政经济出版社 2001 年版。**——外债是把“双刃剑”。**

复习与思考

参考答案

1. 单选题

（1）一个国家可利用资源包括国内资源和国外资源，关于国内资源与国外资源的关系，下列说法正确的是（　　）。

A. 国外资源部分是基础，国内资源部分是补充

B. 两者同等重要

C. 不同国家两者重要性不同

D. 国内资源部分是基础，国外资源部分是补充

(2)“两缺口分析”或“两缺口模型”的提出者是（　　）。

A. 罗森斯坦－罗丹　　B. 赫希曼

C. 钱纳里和斯特劳特　　D. 纳克斯

(3)“两缺口分析”主要考虑的是（　　）。

A. 储蓄缺口和技术缺口　　B. 外汇缺口和技术缺口

C. 技术缺口和管理缺口　　D. 储蓄缺口和外汇缺口

(4) 三缺口模型中的第三个缺口指的是（　　）。

A. 储蓄缺口　　B. 外汇缺口

C. 税收缺口　　D. 技术缺口

(5) 四缺口模型中的第四个缺口指的是（　　）。

A. 税收缺口　　B. 外汇缺口

C. 技术缺口　　D. 投资缺口

2. 多选题

(1) 发展中国家发展中需要的外部资源包括（　　）。

A. 通过国际贸易获得的资源　　B. 来自国际组织的援助

C. 来自外国政府的援助　　D. 来自国内公益组织的援助

(2) 关于两缺口模型，下列说法正确的是（　　）。

A. $(I-S)$ 是投资与储蓄之间的差额，即储蓄缺口

B. $(M-X)$ 是进口与出口之间的差额，即外汇缺口

C. 如果出现投资大于储蓄的情况，应靠外汇缺口的加大来平衡

D. 储蓄缺口与外汇缺口很难恰好相等，两个缺口的平衡只能是事后的平衡

(3) 两缺口分析的意义表现在（　　）。

A. 强调了利用外部资源对于发展中国家的必要性和重要作用

B. 揭示了发展中国家进行经济结构变革的必要性

C. 强调了发展中国家应该实行对外开放

D. 强调了政府应该对经济进行宏观调控

(4) 两缺口分析的缺陷和不足主要表现在（　　）。

A. 强调利用外部资源的积极作用多，忽视消极作用

B. 强调了国外资源，忽视了国内资源

C. 缺乏结构分析

D. 唯资本论

(5) 四缺口分析中的四个缺口分别是（　　）。

A. 税收缺口　　B. 技术缺口

C. 外汇缺口　　D. 投资缺口

E. 储蓄缺口

(6) 外援的主要特点（　　）。

A. 目的性　　　　　　　　　　B. 营利性

C. 非营利性　　　　　　　　　D. 具有较大的让与成分

3. 简答题

（1）简述两缺口模型的主要内容。

（2）谈谈两缺口模型分析对发展中国家的借鉴意义。

（3）简述两缺口分析存在的主要不足。

（4）简述跨国公司对发展中国家的有利影响和不利影响。

（5）简述债务危机产生的原因及对策。

4. 案例分析题

拉美债务危机

20世纪80年代，拉美国家相继陷入了严重的债务危机。1982年8月，墨西哥因无力偿还810亿美元的贷款利息宣布延期偿还债务，随后巴西、阿根廷等国家也纷纷陷入危机。1970年拉美七国的平均负债率只有4.52%，在随后的短短几十年内债务负担急剧膨胀、加速增长，到1980年，平均负债率飙升至34.58%，增长了6倍。同时，外债总额也猛升，从1973年的269.74亿美元增长至1982年的3 268亿美元，增长近11倍。债务危机产生的原因有外部原因和内部原因，核心原因是经济结构僵化。由于拉美国家工业基础薄弱，出口大都是以初级产品为主。为了加速推进工业化，拉美国家用大部分出口外汇收入进口技术、设备和原材料，导致贸易盈余迅速被消耗，并使贸易逆差随进口增长速度加快而增长。与此同时，工业化的路线使工业和农业比例关系失调。另外，拉美大量外债主要投向周期长、见效慢的生产性建设项目，又缺乏良好经营管理，致使不能形成生产，有的项目甚至出现了严重亏损。单一的初级产品出口导向经济结构加上外债的使用效率低下，一旦受到外部冲击，拉美各国的经济显得异常脆弱。宏观政策过于扩张是引发债务危机的根本原因。扩张的财政政策表现为用举债扩大投资来刺激经济，但国有企业管理不善、亏损严重，政府不断补贴导致赤字不断膨胀，债务的数量最终超越了经济的实际承受能力。扩张的货币政策表现为货币增发，双扩张的政策使得总供给对总需求的进一步刺激几乎不再做出积极而有效的反应，通货膨胀随之而来，进一步削弱了偿债能力。拉美债务危机发生后，采取了一系列应急性调整措施：一是压缩公共开支，减少财政赤字，包括大量压缩消费开支和公共投资，取消部分补贴，压缩社会支出；二是调整金融政策，防止资金外逃；三是鼓励出口，限制进口，改善国际收支。同时，发展战略方面也采取了调整措施：整顿国内经济，放慢经济增长速度；调整工农业比例，加强农业部门，使经济在部门关系协调基础上稳定增长；实行能源多样化措施，以避免只依赖一种能源所带来的危害；将部分国有企业私有化，关闭部分长期无经济效益的企业，以减轻亏损与国家的债务负担。

（资料来源：陈颖：《拉美及欧洲债务危机：成因及解决机制》，载于《金融经济》2017年第16期，第102～103页。）

问题：

拉美债务危机产生的原因。

5. 讨论题

中国如何防范债务危机发生？

网络练习

鼓励学生通过互联网查找资料，对本章相关问题进行研究分析，并写出一篇小论文。

参考文献

［1］A. P. 瑟尔沃：《发展经济学》，中国人民大学出版社 2015 年版。

［2］A. P. 瑟尔沃：《增长与发展》，中国财政经济出版社 2001 年版。

［3］C. P. 欧曼，G. 韦格纳拉加：《战后发展理论》，中国发展出版社 2000 年版。

［4］E. F. 舒马赫：《小的是美好的》，商务印书馆 1984 年版。

［5］J. 熊彼特：《经济发展理论》，商务印书馆 1990 年版。

［6］V. N. 巴拉舒伯拉曼雅姆，桑加尔．拉尔：《发展经济学前沿问题》，中国税务出版社，北京腾图电子出版社 2000 年版。

［7］W. W. 罗斯托：《经济增长的阶段》，中国社会科学出版社 2001 年版。

［8］W. 阿瑟·刘易斯：《二元经济论》，北京经济学院出版社 1989 年版。

［9］W. 阿瑟·刘易斯：《经济增长理论》，上海三联书店 1990 年版。

［10］阿马蒂亚．森：《贫困与饥荒》，商务印书馆 2001 年版。

［11］阿玛蒂亚．森：《以自由看等发展》，中国人民大学出版社 2002 年版。

［12］艾伯特．赫希曼：《经济发展战略》，经济科学出版社 1991 年版。

［13］爱德华．肖：《经济发展中的金融深化》，上海三联书店 1988 年版。

［14］蔡昉，林毅夫：《中国经济》，中国财政经济出版社 2003 年版。

［15］陈宗胜：《发展经济学——从贫困走向富裕》，复旦大学出版社 2000 年版。

［16］陈宗胜：《改革、发展与收入分配》，复旦大学出版社 1999 年版。

［17］陈宗胜：《新发展经济学：回顾与展望》，高等教育出版社 1996 年版。

［18］迟树功：《中国发展经济学》，经济科学出版社 2015 年版。

［19］丹尼·罗德瑞克：《让开放发挥作用：新的全球经济与发

展中国家》，商务印书馆 1999 年版。

［20］德布拉吉瑞：《发展经济学》，北京大学出版社 2002 年版。

［21］德怀特 · H. 波金斯，史蒂芬 · 拉德勒，戴维 · L. 林道尔，斯蒂芬 · A. 布洛克：《发展经济学》，中国人民大学出版社 2018 年版。

［22］狄帕克 · 拉尔：《发展经济学的贫困》，上海：上海三联出版社 1992 年版。

［23］费景汉，古斯塔夫．拉尼斯：《劳力剩余经济的发展》，华夏出版社 1999 年版。

［24］冈纳 · 米尔达尔：《世界贫困的挑战：世界反贫困大纲》，北京经济学院出版社 1997 年版。

［25］顾海良，王天义：《读懂中国发展的政治经济学》，中国人民大学出版社 2017 年版。

［26］郭熙保：《发展经济学》，高等教育出版社 2011 年版。

［27］郭熙保：《发展经济学》，高等教育出版社 2019 年版。

［28］郭熙保：《发展经济学经典论著选》，中国经济出版社 1998 年版。

［29］郭熙保：《经济发展理论与政策》，中国社会科学出版社 2000 年版。

［30］海因茨．沃尔夫冈．阿恩特：《经济发展思想史》，商务印书馆 1999 年版。

［31］何炼成，李忠民：《中国特色社会主义发展经济学》，中国社会科学出版社 2009 年版。

［32］何炼成：《中国发展经济学概论》，高等教育出版社 2001 年版。

［33］基思 · 格里芬：《可供选择的经济发展战略》，经济科学出版社 1992 年版。

［34］吉金斯等：《发展经济学》，中国人民大学出版社 1999 年版。

［35］杰夫 · 马德里克：《经济为什么增长》，中信出版社 2003 年版。

［36］科斯，阿尔钦，诺思：《财产权利与制度变迁》，上海三联书店，上海人民出版社 1994 年版。

［37］李忠民：《发展经济学：中国经验》，高等教育出版社 2011 年版。

［38］联合国开发计划署：《人类发展报告》，中国财政经济出版社历年版。

［39］林珏：《发展经济学案例集》，中国社会科学出版社 2005 年版。

［40］林毅夫，蔡昉，李周：《中国的奇迹：发展战略与经济改

革》，上海三联书店，上海人民出版社 1994 年版。

［41］林毅夫：《新结构经济学》，北京大学出版社 2012 年版。

［42］林毅夫：《制度、技术与中国农业发展》，上海人民出版社 1994 年版。

［43］刘明君：《经济发展理论与政策》，经济科学出版社 2004 年版。

［44］隆武华：《外债两重性：引擎？桎梏》，中国财政经济出版社 2001 年版。

［45］罗伯特·M. 索洛：《经济增长因素分析》，商务印书馆 1991 年版。

［46］罗纳德·I. 麦金农：《经济发展中的货币与资本》，上海：上海三联书店，上海人民出版社 1995 年版。

［47］罗纳德·I. 麦金农：《经济市场化的次序》，上海：上海三联书店，上海人民出版社 1997 年版。

［48］罗纳德·科斯，道格拉斯·诺思等：《制度、契约与组织——从新制度经济学角度的透视》，经济科学出版社 2003 年版。

［49］马春文，张东辉：《发展经济学》，高等教育出版社 2016 年版。

［50］马茨·伦达尔，B. J. 恩杜鲁：《发展经济学的新方向：当代增长、环境与政府》，经济科学出版社 2000 年版。

［51］迈耶，西尔斯：《发展经济学的先驱》，经济科学出版社 1988 年版。

［52］梅多斯等：《增长的极限》，商务印书馆 1984 年版。

［53］潘家华：《持续发展途径的经济学分析》，中国人民大学出版社 1997 年版。

［54］彭刚，黄卫平：《发展经济学教程》，中国人民大学出版社 2012 年版。

［55］齐良书：《发展经济学》，高等教育出版社 2007 年版。

［56］钱纳里，鲁宾逊，赛而昆：《工业化和经济增长的比较研究》，上海：上海三联书店，上海人民出版社 1995 年版。

［57］萨米尔·阿明：《不平等的发展》，商务印书馆 2000 年版。

［58］世界环境与发展委员会：《我们共同的未来》，吉林人民出版社 1997 年版。

［59］世界银行：《世界发展报告》，中国财政经济出版社历年版。

［60］斯图亚特·R. 林恩：《发展经济学》，格致出版社、上海三联书店、上海人民出版社 2009 年版。

［61］苏雪串，冯薇：《发展经济学》，经济科学出版社 2001 年版。

［62］速水佑次郎，费农·拉坦：《农业发展的国际分析》，中国

社会科学出版社 2000 年版。

[63] 速水佑次郎，神门善久：《发展经济学——从贫困到富裕》，社会科学文献出版社 2009 年版。

[64] 谭崇台：《发展经济学》，山西经济出版社 2000 年版。

[65] 谭崇台：《发展经济学的新发展》，武汉大学出版社 1999 年版。

[66] 谭崇台：《发展经济学概论》，武汉大学出版社 2001 年版。

[67] 陶文达：《发展经济学》，四川人民出版社 1995 年版。

[68] 托达罗，史密斯：《发展经济学》，机械工业出版社 2014 年版。

[69] 王军：《可持续发展》，中国发展出版社 1997 年版。

[70] 王育红：《发展经济学》，对外经济贸易大学出版社 2003 年版。

[71] 西奥多·W. 舒尔茨：《论人力资本投资》，北京经济学院出版社 1990 年版。

[72] 西蒙·库兹涅茨：《各国的经济增长》，商务印书馆 1999 年版。

[73] 叶静怡：《发展经济学》，北京大学出版社 2003 年版。

[74] 于同申：《发展经济学》，中国人民大学出版社 2005 年版。

[75] 詹姆斯·A. 道，史迪夫·H. 汉科，阿兰·A. 瓦尔特斯：《发展经济学的革命》，上海三联书店，上海人民出版社 2000 年版。

[76] 张培刚，张建华：《发展经济学》，北京大学出版社 2009 年版。

[77] 张培刚：《农业国工业化问题》，湖南出版社 1991 年版。

[78] 张培刚：《新发展经济学》，河南人民出版社 1993 年版。

[79] 周天勇：《新发展经济学》，经济科学出版社 2001 年版。

[80] 宗义湘，赵帮宏：《发展经济学》，清华大学出版社 2012 年版。

复习与思考参考答案

第一章

1. 单选题

(1) B	(2) C	(3) C	(4) C	(5) D
(6) A	(7) C	(8) D	(9) B	(10) A
(11) B	(12) B	(13) C	(14) A	(15) A

2. 多选题

(1) ACDE	(2) ACE	(3) ABCDE
(4) DE	(5) ACD	(6) ABCD
(7) ABCDE	(8) ABE	(9) ABCDE
(10) ABC	(11) ABCDE	(12) DE

3. 简答题

(1) 答：①劳动生产率低，经济增长质量差；人均收入低，贫富差距大；人口出生率高，预期寿命低；文教水平低，卫生条件差；社会、经济、文化的二元结构。

②发展中国家现代化工业与传统农业并存、相对发达的城市与广大落后的农村并存。

(2) 答：经济增长是基础和手段；经济发展是目的和保障。

(3) 答：①CNP 或 CDP 不能说明产出的产品和劳务的种类，也不能说明由于使用这些产品和劳务而获取的福利的大小，更不能说明增长过程中由于环境污染、城市化和人口膨胀所付出的社会代价。

②大量未通过市场的产品和劳务（自然经济部门产品和家庭妇女的劳务收入及福利等）在 GNP 或 GDP 中得不到反映。

③GNP 或 GDP 不能反映收入分配情况。

④按汇率以美元计算的各国的 GNP 或 GDP 难以做出真实的比较。各国的 GNP 或 GDP 一般是以各国货币按照汇率用美元计算的，固定汇率往往定值过高或过低；如汇率浮动，只好用一年的平均值计算。无论哪一种情况，各国的 GNP 或 GDP 都难以做出真实的比较。

⑤发展中国家（甚至某些发达国家）的统计资料不完全准确。

(4) 答：强调发展中国家的社会经济结构的特殊性，认为不发达国家的市场狭小和不完全性，主张通过国家干预和管理来实现经济增长。其主要特征有三个：唯资本论、唯工业化论、唯计划化论。

(5) 答：刘易斯的二元经济模型由一个现代的资本主义部门和

一个庞大的传统部门组成。前者以工业为代表，后者以农业为代表。这种经济结构的二元性是发展中国家有普遍存在的共性，也是经济发展的出发点。经济发展就是通过工业部门的扩张吸收农村的过剩劳动力，从而达到消除经济中工农业之间结构失衡的目的。因此，这两个部门间劳动力的转移就构成了经济发展的模式。

4. 案例分析题

（1）参考答案：①中国共产党的坚强领导；②优越的社会主义制度；③正确的发展战略。

（2）参考答案：所谓二元结构，是指发展中国家现代工业与传统农业并存，相对发达的城市与广大落后的农村并存。中国的城市以工业为主，采用社会化大生产的方式，生产规模较大，技术先进，劳动生产率较高，产品主要在市场销售，城市居民的工资收入较高，生活条件较好；而农村则以农业为主，采取传统的小农经营生产方式，生产规模小，以传统的手工劳动为主，劳动生产率低下，生产的产品主要是自己消费，农村居民的收入水平较低。在这一经济二元结构的基础上，社会、文化、道德等都不同程度地存在着二元结构。处于由传统社会向现代化过渡的中国，尖锐地表现在城乡二元结构的特征上。中国的发展过程，从实质上说，正是城乡二元结构的对立统一运动。

5. 讨论题

（1）参考答案：①制度保障不同；②资本形成能力不同；③科学技术水平不同。

（2）参考答案：①制度创新；②资本积累；③技术创新。

第二章

1. 单选题

（1）B　（2）D　（3）A　（4）E　（5）A

（6）C

2. 多选题

（1）BD	（2）BCD	（3）ABCDE
（4）ABCDE	（5）ABCE	（6）ABC
（7）ABCDE	（8）AB	（9）BC

3. 简答题

（1）答：①物质资本是投资过程的结果；②物质资本代表着本期的生产能力，并同其他互补性生产要素结合，代表未来时期的生产能力；③就大部分物质资本而言，它具有耐用性，即存在折旧问题；④稀缺性。

（2）答：发展中国家之所以存在着长期贫困，不是因为这些国家国内资源不足，而是因为这些国家的经济中存在着若干互相联系、互相作用的“恶性循环系列”，其中，最主要的一个恶性循环是“贫困的恶性恶性循环”。这种“贫困的恶性循环”表现在供给和需求两方面。

（3）答：①可以将原来用于生产消费品的资源转而用于生产资本品（生产资料），以促进资本形成。②使收入更加趋于集中。通货膨胀对取得固定收入和获得变动收入的人们的影响是不同的。③在实行累进所得税制的条件下，更大部分收入将通过课税方式转到政府手中，而政府再将增加的税收部分地转化为生产资金。④出现通货膨胀时，企业增加的利润大部分将用于再投资。

（4）答：收入水平；收入分配的平均程度；风俗习惯和宗教信仰；金融机构；政治、经济环境。

4. 案例分析题

（1）参考答案：风险大，资金安全性差；收益低；不能提供有效担保；数额较小，每笔贷款成本高。

（2）参考答案：建立有效监管机制；建立银行、保险、政府利益连接机制。

5. 讨论题

参考答案：农户发展特色扶贫产业；在我国精准扶贫实践中，小额信贷存在很多“户贷企用”现象；对这种情况应该从资金风险和扶贫带动效果来评价。

第三章

1. 单选题

（1）C　（2）C　（3）B　（4）B

2. 多选题

（1）AE　（2）ABCE　（3）ABCDE

（4）ABCE

3. 简答题

（1）答：当今发达国家已经接近完成了人口转变，即开始进入了人口转变的最后一个阶段。而很多人认为，大多数发展中国家目前已经进入了第三阶段。由于发展中国家众多，且发展水平不平衡，第三世界人口转折的第三阶段可以分化为 A、B 两大类型。A 类国家和地区中，现代化控制死亡的方法与生活水平提高结合在一起，导致出生率与死亡率同时下降。B 类国家由于长期贫困，生活水平低，死亡率除了初期下降外，以后并未进一步降低。低生活水平导致高出生率长期持久存在，从而使人口增长率停留在较高水平上。

（2）答：发达国家出生率低是由于这些国家中养育孩子的成本很大，包括教育成本较高、妇女教育和就业机会的增加、社会保障制度的完善以及卫生医疗条件的改善。发展中国家，孩子是资本品，预期收益较高、培养孩子成本较低，造就了广大第三世界国家人口出生率长时期居高不下。

（3）答：人口过快增长引起人均收入水平降低；加剧了人力资源问题的严重性；不利于环境保护。

（4）答：公开的失业、就业不足、形式上有工作而实际上不得其用、健康受损、无生产性等。

（5）答：托达罗的人口流动模型认为：在强调预期的情况下 $M=f(d)f'>0$，可以概括为以下四个基本特征：第一，人口迁移主要是由相对收益和成本的经济考虑（主要是经济因素但也有心理因素）所促进的。第二，迁移决策是依赖于“预期的”，而不是现实的城市与农村的实际工资差额。第三，农村劳动力得到城市工作的概率，与城市失业率成反比。第四，超过城市就业机会增长率的人口迁移不仅是可能的，而且是合理的，甚至可能扩大城市与农村预期收入的差额。

4. 案例分析题

参考答案：从发展中国家，抚养孩子的预期收益和成本比较的角度出发分析；造成发展中国家人口过快增长，引起人均收入水平降低，加剧了人力资源问题的严重性，不利于环境保护。

5. 讨论题

参考答案：劳动者要自主就业、市场引导就业，政府也应做好相应的工作，如促进发展来扩大就业，调整结构来增加岗位，建设市场，连接供求，抓好培训改进服务等方面。

第四章

1. 单选题

（1）B　（2）D　（3）D　（4）B　（5）C

2. 多选题

（1）ABDE　（2）AD　（3）ABCD

（4）ABCDE　（5）BC

3. 简答题

（1）答：人力资本（Human Capital）是通过各种形式的生产性投资而提高了的人的素质和劳动机能，与物质资本相对应。形成途径包括：教育和培训的投资、医疗卫生和营养保健的投资、对人力资源国内流动的投资、对人力资源国际流动的投资等。

（2）答：从物质投资和人力投资方面、余值增长率方面、教育水平与收入水平的方面进行回答。

（3）答：辍学率高、教育质量落后，教育与实际严重脱节、教育反映并加剧了社会不平等、教育深化和知识失业、人均教育费用水平低下、教育结构不合理、教育内容不能满足经济发展的需要、教育的性别差异等方面。

（4）答：教育的成本包括直接成本和间接成本。直接成本分为两部分：一部分是由政府提供的公共教育费用；另一部分是由学生个人或家庭担负的费用。间接成本是指机会成本，即学生因上学而可能放弃的收入。

包括教育的社会收益与个人收益。无论是教育的社会收益与个人收益都包括两方面的内容：第一，经济方面的收益；第二，非经济方面的收益。

4. 案例分析题

参考答案：人才供给结构与市场需求结构的失衡，最终导致就业市场部分行业的“人才低效”现象和另一部分行业的“人才不足”境况。各类中高等教育规模迅速扩张的后果之一就是导致高校毕业生的增长速度远远高于就业岗位的增加速度。在巨大的就业压力下，形成了很多从业人员教育程度远远高于工作所要求水平的“教育过度”现象。

5. 讨论题

参考答案：我国作为发展中国家，随着教育事业的飞速发展，义务教育的普及，高等教育也在日益大众化，知识失业现象日益突出，劳动力市场人力资源配置造成了很大程度的浪费。原因分析角度：劳动力市场失衡、知识劳动者的求职取向等方面。解决措施：调整教育结构，适应市场需求；加强就业制度改革，完善劳动力市场；完善失业保障体系；改变知识劳动者的就业观念等。

第五章

1. 单选题

（1）D　（2）C　（3）A

2. 多选题

（1）ACD　（2）ABCDE　（3）ABCD

3. 简答题

（1）答：①引进一种新产品或提供一种产品的新质量；②采用一种新的生产方法；③开辟一个新市场；④获得一种原材料或半成品的新的供给来源；⑤实行一种新的企业组织形式。

（2）答：技术进步是推动和实现产业结构变革的主要动力。首先，技术进步可以直接或间接地导致市场结构的变化，从而对产业结构变迁产生诱导力量。其次，技术进步能够促使新产业的兴起，带来新产品，改变产业结构。最后，技术进步通过改变资本存量和资本增量在各个产业之间的配置，促进产业结构的变迁。

（3）答：首先，通过技术引进替代有关技术与装备的研究与开发，可以降低成本和避免有关风险，大大加快经济发展进程；其次，引进发达国家的先进技术可以加快发展中国家市场机制的发育和创新活动的发展；最后，引进先进技术可以促进发展中国家外贸的发展，扩大对外开放的程度，更好地融入全球经济一体化。

（4）答：障碍来自技术输出国和技术引进国两个方面，技术输出国方面的障碍主要是技术输出国政府和企业出于技术在政治上和商业上的保密性、专利权、政策考虑等。来自技术输入国方面的障碍可以划分成以下 9 个方面：需求障碍；资本障碍；自然资源障碍；劳动成本障碍；人力资源障碍；规模障碍；基础设施障碍；制度障碍；技术引进次序上的障碍。

（5）答：高产出量标准；社会极限性生产标准；高积累率标准；时间系列标准；技术进步关联作用标准。

4. 案例分析题

参考答案：根据市场需求，进行产品创新；强化品牌意识，实施功能创新。

5. 讨论题

参考答案：可以从长期和短期、轻重缓急、费用成本等视角分析。

第六章

1. 单选题

（1）B　（2）A　（3）D　（4）D　（5）B

2. 多选题

（1）ABCD　（2）ABCD　（3）ABC

（4）ABC　（5）BCD

3. 简答题

（1）答：可持续发展是指“既满足当代人的需要，又不对后代人满足其需要的能力构成危害的发展”。基本原则：可持续性，公平性，共同性，系统性。

（2）答：可持续发展观是一种新的发展观，是对单纯追求经济增长的“工业化实现观”的否定；可持续发展是能使经济沿着健康的轨道长期持续地发展；将可持续发展观应用于经济分析，能够加深和拓展我们对经济理论的认识。

（3）答：自然资源的永续利用是可持续发展的物质基础和基本条件；资源利用与经济发展是相辅相成的关系；实现资源的持续利用，是可持续发展的关键所在。

（4）答：根据目前世界自然资源的使用状况和各国经济发展的需要，必须采取三种手段建立起自然资源的保护和利用机制：市场机制、政府监督和调控，以及国际间的合作。

（5）答：庇古税思路；产权管理思路；国家干预思路

4. 案例分析题

参考答案：从短期看，通过财政转移支付解决当前的生活困难，把当地的传统特色产业发扬光大；从长远看，落实义务教育，发展职业教育是斩断贫困代际传递的不二选择。

5. 讨论题

参考答案：经济发展与环境保护之间是对立统一的关系。在经济发展的初期，由于经济活动水平较低，环境污染的水平也较低，在经济起飞、制造业大发展的阶段，资源的消耗超过资源的再生，环境恶化。在经济发展的高级阶段，经济结构改变，污染严重的产业停止生产或被转移，经济发展带来的积累可用于治理环境，同时人们的环境意识也增强了，环境治理的技术也提高了，环境开始改善并越来越好。

第七章

1. 单选题

（1）D　（2）B　（3）D

2. 多选题

（1）ACD　（2）BCDE　（3）ABCD

（4）ABCD　（5）ABCD

3. 简答题

（1）答：在完全竞争的市场条件下，通过市场机制，市场经济是一种经济主体之间平等竞争的经济；市场机制运转和市场经济发展的动力来自经济主体对各自物质利益最大化的追求；市场经济中的经济决策是通过经济主体独立做出的，决策者的决策反映出自身的愿望；市场经济的调节依靠反映供求关系的价格信号，是一种横向传递的市场信息；市场机制对社会经济的调节，相对于计划管理而言，是自动进行的；完全竞争的市场经济是有效率的。

（2）答：首先，诱致性制度变迁的主体是一个人或一群人。其次，诱致性制度变迁具有自发性。最后，诱致性制度变迁是一个渐进的制度改进过程。

（3）答：①对技术创新的影响。②对“获得正确价格”的影响。③对经济结构变动的影响。④对经济发展政策和战略的影响。

（4）答：①明确资源产权，降低交易费用。②制度为经济合作与竞争提供基本框架。③制度提供激励机制，增强经济活动的动力。④制度引导经济组织外部利益内部化，提高资源的配置效率。

4. 案例分析题

参考答案：关税、许可证、外贸外资和外汇政策措施；效果：经济持续稳定增长；国际收支明显改善。

5. 讨论题

参考答案：以诱致性制度变迁理论为依据，探讨中国土地流转存在制度不均衡，同时具备制度变迁的初级行动团体（农户）和支持者（乡村干部）。

第八章

1. 单选题

（1）A　（2）A　（3）A　（4）C　（5）A

2. 多选题

（1）ABCDE　（2）ABCDE　（3）ABCDE

3. 简答题

（1）答：平衡增长理论和不平衡增长理论各有其优缺点。平衡增长理论强调国民经济各部门的协调发展，却忽视了大规模投资在发展中国家的不现实性。不平衡增长理论强调资源配置效率和部门间的联系效应，却忽视了不平衡增长所造成的结构失衡等严重后果。实际上，平衡增长和不平衡增长是一个问题的两个方面，平衡增长是目标，不平衡增长是手段。

（2）答：根据“发展极”的理论，发展中国家或地区应该充分发挥“发展极”对周围地区的扩散效应。如果不发达国家或地区缺少“发展极”，就应该积极创建“发展极”，通过“发展极”有针对性地推动周围地区的经济增长和发展。厂商及行业之间的亲和力（Proximity）将产生外部经济效益，促使厂商和行业在地理位置上聚集起来发展，从而出现增长点。增长点一旦出现，则有利于厂商间、行业间在工业化进程中形成网络关系，这样又会进一步扩大外部经济效果。发展中国家可以把产生外部效果的工业集中在一起形成增长点，促进经济持续增长。

（3）答：瑞典著名经济学家米尔达尔认为，经济发展是一个因果循环的过程。在这个过程中，起重要作用的因素是“回流效应”和“传播效应”。“回流效应”指由外部原因引起的阻止一国或一个地区经济扩展的一切变化，包括国际间、区际的人口迁移、资本流动、贸易所引起的效应，以及包括经济因素和非经济因素的所有因素间的因果循环过程所产生的累积效应。“传播效应”指从经济扩展的中心地区，把扩展的活动和影响向其他地区推进或辐射的效应。与发达国家相比，经济不发达国家的“回流效应”较强，而“传播效应”较弱，因而加剧了国际间的经济不平等。同时在不发达国家内部，也有强弱程度不同的“回流效应”和“传播效应”，造成了其内部的区域不平等。

4. 案例分析题

参考答案：从本国实际出发确定外贸发展顺序。改革开放以前，中国与国际市场基本上处于隔离状态，实行封闭条件下的进口替代战略。

改革开放以来，中国实现了从高度集中的计划经济到社会主义市场经济的转变，同时实现了从封闭型经济到开放型经济的转变。相应地，中国外贸发展战略也逐步演进发展，从内向的进口替代战略，到进口替代与出口导向相结合战略，再到事实上的出口导向战略，之后又发展到完全开放型对外贸易战略的新阶段。

5. 讨论题

参考答案：进口替代发展模式，就是通过建立和发展本国的制造业和其他工业，替代过去的制成品进口，以带动本国经济增长，实现国家工业化。实行这种模式，一方面是为了消除发展中国家发展民族经济的障碍，另一方面是为了消除不利的贸易条件对发展中国家的影响，为实现工业化和经济发展创造有利条件。这正是战后许多发展中国家寻求经济的独立和平等发展的目标，迅速摆脱贫穷落后面貌的一条捷径。

出口导向发展模式就是使本国的工业生产面向国际市场，并以制成品的出口逐步替代过去的初级产品出口。出口导向发展模式事实上是对进口替代发展模式的替代和发展。在20世纪60年代中期，由于实施进口替代发展模式造成了一系列问题，因而实施这种模式的一些国家（地区），首先是东亚的新加坡、韩国等国家（地区）在实行了一段时期的进口替代之后，转而实行出口导向发展模式。这些国家（地区）希望利用自身的廉价劳动力优势，通过积极引进外国资本和技术，进口国外廉价的原料和能源，发展劳动密集型的加工装备工业，发挥比较优势，通过出口来带动经济增长。

第九章

1. 单选题

（1）D　（2）C　（3）C

2. 多选题

（1）ABCDE　（2）ABCDE　（3）ABCDE

（4）AD　（5）BD　（6）ABCDE

3. 简答题

（1）答：产品贡献；要素贡献；市场贡献；外汇贡献。

（2）答：①农业技术的停滞。②制度因素首先是土地制度对农业束缚很大。③以产量最大化为目标。

（3）答：保证土地这一稀有资源获得有效配置，这是变革土地制度的基本要点。

（4）答：通过制度创新，建立适合传统农业改造的土地占有制度、生产组织制度，保证土地这一稀有资源获得有效配置，这是变革土地制度的基本要点；通过技术的变革和创新，提高农作物产量和劳动生产率；通过适宜的经济政策及政府投资，强化农业发展的基础。

4. 案例分析题

参考答案：大多数发展中国家，大约 2/3 的劳动力从事农业生产，农业产值占整个 GDP 的比重在 20% 左右，农业是发展中国家最重要的基础部门，农业与农村地区的发展是整个发展进程的重要组成部分。因此，在分析发展中国家经济发展问题时应当把重点放在对农村部门和农业制度的研究上。

5. 讨论题

（1）参考答案：从中国农业发展的资源条件上看，用机械化代替劳动形式的技术变革不是中国的主要方向。这种机械需要大量的资金和大片的土地。对于资本稀缺的农村来讲，资金约束无疑是推广这种类型机械化的严重障碍。另外，中国农业的主要经营单位是一家一户的农民，土地分割零碎，这种机械化是否经济值得怀疑。此外，中国目前存在大量的失业，推行机械化所替代的劳动力的出路也是一个严重问题。

技术变革的另一方向是利用生物、化学方法提高农作物产量和劳动生产率，即采用像杂交水稻、杂交玉米等高产农作物品种，利用化学肥料、杀虫剂等，通过提高单位面积产量来提高耕作效率。这些技术从理论上讲是规模中性的，也就是说，这些技术可以应用于各种生产规模的农业生产中。这些技术为发展中国家的发展提供了巨大的潜力，因而代表了现今中国技术发展的方向。

（2）参考答案：管理和保护自然资源基础，调整技术和机制变化的方向，以便确保获得并持续地满足目前和今后世世代代人们的需要。因此是一种能够保护和维护土地、水和动植物资源，不会导致环境退化，同时在技术上适当可行，经济上有活力，能够被社会广泛接受的农业。

第十章

1. 单选题

（1）E　　（2）B　　（3）A　　（4）B

2. 多选题

（1）AC　　（2）ABCDE　　（3）ABE

3. 简答题

（1）答：①工业化是经济发展的重要阶段；

②工业化是发展中国家经济发展的主题。

（2）答：一般认为，工业化的发展过程大致要经历三个阶段：第一阶段，消费品工业如食品加工、纺织、烟草等工业优先发展，并在工业结构中占据优势地位；第二阶段，资本品工业加速发展，消费品工业发展速度趋缓，但资本品工业尚不足以取代消费品工业居于工业中的优势地位；第三阶段，以消费品工业和资本品工业发展达到平衡为开端，资本品工业逐渐取代消费品工业而占据优势地位。

（3）答：工业化与城市化是相辅相成的关系，一方面，工业化是城市化的“发动机”；另一方面，没有城市化就没有真正的工业化。

（4）答：从工业化的发动机制看，世界各国的工业化模式大致可分为三种，即民间发动的工业化模式，政府发动的工业化模式，以及政府与民间共同发动的工业化模式。

（5）答：城市化发展一般规律是先集中后分散。集中性城市化是指社会经济活动从空间上的分散状态向空间上的集中状态发展的社会过程。实质则在于现代产业向城市的积聚。集中性城市化是城市化初期和中期阶段的基本形式，表现为城市人口的增长超过农村人口以及总人口的自然增长。分散性城市化是在集中性城市化发展的基础上，城市的功能向城市郊外或更远的农村地区扩散，中心城市人口减少的社会过程。

4. 案例分析题

参考答案：①计划与市场并用，城市化规划先行；

②工业化与城市化互动；

③大力发展第三产业。

5. 讨论题

参考答案：发展中国家的城市化存在两个问题，一是城市化发展的超前性，表现为某些发展中国家中出现的城市化速度远高于其农业生产率和工业生产率增长的现象；二是城市化发展的滞后性，是指城市化发展严重滞后于工业化发展的国家。

第十一章

1. 单选题

（1）C　（2）C　（3）C　（4）B

2. 多选题

（1）ABCD　（2）AC　（3）AB

3. 简答题

（1）答：经济增长与收入分配的相互关系及其变动规律，是经济学产生以来一直关注的研究课题。经济发展最重要的目标之一就是提高人们的收入，改善人民的生活水平，否则就不能称其为经济发展。而两极分化的经济发展并不是人们所追求的，至少不是理想的。

（2）答：匿名准则、人口比例准则、相对收入准则、达尔顿准则等。

（3）答：库兹涅茨的倒U形假说在学术界存在着不同看法，其在发展中国家是否适用，值得商榷。

（4）答：①先增长后分配战略。适用于发达国家早期，但发展中国家无论是外部环境还是内部境况，都不同于当时的发达国家。高收入并不一定带来高积累；高积累高投入，也不一定带来经济的高速增长。

②先分配后增长战略。如果先分配后增长战略既能保证收入分配的平等，使全体居民享受到增长的利益，又能保证经济效率提高使经济快速增长，无疑是一个非常有吸引力的发展战略。但是，政府的干预和市场机制的协调并非是轻而易举的；政府在调节收入分配时并不一定能保证其目标函数永远符合公众利益。

③增长中的再分配战略。主张通过提高低收入阶层的收入水平来改善收入分配不平等的状况，通过政府的投资转移，使资源发生有利于低收入阶层的流动，实现资产的动态再分配，而不是通过改变已有资产高度集中的状况来实现收入分配的平等化。

④满足基本需要战略。满足基本需要战略与人力资本理论有着密切联系，主要通过公共服务部门提供物品或服务，将更多的资源用于满足人们的基本需要，从而提高劳动力素质，使之具备获取更高收入的能力。

4. 案例分析题

参考答案：普惠金融、鼓励青年更多创业、帮助最不发达国家和地区去实现自身的工业化增长，促进贫困地区的经济发展，加大贫困地区的基础设施建设。

5. 讨论题

参考答案：完善个税制度、推动消费税改革，适时开征物业税、继续推动新农村建设、加强城乡扶贫工作等。

第十二章

1. 单选题

（1）B　（2）B　（3）D

2. 多选题

（1）ABC　（2）ABCDE　（3）ABCD

3. 简答题

（1）答：对外贸易的调节作用；对外贸易的传导作用；对外贸易的乘数作用。

(2) 答：国际贸易发生基础是同一产品在各国国内的相对投入成本有所不同。每个国家都应按照两利相权取其重和两弊相衡择其轻的原则参加国际分工，各自专业化生产成本相对低的产品和劳务。也就是说，在两种商品的生产中都具有优势的国家，可以选择自己优势大的产品，两种商品生产上即使都处于劣势的国家也可以生产自己劣势小的产品。

(3) 答：对外贸易乘数原理主要说明，当边际储蓄倾向和边际进口倾向之和小于 1 的条件下，增加出口有利于提高总需求水平并有利于增加国民收入和国内就业量。它分析的是每增加 1 元出口额使国民收入增加多少元（每增加 1 元进口使国民收入减少多少元）。外贸乘数原理的政策包括以下几个方面：第一，发展中国家应当积极扩大出口；第二，发展中国家应当尽可能将出口增加的收入用于购买本国生产的产品，努力实现最终产品和中间产品的替代，防止有效需求过多转移到进口品；第三，扩大出口带来的收入增加只有在能引起投资增加、生产能力和供给增加的情况下，才能推动经济增长。如果本国已经实现充分就业，出口的增加只能造成过度需求进而导致出现通货膨胀；第四，即使边际消费倾向和边际进口倾向之和小于 1，而且国内尚没实现充分就业，但是如果世界主要经济体经济衰退，进口意愿下降，发展中国家想扩大出口也是比较困难的。

(4) 答：人们把国家通过关税、限制进口数量、发放出口补贴以及更广泛的产业政策等，即一方面防止外国竞争，另一方面扶植、保护和发展本国产业的政策，称为贸易保护或保护贸易政策。主要的贸易保护理论包括：幼稚工业论，萌芽经济论，未利用资源论，有效保护论等。

4. 案例分析题

参考答案：中美之间贸易逆差；竞争压力；国际主导权的争取。

5. 讨论题

参考答案：对外贸易的调节作用；对外贸易的传导作用；对外贸易的乘数作用。

第十三章

1. 单选题

(1) D　(2) C　(3) D　(4) D　(5) A

2. 多选题

(1) ABC　(2) ABCD　(3) ABD

(4) ABCD　(5) ABCE　(6) ACD

3. 简答题

(1) 答：$S+M=I+X$ 或 $I-S=M-X$ 公式等号的左边 $(I-S)$

是投资与储蓄之间的差额，即储蓄缺口。公式等号右边（$M-X$）是进口与出口之间的差额，即外汇缺口。从上式可知，两缺口应相等，即储蓄缺口 = 外汇缺口，只有在这种情况下经济才能均衡发展。根据两个缺口应该平衡的原理，如果出现投资大于储蓄的情况，即国内储蓄方面有了缺口时，应靠外汇缺口的加大来平衡，也就是靠进口大于出口的余额来弥补国内储蓄的不足。当进出口方面出现缺口时，也可以靠储蓄方面的变动来平衡。

（2）答：第一，发展中国家应该实行对外开放，积极引进和利用外资来为本国的经济发展服务；第二，发展中国家需要进行经济结构和经济运行机制方面的调整或改革，同时外资的使用应该能够很好地为经济结构的变革服务，使之向合理、完善的方向发展。

（3）答：唯资本论；只有总量分析，缺乏结构分析；强调国外资源，忽视国内资源；强调利用外部资源的积极作用，忽视消极作用。

（4）答：有利影响：跨国公司对外直接投资和私人信贷，补充了发展中国家进口资金的短缺；跨国公司的资本流入，加速了发展中国家对外贸易商品结构的变化；跨国公司的资本流入，促进了发展中国家工业化模式和与其相适应的贸易模式的形成和发展。

不利影响：跨国公司控制了许多重要的制成品和原料贸易；跨国公司控制了国际技术贸易。

（5）答：债务危机的爆发既有外部原因，也有债务国内部的原因。外部原因：全球经济衰退和贸易条件恶化；发达国家利率上升和美元升值；资本外逃外汇储备枯竭。内部原因：债务超出了偿还能力；外债使用领域缺乏效率；发展战略有误；没有形成和建立一套科学合理的外债管理体制，同时又缺乏借债的经验和相关知识。

4. 案例分析题

参考答案：外部原因和内部原因。

5. 讨论题

参考答案：发展国企、控制外债规模、加快技术创新步伐等。